W0173670

Paul Arauner

Weine und Säfte, Liköre und Sekt
selbstgemacht

CIP-Kurztitelaufnahme der Deutschen Bibliothek

Arauner, Paul:
Weine und Säfte, Liköre und Schnäpse selbst-
gemacht / Kitzinger Weinbuch / Paul Arauner. –
Niedernhausen/Ts.: Falken-Verlag, 1985.
  (Falken-Bücherei)
  ISBN 3-8068-0702-7

ISBN 3 8068 0702 7

© 1985 by Falken-Verlag GmbH, 6272 Niedernhausen/Ts.
Titelbild: Fotoatelier Wernecke, 6204 Taunusstein-Neuhof
Fotos: Paul Arauner GmbH, 8710 Kitzingen
Zeichnungen: Martina Wink, 6000 Frankfurt am Main
Die Ratschläge in diesem Buch sind von Autor und Verlag
sorgfältig erwogen und geprüft, dennoch kann eine Garantie
nicht übernommen werden. Eine Haftung des Autors bzw. des
Verlages und seiner Beauftragten für Personen-, Sach- und
Vermögensschäden ist ausgeschlossen.
Satz: LibroSatz, Kriftel/Ts.
Druck: Spiegel, Ulm

817 2635 4453 6271

Inhalt

Vorwort zum neuen
KITZINGER WEINBUCH

Lieber Leser,

Um die Jahrhundertwende – lange bevor die Begriffe »Hobby« und »Do-it-yourself« anstelle von »Steckenpferd« in unsere Sprache übernommen wurden – brachte der Verfasser und Firmengründer Paul Arauner unter dem heutigen Markenzeichen »HOBBYREITER« die erste Auflage des KITZINGER WEINBUCHES heraus. Seitdem sind mehr als 1,5 Millionen Exemplare verkauft worden; jede Neuauflage wurde seither überarbeitet und verbessert.

Unser neues KITZINGER WEINBUCH wird dazu beitragen, die immer reichlicher zur Verfügung stehende Freizeit für die häusliche Saft- und Weinbereitung sinnvoll zu nutzen. Es soll Ihnen, liebe Leser, stets ein treuer Helfer und Berater sein.

In das neue KITZINGER WEINBUCH sind natürlich wiederum viele Erfahrungen aus unserem Weinlabor und Beratungsdienst eingeflossen. Neueste Erkenntnisse aus der Weinforschung wurden eingebracht. Schließlich ist die Entwicklung im gewerblichen Weinbau und der Kellertechnik gerade in letzter Zeit enorm schnell vorangeschritten, gefördert durch den Einsatz immer feinerer Untersuchungsmethoden. Mit einem völlig neuen Aufbau und einer neuen Gestaltung des Buches erfüllen wir die Wünsche unserer Leser nach neuen Rezepten und der Verwendung moderner Gerätschaften.

Das Interesse vieler Heimwein- und Saftbereiter, die ihr Obst geldsparend – also sinnvoll – verarbeiten, ist besonders an stofflichen Umsetzungen wie Gärungen usw. sehr groß. Die Verarbeitung des Obstes, das sonst oft verdirbt, bringt schließlich neben der Bereicherung der Kellervorräte auch interessante Einblicke in biochemische Abläufe. So verfügen viele unserer Leser schon heute über ein Fachwissen, das manchem gewerblichen Süßmoster oder Winzer zur Ehre gereichen würde. Die Selbstbereitung von wohlschmeckenden und gesunden Getränken stellt also eine ideale Verknüpfung von lehrreicher Erholung und nützlichem Hobby dar.

Unser Laborleiter, Dipl.-Ing. Martin Voit, vereidigter Sachverständiger, hat sich in jahrelanger Kleinarbeit mit den Themen dieses neuen KITZINGER WEINBUCHES befaßt. Das Ergebnis seiner Bemühungen liegt jetzt vor Ihnen. Und so hoffen wir, lieber Leser, daß die Lektüre dieses Buches Sie dazu anregen wird, es selbst einmal zu probieren und sich eines der vielen herrlichen Getränke zu bereiten. Wir wünschen Ihnen dazu viel Freude und Erfolg.

Kitzingen, im Mai 1985

In eigener Sache

Beurteilung von Proben – Beantwortung von Fragen

Das Kitzinger Weinbuch soll Ihr roter Faden durch die Heimweinbereitung sein. Es ist somit verständlich, daß es nicht auf alle Fragen der Saft- und Weinbereitung ausführlich Antwort geben kann. Für Randgebiete gibt es Spezialliteratur und zu einem bestimmten Thema wissenschaftliche Abhandlungen. Auf Seite 225 finden Sie eine Zusammenstellung von Büchern, die in Frage kommen; diese sind ebenfalls bei uns erhältlich.

Es gibt jedoch oft Fragen, die ein Hausweinbereiter schnell und direkt beantwortet haben möchte, ohne dazu umfangreiche und teure Literatur wälzen zu müssen. Dafür ist ein Beratungsdienst erforderlich, und es ist verständlich, daß mit schriftlichen Auskünften Kosten verbunden sind. Wir müssen deshalb alle unsere Kunden um Verständnis bitten, wenn wir künftig eine Vorausgebühr (für Porto, Papier, Zeitaufwand, usw.) in DM 6,00 (Briefmarken) einzusenden. Wird jedoch eine chemische Untersuchung gewünscht oder wird aufgrund nicht mehr beantwortet werden.

Gleiches trifft auf die allgemeine Beurteilung von Getränkeproben und ähnliches zu. Wir bitten Sie deshalb, verehrter Kunde, hier gleichzeitig mit der Probe DM 6,00 (Euroscheck) einzusenden. Wird jedoch eine chemische Untersuchung gewünscht oder wird aufgrund einer geforderten Aussage eine bestimmte Analyse notwendig (z. B. ob ein Wein wegen des Alkoholgehaltes auch auf Dauer haltbar oder wegen des eventuell vorhandenen Zuckers für Diabetiker geeignet ist), entstehen höhere Kosten (siehe Seite 11), die wir in voller Höhe berechnen müssen. Auch bei Schönungsuntersuchungen fallen Kosten an (Zeitaufwand, Lösungen, usw.). Über Fragen, die im Kitzinger Weinbuch beantwortet werden, können wir aus Zeit- und Kostengründen leider keine Auskunft mehr geben.

Und noch ein Tip: Fassen Sie sich telefonisch und schriftlich kurz, dies erspart Ihnen und uns Zeit. Am besten notieren Sie Ihre Fragen schon vorher.

Bei Einsendung von Proben ist allgemein folgendes zu berücksichtigen:

● Die Getränkeprobe aus Sicherheitsgründen (Bruchgefahr) möglichst in eine Plastikflasche füllen. Glasflaschen gut verpacken!

● Um Veränderungen der Proben durch Luftsauerstoff während des Transports und bei der Aufbewahrung über einige Tage zu verhindern (z. B. Alkoholverlust), sollte die Flasche möglichst voll sein. (Für die Untersuchung reichen 0,5 l aus, bei allgemeiner Beurteilung schon 0,2 l)

● Die Probe aus der Mitte des Weinbehälters entnehmen. Sie muß durchschnittlich sein.

● Das Flaschenetikett muß deutlich und ausreichend beschriftet sein: Art des Inhalts, genaue Adresse, vorhandene Weinmenge.

● Bereits durchgeführte Schönungsversuche genau beschreiben; die Mengenangaben der bisher zugesetzten Schönungsmittel sind erforderlich. Sie tragen zur schnelleren Bearbeitung bei und ermöglichen gezielte Versuche.

● Falls Behandlungsmittel erwünscht sind, bitte angeben.

● Art der Saftgewinnung angeben (ob kalt abgepreßt oder dampfentsaftet wurde – dies ist von entscheidender Bedeutung für die Gärung und spätere Klärung).

Untersuchungskosten unseres Weinlabors

Folgende Kosten werden bei der Untersuchung von süßen Säften, Mosten, vergorenen Weinen, Maischen zur Branntweinherstellung berechnet (Stand 1.3.1985; Änderungen vorbehalten).
Untersuchung auf:

1.	**Mostgewicht und Säure**	
	im frischen Most mit Verbesserungsberechnung	DM 8,00
2.	**Säurebestimmung** mit Entsäuerungsberechnung	DM 4,00
3.	**Mostgewicht, Alkohol und Gesamtsäure**	
	im angegorenen Most mit Verbesserungsberechnung	DM 17,00
4.	Alkohol	DM 8,00
5.	Zucker	DM 8,00
5a	Inversion zusätzlich	DM 8,00
6.	Extrakt	DM 6,00
7.	Gesamtsäure	DM 3,00
8.	flüchtige Säure (Essigsäure)	DM 12,00
9.	Weinsäure	DM 8,00
10.	freie schweflige Säure	DM 2,00
11.	gesamte schweflige Säure	DM 4,00
12.	mikroskopische Untersuchung	DM 4,00
13.	**Klärversuche** (zur Schönung)	
	mit Tannin, Gelatine, Kieselsol, Agar-Agar usw.	DM 4,00
14.	Maischeuntersuchung (für Branntweinherstellung)	DM 12,00
15.	Untersuchung auf Eiweiß und Metalle	DM 10,00

Alle Preise zuzüglich der derzeit gültigen MWSt. (Stand 1985).

Dies sind die häufigsten Untersuchungen und auch die wichtigsten Bestandteile der jeweiligen Getränke.
Außer diesen Untersuchungen bei Getränken führen wir Untersuchungen von Wasser auf Nitrat und Härtegrade zu folgenden Gebühren durch:

auf Nitrat	DM 25,00
auf Härtegrade	DM 4,00

Da die Nitratuntersuchung längere Zeit in Anspruch nimmt und einen höheren technischen Aufwand erfordert, sind die Untersuchungskosten bei hohen Nitratwerten etwas höher. Die entsprechenden Arbeiten können nicht sofort erledigt werden, wenn sie in eine für uns ungünstige Zeit der Hochsaison (Oktober bis Dezember) fallen.

Neben chemischen Untersuchungen werden sensorische Prüfungen vorgenommen und Gutachten erstellt.

Alle Anfragen und zu beurteilenden Proben senden Sie bitte an:
Paul Arauner KG
Reinzuchthefeanstalt, Weinlabor und Beratungsdienst
Postfach 349
D-8710 Kitzingen/Main

Generell gilt, daß <u>alle</u> in diesem Buch genannten Preise den gegenwärtigen Stand widerspiegeln. Änderungen müssen wir uns also vorbehalten.

Die Weinbereitung auf einen Blick

Saftgärung	Maischegärung
(vorher, wenn möglich, 2-4 Tage lang Reinzuchthefe vermehren; siehe Seite 67 ff.)	(vorher, wenn möglich, 2-4 Tage lang Reinzuchthefe vermehren; siehe Seite 67 ff.)

1. Früchte waschen, Stiele entfernen.
2. Früchte nicht entsteinen.
3. Früchte zerkleinern:
   a) Beerenfrüchte einfach quetschen.
   b) Steinobst nur soweit zerdrücken, daß keine Steine beschädigt werden.
   c) Kernobst (Äpfel, Birnen, Quitten) soweit zerkleinern, daß einerseits noch kein Mus entsteht, das sich nicht mehr pressen läßt, die Mischung andererseits aber nicht so grob ist, daß ein Teil des Saftes in den Fruchtstücken verbleibt.

Saftgärung	Maischegärung
4. Zusatz von KITZINGER ANTIGEL (fermentieren).	4. Zusatz von KITZINGER ANTIGEL (fermentieren).
5. Nach etwa ½-1 Tag Maische abpressen.	5. Maische in Behälter einfüllen (nur ½ voll).
6. Saft eventuell auf Öchslegrade und Säure untersuchen (siehe Seite 39 ff. und 61 ff.).	6. Saft eventuell auf Öchslegrade und Säure untersuchen (siehe Seite 39 ff. und 61 ff.).
7. Alle im Rezept angegebenen Zutaten zusetzen.	7. Alle im Rezept angegebenen Zutaten zusetzen.
8. In Gärbehälter einfüllen (⁴/₅ voll), Gäraufsatz anbringen.	8. Gäraufsatz anbringen, täglich durchrühren oder unterstoßen.
9. — — — — — —	9. Nach etwa 1-2 Wochen Maische abpressen.
10. — — — — — —	10. Flüssigkeit zurückfüllen und ohne weitere Zusätze im Gärbehälter weitergären lassen.

11. Gegen Gärende täglich einmal umschütteln.
12. Nach Gärbeendigung (in warmen Sommermonaten nach 2-4 Wochen, in kühleren Herbstwochen nach 2-3 Monaten) den Wein sofort kühl stellen, schwefeln (siehe Seite 170 ff.), von der Hefe abziehen.
13. Selbstklärung abwarten – ungefähr nach weiteren 1-3 Monaten.
14. Eventuell filtrieren oder schönen (siehe Seite 166 ff.).
15. Erforderlichenfalls nachsüßen und stabilisieren (siehe Seite 162 ff.).
16. Eventuell Flaschenfüllung (siehe Seite 175 ff.).

Allgemeine Geräteübersicht der Hausweinbereitung

Zur Herstellung von Wein und Saft im Haushalt sind Mindestausstattungen notwendig. Die erforderlichen Geräte und Artikel sollen hier einmal aufgeführt werden, damit der Hausweinbereiter auf einen Blick erkennen kann, was »auf ihn zukommt«, wenn er sich mit diesem interessanten Hobby befaßt.

Einige Fruchtarten müssen nicht unbedingt mit relativ teuren Mühlen und Pressen entsaftet werden. Dazu gehören z. B. Erdbeeren, Brombeeren, um nur einige weiche Früchte zu nennen. Beide Fruchtarten können als Maischegärungen angesetzt werden. Die Früchte lassen sich vorher ganz einfach mit der Hand zerdrücken, und nach einer ein- bis zweiwöchigen Gärzeit kann man sie mit einem einfachen Handpreßbeutel (Art.-Nr. 168) ausdrücken.

Bei vielen anderen Früchten (besonders bei Äpfeln, Birnen usw.) ist ein Gerät zur Zerkleinerung notwendig. Die Anschaffung einer Mühle lohnt sich dann, wenn diese Früchte jedes Jahr und in größeren Mengen zu Saft oder Wein verarbeitet werden. Auch Kleinpressen sind dann notwendig.

Gerade diese beiden relativ kostspieligen Geräte sollen der Aufstellung vorangestellt werden; sie entfallen, wenn man die schwer entsaftbaren Früchte im Lohnverfahren oder auf einer Gemeinschaftsanlage (z. B. im Obst- und Gartenbauverein) abpressen läßt. Manche Drogerien leihen solche Geräte auch gegen Gebühr aus.

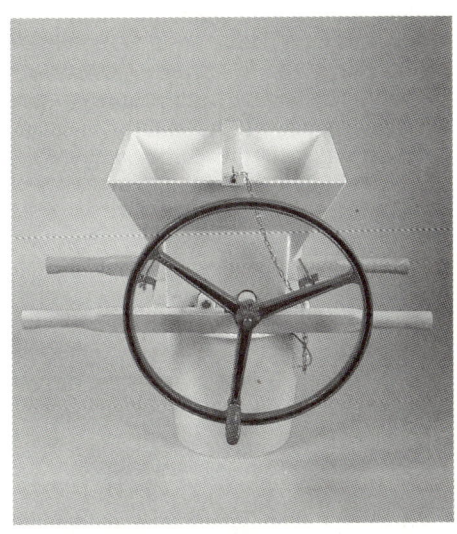

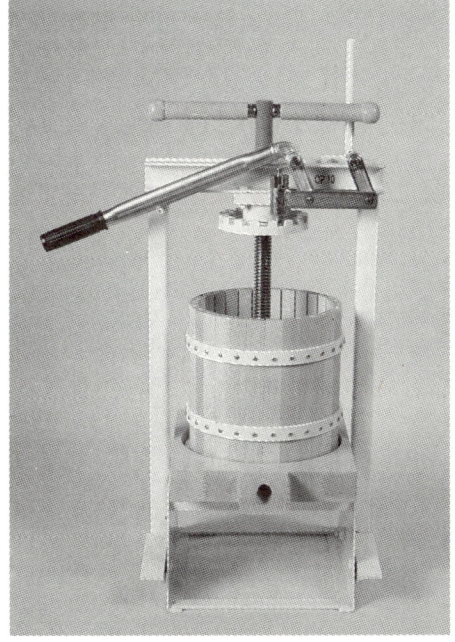

Mühle (oben)
Presse (unten)

Aufstellung der Geräte und Artikel:

1) nicht zwingend notwendig:
- Obstmühle
- Obstpresse
- Kunststoff-Fässer
- Weinheber, komplett
- Trichterfilter
- Öchslewaage ⎫ zur Mostgewichts-
  Meßzylinder ⎬ bestimmung
- Acidometer ⎫ zur Säure-
  Blaulauge ⎬ bestimmung

2) unbedingt notwendig:
- Handpreßbeutel
- 25-l-Ballon
- Gummikappe mit Loch

- HOBBY I-Gäraufsatz
- Plastik- oder Gummischlauch
  (1,50 m lang)
- Flaschenbürste
- Handverkorkapparat
  (für Natur- oder Kronkorken)
- Natur- oder Kronkorken (100 Stück)

Zu diesen einmaligen Anschaffungen kommen die Ausgaben für die Rohstoffe des jeweiligen Weinansatzes (zugrunde gelegt ist eine Ansatzmenge von 10 l):

- 5 kg Früchte   ca. DM 10,–
- 2,5 kg Zucker   ca. DM 4,50
- Hefenährsalz, Reinzuchthefe,
  Antigeliermittel, Kaliumpyrosulfit
  und evtl. Milchsäure   ca. DM 6,–
                                    bis 8,–

Allgemeines über die Verwertung der Früchte

Es liegt in der Natur der Früchte, daß sie nach der Reife in »Zersetzung« übergehen, d. h., sie verlieren ihre innere und äußere Struktur. Die Zellwände lösen sich auf, und die Inhaltsstoffe werden teilweise so verändert, daß sie für den menschlichen Genuß unbrauchbar werden können. Die Ursache für diesen Prozeß sind Mikroorganismen (Kleinlebewesen) aus dem Bereich der Schimmelpilze, Bakterien und Hefen, ebenso safteigene Enzyme. Diese Kleinlebewesen sind aus der Sicht der Mikrobiologie wertvolle und unentbehrliche Helfer beim Abbau organischer Substanzen, wie Kohlenhydrate (z. B. Zucker oder Stärke), organischer Säuren, Eiweiß, Fette, Zellulose usw. Ohne sie gäbe es beispielsweise keine Verrottung (Humus), und die Folge wäre in diesem Fall eine ständig wachsende Anhäufung von Abfällen.

Damit der natürliche Kreislauf der Stoffumwandlung jedoch immer wieder geschlossen wird, sichert die Natur die starke Vermehrung der Kleinlebewesen und ihre Anpassung an die jeweilige Umwelt.

Leider sieht der Mensch die Entwicklung dieser Mikroorganismen etwas anders. Für ihn sind sie zum Großteil Feinde, weil sie seine oft unter Mühen und Kosten erzeugten Früchte und Produkte zerstören, und zwar:
- schon am Stock, Strauch oder Baum,
- auf dem Lager durch Fäulnis (z. B. Tafeläpfel)
- oder im Faß bzw. in der Flasche als Wein oder Saft.

Der Mensch ist deshalb gezwungen, die Früchte bei der Reife zweckmäßig und seinen Bedürfnissen entsprechend mit geringem Aufwand zu verarbeiten bzw. haltbar zu machen.

Möglichkeiten der Verwertung und Haltbarmachung

Das Trocknen der Früchte

Die früher oft angewandte Methode der Trocknung kommt im Haushalt kaum in Betracht. Sie ist dort sowohl vom Platzbedarf her als auch von den verwendbaren Fruchtarten selbst nur begrenzt anwendbar. Wasserreiche Früchte eignen sich gar nicht dafür, die Verdunstung des Wassers ist zu aufwendig.

In der gewerblichen Wirtschaft wird die Trocknung nach wie vor bei der Herstellung von Trockenobst und -gemüse sowie bei Trauben (Sultaninen, Korinthen, Rosinen) angewandt. Der Prozeß besteht darin, den Früchten ein Großteil des Wassers zu entziehen, was aus Zeitgründen mit Warm- oder Heißluft bei gleichzeitiger Zirkulation erfolgen kann. Lufttrocknung ist oft nicht ausreichend, der Wasserentzug ist ungenügend und langwierig, so daß Früchte zu schimmeln drohen.

Das Einfrieren

Seitdem Gefriertruhen und Gefrierschränke in die Haushalte eingezogen sind, besteht die Möglichkeit, kleinere Mengen von Obst und Saft für kurze Zeit oder über Jahre hinweg haltbar zu machen. Bei Temperaturen um −15 bis −20°C können sich die Mikroorganismen weder vermehren noch ihre Tätigkeit ausüben, d. h. Stoffe abbauen. Sie sterben dabei oftmals nicht ab, sondern »ruhen« nur und vermehren sich erneut, sobald die Früchte (oder der Saft) aufgetaut sind.

Diese Form der Haltbarmachung wird häufig gewählt, wenn z. B. Himbeeren oder Brombeeren unterschiedlich reifen und Saft oder Wein daraus hergestellt werden soll; es wird so lange eingefroren, bis genügend Früchte für z. B. 10 l Wein vorhanden sind.

Eine Sonderstellung nehmen Schlehen ein. Es wird empfohlen, diese Früchte zu ernten, wenn bereits ein Frost eingewirkt hat, weil dadurch eine gewünschte Verminderung von Stoffen, wie der Gerbstoffe und Säuren eintritt. Die Früchte werden dadurch weicher und schließen sich besser auf.

Der Gerbstoff in Schlehen kann bis zu 9 g/l betragen und wird durch Frosteinwirkung auf etwa 5-6 g/l abgebaut. Es ist allerdings ein Unterschied, ob der Frost einwirkt, solange sich die Früchte noch am Strauch befinden, oder erst in der Gefriertruhe. Am Strauch werden die Gerbstoffe abgebaut, und die Abbauprodukte wandern in den Holzkörper zurück. In der Gefriertruhe dagegen ist dies nicht möglich; somit ist diese Art der Gefrierung kein Ersatz für Naturfrost, sondern vielmehr eine Art der Haltbarmachung. Sie trägt wegen des Weichwerdens der Früchte zweifellos zur leichteren Verarbeitung bei (siehe Seite 143).

Durch Einfrieren kann aber nicht nur ganzes Obst, sondern können auch Säfte haltbar gemacht werden, wobei diese in Plastikbeuteln eingefroren werden. In der Gefriertruhe kann man auch verschiedene Muttersäfte (z. B. aus Beeren, Sauerkirschen, usw.) einfrieren. Erst nach dem Auftauen eines Beutels setzt man die nötige Menge an Zucker und Wasser zu und stellt den Saft so auf Trinkstärke ein (siehe Seite 83). Aus 1 l rotem oder schwarzem Johannisbeermuttersaft können auf diese Weise 3 l trinkfertiger Süßmost bzw. Nektar hergestellt werden; man spart also ²⁄₃ des Raumes.

Oft kann man bei der Ernte nicht entscheiden, ob man Konfitüre, Süßmost, Wein oder vielleicht auch etwas Likör herstellen will; auch spielen zeitliche Gründe eine Rolle. Deshalb ist es am besten, wenn man die Früchte einfriert und – je nach Bedarf und Zeit - die entsprechende Menge zu einem späteren Zeitpunkt herausholen und verarbeiten kann. In der Regel handelt es sich dabei nur um kleine Mengen; größere sollten bald nach der Ernte weiterverarbeitet werden.

Diese Art der Haltbarmachung ist sehr schonend für Farbe und Geschmack, weniger für Aroma und Vitamine. Wie auch eigene Untersuchungen ergeben haben, wird gerade das Vitamin C in der Gefriertruhe doch mehr abgebaut als angenommen. Wir haben dies bei Erdbeeren festgestellt, die als frische Frucht bis zu 460 mg/kg Vitamin C enthielten, nach einem Jahr Lagerung in der Gefriertruhe aber nur noch 80-150 mg/kg aufwiesen.

Das Erhitzen des Saftes

In der gewerblichen Obstverwertung werden Fruchtsäfte und Süßmoste durch Erhitzen haltbar gemacht. Alle im Handel befindlichen Säfte wurden heiß in Flaschen gefüllt.

Bei Fruchtsäften genügen kurzfristige Temperaturen von 72-75°C (Pasteurisation). Gemüsesäfte dagegen müssen auf 95-100°C (Sterilisation) erhitzt werden, da sie keine Säure enthalten (Säure hat eine teilweise konservierende Wirkung).

Ein Saft ist und bleibt so lange steril, wie er – heiß eingefüllt – luftdicht verschlossen in der Flasche bleibt (siehe Kapitel Fruchtsaftbereitung, (Seite 82 ff.).

Die Herstellung von Sirup, Konfitüre und Gelee

Durch einen relativ hohen Zuckerzusatz soll verhindert werden, daß sich Mikroorganismen in oder auf diesen Speisen vermehren. Im Haushalt werden Sirup, Konfitüre und Gelee – für Brotaufstriche sowie als Verfeinerung für Pudding und anderen Speisen – sehr häufig verwendet.

Die Fruchtsaftkonzentratherstellung fällt ebenfalls in diese Kategorie. Sie ist allerdings großtechnischen Betrieben vorbehalten. Hier wird nicht Zucker zugesetzt, sondern Wasser durch Verdampfung entzogen, so daß eine ähnliche Zuckerkonzentration (jedoch nur aus den Früchtezuckern bestehend) wie bei Sirup vorliegt, nämlich um 65%. Diese Produkte sind dann – bei kühler Lagerung – auch angebrochen haltbar.

Die Kaltkonservierung mit Para

Fruchtmuttersäfte werden mit den in Deutschland zugelassenen Konservierungsmitteln (u. a. Sorbinsäure und Benzoesäure) haltbar gemacht. Kitzinger Para enthält diese beiden Stoffe. Wichtig ist, daß es den süßen Stoffen unmittelbar nach dem Pressen zugesetzt wird, bevor sich die Mikroorganismen vermehren.

Dann lassen sich z. B. Fruchtmuttersäfte, die ohne Erhitzung in Flaschen oder Ballons kühl gelagert werden, beinahe unbegrenzt aufbewahren. Je nach Bedarf kann ein Teil entnommen und mit der entsprechenden Menge Zuckerwasser (siehe Seite 83) auf eine Trinkstärke, wie sie die käuflichen Süßmoste aufweisen, eingestellt werden.

Die Weinbereitung

Durch die Umwandlung eines Saftes mittels Gärprozeß zu Wein wird ein Dauerprodukt geschaffen, das nicht nur haltbar ist, sondern auch ein bekömmliches Genußmittel darstellt. Der weitere Vorteil liegt darin (entsprechende Lagergefäße vorausgesetzt), daß plötzlich anfallende, größere Obst- und Fruchtmengen verarbeitet werden können. Zur Weinbereitung gehören keine größeren Fachkenntnisse, es genügt Grundlagenwissen, mit dem man sich durch eigene Erfahrung zum »Hobbykellermeister« emporarbeiten kann.

Die Maischeherstellung zur Branntweingewinnung

Dies ist die einfachste Art, Früchte zu verwerten. Diese werden zerkleinert (je nach Obstart manchmal auch unzerkleinert) in Behälter aus Holz, Stahl oder Kunststoff eingefüllt, mit Reinzuchthefe versetzt und mit einem Gäraufsatz versehen, um zu einem späteren Zeitpunkt abgebrannt (destilliert) zu werden. Nachteilig ist hierbei, daß sich nicht alle Früchte dafür eignen und hohe Steuern zu entrichten sind – manchmal mehr, als der Branntwein wert ist. Das Brennen kann nur in unter Zollaufsicht stehenden Brennereien durchgeführt werden (Näheres dazu siehe Kapitel »Branntweine und ihre Herstellung«, Seite 214 f.).

Die Konservierung in Alkohol

Das klassische Verfahren der Haltbarmachung von Früchten für den Haushalt ist der Rumtopf. Die Früchte werden mit Alkohol (Sprit, Weingeist, Branntwein oder am besten mit hochprozentigem Rum) übergossen. Er verdünnt sich mit dem Saft der Früchte, ein Austausch der Aromen findet statt.

Zur Erreichung eines hohen Genußwertes wird Zucker zugesetzt. Der Anteil an Alkohol in der gesamten Mischung muß mindestens 15% Vol. betragen, damit keine Tätigkeit von Mikroorganismen, wie Hefen, Schimmelpilzen und Bakterien, stattfinden kann. Auf diese Weise werden auch frisch gepflückte Früchte (Beeren. Sauerkirschen usw.), die zur Herstellung von Fruchtsaftlikören bestimmt sind, haltbar gemacht.

Rumtopf (Rumfrüchte)

Rumfrüchte sind Obstdauerwaren. Durch den Zusatz von Rum sollen 2 Effekte erzielt werden:

● Aromatisierung;
● Schutz vor Verderb (dieser könnte auch durch den Zusatz von reinem Alkohol oder Branntwein bewirkt werden).

Ein dauerhafter Schutz vor mikrobiellem Verderb, also vor Schimmelbildung, Gärung durch Hefezellen und Bakterienbefall ist nur möglich, wenn das gesamte Produkt (Früchte, gelöster Zucker und Fruchtsaft) einen Mindestalkohol von 15% Vol. aufweist. Bei käuflichen Fertigfabrikaten (Handelserzeugnissen) liegen die Alkoholwerte zwischen 14 und 22% Vol. (daraus ersieht man, daß z. B. Dessertweine mit über 15% Vol. Alkohol fast unbegrenzt haltbar sind, ihr eigener Alkoholgehalt konserviert sie).

Selbst durch das Waschen der Früchte vor dem Einlegen werden die Mikroben nicht restlos entfernt, so daß bei Unterschreitung dieser Alkoholstärke und auch wegen der höheren Temperatur zur Zeit der Fruchtreife der einzelnen Früchte der Verderb nicht ausgeschlossen ist.

Der Fruchtsaft- bzw. Wassergehalt der einzelnen Früchte ist unterschiedlich, und deshalb werden bei den Rezepten auch unterschiedliche Alkoholstärken (sie liegen meist wesentlich höher als sie sein müssen) im Fertigprodukt erreicht. Grundsätzlich soll ein höherprozentiger Rum (etwa 54% Vol.) verwendet werden, und wichtig ist auch, daß die Früchte um Fingerbreite bedeckt sind.

Dazu ist etwa folgendes Mengenverhältnis notwendig (nach Angaben der Firma Pott, Flensburg):

500 g Früchte
250 g Zucker
700 ml Rum (54% Vol.)

Möchte man den Alkoholgehalt in diesem Fertigprodukt errechnen, geschieht dies auf folgende Weise, wobei man von einem durchschnittlichen Wassergehalt der Früchte von etwa 80% ausgeht:

500 g Früchte (80% Wasser)   =   400 ml Wasser
250 g Zucker (× Faktor 0,6)   =   150 ml gelöst
700 ml Rum (54% Vol.)   =   700 ml Rum

Flüssigkeitsmenge (ohne Feststoffe) = 1 250 ml

In diesen 1 250 ml Flüssigkeit befinden sich dann

$$\frac{700 \text{ ml} \times 54}{100} = 378 \text{ ml reiner Alkohol.}$$

Umgerechnet auf 1 l Produkt sind dies:

1 250 : 378   =   1 000 : ×
1 250 × = 378 000
× = 378 000 : 1 250 = etwa 30% Alkohol

Eingangs wurde aber erwähnt, daß Handelserzeugnisse nur 14-22 Vol.-% aufweisen; folglich könnte man die Rum-Menge auf $2/3$-$1/2$ reduzieren, wenn dabei die Früchte noch gut bedeckt sind (eventuell durch entsprechende Wassermenge ersetzt, indem man nur etwa 465 ml Rum 54%ig und 235 ml Wasser verwendet; die Alkoholstärke liegt dann bei etwa 20% Vol.).

Wie setzt man einen Rumtopf an?
1. Die Früchte waschen und gut abtropfen lassen.
2. Die Stiele entfernen.

3. Die Früchte in eine Schüssel geben und die halbe Gewichtsmenge des Obstes an Zucker zusetzen.
4. Alles durchmischen und etwa 1 Stunde ziehen lassen.
5. Die Mischung in den Rumtopf geben und den Rum dazugießen.
6. Den Topf verschließen und kühl stellen.

Während der Lagerung vollzieht sich ein Austausch der Flüssigkeiten: Der Fruchtsaft tritt aus den Früchten und der Alkohol geht in die Früchte, bis etwa ein Gleichgewicht eingetreten ist.

Bei Entnahme von Früchten und/oder

Neuzugabe muß entsprechend dem Verhältnis der Früchte nochmals Rum bzw. anderer Branntwein sowie Zucker dazugegeben werden.

Das Rumtopfjahr beginnt mit Erdbeeren und setzt sich mit Sauerkirschen (nicht entsteinen) fort. Dann folgen Aprikosen und Pfirsiche; bei diesen Früchten wird die Schale abgezogen, das Obst entsteint und halbiert. Birnen werden geschält, geviertelt und ohne Kerngehäuse eingelegt. Ananasstücke eignen sich ebenfalls zum Einlegen.

Nach einigen Wochen können dann, je nach Bedarf, Früchte entnommen werden.

Verarbeitung der Früchte und Abbau des Pektins

Wenn Sie Saft oder Wein aus frischen oder eingefrorenen Früchten herstellen wollen, sind Überlegungen anzustellen, wie diese zweckmäßig und dennoch einfach verarbeitet werden können.

Unter Verarbeitung versteht man 2 Arbeitsvorgänge:
1. Zerkleinerung durch Quetschen oder Maischen der Früchte (mit Mühle, per Hand usw.);
2. Abpressen der Maische durch Trennen des Saftes vom Fruchtfleisch (mit Presse).

Vor dieser Verarbeitung müssen die Früchte, wenn es die Struktur zuläßt, gewaschen werden, und das Wasser muß gut abtropfen. Sind die Früchte aber schon zu weich oder bereits angeschlagen oder bei Steinobst, wie z. B. Sauerkirschen, die Stiele entfernt und der Saft tritt schon aus, dann können die Früchte nicht mehr gewaschen werden. Häufig genügt ein Abspritzen oder Abbrausen in Sieb, Korb, Steige o. ä. Das Abtropfen ist auch hier sehr wichtig! Dabei werden nicht nur Schmutzteilchen, sondern vor allem Mikroorganismen, wie Schimmelpilze, Hefen und Bakterien der unterschiedlichsten Gattung, entfernt. Ein 100%iger Erfolg ist nicht zu erwarten; es genügt, wenn ein möglichst hoher Prozentsatz entfernt wird.

Zerkleinerung der Früchte

Bei diesem Vorgang werden die Früchte nicht nur zerkleinert, sondern es werden wichtige Nebeneffekte ausgelöst. Die Fruchtfleischzellen werden zum Teil von Pektinstoffen, einer sogenannten »Kittsubstanz«, zusammengehalten, d. h., die Zellwände sind daraus aufgebaut.

Mechanisch lassen sich diese Pektine nicht zerreißen oder auflösen. Hier ist ein biochemischer Prozeß notwendig, der durch das in allen Fruchtarten vorkommende pektinspaltende Enzym Pektinase in Gang gesetzt wird. Dieses Enzym beginnt sofort nach der Obstzerkleinerung zu arbeiten. Der Vorgang geht jedoch nur langsam vonstatten, die eigene Aktivität reicht nicht aus, und die Maische müßte viel zu lange stehen bleiben; deshalb gibt man zur Unterstützung noch Kitzinger Antigel dazu, das dieselbe Wirkung hat und auf derselben biochemischen Basis arbeitet. Die Standzeit der Maische bis zum Abpressen wird dadurch wesentlich verkürzt, die Pektinstoffe werden vollständig abgebaut. Das Pektin (Protopektin), das vorher unlöslich war, zerfällt in kleinere Bruchstücke, die löslich sind; die Maische wird dünnflüssiger, weniger viskos, wie es in der Fachsprache heißt. Sie läßt sich leichter abpressen. Höhere Ausbeute an Saft, größere Intensität der Farbe und geringere Schaumbildung bei der Gärung sind das gewünschte Ergebnis.

Eine wichtige Rolle spielt die Säure oder besser der pH-Wert. In säureärmeren Früchten, Maischen oder Säften wirkt das Kitzinger Antigel besser; hier genügt die normale Dosis, wie sie bei jeder Rezeptur angegeben ist. Bei sehr sauren Früchten dagegen (pH-Wert unter 3,0), wie z. B. schwarze Johannisbeeren, Sanddornbeeren u. ä., kann und sollte man die Dosierung etwas erhöhen (siehe dazu Tabelle Seite 72).

Da solche biochemischen Vorgänge stets von der Temperatur der Maische abhängen, muß diese besonders beachtet werden. Die folgende Übersicht gibt darüber Aufschluß:

- Unter 10°C finden kaum Reaktionen (kein Abbau) statt.
- Um 15°C soll die Standzeit etwa 15-20 Stunden betragen.
- Um 20°C soll die Standzeit etwa 10 Stunden betragen.
- Um 25°C soll die Standzeit etwa 7-10 Stunden betragen.
- Um 30°C soll die Standzeit etwa 5 Stunden betragen.
- Um 40/50°C soll die Standzeit etwa 2-3 Stunden betragen.
- Über 55°C werden die natürlich vorhandenen und zugesetzten Enzyme (in diesem Fall Eiweißkörper), die man auch »natürliche Katalysatoren« nennt, zerstört bzw. inaktiviert.

Es besteht somit ein Zusammenhang zwischen dem pH-Wert der Früchte, der Temperatur der Maische und der Reaktionsgeschwindigkeit (Standzeit).

Als Faustregel gilt: Eine Temperaturerhöhung um 10°C führt zu einer Verdoppelung der Reaktionsgeschwindigkeit. Sie verkürzt die Standzeit um etwa 50%. Im niederen Temperaturbereich ist zwangsläufig eine höhere Dosierung notwendig, wenn die Standzeit die gleiche sein soll.

Die Aktivität ist bei etwa 50°C am stärksten, das heißt aber nicht, daß grundsätzlich jede Maische erwärmt werden sollte – oft ist dies gar nicht möglich – zudem sind damit auch Energiekosten verbunden.

Bestimmte Früchte bzw. deren Maischen müssen aber auf ungefähr 50°C erwärmt werden, weil erst bei dieser Temperatur die Farbstoffe in Lösung gehen, die vorher nur im Fruchtfleisch oder in den Fruchtschalen enthalten sind. Ohne diesen Aufschluß würden sie nicht in den Saft übergehen und der Saft oder Wein bliebe hell (blaß). Dies trifft insbesondere bei schwarzen Johannisbeeren zu. Auch rote bzw. blaue Trauben sollten erwärmt und dann mit Kitzinger Antigeliermittel behandelt werden, wenn man dunkle Säfte herstellen möchte.

Wenn also Temperaturen um 50°C das Maximum oder in manchen Fällen auch das Optimum darstellen, dann ergibt sich die Frage: Was geschieht bei der Dampfentsaftung der Früchte, bei Temperaturen um 100°C, die über längere Zeit bestehen? – Es ist einleuchtend, daß dabei alle biologischen (= Tätigkeit der Mikroorganismen, wie Schimmelpilze, Hefen und Bakterien) und biochemischen (= Wirkung der Enzyme) Vorgänge unterbrochen bzw. verhindert werden. Die Enzyme werden dabei für immer zerstört (irreversibel inaktiviert). Ein mikrobiologischer Befall ist nach der Abkühlung wieder möglich, und der Saft kann sowohl durch Schimmelpilze als auch Hefen aus der Luft befallen werden.

Eine verhängnisvolle Nebenwirkung der Erhitzung ist, daß sich solche Säfte oder Weine nicht selbst klären. Sie bleiben trüb. Auch Schönungsmittel zur Klärung bleiben wirkungslos, wenn nicht zusätzlich Antigel in höherer Dosis zum Abbau der Pektinstoffe zugesetzt wird.

Legt man jedoch Wert auf trübe Natursäfte (naturtrüber Apfelsaft, trübe Fruchtnektare), die das gesamte natürliche Pektin in ursprünglicher Form noch enthalten, muß alles getan werden, um die pektinabbauenden Enzyme zu inaktivieren, also auszuschalten (durch Hitze). Es wird also auch kein Antigeliermittel hinzugefügt.

Ebenso wird man das Pektin nicht abbauen, wenn aus den Säften oder dem Fruchtmark z. B. Gelee hergestellt werden soll; hier muß die natürliche gelierende Wirkung erhalten bleiben.

Genau das Gegenteil trifft aber zu, wenn man solche Natursäfte zur Herstellung von Fruchtsaftlikören verwendet. Schon eine geringe Menge nicht abgebautes Pektin im Saft kann zur Folge haben, daß dieses bei der Vermischung mit Alkohol – in Form von reinem Weingeist (Sprit) oder hochprozentigem Branntwein (Schnaps) – geliert, der Likör also verdickt. Ist dieser Zustand erst einmal eingetreten, dann gibt es keine Abhilfe, d. h. keine Abbaumöglichkeit des Pektins mehr. Selbst hohe Dosierungen mit Antigeliermittel sind wirkungslos, da Alkoholkonzentrationen über 15% Vol. eine Enzymwirkung verhindern. Liköre haben bekanntlich höhere Alkoholwerte (ab 25% Vol.).

Was ist Pektin?

Zum besseren Verständnis soll Pektin einmal näher betrachtet werden, weil es auch an anderer Stelle eine wichtige Rolle spielt:

Pektine gehören chemisch gesehen zu den Polysacchariden (Mehrfachzucker) und sind somit Riesenmoleküle (Molekulargewichte von 10 000-400 000). Zum Abbau dieser Riesenmoleküle sind bestimmte Enzyme notwendig – zu vergleichen mit einem Schloß (= Pektin), in das nur ein ganz bestimmter Schlüssel (= Enzym) paßt. Dieses Schlüssel-Schloß-System trifft auch auf viele andere biochemische Abbauvorgänge bei der Umwandlung eines Saftes in Wein zu.

In einzelnen Pektinmolekülen ist neben zahlreichen anderen Verbindungen auch Methylalkohol (Methanol) chemisch gebunden, der durch Einwirkung der safteigenen Enzyme frei wird; das gleiche geschieht bei Zusatz von Antigel, wobei an der Menge des Methylalkohols nicht festzustellen ist, ob mit Zusatz oder ohne Zusatz gearbeitet wurde. Die Freisetzung ist bei der Weinbereitung unvermeidlich. Der Methylalkoholanteil ist um so größer, je mehr Pektin eine Frucht von Natur aus enthält. Rotweine (meistens Maischegärung zur Farbstoffausbeute) enthalten geringfügig mehr Methylalkohol als Weißweine.

Methylalkohol entsteht kurz vor und während der Gärung, jedoch nicht durch die Tätigkeit der Hefezellen, sondern durch die Tätigkeit der Enzyme; jede Fruchtart hat spezifische Pektine. Die Menge des Methylalkoholgehaltes im fertigen Wein ist bezogen auf normalen Äthylalkohol (Äthanol) gering (etwa 0,5-1%). Wenn ein Dessertwein z. B. 103 g Alkohol (= 13% Vol. enthält, sind etwa 0,5-1 g/l Methylalkohol vorhanden. Diese Menge ist absolut unbedenklich; vergleichsweise enthält 1 l normaler Branntwein mit etwa 40% Vol. Alkohol (= 320 g/l) etwa 3-4 g/l Methanol (siehe auch »Gärungsnebenprodukte«, Seite 55 f.).

Für die Zerkleinerung der Früchte kommen mehrere Möglichkeiten in Frage. Im einzelnen hängt die Methode davon ab, um welche Fruchtart und Fruchtmenge es sich handelt bzw. ob Bereitschaft zur Improvisation vorhanden ist: Kleine Fruchtmengen können beispielsweise mit der Hand zerdrückt werden, man kann sie in einem Topf oder in einer Schüssel mit dem Stampfer quetschen. Kernobst, wie Äpfel und Birnen, kann man in kleinen Mengen auch mit dem Messer vierteln und diese Teile mit dem Mixer ganz kurz zerkleinern und mit einem Perlonbeutel ausdrücken.

1. Mit der Hand: Bei Erdbeeren und Sauerkirschen ist dies im Haushalt leicht möglich. Dieses Verfahren ist einfach und kostet nichts.

2. Mit einem Stampfer: Außer den oben genannten Früchten lassen sich noch Johannisbeeren und eventuell Süßkirschen zerdrücken, am besten in einem Gefäß mit rauher Oberfläche (Tontopf), da die Früchte in glatten Gefäßen abrutschen, also keinen Widerstand haben.

3. Mit dem Mixer: Diese Methode kommt nur bei sehr kleinen Mengen Beerenobst (nicht bei Steinobst) in Betracht. Außerdem werden die Früchte bei längerer Verweilzeit im Mixer zu stark zerkleinert (vermust), so daß anschließend nicht mehr gepreßt werden kann. Hagebutten können kurz gemixt werden.

4. Mit einem Preß- und Passiervorsatz am Fleischwolf: Zerkleinerung und Entsaftung erfolgen hier in einem; für kleine Beerenmenge geeignet, nicht jedoch für Kern- und Steinobst, ebenfalls nicht bei Trauben.

Nachteil: Es kommt zuviel Fruchtmark (Pulpe) mit in den Saft.

Resultat: viel Fruchtanteil im Wein, stärkere Schaumbildung bei der Gärung, schlechtere Klärung des Weines. Bei warmen Temperaturen ist dies ein Nachteil, da Überschäumen möglich.

Vorteil: Die Gärung verläuft stürmischer (auch bei kühler Temperatur), da kürzere Gärzeit. Die Getränke sind aromatischer und extraktreicher.

5. Mit einer elektrischen Haushalts-Saftzentrifuge: Das Gerät ist relativ teuer in der Anschaffung, bringt jedoch eine große Arbeitserleichterung. Zerkleinerung und Entsaftung in einem. Steinobst muß vorher entsteint, Kernobst meist in kleinere Stücke geschnitten werden. Die Anschaffung lohnt sich vor allem dann, wenn auch Gemüsesäfte hergestellt werden.

6. Mit einer Walzenmühle: Es gibt mehrere, bei Arauner erhältliche Modelle für den Hausweinbereiter (6 und 10 l Trichterinhalt). Größerer Trichterinhalt bedeutet gleichzeitig größere Walzenfläche und damit höhere Verarbeitungskapazität.

Bei dem zur Zeit kleineren Modell sind die beiden Walzen starr, beim größeren ist eine Walze beweglich und verstellbar, so daß fast alle Steinobstarten mit unterschiedlich großen Steinen – ohne diese zu zerstören – gemaischt werden können, ebenso Rhabarber (nicht aber Aprikosen, Pfirsiche und größere Pflaumen).

Die beiden Walzen sind mit Hacken versehen, so daß auch Kernobstarten (Äpfel, Birnen und Quitten) gemaischt werden können. Hierbei werden kleine Stücke aus der Frucht herausgerissen und von den Walzen zerdrückt, so daß diese Maische dann nach einer Standzeit unter Einwirkung von Antigel (siehe Seite 71 ff.) leicht preßbar wird.

In gewerblichen Betrieben wird Kernobst mit Rätzmühlen vermaischt, wobei kleine Fruchtstücke aus der Frucht herausgefräst und herausgeschabt werden. Eine gewisse Struktur (Festigkeit) sollen diese kleinen Fruchtstücke aber noch haben, damit kein Mus entsteht. Mus kann nicht abgepreßt werden, da die Fruchtfleischteilchen zu klein sind.

Rätzmühlen sind aber <u>ausschließlich für Kernobst</u> verwendbar. Andere Obst- und Beerenarten erfordern Walzenmühlen mit unterschiedlichen Konstruktionen (Kegelwalzen-, Zylinderwalzen- und Flügelwalzenmühle – entweder aus Metall, Stein oder Gummi).

Wenn die kleine, für den Haushalt bestimmte Walzenmühle für alle Obst- und Beerenarten geeignet sein soll und eingesetzt werden kann, müssen zwangsläufig einige kleine verarbeitungstechnische Nachteile bei der einen oder anderen Frucht mit in Kauf genommen werden.

Damit diese kleinen Mühlen universell eingesetzt werden können, sind an den Walzen schon die Haken angebracht, die die Früchte auch zerreißen, wie es bei Kernobst notwendig ist. Dies hat zwangsläufig den Nachteil, daß bei Verarbeitung von Beeren zuviel Spielraum zwischen den Walzen und Haken ist und somit der Quetschvorgang der Beeren unvollständig durchgeführt wird. Ein Universalgerät gibt es nicht.

Für Kernobst gibt es keine Alternative. Diese Früchte müssen vor dem Pressen mit der Mühle zerkleinert werden. Bei Beeren und Steinobst kann man auf andere Verfahren (siehe oben) ausweichen. Eine Dampfentsaftung kommt bei Kernobst, das zu Wein verarbeitet werden soll, aus mehreren Gründen nicht in Frage (siehe Seite 85).

Abpressen der Früchte

Nach der Zerkleinerung sollen Maischen wegen des Pektinabbaus etwas stehen bleiben. Die Maischegärung dauert in der Regel 1-2 Wochen. Es werden zunächst alle im Rezept angegebenen Stoffe zugesetzt und das Ganze in den Gärbehälter eingefüllt.

Soll eine reine Saftgärung (nur Flüssigkeit) durchgeführt werden, muß nach einer bestimmten Zeit (Näheres siehe Seite 20) abgepreßt werden.

Wie dies geschieht, und zwar von der einfachsten bis zur vollendetsten Form, soll hier kurz beschrieben werden.

1. Mit der Hand: Dazu füllt man die Maische in ein grobes Leinensäckchen oder -tuch, in einen dafür bestimmten Preßsack aus Nylon oder Perlon, der zu jeder Presse gehört, oder in einen Perlonfilterbeutel, wie er zur Filtration mit dem Kitzinger Trichterfilter verwendet wird.

Daneben lassen sich auch andere Gewebearten verwenden, wenn die Maschenweite einen ungehinderten Saftablauf gewährleistet, das Fruchtfleisch aber trotzdem zurückgehalten wird.

Nach dem Befüllen verschließt man die Einfüllöffnung bzw. die Tuchränder mit einer Hand und drückt oder wringt mit der anderen in entgegengesetzter Richtung aus.

Angegorene Maischen von Erdbeeren, Johannisbeeren, Brombeeren, Himbeeren, Heidelbeeren, eventuell auch noch Sauerkirschen, lassen sich so recht gut auspressen.

Zur besseren Auslaugung kann man den Rückstand (Trester) mit etwas Wasser (etwa 20% des Preßrückstandes) übergießen, ziehen lassen und nach einigen Stunden nochmals abpressen; diesen zweiten Preßsaft als <u>Wasseranteil</u>, wie in den Rezepten angegeben, werten.

2. Auch die auf Seite 22 unter 4. und 5. genannten Verfahren können angewendet werden.

3. Das Frostentsaften: Hierbei handelt es sich um eine neu entdeckte Möglichkeit, vor allem Beeren und andere Fruchtarten (Steinobst, z. B. Sauerkirschen) mit Hilfe eines physikalischen Gesetzes ohne großen Aufwand befriedigend zu entsaften:

Gefrierendes Wasser bzw. gefrierender Fruchtsaft dehnt sich aus und bringt die

Fruchtfleischzellen zum Platzen (Plasmolyse). Nach dem Auftauen läuft der Saft teilweise aus den Zellen.

Dazu füllt man Beerenfrüchte, besonders Brombeeren und Himbeeren, bei der Ernte in Plastikbeutel und friert sie ein (etwa 500-1000 g in einen Beutel). Später, nach dem Herausnehmen im noch gefrorenen Zustand, werden die Beutel im unteren Teilbereich mit einer starken Nadel intensiv durchlöchert. Dieses »Sieb« wird dann zum Saftablauf über einem Gefäß aufgehängt.

Pektinreiche Früchte sind für diese Art der Entsaftung weniger geeignet; sie müssen im aufgetauten Zustand (nicht vorher!) erst mit Antigeliermittel (siehe Seite 71 ff.) behandelt werden. Der Rückstand muß in jedem Fall ausgepreßt werden.

Andere Früchte lassen sich nach dieser Methode zumindest weich machen (z. B. Rhabarber) und können dann leichter abgepreßt werden. Dabei handelt es sich um ein schon lange praktiziertes Verfahren.

Das Gefrieren kann bei manchen Früchten eine Mühle (zum Zerkleinern) ersetzen und ist von Fall zu Fall selbst auszuprobieren.

4. Mit einer Korbpresse: Dies ist das klassische Verfahren. Es hat sich, wenn auch modifiziert, vom Altertum bis heute erhalten.

Es gibt eine ganze Reihe von Modellen, die nach demselben Schema, jedoch – je nach der eingesetzten Technik – mit unterschiedlichem Kraftaufwand arbeiten.

Diese kleinen vertikalen Korbpressen mit einem Inhalt von 4-40 l und mehr besitzen als Drucksystem eine drehbare Eisenspindel. Dementsprechend werden sie auch Spindel- oder Schraubpressen genannt. Flachgängige Schraubengewinde (= kleiner Abstand zwischen 2 Windungen) lassen einen höheren Preßdruck zu als weitgängige Gewinde.

Der Preßdruck ist bis zu 30mal größer, als man an Kraft aufwendet.

Bei einem besonderen Modell kann der Druck zusätzlich durch einen vertikalarbeitenden Hebel über einen Zahnradkranz verstärkt werden; hier ist ein noch geringerer Kraftaufwand erforderlich.

Das Schraubengewinde sollte zur Verbesserung des Drehvermögens und zur Vermeidung größerer Reibungsverluste ab und zu mit etwas Butter »eingefettet« werden (dieses »Schmiermittel« ist geschmacksneutral und löst sich nicht).

Da bei diesen Pressen das Eigengewicht fehlt, der Druck jedoch durch Drehen ausgeübt wird, rutschen sie leicht. Sie müssen entweder mit 2 Schrauben am Boden befestigt werden, oder man stellt sie zwischen beide Füße.

Die Bezeichnung OP 10 besagt, daß der Preßkorb 10 l Maische aufnimmt; wenn man jetzt theoretisch Liter mit Kilogramm gleichsetzt, dann würde diese Presse 10 kg gemaischte Früchte bis zum Rand aufnehmen können. Das spezifische Gewicht von Maischen ist jedoch stets größer als 1,000, so daß 10 l etwa 11-12 kg Früchten entsprechen. Dies ist zu beachten.

Bei gemaischten und einige Stunden mit Kitzinger Antigeliermittel behandelten Früchten fließt der Saft schon beim Einfüllen in den Preßkorb ab. Zuvor wird zusätzlich ein Preßsack eingelegt, um ein Spritzen zu verhindern und um einen trubstoffarmen Saft zu erhalten.

Vorteil: Man kann auch noch mehr Maische einfüllen. Dies kann bei angegorenen Maischen sogar bis zu 50%, in Ausnahmefällen bis zu 80% mehr ausmachen, so daß bei Erdbeeren etwa 18 kg Maische aufgeschüttet werden können. Entsprechend trifft dies auch bei anderen Preßsystemen zu, z. B. bei der Para Press.

In der industriellen Obstverwertung arbeitet man mit Packpressen, wobei die Maische in (Kunststoff-)Tücher eingeschlagen und mit Zwischenrosten (aus Holz oder Aluminium) versehen wird. Der Zweck: Ein möglichst kurzer Weg des Saftablaufes. Der gesamte Stapel kann aus 10-20 Einzelpackungen bestehen.

5. Mit Para-Press (Paul Arauner-Presse): Das neuartige an diesem System ist die Druckerzeugung mit Leitungswasser durch eine Gummiblase. Es ist - im Gegensatz zu den bisherigen Systemen - keine menschliche Kraft erforderlich, wenn nicht mit Motorkraft gearbeitet wird.

Der Vorteil liegt darin, daß der Druck im oberen Bereich (je nach Wasserleitungsnetz) von 4-7 bar erhalten bleibt, auch wenn der Saft abfließt.

Bei einer Haushaltsspindelpresse müßte ständig nachgedrückt werden, da der abfließende Saft Raum frei gibt, das Maischevolumen verringert wird und der Druck abfällt. Obwohl Para-Press nur einen Inhalt von 2 l aufweist (entsprechend dem Zuckergehalt der Früchte), entspricht dies 2-2,4 kg Früchten. Die Stundenleistung liegt weit über einer Presse mit 10 l Korbinhalt.

Eine Zerkleinerung der Früchte muß dort vorgenommen werden, wo ein höherer Pektingehalt ein direktes Abpressen nicht zuläßt – genau wie bei den anderen Preßsystemen auch. Es gibt jedoch Fruchtarten (z. B. Sauerkirschen), die entstielt und mit den Steinen (aber zerdrückt) gepreßt werden können (Perlonbeutel-Einlage).

Der Preßdruck beim Para-Press-System liegt in demselben Bereich, wie er bei pneumatischen, mit Luftdruck betriebenen Pressen in der gewerblichen Wirtschaft verwendet wird. Bei sachgemäßer Zerkleinerung der Früchte, Zusatz von Antigel und ausreichender Standzeit kann man mit einer optimalen Saftausbeute rechnen (Einzelheiten und Gebrauchsanweisung siehe Spezialprospekte!).

Para-Press eignet sich nicht nur zum Abpressen von Früchten, um Saft oder Wein herzustellen, sondern ebenso zur Gewinnung von Fruchtmark, um daraus Konfitüre zu bereiten. Man legt in diesem Falle kein Perlontuch (-beutel) hinein.

Gut reife und weiche Früchte werden nach dem Waschen und Abtropfen ohne weitere Vorbereitung, also nicht zerdrückt, in den Preßseiher gegeben und einfach ausgepreßt. Bei gut reifen und saftigen Sauerkirschen zum Beispiel bleiben nur Steine und Schalen zurück. Antigel darf in diesem Falle nicht zugesetzt werden.

6. Mit dem Dampfentsafter: Dieses Gerät bietet eine Reihe von Vorteilen, vor allem wenn der Fruchtsaft süß gehalten und nicht vergoren werden soll. Da er beim Austritt aus dem Dampfentsafter noch heiß ist, kann er sofort steril in Flaschen abgefüllt werden und ist auf lange Dauer haltbar (zumindest bis die Verschlüsse undicht werden und Mikroorganismen eindringen können). Bei Gummikappen kann eine Porosität (Undichtigkeit) je nach Luftfeuchtigkeit des Raumes nach 5-10 Jahren eintreten, mit Kronenkorken verschlossene Säfte sind in trockenen Räumen beinahe unbegrenzt haltbar.

Ein Dampfentsafter ist ein Gerät, das in gewissem Maße die Funktionen von Mühle und Presse in sich vereint.

Für den Weinbereiter und begrenzt für den Saftbereiter müssen allerdings auch die Nachteile aufgezeigt werden, die sich aus diesem Verfahren ergeben:

– hoher Energieaufwand (Heizkosten);
– geringere Ausbeute an Saft und demzufolge an Inhaltsstoffen (wie Aroma);
– schlechtere Angärung (bei der Hitze werden die gärfördernden Aminosäuren zerstört);
– wesentlich stärkere Schaumbildung bei der Gärung;

– in der Regel geringere Alkoholbildung, längere Gärzeit;
– keine oder völlig ungenügende Selbstklärung des Weines, da alle Enzyme – in diesem Falle Pektinasen zum Abbau der Pektinstoffe – durch Hitze zerstört werden;
– beim Saftbereiten ungleichmäßige Zusammensetzung des kontinuierlich ablaufenden Saftes – zuerst weniger, im letzten Teil mehr Wasser.

Allgemein:
Nicht jede Frucht eignet sich gleich gut für dieses Verfahren: Kernobst überhaupt nicht, Steinobst bedingt, Beerenobst und Rhabarber gut. Stachelbeeren sollten vorher aufgeschnitten werden.
Früchte mehrere Stunden vorher einzuckern. Trauben können zwar entsaftet werden, der Saft eignet sich allerdings nicht für die Weinbereitung und ist minderwertiger als kalt abgepreßter.
Der abfließende Saft ist zwar steril, nach Abkühlung treten jedoch neue Infektionen auf, wenn er mit Luft in Berührung kommt oder bleibt; er muß dann wie jeder kalt abgepreßte Saft behandelt werden.

7. Mit einer Wäscheschleuder: Der Erfindergeist mancher Hausweinbereiter ist beinahe grenzenlos und hat schon oft dazu geführt, daß neue Techniken eingeführt wurden. So haben sich besonders Gewitzte Gedanken gemacht, ob nicht im Haushalt vorhandene und anderweitig eingesetzte Geräte für die Entsaftung geeignet sind.
In der Tat scheint die Wäscheschleuder ein dafür ausreichendes Instrument zu sein. Metallteile (aus Kupfer, Zink usw., außer aus V2A oder rostfreiem Metall) müssen gestrichen sein, und zwar mit einem dafür geeigneten Kelterlack (Artikel-Nr. 000337).
Das Gerät sollte zwischenzeitlich selbstverständlich nicht wieder als Wäscheschleuder eingesetzt werden, da es kaum so gründlich gereinigt werden kann, daß nicht Spuren von Waschmitteln mit in den Saft gelangen.
Weiterhin ist wichtig: Die Maische (zerkleinerte Früchte) muß nach der üblichen Standzeit (bei Maischegärungen nach der üblichen Gärzeit) in einen Preßsack aus Nylon, Perlon, Leinen usw. eingefüllt werden. Dieser muß sich locker und gleichmäßig an die Wandung anlegen, bevor geschleudert wird.

8. Mit Saftzentrifuge und Kleinentsafter: Diese elektrisch betriebenen Geräte werden in Haushaltswarengeschäften angeboten und sind eine außerordentlich große Hilfe, besonders wenn man seinen täglichen Fruchtsaft aus Gartenfrüchten herstellen will.
Die Mengenleistung ist jedoch je nach Typ begrenzt, so daß die Geräte für die Entsaftung von größeren Mengen zur Weinherstellung nicht optimal sind. Der Zerkleinerungs- und Entsaftungsvorgang ist in einem Arbeitsgang vollziehbar.
Bei dieser Art der Saftgewinnung ist an sich kein Antigeliermittel zum Abbau des Pektins notwendig, da kein normaler Preßvorgang stattfindet.
Da das Antigeliermittel aber nicht nur die Aufgabe hat, eine Maische besser aufzuschließen und preßbar zu machen, sondern auch dafür sorgt, daß die Pektine restlos abgebaut werden und somit die Klärung des späteren Weines begünstigt, ist auch hier der Zusatz von Antigeliermittel unbedingt zu empfehlen.

Gär- und Lagerbehälter für Saft und Wein

Holzfässer

Der Werkstoff Holz war etwa bis Mitte der 50er Jahre dominierend bei der Lagerung der Getränke. Er wurde dann abgelöst durch Behälter aus Kunststoff und Edelstahl. In ländlichen Gebieten mit Apfelweinherstellung und bei den sogenannten Nebenerwerbs- bzw. Feierabendwinzern spielt das Holzfaß aber auch heute noch eine gewisse Rolle.

Die Problematik liegt dabei nicht so sehr in der Lagerung der Getränke, sondern mehr oder weniger im Aufbewahren der leeren Behälter. Holz ist ein natürlicher Stoff und »arbeitet«. Es schwindet, gibt selbst im »trockenen« Zustand noch Wasser ab und kann dadurch undicht werden. Die Fugen des Fasses gehen auf, und mit der Luft können Schimmelsporen in das Innere gelangen und die Innenwandung mit Schimmelrasen überziehen. Im Holz sind außer Wasser noch andere Stoffe enthalten, die als Nährquellen für die Vermehrung der Schimmelpilze dienen, nämlich Spuren von der vorhergehenden Lagerung, wie Alkohol, Säuren, Zucker usw. Die Außenseite der Fässer wird zudem mit der Zeit unansehnlich und erfordert zusätzlich viel Pflege.

Besonders anfällig sind Holzfässer in trockenen Kellern und oberirdischen Räumen; hier ist der Schwund des im Holz enthaltenen Wassers besonders groß.

Aus diesem Grunde sollte man die gefährdeten Weinlagerbehälter mit Wasser befüllen; das Wasser würde aber faulen, und deshalb muß es konserviert werden. Für die Konservierung ist schweflige Säure geeignet. Für gewerbliche Betriebe ist es am kostengünstigsten, wenn schweflige Säure aus der Stahlflasche (Schwefelbombe) verwendet wird. In kleineren Betrieben kann Kitzinger Kaliumpyrosulfit, das Salz der schwefligen Säure, verwendet werden. Zur ausschließlichen Konservierung von Wasser sind auf 1 l etwa 500 mg schweflige Säure notwendig. Das bedeutet, daß auf 100 l Faßinhalt 50 g reine schweflige Säure verwendet werden muß.

Bei einer Naßkonservierung mit Kaliumpyrosulfit wird die doppelte Menge benötigt, nämlich 100 g auf 100 l, da der Anteil der schwefligen Säure im Kaliumpyrosulfit nur etwa 50% beträgt. Außerdem muß das Wasser in diesem Fall zusätzlich angesäuert werden. Dazu reichen auf 100 l etwa 40 g Zitronensäure oder Kitzinger Milchsäure aus. Diese Ansäuerung muß erfolgen, damit eine Aufspaltung des in Lösung befindlichen Kaliumpyrosulfits in schweflige Säure und Kalisalz

$$K_2S_2O_5 \rightarrow 2SO_2 \ (H_2SO_3) + K_2O$$

stattfindet.

Vor der Befüllung muß das Faß unbedingt gesäubert und auf undichte Stellen hin untersucht werden.

Die Säure wird zunächst in Wasser gelöst und anschließend in das Faß gegeben. Danach wird mit Wasser nachgespült und das Kaliumpyrosulfit – ebenfalls in etwas Wasser aufgelöst – hinzugegeben. Dann wird das Faß mit Wasser (Leitungswasser) spundvoll gefüllt.

Bei dieser Reihenfolge des Zusatzes erfolgt bereits eine Durchmischung. Zweckmäßigerweise sollte man den Inhalt nach der Befüllung mit einem Rührgerät kurz durchmischen, was besonders bei dem mit aus der Bombe geschwefeltem Wasser notwendig ist. Tritt nämlich keine gleichmäßige Durchmischung ein, kann es in dem nicht ausreichend geschwefelten Bereich zur Fäulnis des Wassers kommen: Es stinkt, und das Faß kann unbrauchbar werden. Im Abstand von einigen Wochen muß das jeweils verdunstete Wasser nachgefüllt werden. Es ist nicht notwendig, das Nachfüllwasser zu konservieren. Beim Einfüllen darf es aber zu keiner größeren Luftblasenbildung kommen. Die Fässer sind nun über mehr als ein Jahr sicher konserviert. Sie brauchen vor der Wiederbefüllung nur entleert und 2- bis 3mal mit normalem Leitungswasser ausgespritzt zu werden, was kaum Zeit in Anspruch nimmt. Eine Nachwässerung mit reinem Wasser ist nicht erforderlich; die Fässer sind so behandelt jederzeit »weingrün«.

Je nach Größe der Holzfässer sind unterschiedliche Packungsgrößen von Kaliumpyrosulfit zu verwenden, und zwar

– bei Faßgrößen bis 100 l Inhalt: die 10 × 10 g Packungen;
– bei Faßgrößen bis 1000 l Inhalt: die 1 kg Packungen;
– bei Faßgrößen über 1000 l Inhalt: Kaliumpyrosulfit lose.

Die jeweiligen Säuremengen werden getrennt für die entsprechenden Faßgrößen abgewogen und mitgeliefert. Ansonsten ist Zitronensäure in 1 × 10 g Tütchen bei Arauner erhältlich.

Konservierung durch Abbrennen von Schwefel

Früher wurden Holzfässer ausschließlich im leeren Zustand mit sogenannten Schwefelschnitten (zunächst mit den tropfenden, später mit den nichttropfenden, dünnen Asbestschnitten) eingebrannt und somit konserviert. (Die nichttropfenden Schwefelschnitten sind vorzuziehen, wenn sie auch etwas teurer sind.)

In kühlen und feuchten Kellern ist gegen diese Art der Konservierung nichts einzuwenden. Man muß nur bedenken, daß dieses Einbrennen im Turnus von 1-2 Monaten wiederholt werden soll.

Pro 100 l Faßraum verwendet man etwa eine halbe nichttropfende Schnitte. Beim Abbrennen wird der Sauerstoff (O) im Innern des Fasses zu SO_2 verbrannt, das dann die konservierende Wirkung hat.

Den in den Faßporen und im Luftraum befindlichen Mikroben (z. B. Schimmelpilze) wird zudem auf diese Weise der Sauerstoff entzogen, so daß der Innenraum des Fasses ohne Schimmelbelag bleibt.

Der Nachteil dieser Konservierungsmethode besteht darin, daß das SO_2 im Laufe der Zeit in den Faßporen angereichert wird. Wenn man das Faß später vor der Befüllung nicht einige Male wässert, kann es zu einer sogenannten »Schwefelsäure-Firne« kommen. Es ist deshalb unbedingt notwendig, solche Fässer vor der Wiederbefüllung einige Male mit Wasser vollzulegen (maximal 4-5 Tage), damit die schweflige Säure wieder herausgelaugt wird. Dieses SO_2 hat sich nämlich in den Faßporen mit dem Wasser zu H_2SO_3 (= schweflige Säure) und teilweise auch zu H_2SO_4 (= Schwefelsäure) umgesetzt.

Glasballons

Seit alters spielt der Werkstoff Glas als Behälter der Saft- und Weinlagerung eine außerordentlich große Rolle.

Der Vorteil des Glases besteht darin, daß

– keine Geschmacksstoffe an das Getränk oder Nahrungsmittel abgegeben werden;
– das Getränk im vollen Behälter durch Sauerstoff nicht beeinflußt wird (kein

Hindurchdiffundieren wie bei Holz oder zum Teil auch Kunststoff);
- die Reinigung leicht durchzuführen ist, da es eine glatte Oberfläche besitzt;
- eine Sterilisation relativ leicht möglich ist;
- dank der dünnen Glaswandungen ein Ballon relativ leicht ist;
- bei Lagerung in passenden Holzgestellen diese auch stapelbar (geringer Platzbedarf) sind.

Allerdings stehen dem auch einige Nachteile gegenüber:
● Bei Glas handelt es sich um eine erstarrte Schmelze, deshalb ist es spröde und empfindlich gegen Hitze und Stoß.
● Der Transport und die Lagerung muß in besonderen Schutzbehältern, wie Weidenkörben, Holz- oder Eisengestellen und neuerdings in Plastikkörben, erfolgen. Volle 50-l-Ballons in Plastikkörben sind zugleich am Henkel und Boden haltend fortzubewegen.

Je nach Herstellungsverfahren können die Glasbehälter entweder nur mit maximal warmen Flüssigkeiten (bis 40 oder 50°C) oder bei manchen nach entsprechender Vorwärmung sogar mit heißem Saft bis 78°C befüllt werden (siehe Kapitel »Saftbereitung«, Seite 82 ff.).

Um Fehler in der Handhabung und im Gebrauch dieser Ballons zu vermeiden, sollen hier die wichtigsten Regeln aufgezeigt werden:

1. Reinigung des Ballons nur mit Wasser (bis 40°C). Eingetrocknete Saft- oder Weinreste einige Tage vorher mit Wasser aufweichen. Dem warmen Wasser kann etwas Ätznatron, Soda, Vinosplit (Art.-Nr. 000208) beigegeben werden.

2. Beim Reinigen den blanken Ballon auf eine »weiche« Unterlage stellen (Holz o. ä.), nicht auf Stein- oder Betonboden. Vorgewärmte Ballons für heiße Saftfüllung nur auf Holz, Kunststoff oder sonstige warme Unterlage stellen, damit keine Temperaturschocks auftreten.

3. Zur Reinigung am besten eine geeignete Bürste verwenden; notfalls können die Schmutzteilchen mit etwas feinem sauberen Sand mechanisch entfernt werden.

4. Bei Reinigung, Vorwärmen oder Safteinfüllung soll der Temperaturunterschied (Temperaturgefälle) zwischen Glas und Flüssigkeit nicht mehr als höchstens 30°C betragen (z. B. Glastemperatur 20°C, Vorwärmwasser 45-50°C, erhitzter Saft 70-75°C). Ohne Vorwärmung wäre das Temperaturgefälle 50-55°C, und das Glas würde in der Regel springen (dies trifft auch für normale Saft- und Weinflaschen zu).

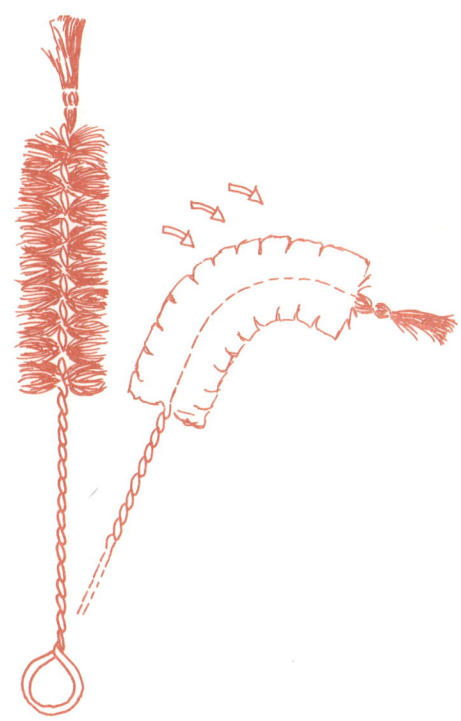

Bürste zum Reinigen von Glasballons

5. Bei der Befüllung den Ballon vorher in den Korb oder das Gestell einstellen; nur so transportieren und lagern, nie ohne Schutz!

6. Teil- oder ganzgefüllten Ballon keinesfalls am Hals hochheben und entleeren – dies ist höchstens bei den Größen 5 l und 10 l möglich. Kleine Reste können durch Herausnehmen des Ballons und Überstürzen entfernt werden.

7. Zur Entleerung oder Probeentnahme bei großem Ballon nur Schlauch oder Weinheber verwenden. Den Ballon niemals seitlich so weit kippen, daß er auf der Seite oder am Hals aufliegt. Die Schwachstelle liegt nämlich an der größten Erweiterung (Bauch- und Schulterteil), und hier zerspringt der Ballon sehr leicht – schon bei leichtem Verrutschen im Gestell – besonders die Größen 25 und 50 l. Die 50-l-Ballons sind nicht für die Heißbefüllung von Fruchtsaft geeignet (Bruchrisiko).

8. Bei der Befüllung des Ballons mit fertigem Wein darauf achten, daß ein kleines Luftpolster auf der Flüssigkeitsoberfläche bleibt. Dies verhindert, daß beim Verschließen mit der Gummikappe (ohne Loch) oder mit Naturkorken ein größerer Druck entsteht, der sich durch die Flüssigkeit gleichmäßig fortsetzt und zum Springen des Ballons führt (Luft dämpft den Druck – Flüssigkeit läßt sich nicht pressen).

9. Wird heißer Fruchtsaft oder Süßmost in den Ballon gefüllt, dann bis zum Überlauf randvoll einfüllen, die Gummikappe mit dem Löffelstiel aufsetzen (siehe »Saftbereitung«, Seite 82 ff.), damit die Luft restlos entweichen kann.

10. Gefüllte Ballons dunkel und kühl aufstellen; Licht schädigt das Getränk.

Bei Erwärmung dehnen sich alkoholische Flüssigkeiten mehr aus als Saft. Die Folge ist, daß auch bei festsitzenden Verschlüssen, die nicht abspringen können, der Ballon platzt. Besonders stark ist die Ausdehnung bei Likören und Branntweinen, am stärksten bei reinem Alkohol. Deshalb hier einen größeren Luftraum belassen.

Saft und Wein soll im Ballon nicht gefrieren (nicht unter minus 4° C), da sich Flüssigkeiten auch beim Gefrieren ausdehnen und das Risiko des Platzens besteht.

11. Den Ballon nach jeder Entleerung reinigen.

12. Während der Gärung soll der Ballon nur so weit gefüllt werden, daß keine Fruchtfleischteilchen bis zum Gäraufsatz Hobby I gelangen, die ihn verstopfen und den Ballon zum Platzen bringen können.

> **Merke:** Je mehr Fruchtfleisch der Gäransatz enthält, desto weniger darf der Ballon befüllt werden (eventuell 20-30% Luftraum). Bei Maischegärungen nur etwa 50% befüllen.

Kunststoffbehälter

In der gewerblichen Weinwirtschaft werden Kunststoffbehälter seit 1957 verwendet. Aus Stabilitätsgründen handelt es sich zumeist um sogenannte glasfaserverstärkte Kunststoffbehälter (GFK = Polyesterharze mit Glasfasern).

In der Hausweinbereitung verwendet man Kunststoffe ohne Glasfaserverstärkung; sie müssen lebensmittelecht sein, d. h., der Kunststoff darf keine Geruchs- und Geschmacksstoffe an das Nahrungsmittel abgeben. In der Regel wird diese Bedingung erfüllt, wenn die Behälter ausschließlich für Lebensmittelzwecke hergestellt sind.

Kunststoffbehälter sind in der Handhabung optimal: Sie sind leicht sowie reinigungs- und aufbewahrungsfreundlich. Es gibt keinen sogenannten »Schwund«, wie man ihn bei Holzfässern kennt. Die Alterung geht wesentlich langsamer vor sich als in Holzfässern, da Oxidationseinflüsse sehr gering sind.

Kunststoffbehälter bieten zudem die Möglichkeit, Maischen darin sehr gut zu vergären, da sowohl das Befüllen als auch das Entleeren sehr einfach ist.

Die Kunststoffbehälter werden nach der Entleerung einfach mechanisch – ohne chemische Zusätze – gereinigt. (Ein Einbrennen wie bei Holzfässern ist nicht notwendig.) Anschließend bleiben sie zum Austrocknen offen in einem luftigen Raum stehen.

Vor der neuen Befüllung müssen die Behälter mit heißem Wasser aus- und mit kaltem Wasser nachgespült werden. Sie sind dann für jede Saft- und Weinlagerung geeignet. Da diese Behälter in der Regel einen Ablaufhahn haben, ist das Abziehen von der Hefe sehr einfach (siehe z. B. Kapitel Apfelwein, Seite 98 ff.).

Ist der Aufbewahrungsort der Kunststofffässer nicht luftig, kann sich bei feuchten Innenwänden ein Schimmelbelag bil-

den, der vor der Befüllung einfach mit Bürste und Wasser entfernt wird.

Neben den lebensmittelechten Kunststoffen gibt es andere Kunststoffe, nämlich PVC (Polyvenylchlorid) oder PE (Polyäthylen), aus denen Haushaltsgeräte hergestellt werden. Für die Weinlagerung sind diese Kunststoffe nicht geeignet. Gegen eine kurzfristige Belegung mit Saft oder gärenden Mosten und Maischen ist sicher nichts einzuwenden, doch sollte dies auf einige Tage beschränkt bleiben.

Edelstahlbehälter

Edelstahl, auch unter der Bezeichnung V2A oder V4A bekannt (es handelt sich um eine Legierung aus Eisen, Chrom und Nickel bzw. zusätzlich Molybdän) findet seit etwa 25 Jahren im Behälterbau für Wein- und Saftlagerung Verwendung. Auch Haushaltsgeräte werden daraus hergestellt. Dieser Werkstoff ist

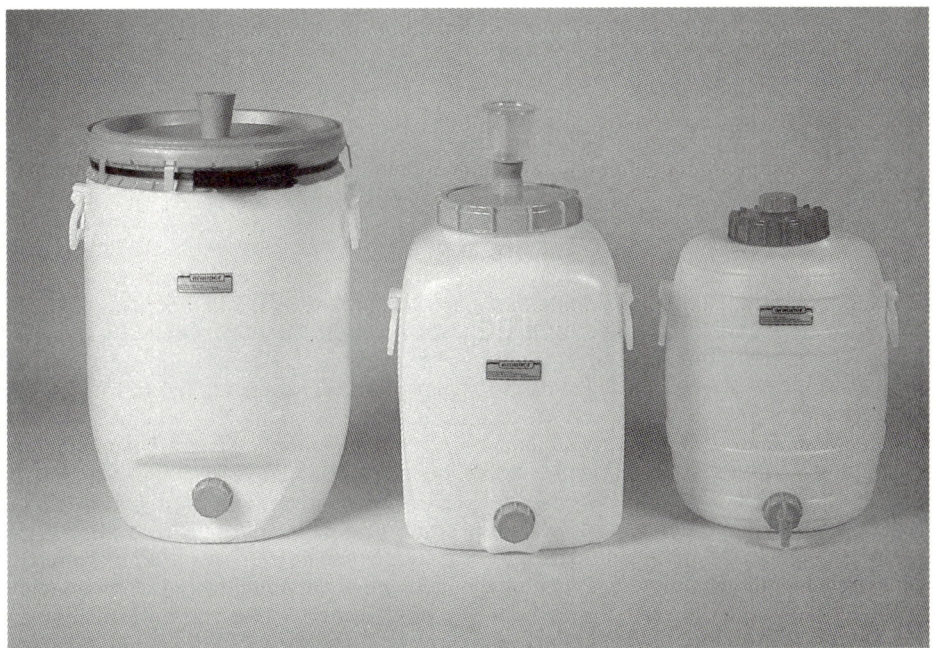

Lagerbehälter für Saft und Wein

optimal. Er ist völlig neutral, wird auch von hohen Säuren nicht angegriffen und ist praktisch unbegrenzt haltbar.

Der hohe Preis steht oftmals einer Anschaffung von Edelstahlbehältern für die Saft- und Weinlagerung entgegen. Hier ein Preisvergleich:

1 l Lagerraum aus Glas kostet etwa DM 1,00, aus Holz etwa DM 1,30, aus Kunststoff etwa DM 0,50 bis DM 1,50 (je nach Größe), bei Edelstahl aber liegt er bei denselben Größenordnungen zwischen DM 4,00 und DM 6,00.

Aluminiumbehälter

Aluminium spielt sowohl als Behälter für Saft- und Weinlagerung eine Rolle als auch bei Geräten für die Verarbeitung von Früchten (Mühlen, Entsafter, usw.). Während Fruchtsäfte mit normalem Säuregehalt (Apfel- und Traubensäfte) problemlos in reinen Aluminiumbehältern gelagert werden können, ist dies bei säurereichen Beerensäften bzw. Süßmosten (mit über 15 g/l Säure) nicht ohne weiteres möglich, da die hohe Säure das Aluminium angreift. Dieses korrodiert schließlich, und außerdem nimmt der Saft noch das Metall auf (einer kurzfristigen Aufbewahrung von 1-2 Tagen steht aber nichts entgegen). In stärkerem Maße trifft dies für Weine zu, da hier sowohl die Säure als auch der Alkohol agressiv sind und das Metall in Lösung bringen. In solchen Fällen müssen die Aluminiumbehälter meist mit Kunstharzlacken ausgekleidet sein.

Andere Metalle

Völlig ungeeignet sind die Metalle Zink, Kupfer, Eisen, Blei und Messing; sie eignen sich weder als Lagerbehälter noch als kurzfristiges Auffanggefäß bei der Verarbeitung der Früchte zu Maischen, Saft oder auch beim Abstich von der Hefe.

Verzinnte Geräte sind brauchbar, da dieses Metall nicht bzw. kaum in Lösung geht.

Das Wasser

Wasser als Zusatzstoff zu Süßmosten (Nektaren) und Weinansätzen hat in der Regel die Aufgabe, die in Natursäften vorhandene hohe (für den menschlichen Genuß manchmal zu hohe) Säure zu verdünnen, damit die Getränke geschmacklich harmonisch werden und einen echten Genuß darstellen.

Für den gewerblichen Fruchtsaft- und Fruchtweinbetrieb ist die Wassermenge begrenzt, da im fertigen Getränk eine natürliche Mindestsäure vorhanden sein muß (je nach Getränkeart zwischen 5-10 g/l). So findet man z. B. auf den Etiketten von Süßmosten einen Mindestsaftanteil von 30-40%, der Rest ist Zuckerwasser. Nur wenn die Säure und der Zuckergehalt von Natur aus normal sind, darf kein Wasser oder Zuckerwasser zugesetzt werden. Dies trifft auf alle Apfelsäfte und Traubensäfte zu, die in den Handel kommen, jedoch nicht auf andere Säfte, die deswegen amtlich auch »Süßmoste« (oder Nektare) genannt werden müssen.

Der Hausweinbereiter darf sein Getränk aber stärker verdünnen und zusätzlich Säure hinzufügen – vor allem, wenn es sich um teure Früchte handelt. Es muß jedoch erwähnt werden, daß solche Getränke weniger gut haltbar und weniger aromatisch sind.

Da der zugesetzte Wasseranteil im Getränk bis zu 70% ausmachen kann (in Fruchtsaftgetränken und Limonaden bis zu 95%), soll das Augenmerk auf die Wasserqualität gelegt werden.

Chemische Beschaffenheit

In der Regel wird Leitungswasser als Zusatzstoff verwendet, gelegentlich Brunnenwasser, selten jedoch frisches Quellwasser.

Alle diese Wässer sind je nach dem Grundgestein mehr oder weniger kalkhaltig. Kalk macht das Wasser hart, bindet u. a. auch Aromastoffe nach dem Vermischen und neutralisiert vor allem etwas die Säure in den Getränken. Nachteilig wirkt sich kalkhaltiges Wasser – auch frisches Quellwasser kann einen hohen Kalkgehalt besitzen – bei der Branntweinherstellung aus, und zwar dann, wenn ein hochprozentiges Destillat (60-70% Vol.) auf Trinkstärke (etwa 40-50% Vol.) reduziert wird. Hier kommt es mit Sicherheit zu Trübungen. Bei Fruchtweinen ist mit dieser Trübung nicht zu rechnen, da diese Vermischung vor der Gärung vorgenommen wird.

Durch Abkochen des harten Wassers wird ein Teil des Kalkes (vorübergehende Härte) ausgeschieden: Das Wasser wird weicher. Von Natur aus weiches Wasser kann ohne vorheriges Abkochen verwendet werden.

Ein weiterer Stoff, der die Qualität des Wassers beeinträchtigt, ist das Nitrat. Dies ist ein Stoff, der vor allem in den letzten Jahren wegen seines verstärkten Vorkommens (wahrscheinlich aufgrund erhöhter Stickstoffdüngung und nachfolgender Auswaschung ins Grundwasser) ins Blickfeld gerückt ist und bekanntlich bei Säuglingen und Kleinkindern gesundheitliche Schäden verursachen kann. Nitrat wird leider durch pflanzliche Nahrungsmittel in teilweise wesentlich höheren Mengen aufgenommen (siehe dazu auch Stichpunkt Vitamin C.) Durch Abkochen läßt sich Nitrat nicht beseitigen. Die Menge in dem mit Wasser verdünnten Saft oder Wein ist unbedeutend und gesundheitlich völlig unbedenklich. Hier noch einige Zahlen:

Nitratwerte bis zu 50 mg/l sind normal und entsprechen den deutschen bzw. den EG-Bestimmungen sowie den Werten der Weltgesundheitsorganisation. Es gibt jedoch Brunnenwasser mit Werten über 100, ja sogar bis 300 mg/l.

Untersuchungen auf Nitrat und Wasserhärte nehmen wir in unserem Labor vor (Kosten siehe Seite 11).

Biologische Beschaffenheit

Um biologisch einwandfreies Wasser zu liefern, können Versorgungsbetriebe Trinkwasser (auch Brauchwasser) mit Chlor versetzen. Dies geschieht selten, kommt jedoch gelegentlich im Sommer vor. Chlor tötet Keime; beim Erwärmen, erst recht beim Erhitzungsprozeß entweicht dieses Gas aber vollständig.

Keime, gleich welcher Art, die im natürlichen Wasser vorhanden sein können, sich vermehren und eventuell beim direkten Genuß eine Gefahr darstellen würden, spielen in den Säften keine Rolle. Die Keime werden nämlich infolge des Säuregehaltes zum größten Teil abgetötet. Dies trifft besonders bei Weinen zu, die zusätzlich den keimtötenden Alkohol enthalten.

Zusammenfassung: Die Wahl des zu verwendenden Wassers stellt kein Problem dar; durch Abkochen, notfalls als Zuckerwasserlösung, lassen sich sowohl das Wasser als auch die Getränke verbessern. Von Natur aus weiches Wasser ist vorzuziehen.

Analysenzahlen und was sie aussagen

Zusammensetzung der wichtigsten Fruchtarten

Fruchtart	1 Mostgewicht Oe°	2 Gesamtextrakt g/l (= Oe° × 2,6)	3 Gesamtsäure g/l (berechnet als Weinsäure)	4 pH-Wert	5 Invertzucker g/l	6 Saccharose (= Rübenzucker) g/l	7 Gesamtzucker g/l	8 zuckerfreier Extrakt g/l	9 Vitamin C mg/l
Ananas frisch (ganze Frucht)	82	213,6	8,0	3,20					
Ananas – Dose, leicht gezuckert	61-63	158,6-163,8	3,7-4,9						
Ananas – Dose, im eigenen Saft	46-65	119,4-169,1	5,7						
Äpfel allgemein	40-65	103-169	5,0-12,0	3,00	58,0-100,0	15,0	60,0-142,0	28,0	
Golden Delicious	50-82	130-213	2,4-7,0	3,50	82,0-139,0	42,0-65,0	179	22,0-39,0	
Jonathan	52-83	135-216	5,3-8,5	3,30	79,0-143,0	32,0-48,0	130,0-175,0	32,0-41,0	
Aprikosen	40	103,7	8,7	3,89	40,2	23,2	63,4	40,3	
Birnen, allgemein	46-63	119,4-163,4	3,5-10,0						
Williams-Christ	40-62	103,0-179,0	1,8-5,5	3,80	50,0-92,5	10,0-29,2	70,0-122,0	40,0-56,9	
Birkensaft	4	10,3	0,3	6,40	7,0	0	7,0	3,3	
Brombeeren	42	109,0	17,6	3,00	70,7	0	70,7	39,2	
Eberesche	110	287,4	26,7	3,20	68,0	5,1	73,1	214,3	1000
Erdbeeren	37-38	95,9-97,2	9,7-12,8	3,40	65,6	0-3,1	66,2-68,7	28,0	460
Grapefruit	37	95,9	11,7	3,09	46,2	20,0	67,2	29,7	510
Hagebutten*)	41	106,3	6,7	3,95					500-800
Himbeeren	37-51	95,9-132,4	18,8-21,2	2,90	47,9-76,6	7,8-13,9	55,7-90,5	40,0	
Holunderbeeren	42	109,0	7,5	3,99	71,1	0	71,1	37,9	90-250
Honig									
Johannisbeeren weiß	53	137,7	27,6	3,00	96,4	0	96,4	41,3	390
rot	44-54	114,2-140,3	26,0-31,4	3,00	66,8-85,6	0	66,8-85,6	50,0	440
schwarz	70	182,2	36,0-45,0	2,90	100,0	0	100,0	82,2	1675
Karotten	37	95,9	0,3	6,46	13,9	50,25	64,15	31,75	
Kirschen süß	56-87	145,5-226,8	4,9-10,8	3,75	100,0-167,5	0	100,0-167,5	58,0	30
sauer	57	148,1	15,0-20,4	3,26	80,6	1,2	81,8	66,3	
Kornelkirschen	64	166,4	32,6		114,0	0	114,0	52,4	800
Kiwi	64	166,0	16,3	3,54	107,0	0	107,0	59,4	
Mahonien	81	211,0	52,4	2,84	106,8	2,4	109,2	101,8	
Mango	67	174,3	3,3	4,40	39,9	95,5	134,4	39,9	180
Maracuja (Passionsfrucht)	57	148,1	8,8	4,40	73,3	26,1	99,4	48,7	
Melonen Wasser-	24	62,1	0,8	5,00	50,3	0	50,3	11,8	0
Honig-	39	101,1	1,2	5,83	46,6	28,7	75,3	25,8	0
Netz-	32	82,9	0,4	6,48	34,2	21,9	56,1	26,8	80
Mirabellen	96	250,5	3,5-8,90	3,99	52,4	114,8	167,2	63,3	
Orangen	46	119,4	6,8	3,76	50,4	27,7	78,1	41,3	600
Apfelsinen	48	124,6	13,4	3,10					
Satsumas	59	153,3	9,8	3,60					
Pfirsiche gelb	45	116,8	6,1	4,10	24,1	56,1	80,2	36,6	
weiß	52	135,1	8,6	3,65	22,0	70,7	92,7	42,4	
Quitten	44	114,2	3,4	4,30	69,8	3,5	73,3	40,9	
Reneclauden	96	250,5	8,9	3,59	52,4	114,8	167,2	83,3	
Rharbarber	17	43,9	16,8	3,32	9,0	0	9,0	34,9	
Rote Bete	38	98,5	0,35	6,35	3,2	70,11	73,11	25,19	
Sanddorn	41	106,3	43,3	2,65	12,3	1,7	14,0	92,3	1000
Schlehen	112	292,0	23,5	3,09	140,0	11,5	151,5	140,0	
Stachelbeeren	45	116,8	20,8	2,92	74,8	6,6	81,4	35,4	210
Tomaten	26	67,3	4,2	4,27	44,0	0	44,0	24,3	350
Trauben	50-130	130,0-338,0	4,5-20,0	3,30	100,0-290,0	0	100,0-290,0	20,0-50,0	0
Weißdorn	43	111,6	4,4	3,83	29,6	1,9	31,5	80,1	
Zitronen	31	80,3	59,0-70,0	2,79	12,1	1,6	13,7	66,6	360
Zwetschgen	76-117	197,9-305,9	4,6-14,7	3,95	72,9-115,5	33,6-67,9	106,5-183,4	60,7-122,5	

*) Da Hagebutten kaum Fruchtsaft besitzen, wurden diese nach dem Zerkleinern mit Wasser im Verhältnis 1:1 versetzt und nach einer gewissen Zeit ausgepreßt und dieser Saft dann untersucht.
Wo Vitamin-C-Angaben fehlen, wurde nicht untersucht.

Wenn Frucht- oder Gemüsesäfte danach beurteilt werden, ob sie in der Zusammensetzung ihrer Inhaltsstoffe gut oder besonders wertvoll sind, dann muß diese Bewertung mehrere Bereiche umfassen. Zwei dieser Bereiche werden hier angesprochen.

Der sensorische Bereich

Dieser Bereich umfaßt alle Eindrücke, wie Farbe, Aussehen, Geruch und Geschmack, die mit den Sinnesorganen wahrgenommen werden können.
Der Geschmack dürfte bei dieser Bewertung die größte Rolle spielen. Ein Nahrungsmittel ist dann als Genußmittel anzusehen, wenn es wegen der Gaumenfreuden verzehrt wird. Bei Weinen und einigen anderen Getränken liegen Schwerpunkte im Geruchssinn, also in Bestandteilen, die mit der Nase erfaßt werden.

Der analytische Bereich

Darunter werden alle Stoffe verstanden, die aufgrund einer chemischen oder physikalischen Analysemethode erfaßt werden können.
In der Tabelle auf Seite 34 sind die Stoffe enthalten, die als Makrobestandteile (= Hauptbestandteile) zu bezeichnen sind und somit relativ einfach bestimmt werden können.
Für den Hausweinbereiter läßt sich sowohl das Mostgewicht und daraus durch Multiplikation mit dem Faktor 2,6 der Gesamtextrakt als auch die Säure feststellen (Näheres hierüber siehe Seite 61).
Aus den ermittelten Werten läßt sich ablesen, ob ein Saft in seiner Zusammensetzung optimal ist oder ob Verbesserungen vorgenommen werden müssen, z. B. Zusatz von Zucker, Zuckerwasser oder Säure. Betrachtet man z. B. die Zahlen bei Trauben- und Apfelsaft, dann

sieht man, daß diese Getränke in der Regel naturbelassen werden können. Sie haben ein ausgewogenes Verhältnis von Zucker (= Mostgewicht) und Säure. Aus der Tabelle ist weiterhin ersichtlich, daß die Zuckerwerte spezifisch sind. Es sind 2 Zuckerarten aufgeführt, nämlich Invertzucker und Rübenzucker, die beide den Gesamtzucker ergeben. Diese sind nur in einem Labor, nicht aber von einem Hausweinbereiter zu ermitteln (verschiedene Zuckerarten siehe Tabelle Seite 46).
Zusammenfassend läßt sich für den Hausweinbereiter folgendes sagen:
- Das Mostgewicht einzelner Fruchtsäfte kann mit der Öchslewaage (und auch mit dem Refraktometer) bestimmt werden (Spalte 1).
  Aus dem Mostgewicht läßt sich mit dem Faktor 2,6 der Gesamtextraktgehalt errechnen (Spalte 2).
- Aus dem Gesamtextrakt läßt sich dann auch ungefähr der Zuckergehalt errechnen (Spalte 7), wenn man den Wert an zuckerfreiem Extrakt kennt (Spalte 8).
  Dieser zuckerfreie Extrakt ist meist eine konstante Zahl für die jeweilige Fruchtart und schwankt nur gering. Lediglich bei Trauben mit unterschiedlichem Reifegrad, also vom Tafelwein bis zur Trockenbeerenauslese, kann der Wert aufgrund der starken Zuckerkonzentration sehr starken Schwankungen unterliegen.
- Den Säuregehalt kann der Hausweinbereiter ebenso leicht bestimmen wie das Mostgewicht. Aus dem Säuregehalt leiten sich die eventuell notwendigen Verdünnungen mit Zuckerwasser in den einzelnen Rezepten ab.
- Der pH-Wert (Spalte 4) ist für den Hausweinbereiter nicht von Bedeutung, da dieser Wert von ihm nicht bestimmt werden kann. Es ist auch nicht möglich, von dieser Zahl auf die Gesamtsäure zu schließen.

In Spalte 9 ist noch der Vitamin-C-Gehalt der Früchte angegeben; diese Zahlenwerte wurden in unserem Labor ermittelt.

Das Vitamin C ist relativ einfach zu bestimmen. Es spielt in den Getränken (Säften und Weinen) eine wesentlich größere Rolle als gemeinhin angenommen wird:

- Es ist zunächst einmal ein essentieller (lebensnotwendiger) Stoff für die menschliche Ernährung. Es trägt auch bei der Verdauung dazu bei, daß keine Nitrosamine entstehen.
- Es hat eine außerordentlich wichtige Schutzfunktion gegen Veränderungen des Aussehens und des Aromas sowohl der Früchte als auch der Getränke. Alle Säfte und erst recht die Weine, die aus Früchten mit hohem Vitamin-C-Gehalt gewonnen wurden, bewahren wesentlich besser und länger ihr Aroma und ihr Aussehen als vitaminfreie Säfte.

Schließlich läßt sich aus dem Gesamtextrakt – nach Abzug des Gesamtzuckers – auch der zuckerfreie Extrakt bestimmen: Liegt der Wert hoch, spricht man von einem extraktreichen Saft oder (späteren) Wein.

Man kann einen solchen Saft wesentlich stärker mit Wasser verdünnen, um immer noch einen normalen, gehaltvollen Saft oder Wein zu bekommen. Dies sieht man an den Werten bei Ebereschen, schwarzen Johannisbeeren, Weißdorn, Mirabellen und Reineclauden, um nur einige zu nennen. In diesen Säften befinden sich hohe Gehalte an Mineralstoffen, sowie weitere, für die Gesundheit wertvolle Bestandteile. Zu den Mineralstoffen zählen z. B. Kalium, Calcium, Natrium, Eisen, Phosphorbindungen usw., die vor allem für den Körperaufbau des Menschen wichtig sind.

Umgekehrt bedeutet ein niedriger Wert, daß ein Saft arm an Extraktstoffen und Mineralien ist. Hier bewirkt ein Zusatz von Wasser eine zusätzliche Verdünnung. Es gilt demzufolge die Regel: Ein hoher Extraktstoff bedeutet viele Mineralstoffe, ein niedriger dagegen weniger Mineralstoffe.

Nun muß aber zur »Ehrenrettung« der dünnen und extraktarmen Säfte erwähnt werden, daß ein Getränk nicht allein an seinen hohen zuckerfreien Extraktwerten gemessen werden darf, schließlich sind auch in »dünnen« Säften Wirkstoffe, Spurenelemente, Enzyme und Vitamine enthalten, die zur Gesundheit des Menschen beitragen. Sie haben stoffwechselfördernde Wirkung und bieten ebenfalls einen echten Genuß (Gaumenfreude). Man kann sich ja auch Getränke zubereiten, die durstlöschend und alkoholärmer sind.

Vergleicht man die Gesamtsäure der einzelnen Früchte in dieser Tabelle mit der Saftmenge in den jeweiligen Weinrezepten, dann zeigt sich, daß bei hoher Säure weniger Saft und viel Wasser, bei niedriger Säure viel Saft und wenig bzw. kein Wasser (z. B. Süßkirschen) verwendet wird.

Beispiel: Der Saft der schwarzen Johannisbeeren enthält je nach Standort, Jahrgang und Sorte zwischen 36,0 und 45,0 g/l Gesamtsäure; im Rezept sind für 10 l Weinansatz nur 3 l Saft vorgesehen. Diese 3 l haben jedoch soviel Säure, daß das fertige Getränk noch gut 10 g/l Säure enthält. Die folgende Berechnung zeigt:

$3 \, l \text{ Saft} \times 36{,}0 \, g/l =$
$108 \, g : 10 \, l \qquad = 10{,}8 \, g/l \text{ Säure}$
oder
$3 \, l \text{ Saft} \times 45{,}0 \, g/l =$
$135 \, g : 10 \, l \qquad = 13{,}5 \, g/l \text{ Säure}$

In beiden Fällen liegt also die Säure noch über der im Grundrezept (siehe Seite 96) geforderten Menge von 8-10 g/l für Fruchtdessertwein.

Ein Saft wird zu Wein

Damit der Hausweinbereiter einen Einblick in die Zusammensetzung eines Saftes und Weines bekommt und erkennt, welche Veränderungen bei der Gärung ablaufen, soll am Beispiel eines Traubensaftes gezeigt werden:

a) welche Bestandteile und in welchen Mengen vorhanden sind;

b) wie diese Bestandteile sich bei der Gärung verändern;

c) welche Stoffe neu gebildet werden. (Mikrobestandteile, also Stoffe, die nur in Spuren vorkommen oder nicht von besonderer Bedeutung sind, werden hier nicht berücksichtigt.)

Es werden Durchschnittsanalysenzahlen zugrundegelegt; sie können von Fall zu Fall nach unten oder oben schwanken.

Saft $\longrightarrow$		**Wein**	
1 l (= 1 000 ml) **Traubensaft** mit z. B. 80° Oe wiegt 1 080 g (spez. Gewicht = 1,080)		**Gärung (1-2 Wochen)** etwa 980 ml Wein Neubildung durch Hefe, = etwa 975 g (spez. Gewicht 0,995) Bakterien und Enzyme	
Inhaltsstoffe Sie bestehen aus 2 Hauptkomponenten: A) Wasser (1 080 g - 208 g)	Mengenanteile = 872 (= 80,8%) →	Inhaltsstoffe	Mengenanteile <872 g
B) Gesamtextrakt (80° Oe × 2,6) (= Trockenstoffgehalt); dieser setzt sich zusammen aus:	= 208 g (19,2%)		
I. Zucker: 1. Fruchtzucker 2. Traubenzucker	180 g = → etwa 90 g etwa 90 g →	a) Äthylalkohol (180 g Zucker × 0,47) b) CO_2-Gas = ... c) Glyzerin = ...	= 84,6 g (84,6 g × 1,25) = 105,7 ml = 10,57% Vol. theor. 88 g = etwa 44 l CO_2-Gas in die Atmosphäre etwa 6 g
II. Nichtzuckerstoffe (= zuckerfreier Extrakt)	28 g		
1. Gesamtsäure (8,0 g/l): a) Weinsäure b) Äpfelsäure	etwa 4,5 g etwa 3,5 g →	+ Milchsäure	etwa 3,5 g (+2 g Weinsteinausfall) etwa 2,5 g etwa 0,66 g
2. Mineralstoffe	etwa 3,0 g		etwa 2,0 g
3. Pektin	etwa 1,0 g →	Methylalkohol	etwa 0,1-0,2 g
4. Gerbstoff	etwa 0,5 g		etwa 0,4 g
5. Stickstoffverbindungen (Aminosäuren)	etwa 1,0 g →	Fuselöle (höhere Alkohole)	etwa 0,3 g
6. Aromen	etwa 1,0 g		etwa 1,0 g
Physiologischer Brennwert (= Energiegehalt)	180 g Zucker × 4,0 kcal = 720 kcal 720 kcal × 4,18 = 3 009 kJ 8 g Säure × 3 kcal = 24 kcal 24 kcal × 4,18 = 100 kJ = 744 kcal oder 3 109 kJ	84,6 g Alkohol × 7,0 kcal = 592 kcal 592 kcal × 4,18 = 2 474 kJ etwa 20 g Nichtzuckerstoffe = 20 × 4,0 kcal = 80 kcal 80 kcal × 4,18 = 334 kJ = 672 kcal oder 2 808 kJ	

Bei der Gärung entsteht außerdem ein Verlust an Gewicht und Volumen durch

a) Hefe und Verdunstung von etwa 1%;

b) Kontraktion (Volumenschwund) von etwa 1% (siehe Seite 209).

Insgesamt also etwa 2% = 20 ml (1000 ml Saft = 980 ml Wein).

Das Mostgewicht

Diese Übersicht macht deutlich, daß neben dem Wasser der Zucker der Hauptbestandteil eines frischen Saftes ist. Der Zuckerwert kann aufgrund folgender Faktoren allerdings sehr stark schwanken:

- Fruchtart, Sorte innerhalb der Fruchtart (besonders bei Trauben und Äpfeln);
- Reife;
- Erntemenge je Strauch, Baum oder Stock;
- klimatische und geologische Verhältnisse, trockener Standort oder viel Niederschlag);
- Düngung, Pflanzenschutz;
- Schnitt des Baumes oder Stockes.

Grundsätzlich läßt sich feststellen:
Je früher der Zeitpunkt der Reife (im Juni bei Erdbeeren) oder je kürzer die Vegetationszeit einer Pflanzenart ist, desto weniger Zucker ist in den Früchten enthalten.
Je länger die Vegetationszeit dauert, z. B. bis Spätherbst, wie bei Mirabellen, Spätzwetschgen, Trauben, usw., desto mehr Zucker wird gebildet.

Zucker befindet sich in frischen Säften in echter Lösung und ist der wichtigste Extraktstoff überhaupt (siehe Tabelle Seite 34).
Andere Extraktstoffe, die sich ebenfalls in echter Lösung befinden (Fruchtsäuren, Eiweißstoffe, Mineralstoffe, Gerbstoffe, Pektine, usw.) ergeben zusammen mit dem Zucker die Öchslegrade und gehen in diese Bestimmung mit ein.
Da die letztgenannte Stoffgruppe außerordentlichen Schwankungen unterliegt – z. B. liegen die Fruchtsäuren beim Erd-

beersaft um 10-12 g/l, beim schwarzen Johannisbeersaft um 35-40 g/l – läßt sich anhand des Mostgewichtes der Zuckergehalt nur annähernd ermitteln und der spätere Alkoholgehalt nur überschlägig errechnen. Innerhalb der jeweiligen Fruchtart sind die Streuungen jedoch gering.
Da es sich bei diesen Extraktstoffen um ein Stoffgemisch, eine Anhäufung von Einzelstoffen handelt, ist eine genaue Definition der Öchslegrade nicht möglich.
Die Bestimmung von Öchslegraden und Säure sind unspezifisch; es werden summarisch eine Reihe von Inhaltsstoffen mit einer Analyse physikalisch (bei Mostgewicht) bzw. chemisch (bei Säure) bestimmt.
Die Qualität eines Saftes, wie Trauben- oder Apfelsaft, und folglich des daraus entstehenden Weines hängt meist vom natürlichen Zuckergehalt ab. Beim Traubenmost ist dies besonders wichtig, da die Qualitätsstufen, angefangen vom einfachen Tafelwein, über Qualitätswein und die Prädikatsweine Kabinett, Spätlese, Auslese, Beerenauslese und Trockenbeerenauslese, nach dem Mostgewicht, dem indirekten Zuckergehalt, eingestuft werden.
Bei beiden Säften bestehen bestimmte Relationen hinsichtlich des Gesamtextraktes und des Zuckergehaltes. Es ist für den Laien recht einfach, das Mostgewicht und daraus den annähernden Zucker- sowie den etwaigen Alkoholgehalt selbst zu bestimmen: Dazu sind eine Mostwaage nach Öchsle, ein Standzylinder mit 250 ml und eine Tabelle (siehe Seite 42) nötig.
Die Öchslewaage ist eines der wichtigsten Geräte der Winzer überhaupt und wird von der Saftgewinnung bis zum Anzeigen des Gärendes benötigt.

Untersuchung des Mostgewichtes

Die Mostwaage nach Öchsle (Oe) ist eine Senkwaage oder Spindel – auch Aräometer genannt – und hat ihren Namen nach dem Erfinder, Ferdinand Öchsle (1774-1852), der als Apotheker und Goldschmied in Pforzheim gelebt hat. Sie dient zur Bestimmung der Dichte bzw. des spezifischen Gewichtes von Zuckerlösungen, insbesondere von süßen, noch nicht gärenden Trauben-, Obst-, Fruchtsäften und Maischefiltraten. Ähnliche Aräometer gibt es auch für Bier (Bierwürzspindel), Branntwein (= Alkoholometer), für Zuckerlösungen in Gewichtsprozenten (= Saccharometer), für Mineralöl, für Batterieflüssigkeiten (Säuremesser) usw. Im unteren, erweiterten Teil dieser Spindeln befindet sich als Gewichtsbelastung Blei (oder Eisen) und eventuell das Thermometer.

Die Kitzinger Öchslewaage umfaßt meist den Bereich von 0-130° Oe, was einem spezifischen Gewicht von 1,000-1,130 entspricht. Die Öchslegrade zeigen an, um wieviel Gramm 1 Liter der entsprechenden Flüssigkeit bei einer bestimmten Bezugstemperatur mehr wiegt, also schwerer ist, als 1 l Wasser (1 l Wasser = 1000 g).

Ein Apfelsaft mit beispielsweise 60° Oe hat ein spezifisches Gewicht von 1,060, d. h., daß 1 l davon 1060 g wiegt. Man muß also vom spezifischen Gewicht die Zahl 1 vor dem Komma weglassen, dann bleiben die Öchslegrade übrig.

Für die Öchslewaage gilt besonders der Hinweis, daß die zu messende Flüssigkeit keine groben Trubstoffe enthalten soll, da die Messung sonst verfälscht wird (zu hohe Werte). Die Bezugstemperatur um 20° C ist möglichst einzuhalten, und die Kohlensäure muß vor der Bestimmung ausgeschüttelt werden. Dazu füllt man einen Stand- oder Meßzylinder etwa bis zur Marke 250 ml und wartet

Öchslewaage zur Bestimmung des Mostgewichts

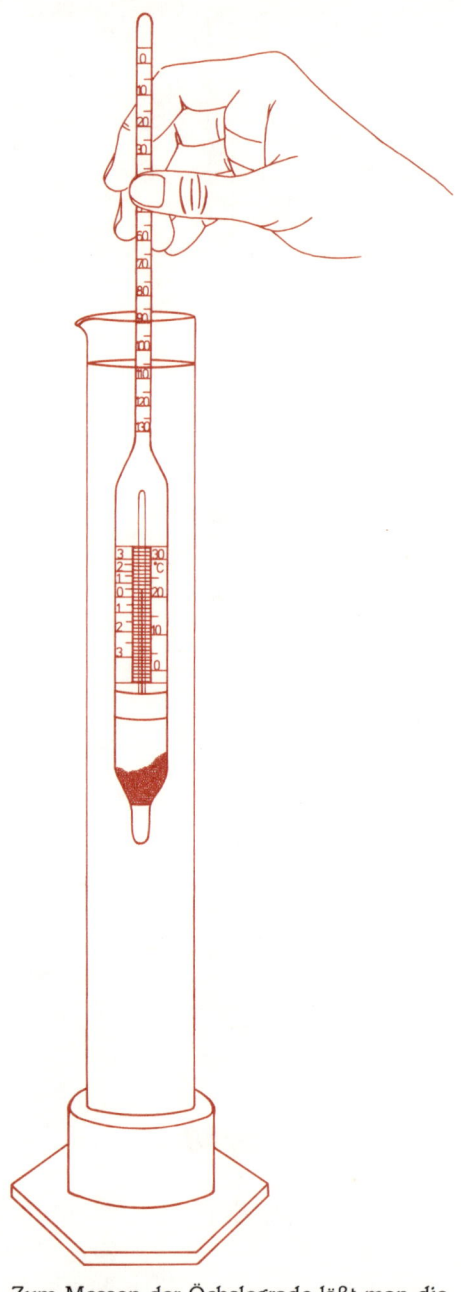

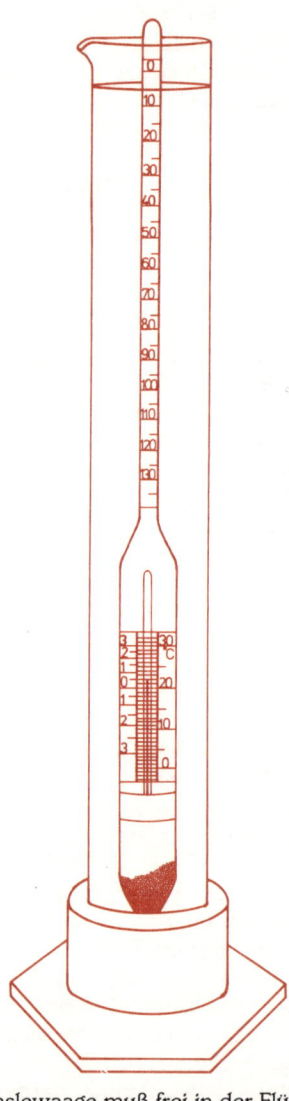

Zum Messen der Öchslegrade läßt man die Waage langsam in die Flüssigkeit gleiten.

Die Öchslewaage muß frei in der Flüssigkeit schwimmen und darf nicht an der Wandung des Glaszylinders anliegen.

ab, bis die Kohlensäure- oder Luftbläschen aus dem Saft entwichen sind. Es darf sich auch kein Schaum auf der Oberfläche des Saftes befinden. Er muß abgesaugt werden oder von allein zusammenfallen.

Zum Messen nimmt man die Waage am oberen Teil des Stieles und läßt sie, zwischen den Fingern haltend, <u>langsam</u> in die Flüssigkeit gleiten. Die Waage soll aber <u>nicht mehr</u> eingetaucht werden, als sie selbst frei schwimmt. Danach läßt man sie los und wartet ab, bis sie still steht und frei schwimmt. Dabei darf die Waage nicht an der Glaswandung anliegen. Den Glaszylinder deshalb auf eine waagrechte Unterlage stellen!

Nun kann man an der <u>Skala des Stieles</u> die Öchslegrade in Augenhöhe ablesen (Schnittfläche Flüssigkeit/Luft). Die abgelesenen Öchslegrade müssen, falls die Temperatur wesentlich von 20°C abweicht, korrigiert werden:

● Bei Temperaturen <u>über</u> 20°C <u>zählt man</u> für etwa 3,5°C 1°Oe <u>dazu</u>,
● bei Temperaturen <u>unter</u> 20°C <u>zieht man</u> für etwa 3,5°C ungefähr 1°Oe <u>ab</u>.

Bei Öchslewaagen mit Thermometer sind diese Korrekturzahlen gegenüber den Temperaturzahlen meist mit minus (−)- und (+)-Zeichen angegeben.

Außer der Feststellung des Anfangsmostgewichtes bei frisch gepreßten süßen Säften dient die Öchslewaage auch nach eingetretener Gärung zur Beobachtung der Alkoholbildung. Mit beginnender Gärung und dem sich dadurch bildenden Alkohol wird das spezifische Gewicht der Flüssigkeit ständig leichter. Die Öchslegrade gehen von Messung zu Messung zurück.

Man muß aber bei diesen gärenden Flüssigkeiten <u>vor</u> der Messung die Kohlensäure kräftig ausschütteln, da dieses Gas das spezifische Gewicht verringert. Der Rückgang der Öchslegrade ermöglicht eine ständige Beobachtung des

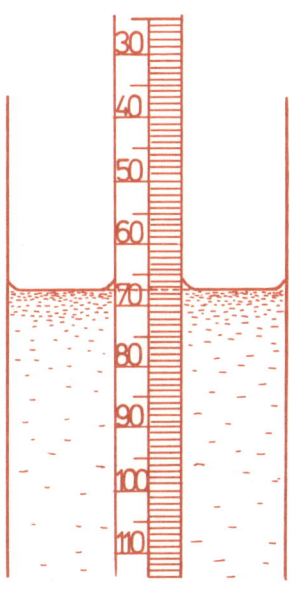

Die Öchslewaage wird auf der Höhe des Flüssigkeitsspiegels abgelesen (gestrichelte Linie). Die seitliche Krümmung der Flüssigkeitsoberfläche (Meniskus) ist zu vernachlässigen.

Gärungsprozesses. Bei Abnahme um 1°Oe nimmt der Alkohol um etwa 1 g/l zu.

Diese wechselseitige Beziehung hat zur Folge, daß man den Alkoholgehalt eines Weines ohne zusätzliche Geräte ziemlich genau ermitteln kann, wenn das Anfangsmostgewicht festgestellt wurde. Die Öchslewaage zeigt den Stillstand und schließlich das Ende der Gärung an. Mit der Kitzinger Oechslewaage kann festgestellt werden, ob ein Wein vergoren und genügend Alkohol vorhanden ist, oder ob Maßnahmen zur Umgärung eingeleitet werden müssen.

Die folgende Tabelle zeigt, daß aus dem Mostgewicht eine ganze Reihe von Umrechnungen vorgenommen werden

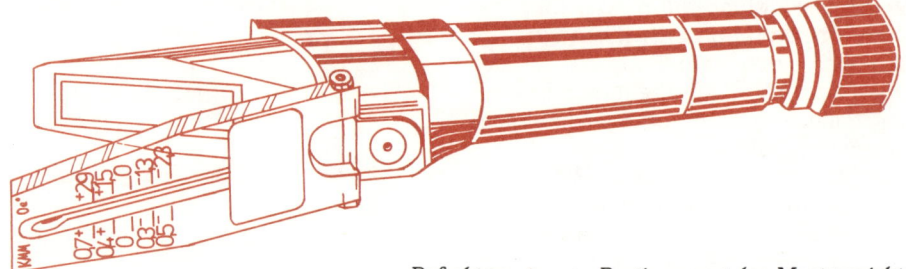

Refraktometer zur Bestimmung des Mostgewichts

können. Die Zahlen beziehen sich auf Trauben- und Apfelsaft – bei Beerensäften sind wegen des hohen Säuregehaltes größere Abweichungen möglich.

Einfacher und schneller läßt sich das Mostgewicht mit einem Refraktometer feststellen. Es handelt sich hierbei um ein optisches Gerät, und für eine Messung sind nur einige Tropfen Flüssigkeit erforderlich. Diese Flüssigkeit wird zwischen zwei aufklappbaren Prismen eingeschlossen. Mit zunehmendem Gehalt an Extraktstoffen wird die Lichtbrechung vergrößert, und die Werte sind auf einer Skala ablesbar, wobei neben Oe-Graden Brixgrade, das sind Zuckerprozente, angegeben sind.

Im Gegensatz zur Öchslewaage ist dieses Gerät nur für süße, noch nicht angegorene Flüssigkeiten geeignet, da durch den Alkoholgehalt die Lichtbrechung verändert wird.

Der Nachteil bei diesem Gerät besteht darin, daß es relativ teuer ist. Der Preis liegt bei einfachen Ausführungen um DM 350,–. Für Profis und Winzer sind diese Geräte jedoch sehr hilfreich, da sich die Mostgewichte bei einzelnen Traubenbeeren schon auf dem Weinberg oder der Obstanlage feststellen lassen, ohne daß eine größere Saftmenge ausgepreßt werden muß.

Umrechnungstabelle vom Mostgewicht auf Zucker und Alkohol

1 Mostgewicht Oe°	2 spezifisches Gewicht	3 Zucker g/l	4 Alkohol % Vol.	5 Alkohol g/l
1	1,001	–	–	–
5	1,005	–	–	–
10	1,010	–	–	–
15	1,015	–	–	–
20	1,020	–	–	–
25	1,025	–	–	–
30	1,030	–	–	–
35	1,035	62	3,81	30
40	1,040	72	4,4	34
45	1,045	85	5,1	40
50	1,050	99	5,9	46
55	1,055	115	6,7	53
60	1,060	130	7,6	60
65	1,065	143	8,4	66
70	1,070	155	9,1	72
75	1,075	168	9,9	78
80	1,080	180	10,6	84
85	1,085	192	11,4	90
90	1,090	205	12,2	97
95	1,095	218	13,0	103
100	1,100	231	13,8	109
105	1,105	244	14,6	115
110	1,110	257	15,3	121
115	1,115	270	16,1	127
120	1,120	283	16,9	133
125	1,125	296	17,7	140
130	1,130	308	18,4	145
135	1,135	321	19,2	151
140	1,140	–	–	–
145	1,145	–	–	–
150	1,150	–	–	–
155	1,155	–	–	–
160°	1,160	–	–	–

Erklärung zur Tabelle:

● Die erste Spalte gibt die Mostgewichte in Grad Öchsle an, wie sie in der Bundesrepublik Deutschland üblich sind. Sie können direkt mit der Mostwaage ermittelt werden.

- In der zweiten Spalte sind die jeweils entsprechenden spezifischen Gewichte eingetragen.
- In der dritten Spalte ist der dem Öchslegewicht entsprechende Zuckergehalt, ausgedrückt in g/l, angegeben. Diese Werte sind aber nur Annäherungswerte, denn die Öchslegrade erfassen alle Extraktstoffe in einem Liter Saft, also neben Zucker auch Säuren, Mineralstoffe, Pektinstoffe, Glyzerin, Eiweiß, usw., die gewissen Schwankungen unterliegen. Diese sind bereits abgezogen.
- In der vierten Spalte sind die entsprechenden Alkoholwerte in Volumenprozent und
- in der fünften Spalte in g/l angegeben.

Beispiel:

Ein Traubenmost bzw. -saft hat nach dem Abpressen – gemessen mit der Öchslewaage – 80° Oe. Im Saft sind etwa 180 g Zucker pro Liter enthalten (siehe Tabelle Seite 42). Daraus entstehen durch Gärung etwa 84 g Alkohol pro Liter oder 10,6% Vol.

Man braucht nur die auf Seite 39 ff. beschriebene Mostwaage nach Öchsle zu nehmen, die Grade von dem Most oder Saft zu bestimmen und kann dann daraus die anderen Zahlen ableiten, nämlich:

- spezifisches Gewicht,
- Zucker g/l,
- Alkohol % Vol.,
- Alkohol g/l.

Mit wenigen Ausnahmen gibt es praktisch keine Mostgewichte unter 35° Oe im gesamten Saftbereich. Die Öchslewerte sind theoretisch von 1-35 aufgeführt, jedoch gibt es keine Umrechnungszahlen in Zucker oder Alkohol. Im völlig unreifen Zustand kann es vorkommen, daß ein Apfelsaft 20° Oe aufweist – z.B. durch Unwetter im Sommer herabgeschlagenes Obst. Zu diesem Zeitpunkt enthält es kaum Zucker. Die Öchslegrade drücken in diesem Falle andere Stoffe aus.

Der Bereich über 135° Oe signalisiert im Traubenweinbereich Beerenauslesen, also Produkte, wie sie in normalen Jahren nicht wachsen und die daher zu den großen Ausnahmen zählen. Sie gären nicht vollständig durch und die Weine bleiben trotz langer Gärzeit über mehrere Monate noch süß.

Werden Fruchtsäfte aufgezuckert, um Dessertweine daraus herzustellen, also Alkoholgehalte über 13-15% Vol., dann liegen die Ausgangsmostgewichte vor der Gärung auch im Bereich um 125° Oe. Diese Weine vergären leichter, da keine gärhemmenden Stoffe (von Edelfäulepilzen erzeugt) vorhanden sind, wie beispielsweise bei den Beerenauslesen.

Selbst beste Reinzuchthefen können bei optimalen Gärbedingungen höchstens 18% Vol. Alkohol bilden, das sind aber schon große Ausnahmen.

Der natürliche Zuckergehalt ist, wie bereits angedeutet, nur ein Maßstab für die Qualität z.B. eines Apfel- oder Traubensaftes. Folglich gibt es noch andere wichtige Substanzen.

Die Qualität eines Saftes wird neben den Zuckern von den Aromastoffen bestimmt, die für jede Fruchtart spezifisch sind und bestimmte Zusammensetzungen aufweisen. Sie sind gewichtsmäßig nicht bzw. kaum zu erfassen. Diese Stoffe machen insgesamt nur bis etwa 1 g pro Liter aus und setzen sich aus bis zu 600 Einzelaromen zusammen.

Bei Traubenweinen hat man bisher 300 Aromen mit Hilfe der Gaschromatographie chemisch identifiziert. Eine Sorteneigenart wird von jeweils 30-40 verschiedenen Hauptaromastoffen in zueinander wechselnden Mengenverhältnissen bestimmt (z.B die bukettreichen Traubensorten Traminer, Scheurebe, Riesling, Morio-Muskat, usw.).

Die Zuckerarten

Unter Zucker im landläufigen Sinn versteht man beinahe immer Rüben- und Rohrzucker. Im Gegensatz dazu stehen die Spezialzuckerarten, wie Fruchtzucker, Traubenzucker, Invertzucker (Gemisch der beiden), Malz- und Milchzucker, usw.

Alle diese Zuckerarten kommen in der Natur in den verschiedenen Früchten bzw. Säften und anderen Pflanzenteilen, wie Stengeln bei Rhabarber, Blättern oder Wurzeln, frei vor.

Chemisch und ernährungsphysiologisch gesehen gehören sie zur Gruppe der Kohlenhydrate. Sie sind aus den Elementen Kohlenstoff (C), Wasserstoff (H) und Sauerstoff (O) aufgebaut. Auch die Stärke gehört zu diesen Kohlenhydraten.

Kohlenhydrate sind der eine Grundnährstoff, der als Energiespender bei der menschlichen Ernährung ebenso notwendig ist wie die anderen Grundnährstoffe Eiweiß und Fett. Die letzteren sind chemisch komplizierter aufgebaut als Kohlenhydrate und weisen auch andere Kalorienwerte in der menschlichen Ernährung auf (auf seite 195 sind diese Zahlen übersichtlich dargestellt).

Alkohol ist zwar kalorien- bzw. energiereich, doch gehört er nicht zu den Grundnährstoffen, weil er durch Mikroben oder Hefezellen aus Zucker entstanden ist.

Süßkraft der Zucker

Beinahe alle Kohlenhydrate – außer Stärke – schmecken süß. Die Süßkraft ist bei verschiedenen Zuckern unterschiedlich. Sie ist sowohl von der Temperatur als auch von der Konzentration abhängig. Gleiche Konzentrationen schmecken bei höheren Temperaturen teilweise süßer als bei niedrigen Temperaturen.

Die Süßkraft wird rein geschmacklich ermittelt. Als Bezugssubstanz hat man den am meisten vorkommenden Zucker, den Rüben- oder Rohrzucker, für den man die Süßkraft = 100 einsetzt. Alle anderen Zuckerarten werden damit verglichen.

In der folgenden Tabelle wird die Süßkraft des Rübenzuckers = 1 gesetzt, da die bekannten künstlichen und natürlichen Süßstoffe wegen ihrer hohen Süßkraft mit aufgeführt sind, obgleich sie nicht zu den Zuckern gehören. Sie werden teilweise als Nachsüßungsmittel für bereits vergorene Weine oder andere Speisen, z.B. für Zuckerkranke (Diabetiker) oder krankhaft Übergewichtige herangezogen.

Die Süßstoffe selbst sind kalorienfrei und haben ernährungsphysiologisch keine Bedeutung. Sie sind nicht vergärbar und bringen somit keinen Alkohol. Sie können wegen des metallischen, bitteren Geschmacks bei Speisen und Getränken nur in begrenztem Umfang in hoher Konzentration eingesetzt werden. Darüber hinaus wäre ein Zuviel an Süßstoff der Verträglichkeit der Speisen und Getränke abträglich.

Zuckeraustauschstoffe

Zuckeraustauschstoffe haben zwar einen Kaloriengehalt, belasten jedoch den Kohlenhydratstoffwechsel von Diabetikern nicht, da diese Zuckerarten insulinunabhängig sind. Oft werden sie in Verbindung (als Mischung) mit Süßstoffen, wie Saccharin oder Cyclamat, z.B. bei Sionon verwendet. Sionon besteht zu 99,89% aus Sorbit und zu 0,11% aus Saccharin und ist gleich süß wie normaler Rübenzucker.

Zuckeraustauschstoffe (z.B. Xylit) in größeren Mengen als 50 g je Tag wirken abführend (= laxierend). Sie entziehen dem Magen Flüssigkeit, die Verweilzeit im Magen und Darm ist nur kurz, und deshalb ist ein Abbau nicht möglich.

Die in der Tabelle unter Punkt 4 aufgeführten Polysaccharide (Stärke) haben gärungstechnisch für den Hausweinbereiter eine Bedeutung, wenn er Wein beispielsweise aus Reis oder Getreide herstellen will. Stärke ist direkt nicht vergärbar und muß technisch erst aufgeschlossen werden (in der Brauerei das Malz oder in der Kornbrennerei das Getreide). Etwa ein Drittel der Stärke bleibt jedoch unvergärbar, nämlich die Dextrine und die Trisaccharide. Der technische Aufschluß dieser Stärke wird nach dem im Rezept »Reiswein« angegebenen Verfahren vorgenommen.

Selbst die Zweifachzucker sind von den Hefezellen direkt nicht vergärbar, sondern müssen zuvor von ihrem Enzym Saccharase in die Einfachzucker Trauben- und Fruchtzucker gespalten werden.

Die wichtigsten Zuckerarten

Die Einfachzucker

Die unter Punkt 1 in der Tabelle aufgeführten 4 Zuckerarten kommen am häufigsten in Früchten vor und sind in Säften direkt vergärbar. Ernährungsphysiologisch ist der Fruchtzucker der wertvollere und – wenn man ihn im Handel bezieht – auch wesentlich teurer, da er als Zuckeraustauschstoff verwendet werden kann.

Die Zweifachzucker

Rüben- oder Rohrzucker soll hier einer näheren Betrachtung unterzogen werden. Er spielt sowohl in der Bereitung von Säften und Sirupen als auch bei der Herstellung von Weinen und Likören eine entscheidende Rolle.

Aus Kostengründen wird man bei diesen Getränken stets Rübenzucker verwenden. Andere Zuckerarten, wie Frucht- und Traubenzucker, bringen keinen zusätzlichen Vorteil.

Vor der Vergärung zu Äthylalkohol muß dieser Rübenzucker zunächst in je ein Molekül Fruchtzucker und Traubenzucker aufgespalten werden, entsprechend folgender Gleichung:

Bezeichnung:	Rübenzucker	Enzym Saccharase		Fruchtzucker	+	Traubenzucker
		$- - - - - ->$				
Formel:	$C_{12}H_{22}O_{11}$	$+ H_2O$ $- - - - - ->$		$C_6H_{12}O_6$	+	$C_6H_{12}O_6$
Molekulargewicht:	342	+ 18		= 180	+	180

Wie man sieht, entstehen aus 342 Teilen Rübenzucker 2 x 180 = 360 Teile Invertzucker; das ist ein Zugewinn von genau 5% Zucker und resultiert aus der Wasseraufnahme, wobei zwei andere Zuckerarten entstehen. Industriell bezeichnet man diese Spaltung des Rübenzuckers als »Inversion«, z.B. bei der Kunsthonigherstellung (neue Bezeichnungen »Invertzuckercreme«) oder bei der Herstellung von Zuckerlösungen für die Likörbereitung. Diese Umwandlung wird mit Hilfe von Säuren und durch Erhitzung vorgenommen. Aus 95 kg Rübenzucker kann man somit 100 kg Frucht- und Traubenzucker herstellen.

	chemische Bezeichnung	Süßkraft (Süßungsgrad)	kann abgebaut werden in
1. Einfachzucker = Monosaccharide ($C_6H_{12}O_6$)			
Fruchtzucker	Fructose	1,0-1,5 (je nach Temperatur und Konzentration)	–
Traubenzucker	Glucose	0,5-0,7	–
Galaktose	Galaktose	0,35	–
Invertzucker Gemisch aus Fruchtzucker und Traubenzucker		0,75	–
2. Zweifachzucker = Disaccharide ($C_{12}H_{22}O_{11}$)			
Rüben- oder Rohrzucker	Saccharose	1,0	1 Mol. Fruchtzucker 1 Mol. Traubenzucker
Malzzucker	Maltose	0,32	2 Mol. Traubenzucker
Milchzucker	Lactose	0,16-0,30	1 Mol. Traubenzucker 1 Mol. Galaktose
3. Dreifachzucker = Trisaccharide ($C_{18}H_{32}O_5 \cdot 5H_2O$			
Raffinose	Raffinose	0,22	1 Mol. Galaktose 1 Mol. Glukose 1 Mol. Fructose
4. Vielfachzucker = Polysaccharide			
Stärke		–	1 Mol. Malzzucker (60%) 1 Mol. Traubenzucker (5%) Trisaccharide, Dextrine
5. Zuckeraustauschstoffe (außer Fruchtzucker)			
Sorbit (= sechswertiger Zuckeralkohol)	sind nicht vergärbar	0,48-0,54	–
Xylit		1,0	–
Mannit		0,45	–
6. Süßstoffe			
künstliche: Saccharin	Benzoesäuresulfimid	450	
Dulcin	–	250	
Cyclamat	Cycolhexylsulfaminsäure	30-50	
natürliche: Ultrasüß		4000	
Aspartame	auf Aminosäuren basierend	160-200	Markenname: Nutrasweet
Hesperidin	(in Orangenschalen)		

In der Natur laufen solche Prozesse, man spricht dann von biochemischen Reaktionen, mit Hilfe von Enzymen als sogenannten natürlichen Katalysatoren ab. Diese Enzyme werden sowohl von Pflanzen erzeugt als auch von Mikroorganismen – wie bei der Gärung von Hefezellen, die im eigentlichen Sinne auch kleine einzellige Pflanzen sind und zu den Sproßpilzen gehören (Vermehrung, siehe Kapitel »Hefen«, Seite 67 ff.). Alle Abbauvorgänge in der Natur, z. B. auch der Pektinabbau werden vor der Saftgewinnung in der Maische von Enzymen (Pektinasen) ausgelöst und gesteuert, sei es durch Zusatz von Kitzinger Antigel oder teilweise durch safteigene Enzyme (siehe Kapitel »Kitzinger Antigel«, Seite 71 ff.).

Die Hauptaufgaben des Zuckers

Weinansätze vor der Vergärung

Der Zucker dient als Grundstoff für die alkoholische Gärung – ohne Zucker kein Alkohol! Da Zucker in den Früchten oft in zu geringen Mengen vorhanden ist, müssen die Säfte vor der Gärung aufgezuckert und verbessert werden. In der Traubenweinbereitung spricht man von »Anreicherung«, wenn eine Zuckerung notwendig ist.

Da die Hefezellen selbst unter besten Bedingungen nur dazu in der Lage sind, eine bestimmte Menge Zucker zu vergären, kann Zucker nicht unbegrenzt zugesetzt werden. Die höchstmögliche Vergärbarkeit dürfte bei etwa 120-130° Oe liegen – in der Menge, wie sie hier für die Herstellung von Dessertweinen in den jeweiligen Rezepten vorgeschrieben ist:

Das sind etwa 2,5 kg Zucker auf 10 l Weinansatz, und plus dem natürlichen, im Saft befindlichen Zucker, entspricht dies nach vollständiger Vergärung einem Alkoholgehalt von etwa 16-18% Vol. (siehe Tabelle Seite 42). In der Praxis wird diese Höhe selten erreicht, meist nur 14-15% Vol.

Bei höherer Zuckerkonzentration tritt das Gegenteil ein, die Gärung verläuft langsamer bei insgesamt geringerem Endalkoholgehalt – dafür verbleibt ein höherer Restzuckergehalt. Die Weine sind zu süß und schmecken nicht harmonisch. Sicher wäre es auch kostengünstiger, wenn man den Alkoholgehalt z. B. für einen Likör so erzielen könnte; leider sind den Hefezellen natürliche Grenzen gesetzt – abgesehen davon hat auch der Fiskus etwas dagegen.

Alkoholkosten
Um 1 kg reinen Alkohol = 1,26 l (1 l reiner Alkohol wiegt 0,790 kg) durch Hefen aus Zucker zu erzeugen, sind rund 2,2 kg Zucker (Kosten 1985 etwa DM 4,30) nötig. 1 l Alkohol (96%iger Weingeist) von der Monopolverwaltung kostet dagegen rund DM 35,00. Der Preisunterschied ist erheblich. Folglich sollte man bei der Herstellung von Dessertwein einen möglichst hohen Alkoholgehalt anstreben, also die Gärbedingungen optimal gestalten; dann können solche Weine bei der Likörherstellung mitverwendet werden.

Säfte, fertige Weine und Liköre

Der Zucker dient als Süßungsmittel. Bei der Saftbereitung kommt man mit geringeren Zuckermengen aus. In der Weinbereitung sind höhere Gaben erforderlich, und in der Likörherstellung benötigt man noch wesentlich mehr (bis 300 g pro Liter).

Bei all diesen Getränken wird Rübenzucker verwendet, der bei den Säften durch die vorhandenen Säuren und durch eigene Enzyme im Laufe der Zeit in Frucht- und Traubenzucker umgewandelt wird. Allerdings sind der Umwandlung Grenzen gesetzt, und zwar wenn ein Saft sterilisiert, d. h. auf 100° C erhitzt (Dampfentsaftung) oder pasteurisiert (auf etwa 75° C erhitzt) wird. Bei diesen Temperaturen gehen alle anderen von Natur aus vorhandenen sowie auch zugesetzte Enzyme, wie z. B. Antigel, in die inaktive Form über, d. h., sie werden zerstört.

Bei auf kaltem Wege haltbar gemachten Säften (Gefrierung oder mit Konservierungsmittel behandelt) bleiben die Enzyme aktiv und können die Spaltung bei normaler Temperatur (um 20° C) vornehmen. Frucht- und Traubenzucker sind im Magen sofort resorbierbar, d. h., sie werden sofort aufgenommen – im Gegensatz zu Rübenzucker, der im Magen erst aufgespalten werden muß.

Die Umwandlung des Rübenzuckers (Inversion) in Frucht- und Traubenzucker durch Säuren allein, verläuft im Saft sehr langsam, unter Umständen ist sie erst nach 1-2 Jahren abgeschlossen. Dabei tritt folgender Nebeneffekt auf: Die Süßkraft des zugesetzten Rübenzuckers ist gleich 1,0, die Süßkraft des späteren Invertzuckers (Frucht- und Traubenzucker) nur 0,75. Somit schmeckt also ein Saft gleich nach der Abfüllung süßer als nach 1-2 Jahren.

Bei der Saftherstellung sollte soviel Zucker zugesetzt werden, wie zur Geschmacksharmonie notwendig ist. Geschmacksharmonie ist hier nicht objektiv zu beurteilen, aber sie bewegt sich in engen Grenzen, so daß man sagen kann: Ein Saft mit hoher Säure benötigt eine größere Menge Zucker als Geschmacksausgleich als ein Saft mit niedriger Säure und geringem Extraktgehalt. Auf Einzelzahlen wird im Kapitel »Saftbereitung« eingegangen.

Die relative Süßkraft spielt in der Weinbereitung (wenn aus Zucker Alkohol gebildet werden soll) keine Rolle, da der Zucker überwiegend nur eine Zwischenstufe darstellt und keine geschmackliche Funktion hat. Bei dem nach der Gärung im Wein verbleibenden Zuckerrest dagegen oder bei einer Süßung (hauptsächlich bei Dessertweinen) zur Geschmacksharmonisierung nach der Gärung oder kurz vor der Flaschenfüllung, fällt diese eher ins Gewicht. Besondere Bedeutung kommt der Süßkraft bei der Herstellung von Likören zu (hier wird teilweise mit Glukose gesüßt, um das Produkt »sämiger«, aber »weniger süß« zu machen).

Glukose hat laut der Tabelle auf Seite 45 f. nur die halbe Süßkraft von Rübenzucker; anders ausgedrückt: Man muß die doppelte Menge zusetzen, um die gleiche Süßkraft wie bei Saccharose zu erhalten.

Dies ist wichtig, wenn man mit künstlichen Süßstoffen süßt, da man keine zusätzlichen Kalorien zu sich nehmen oder ganz bewußt ein diabetisches Getränk herstellen möchte.

Diese Spirituosen sollen dickflüssig sein, aber nicht zu süß. Der Grund liegt darin, daß bei einer Flüssigkeit mit einem höheren spezifischen Gewicht oder höherer Viskosität die Verweildauer im Mund, wo sich die Geschmacksnerven befinden, länger ist und damit die einzelnen Geschmackskomponenten besser zur Geltung kommen. Zucker ist nicht nur süß, sondern hat zusätzlich die Bedeutung, daß er den Geschmack intensiviert und die Aromastoffe besser zur Geltung bringt.

Mit Saccharin nachgesüßte Getränke haben den Vorteil, daß sie für Diabetiker geeignet sind und keiner Nachgärung durch Hefezellen unterliegen.

Ist man gewohnt, einen Trauben- oder Fruchtwein mit etwa 30 g Zucker (Saccharose) pro Liter als geschmacklich optimal zu empfinden – einen Zuckergehalt also, wie er in den meisten Kabinett- oder Spätleseweinen in der Bundesrepublik Deutschland vorhanden ist – und will man seinen eigenen Wein mit Saccharin auf den gleichen Süßungsgrad einstellen, dann muß man folgendermaßen umrechnen:

Vorrat z. B. 20 l Wein:
20 l × 30 g = 600 g
600 g : 450 (= Süßkraft von Saccharin)
       = 1,33 g Saccharin

Auf 20 l Wein sind demnach 1,33 g Saccharin zuzusetzen, was einer Gesamtmenge von 600 g Haushaltszucker (Saccharose) entspricht.

Jetzt ergibt sich die Frage, wie und mit welchen Geräten sich die Süßkraft der verschiedenen Zuckerarten feststellen läßt. – Hier ist man vollständig auf die menschlichen Geschmacksnerven angewiesen, die sich ungleichmäßig verteilt in der gesamten Mundhöhle befinden. Ab einer bestimmten Konzentration ist ein Stoff schmeckbar.

Im menschlichen Geschmacksbereich gibt es 4 Grunddimensionen, und jede wird durch einen ganz bestimmten repräsentativen Stoff charakterisiert. Dieser muß in einer bestimmten Menge im destillierten Wasser (1 l) gelöst sein, wenn er gerade noch wahrgenommen werden kann. Man spricht dann von einer sogenannten Geschmacksschwellen-Konzentration (die nachstehende Tabelle soll dies veranschaulichen).

Grunddimension	repräsentativer Stoff	untere Geschmacksschwelle		
süß	Saccharose (Zucker)	0,31	% = 3,1	g/l
sauer	Zitronensäure	0,03	% = 0,3	g/l
salzig	Kochsalz	0,15	% = 1,5	g/l
bitter	Chininsulfat	0,00045	% = 4,5	mg/l

Wir haben es in der Weinbereitung hauptsächlich mit Zucker und Säure zu tun, und es fällt auf, daß der Zucker (laut obiger Tabelle) in reinem Wasser erst schmeckbar ist, wenn mindestens 3,1 g Zucker pro Liter enthalten sind.

Es ist verständlich, daß in einem Wein oder Saft, der gelöst mehr oder weniger Säure oder andere Stoffe enthält, ein höherer Zuckergehalt notwendig ist, um schmeckbar zu sein. Säure überdeckt den Zucker, und es muß deshalb ein gewisser Geschmacksausgleich bzw. ein Äquivalent geschaffen werden. Je nach Säuregehalt, Fruchtart und anderen Ge-

schmacksstoffen muß der Zuckergehalt erhöht werden.

Man spricht seit einigen Jahren von einer gewissen »trockenen Welle« bei Traubenweinen, wonach solche Weine (unter 4 g/l Zucker) bevorzugt getrunken werden. Bekannt ist aber auch, daß restsüße Weine (dies trifft sowohl bei Trauben- als auch bei Fruchtweinen zu) geschmacklich nachhaltiger sind – nicht wegen der Süße selbst, sondern weil sich die Weinbestandteile und damit auch die Aromen länger im Mund aufhalten und die Aromen verstärkt werden.

Man hat versucht, diesen Effekt nachzuvollziehen, indem man zu trockenen Weinen nichtsüßende Stoffe zusetzte, die eine »Verdickung« gebracht haben, und hat gleichzeitig mit künstlichen Süßstoffen den Süßungsgrad erreichen wollen; bei der Verkostung hat sich aber herausgestellt, daß dies nicht ganz erreicht worden ist, wie mit reinem Zucker gesüßte, bzw. nachgesüßte Weine.

Aufbau des Zuckers

Im folgenden soll versucht werden,
– die natürliche Entstehung und Zusammensetzung sowie
– den Abbau (insbesondere bei der alkoholischen Gärung)
der wichtigsten Zuckerarten darzustellen.
Für den Saft- und Weinbereiter sind hierbei nur Fruchtzucker, Traubenzucker und Rübenzucker von Interesse.
Die Zucker bestehen aus den chemischen Elementen Kohlenstoff (C), Wasserstoff (H) und Sauerstoff (O). Diese stehen in einem bestimmten Verhältnis zueinander, wobei folgende vereinfachte Gleichung für die Entstehung gilt:

Chemische Formel:				
	$6\ CO_2$	$+\ 6\ H_2O$ $\xrightarrow[\text{(Photosynthese)}]{\text{Wärme und Licht}}$	$C_6H_{12}O_6$	$+\ 6\ O_2$
Stoff:	Kohlendioxid	+ Wasser $\longrightarrow$	Frucht- und Traubenzucker	+ Sauerstoff
Molekulargewicht:	(6×44)	$+ (6 \times 18)$ $\longrightarrow$		(6×32)
	264	108	180	192

Die Zucker werden von der Pflanze in den grünen Teilen gebildet. Durch die Wurzeln wird das Wasser aus dem Boden aufgenommen und bis zu den Blättern transportiert. Diese nehmen das Kohlendioxid aus der Luft auf.
In den Blättern wird nun mit Hilfe des Sonnenlichts und Energie in Form von Wärme durch die Photosynthese Zucker gebildet. Diesen lagern die Pflanzen dann in den Früchten oder anderen Pflanzenteilen, wie Stengeln (Rhabarber), Knollen (Kartoffeln, Topinambur) oder Wurzeln (z.B. Enzian), entweder direkt oder erst nach Umwandlung in sogenannte Polysaccharide ab (Stärke, Inulin – siehe Tabelle Seite 45 f.).
Der nach obiger Formel freiwerdende Sauerstoff $6 CO_2$ geht dabei in die Atmosphäre zurück und dient zur Atmung von Mensch und Tier. Der Kreislauf wird wieder geschlossen.
Zum Aufbau all dieser Zucker ist Wärme und Licht erforderlich. Der Vorgang findet nur statt, wenn gleichzeitig Blattgrün (Chlorophyll) vorhanden ist. Da der Zucker mit Hilfe von Energie aufgebaut wurde, ist er infolgedessen ein energie-

reicher Nährstoff (1 g Zucker = 4 kcal oder ca. 17 kJ).

Diese gespeicherte Energie wird zum Teil bei der alkoholischen Gärung wieder frei, wenn Zucker abgebaut wird. Bei der Gärung findet aber kein vollständiger Abbau statt. Alkohol ist ein Zwischenprodukt auf dem Wege zum totalen Abbau bis zu den Ausgangsstoffen Kohlendioxid und Wasser (siehe obige Formel).

Es stellen sich nun folgende Fragen:
– Welche Produkte und in welcher Menge entstehen bei der Gärung?
– Wieviel Energie wird dabei frei?
– Welche Rolle spielen sie für den Weinbereiter?
– Welche Konsequenzen sind daraus zu ziehen?

Abbau des Zuckers – die alkoholische Gärung

Die alkoholische Gärung ist die Umsetzung und der Abbau von Zuckern durch Hefezellen bzw. ihren Enzymen in Alkohol und Kohlendioxid, auch Kohlensäure genannt. Es handelt sich hierbei um Äthylalkohol. Daneben entstehen eine Reihe von teils willkommenen, teils unerwünschten Nebenprodukten. Eine vereinfachte chemische Gleichung soll den Vorgang veranschaulichen.

$C_6H_{12}O_6$	$\xrightarrow[\text{Enzym}]{\text{Hefe}}$	$2\ C_2H_5OH$	$+\ 2\ CO_2$	$+\ 24$ kcal
Fruchtzucker bzw. Traubenzucker	$\longrightarrow$	Äthylalkohol	+ Kohlendioxid	+ Wärme
180	$\longrightarrow$	(2×46) $= 92$	$+ (2 \times 44)$ $= 88$	

Aus dem großen Baustein Zucker werden mehrere kleinere abgebaut. Die Einzelreaktionen verlaufen jedoch weitaus komplizierter als dargestellt. Für den Praktiker ist das ohne große Bedeutung; es soll hier nur eine übersichtliche Darstellung gegeben werden.

Aus 180 g Trauben- und Fruchtzucker – soviel Zucker (siehe Tabelle Seite 42) enthält bei einem Mostgewicht von 80° Oe 1 l Traubenmost – entstehen rein theoretisch 92 g Äthylalkohol und 88 g Kohlendioxid (180 ist das Molekulargewicht des Trauben- und Fruchtzuckers). Aus 100 g müßten demnach 51,1 g Alkohol und 48,9 g Kohlendioxid entstehen.

Da bei jeder Gärung, selbst in reinster Form, Nebenprodukte entstehen (auch die Hefezellen bauen ihre Substanz daraus auf), liegt die Alkoholausbeute nur bei etwa 47 g bzw. %. Die dabei aus 1 l Traubenmost entstehenden 88 g Kohlendioxid nehmen bei normalen Druckverhältnissen in unserer Atmosphäre 44 l Raum ein (2 g CO_2 = 1 l.

Da Kohlendioxid schwerer ist als Luft, wird diese verdrängt, und es kann in tiefen Räumen (Kellern) zu starker Anreicherung mit CO_2 kommen, die dann Unfälle durch Erstickung hervorrufen kann. Auch oberirdische Räume (Wohnräume), in denen Gärbehälter stehen, sollten aus diesem Grunde nicht verschlossen bleiben oder gar abgedichtet werden. Das Kohlendioxid muß freien Abfluß nach draußen haben. In der Regel reichen dazu schon feine Türspalten aus.

Dazu ein Beispiel: In einem Raum steht ein Ballon mit 25 l Dessertwein-Gäransatz mit einem Mostgewicht von etwa 120°Oe. Es werden bis zur vollständigen Vergärung auf 15-16% Vol. Alkohol insgesamt 1650 l Kohlendioxid frei (25 l Wein x 66 l CO_2). Diese Menge entsteht nicht auf einmal, sondern im Laufe von mehreren Wochen oder Monaten, so daß keine Vergiftungsgefahr besteht.

Kohlendioxid hat bei hoher Konzentration in der Atemluft zwar eine giftige Wirkung für Mensch und Tier, besitzt aber daneben auch große Vorteile in einem anderen Bereich:

Da Kohlendioxid schwerer ist als Luft (Sauerstoff), wird diese aus dem Gärbehälter getrieben, sobald die Gärung einsetzt. Ein großer Teil der unerwünschten Mikroorganismen (Schimmelpilze, Essigbakterien, Kahmhefen, usw.) benötigt aber für die Vermehrung und Tätigkeit Luftsauerstoff, der dann nicht mehr vorhanden ist, so daß solche unliebsamen Vermehrungen unterbleiben. Besonders bei noch nicht in Gärung befindlichen Gäransätzen besteht die Gefahr, daß sich auf der Oberfläche ein Schimmelrasen bildet – vor allem, wenn die Gärung länger als eine Woche ausbleibt, wobei die Ursachen verschieden sein können, und zwar:

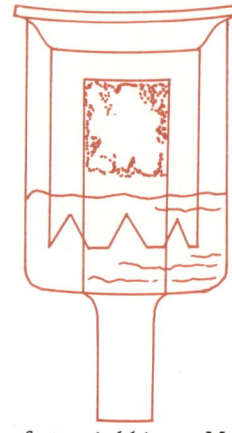

Der Gäraufsatz wird bis zur Markierung mit Wasser gefüllt und zusätzlich mit einem Wattestopfen versehen.
Der Gäraufsatz verhindert, daß das Gärgut von in der Luft befindlichen Mikroorganismen infiziert wird. Er läßt gleichzeitig Kohlensäure, die während der Gärung entsteht, entweichen.

– zu kühle Temperatur (unter 10-15°C);
– zu warme Temperatur durch Zusatz von heißer Zuckerlösung (über 30°C);
– zu hohe Zuckerkonzentration (über 130°Oe);
– zu starke Schwefelung (mehr als 1 g Schwefel je 10 l);
– Verwendung einer zu alten Hefekultur (Verfalldatum längst überschritten).

Die Gärung muß daher baldmöglichst eingeleitet werden. Wenn alle Bedingungen günstig sind, geschieht dies nach zwei bis drei Tagen – bei hoher Temperatur von über 25°C schon nach 24 Stunden. In den Sommermonaten kann die Gärung schon am nächsten Tag eingesetzt haben. Wichtig ist, daß – sobald alle Zutaten im Gärbehälter sind

– ein Gäraufsatz angebracht wird. Die mit Mikroorganismen (Hefezellen, Bakterien, Schimmelpilzen) »verschmutzte« Luft soll vom Gärgut ferngehalten werden!

Beim stärker gärenden Jungwein oder beim später vergorenen Wein ist dies unbedenklich, da die Kohlensäure auf der Oberfläche und der Alkohol im Wein konservierende und schützende Wirkung ausüben. Bei bereits <u>über 4% Vol. Alkohol</u> im Wein kann <u>kein Schimmel</u> mehr auf der Oberfläche wachsen, bei <u>über 13% Vol. Alkohol keine Kahmhefen</u> mehr. Gerade diese Kahmhefen sind bei alkoholschwachen zu warm gelagerten Apfelweinen (5-7% Vol. Alkohol) besonders gefürchtet, da sie wichtige Inhaltsstoffe zersetzen.

Im Gärbehälter muß ein Steigraum von 10-20% frei bleiben; bei Maischegärungen sollten sogar 50% Steigraum einkalkuliert werden.

Der Trubstoffgehalt und die Füllhöhe im Gärbehälter

Wenn die Gärung eintritt, entweichen Kohlensäurebläschen durch den Gäraufsatz, und es entsteht meist ein mehr oder wenig großer Schaumhut. Dieser setzt sich aus den im Saft befindlichen Fruchtfleischteilchen und Eiweiß zusammen; es kann auch an der Heferasse liegen (Rasseneigenschaft).

Damit dieser Schaumhut nicht überläuft, darf der Gärbehälter nicht vollgefüllt sein. Es muß ein Steigraum von etwa 10-20% einkalkuliert werden, bei Maischegärungen sogar 50%, denn beim Überlaufen kann der Gäraufsatz verstopft werden. Dies würde zum Platzen des Gärbehälters führen (nicht nur Glasballons, sondern auch Holzfässer und sogar Stahltanks).

Der Schaum darf auch aus anderen Gründen nicht »herausgären«: Einmal werden diese feinen Partikel für eine zügige Gärung benötigt, und zum anderen könnten sich an diesen außerhalb des Gärbehälters befindlichen Schaumteilchen Bakterien und Schimmelpilze ansiedeln, die eine große Infektionsgefahr darstellen, wenn der Gärbehälter zur Probeentnahme geöffnet werden muß.

Trubstoffreiche Weinansätze gären schneller und erreichen auch einen höheren Endalkoholgehalt und auch in kürzerer Zeit als klarere Flüssigkeiten. Hier ist die Gärung träge, und selten werden Alkoholwerte von 13% Vol. erreicht oder gar überschritten.

Die feinen Trubstoffteilchen im Weinansatz sind zwar sehr wichtig, Übertreibungen können aber ins Gegenteil umschlagen. So kann eine Gärung bei zu großem Trubstoffgehalt zu stürmisch verlaufen, so daß die 10-20% Steigraum nicht ausreichen und die Temperatur in der ersten Phase der Gärung über 30°C ansteigt.

Als Faustregel gilt: Je höher die Temperatur, z.B. 20-25°C, desto geringer kann der Trubstoffgehalt sein, um eine normale Gärung zu erzielen;
je niedriger die Temperatur, z. B. unter 20°C, desto höher sollte der Trubstoffgehalt sein, um eine flotte Gärung zu erreichen.

Die Gärtemperatur

Bei der Gärung muß berücksichtigt werden, daß es sich bei den Hefezellen um temperaturempfindliche Mikroorganismen oder Kleinlebewesen handelt. Am besten arbeiten die Hefezellen im Bereich von 20-25°C, wobei Temperaturen darunter und darüber die Aktivitäten verlangsamen. Über 30-35°C sterben die Hefezellen ab, da das Eiweiß als Hauptbestandteil des Zellinhalts gerinnt. Je weiter die Temperatur unter 20°C absinkt, desto langsamer vermehren sich die Hefezellen, und es verlangsamt sich der Abbau des Zuckers. Unter Umständen kann eine Gärung unter 8-10°C ganz ausbleiben oder eine vorhandene Gärung aussetzen.

Ist eine Gärung einmal unterbrochen, vor allem bei einem Wein mit einem höheren Alkoholgehalt, dann ist es sehr schwierig, sie wieder einzuleiten. Meist ist dies nur mit Hilfe eines großen Hefeansatzes von 2-5% möglich. Bei 10 l Weinansatz 0,2-0,5 l, der einige Tage benötigt, bis er in Gärung ist; oder man verwendet eine größere Menge Trockenhefe – für 10 l etwa 1-3 g, die etwa 2 Stunden in 0,1 l Wasser vorquellen muß (siehe Seite 67 ff.).

In der Regel finden Gärungen um den Gefrierpunkt und etwas darunter nicht mehr statt. Zuckerhaltige Flüssigkeiten gefrieren erst bei −3 bis −4°C. Die Hefezellen bleiben trotzdem noch lebendig.

Sie werden wieder aktiv, wenn sie in den für sie optimalen Temperaturbereich gebracht werden. Bei der Gärung wird auch Wärme frei (siehe Formel Seite 51; aus 180 g Zucker werden also etwa 24 kcal frei. Konkret heißt dies: Wenn die Temperatur eines Gäransatzes vor der Gärung bei 10°C liegt, dann erwärmt sich der Wein durch die Gärung theoretisch um 24°C auf 34°C.

Es dürfte einleuchtend sein, daß dieser Fall in der Praxis nicht zutrifft. Jeder Hausweinbereiter weiß, daß ein großer Teil der Wärme vom Gärbehälter abgestrahlt wird und verloren geht; ein Teil von etwa 20% wird mit der erwärmten Kohlensäure abgeführt.

Glasbehälter, die nicht umhüllt sind, strahlen wesentlich mehr Wärme ab als umhüllte Ballons. Der Wärmeverlust ist bei Holzfässern wesentlich geringer, da Holz stärker isoliert.

Findet eine Gärung in den warmen Sommermonaten statt, ist diese Wärmeabstrahlung bei Ballons zu vernachlässigen. Es sollte sogar bei größeren Behältern (Stahl, Aluminium) eine Kühlung erfolgen, damit kein Wärmestau entsteht und bei Überschreiten von 30°C kein »Versieden« (= Absterben) der Hefezellen eintritt.

In kühlen Herbst- oder kalten Wintermonaten ist diese Wärme zur Erhaltung der richtigen Temperatur notwendig und sollte so wenig wie möglich an die Umwelt abgegeben werden. In der kühlen Jahreszeit ist die Abstrahlung größer als der Wärmezugewinn durch die Gärung, da sich diese insgesamt 24 kcal auf mehrere Tage oder sogar einige Wochen verteilen. Oft wird auch die Beobachtung gemacht, daß gegen Ende der Gärung sogar der Außendruck größer ist als im Gärbehälter. Dies ist darauf zurückzuführen, daß eine stärkere Abkühlung erfolgt und keine Kohlensäureentwicklung mehr da ist. Der Gäraufsatz zeigt dann nach innen saugende

Luft an. Oft wird dabei der im Gärbehälter befindliche Gasraum stärker abgekühlt als die Flüssigkeit, und es kann sich morgens ein stärkerer Unterdruck einstellen als während des Tages, da die Luft wieder erwärmt wird.

Nebenprodukte der Gärung

Durch die Gärung werden nicht nur Alkohol und Kohlensäure gebildet. Aus dem Saft oder Gäransatz erhält man ein Produkt, das eine andere Zusammensetzung aufweist. Beinahe alle Inhaltsstoffe werden durch die Gärung einer Veränderung unterzogen, und so entstehen eine ganze Reihe von Nebenprodukten.

● Glyzerin entsteht als erwünschter Nebenbestandteil; ein dreiwertiger Alkohol, der süßlich schmeckt und den Wein insgesamt gehaltvoller und wertvoller macht.

Pro Liter Wein entstehen bei alkoholarmen Apfelweinen 3 g und bei schweren Dessertweinen bis zu 12 g Glyzerin. Auch in edelreifen Trauben kommt Glyzerin vor und wird von dem Edelfäulepilz Botrytis cinerea gebildet.

● Essigsäure entsteht als unerwünschtes Nebenprodukt hauptsächlich durch Bakterien, in geringem Maße aber auch durch Hefen (siehe Kapitel Essigstich).

Mengen bis 0,2 g/l sind als sehr günstig zu beurteilen, und Kitzinger Reinzuchthefen als alleinige Helfer bei der Gärung sorgen dafür, daß nicht noch mehr entsteht. Dagegen erzeugen wilde Hefen, überwiegend Apiculatus-Hefen Mengen bis zu 1 g/l. Solche Werte führen zu Beanstandungen.

● Milchsäure wird ebenfalls durch Bakterien gebildet, ist unerwünscht und mindert die Qualität ganz erheblich (siehe Kapitel Milchsäurestich).

● Als nicht vermeidbare Nebenprodukte sind noch die sogenannten höheren Alkohole, auch Fuselöle genannt, zu erwähnen. Diese werden nicht aus Zucker gebildet, sondern sie sind Abbauprodukte von Eiweiß. Die Aminosäuren sind die Bausteine und in jedem Saft vorhanden.

Diese höheren Alkohole sind teilweise am Aufbau der Aromastoffe beteiligt – was sie wünschenswert macht –, doch überwiegt der Nachteil der Unbekömmlichkeit der Weine. Hochgrädige Traubenweine, z. B. Auslesen und höher, enthalten wesentlich mehr von diesen Substanzen als normale Traubenweine oder auch Fruchtweine. Deshalb ist der Genuß von hochwertigen Traubenweinen bei großen Mengen problematischer.

● Methylalkohol (CH_3OH – Methanol). Methanol entsteht nicht aus Zucker durch Hefegärung, sondern durch enzymatischen Abbau aus dem Pektin. In der Natur kommt reiner Methylalkohol in Heracleum-Früchten, Baumwollpflanzen und verschiedenen Gräsern spurenweise vor. Bei der Zersetzung von Lignin (Holz) können kleine Mengen von Methylalkohol entstehen.

Bedingt durch den Pektinabbau kommt Methylalkohol in Fruchtsäften, Brannt-

---

In der Weinbereitung spielt Methylalkohol absolut keine Rolle. Aus allgemein interessierenden Gründen noch einige Angaben:

Methylalkohol kann durch die Haut aufgenommen werden. Im Vergleich zum Äthylalkohol sind zur Berauschung größere Mengen nötig. Die Vergiftung dauert länger und ist von bösartigem Charakter. Die tödliche Dosis wird auf 50-75 g geschätzt, doch hat man schon Todesfälle bei 11,5 g beobachtet. Die Vergiftungserscheinungen sind: Herz- und Muskelschwäche, Krämpfe, Schüttelfrost, Abnahme des Sehvermögens bis zur Blindheit. Der Nachweis ist nur in Speziallabors bzw. Instituten möglich und teuer.

weinen, Wein, usw. vor. Die Mengen dürften bei 100-200 mg/l in Weinen bzw. 2-4 g/l in Branntweinen liegen.

● <u>Blausäure</u> (HCN). Es ist bekannt, daß Blausäure nicht in den Früchten selbst, sondern in den Steinen und in geringen Spuren auch im Samen von Kernobst vorhanden ist.

Blausäure entsteht durch enzymatischen Abbau aus dem Amygdalin und gelangt aus den zerstörten Steinen leicht in den Saft und vermehrt bei Maischegärung in den Wein.

Blausäure ist äußerst giftig, und Mengen von 50-70 mg können für den Menschen tödlich sein. Die Weltgesundheitsorganisation (WHO) hat Höchstgrenzen festgelegt. Diese betragen 4 mg pro 100 g Branntwein. Tatsächlich enthalten Branntweine auch Mengen von 0,02 bis etwa 3 mg pro 100 ccm.

Es ist verständlich, daß ein möglichst geringer Anteil von Steinen bei der Verarbeitung der Früchte aufgeschlagen werden soll. Technisch läßt sich dies durchführen, wenn man entsprechende Mühlen für die Zerkleinerung der Früchte heranzieht, deren Walzen verstellbar sind, wie z. B. die bei Arauner erhältliche OM 10. Wenn man diese Mengen Blausäure in Branntweinen, die in der Regel auf 40% Vol. Alkohol Trinkstärke eingestellt sind, auf Saft oder Wein umrechnet, erhält man Werte, die nur etwa 10% der Werte ausmachen, wie sie in Branntweinen vorliegen.

Bei der Destillation der Maischen für die Branntweingewinnung werden die Blausäuremengen sofort mit übergetrieben, da sie leicht flüchtig sind, und man findet im Branntwein die gesamte Menge wieder.

Bei Steinobstmaischen, die stets mit den Steinen vergoren werden, kommt es vor, daß Blausäure vorhanden ist, auch wenn sämtliche Steine ganz bleiben. Die Blausäure diffundiert in geringen Spuren aus den Steinen heraus.

Die Maischegärung

Diese Art der Vergärung wird durchgeführt, wenn die Früchte

– <u>kaum oder wenig Saft</u> enthalten und erst durch die Gärung, d. h. durch den Alkohol und die Kohlensäure extrahiert werden müssen, wie z. B. Hagebutten, Ebereschen, Sanddorn, Schlehen, usw;

– sehr <u>pektinreich</u> sind und im süßen Zustand nicht oder nur unter erschwerten Bedingungen abgepreßt werden können (z. B. Erdbeeren, Stachelbeeren);

– beim Abpressen zu <u>wenig Farbstoffe</u> in den Saft abgeben, da diese sich in Schalen und Beerenhäuten befinden und erst durch Alkohol und CO_2 her-

ausgelöst und gleichzeitig das Pektin abgebaut wird (z. B. bei Ebereschen, blauen Trauben, usw.).

Die Gärung verläuft in der Maische wesentlich stürmischer als im reinen Saft. Der Maischekuchen füllt sich mit CO_2 und steigt hoch. Deshalb sollten die Behälter nur zu <u>50% befüllt</u> werden.

Eine Maischegärung, die länger als 2 Wochen dauert, ist nachteilig. Durch den gebildeten Alkohol werden Bestandteile (z. B. Gerbstoffe) herausgelöst, die geschmacklich unangenehm sind. Aus den noch ganzen Steinen wird durch Alkohol Amygdalin herausgelöst und gelangt in Saft und Wein.

Läuft die Maischegärung bei sehr warmer Temperatur um 25°C ab, kann in 1-2 Wochen der größte Teil des Zuckers vergoren sein, und der Wein hat beim Abpressen nicht selten 12-14% Vol. Alkohol. Auffällig ist dann, daß die Gärung nach dem Abpressen nicht mehr oder nur ganz schwach in Gang kommt. Dieser Gärschock wird dadurch ausgelöst, daß durch die mechanische Entfernung der Fruchtfleischteilchen die Kohlensäure restlos ausgetrieben wird. Es muß durch erneute Gärung eine Sättigung eintreten, bevor weiteres CO_2 entweicht. Dies kann Stunden oder Tage dauern. Dies ist normal, und es ist unnötig, nochmals Kitzinger-Reinzuchthefe oder -Hefenährsalz zuzusetzen. In der Flüssigkeit befinden sich noch genügend Hefezellen bzw. Hefenährstoffe. Am besten stellt man zuerst das Mostgewicht mit der Öchslewaage fest, bevor nochmals unnötigerweise Hefe oder Nährsalz zugegeben wird.

Hinzu kommt, daß durch den Stillstand der Gärung keine Wärme mehr frei wird. Der Wein kühlt sich ab, und es ergeben sich dabei wieder ungünstigere Verhältnisse für die Hefezellen.

In der Regel werden alle im Rezept angegebenen Zutaten vor der Maischegärung zugesetzt. In Ausnahmefällen kann die Zuckermenge geteilt werden, d. h., man gibt vor der Maischegärung etwa die Hälfte, nach dem Abpressen den restlichen Teil zu. So kann eine zu stürmische Gärung - vor allem in den Sommermonaten - und damit eine zu starke Erwärmung vermieden werden. Man muß sich jedoch Aufzeichnungen machen, um nach dem Abpressen noch fehlende Zucker- oder Zuckerwassermengen nicht zu vergessen.

Solange die Maischegärung läuft, können weitere Anteile an gemaischten Früchten, Zuckerwasser, Hefenährsalz usw. im entsprechenden Verhältnis zugesetzt werden. Eine dadurch bedingte kleine Verschiebung des Abpreßzeit-punktes ist vor allem bei Beerenobst ohne Bedeutung, da keine Steine vorhanden sind. Steinobst sollte jedoch rechtzeitig, nach spätestens 2 Wochen, als Maische abgepreßt werden. Je kürzer die Gärzeit – mindestens jedoch 8 Tage als Maische – desto besser für den späteren Wein.

Es muß ein Kompromiß geschlossen werden, der darin besteht, daß die Früchte durch diesen Gärprozeß restlos aufgeschlossen und somit leicht abpreßbar werden und andererseits aber möglichst wenig Inhaltsstoffe der Samen sowie Steine in den Wein gelangen (Amygdalin/Blausäure).

Für die Weitergärung und -lagerung des Jungweines nach dem Abpressen sollte ein kleinerer Ballon verwendet werden, der nahezu voll wird und nur wenig Luftraum enthält. Dessertweine sind hier zwar weniger empfindlich, bei Tischweinen wirkt sich ein großer Luftraum jedoch nachteilig auf die Farbe und den Geschmack des Weines sowie auf die gleichmäßige Temperatur aus.

Der Luftraum im Ballon unterliegt während der verschiedenen Tages- und Nachtzeiten größeren Temperaturschwankungen als ein mit Flüssigkeit vollgefüllter Ballon. Und größere Temperaturschwankungen sollen während der gesamten Gärdauer wegen der Empfindlichkeit der Hefezellen vermieden werden.

Es kann auch der Fall sein, daß die Gärung ganz aussetzt und anstelle eines leichten Überdruckes im Ballon ein Unterdruck entsteht. Die Sperrflüssigkeit im Gäraufsatz – während der Gärung Wasser – kann auf diese Weise über die Ringmarke hinaus in den Ballon eingesogen werden. Die Abkühlung im Gärbehälter bringt eine Kontraktion (Zusammenziehen) der Flüssigkeit und des Gasraumes mit sich und schafft für den Laien eine neue, irritierende Situation.

Damit die Gärung wieder einsetzen

kann, hilft nur eine Temperaturerhöhung in einem wärmeren Raum oder mit der Wärmeplatte »Gärmaid«. Je nach gebildetem Alkoholgehalt und der noch vorhandenen Zuckermenge kann dies einige Tage dauern. Tritt keine Gärung ein, kann mit der Mostwaage (im 250 ml-Glaszylinder) das Mostgewicht bzw. die Öchslegrade festgestellt und notfalls Abhilfe geschaffen werden. Zeigt der Jungwein (Dessertwein) ein noch höheres Mostgewicht als etwa 20°Oe an, sollte er noch weitergären und deshalb warm stehen. Bei niedrigeren Werten gilt er als praktisch vergoren und muß kühl gestellt werden.

In der Regel haben die Früchte Stiele. Bei den Johannisbeeren nennt man diese auch Rispen. Es ist nicht notwendig, Erdbeerstiele und Kelchblätter vor der Gärung zu entfernen, wenn die Maischegärung nicht über 8-14 Tage ausgedehnt wird. Bei längerer Gärdauer kann es sein, daß der Geschmack beeinträchtigt wird.
Werden Beerenfrüchte (z. B. Johannisbeeren und Holunderbeeren) zur Maische angesetzt, dann sind die Rispen vorher zu entfernen. Gewichtsmäßig machen diese Rispen mehr aus als bei Erdbeeren, und somit ist die geschmackliche Beeinträchtigung größer.

Die Säuren

Die Tabelle auf Seite 34 ff. zeigt, daß die Säure unter den gesamten Inhaltsstoffen frischer Säfte und der späteren Weine einen hohen Stellenwert einnimmt. Die Schwankungsbreite liegt zwischen 2 g und etwa 70 g pro Liter (Extremfälle).
Die Untersuchung der Säure ist ebenso wie die Mostgewichtsbestimmung ein wichtiger Faktor in der gesamten Herstellungsphase eines Getränkes, sei es als Saft oder als Wein.
Bei der Untersuchung der Säure geht man immer davon aus, als ob es sich nur um eine Säure handelt; in Wirklichkeit kommen meist mehrere Säuren in einem Getränk vor. Nur in ganz bestimmten Säften liegen Einzelsäuren vor. Während und nach der Gärung treten durch chemische und/oder biologische Vorgänge Veränderungen an diesen Säuren auf, so daß sie teilweise abgebaut und umgewandelt werden. Es entstehen daraus z. B. Salze oder andere Säuren, die schwächer sind. Bei der Beschrei-

bung der einzelnen Säuren wird hierauf noch eingegangen.
Wir haben zu diesem Zweck in der folgenden Tabelle die in den Säften vorkommenden Säuren zusammengestellt. Gewisse Beziehungen zueinander sind erkennbar, so z. B. die Strukturformel, das Molekulargewicht, die Umrechnung der einzelnen Säuren – bezogen auf die Standardsäure = Weinsäure.
In der Bundesrepublik Deutschland wird die Gesamtsäure in allen Getränken als Weinsäure angegeben, obwohl überwiegend ein Gemisch von mehreren Säuren vorliegt, eventuell gar keine Weinsäure (Beispiel: Obst- und Fruchtsäfte und Fruchtweine). Dies hat sich in der allgemeinen Analytik eingebürgert. Sollte jede Säure, die vorhanden ist, einzeln untersucht werden, wäre ein sehr großer Aufwand nötig. Die Summe der Einzelsäuren liegt nur um kleine Prozentsätze über dem Wert, wie er als Gesamtsäure untersucht wird.

Der Hausweinbereiter muß deshalb nicht unbedingt die Gesamtsäure untersuchen, sondern kann sich einfach nach den Rezepten richten. Dort sind die Durchschnittswerte berücksichtigt. Nur wer es ganz genau wissen will, muß sich die Mühe einer Säurebestimmung machen.

Die wichtigsten organischen Säuren in den Getränken

		1	2	3		4	5	6
		Weinsäure	Apfelsäure	Zitronensäure** Monohydrat	Anhydrat	Oxalsäure	Milchsäure 100%ig	Essigsäure
a	Strukturformel	COOH CHOH CHOH COOH	COOH CHOH CH₂ COOH	H₂-C-COOH HO-C-COOH H₂-C-COOH (+ H₂O)	H₂-C-COOH HO-C-COOH H₂-C-COOH	COOH COOH	CH₃ CHOH COOH	CH₃ COOH
b	Molekulargewicht (Mol.Gew.)	150	134	210	192	90	90	60
c	Äquivalentgewicht (= Mol.Gew. : Wertig- keit)	75	67	70	64	45	90	60
d	Wertigkeit*	2	2	3	3	2	1	1
e	Umrechnung: 1 g Weinsäure entspricht:	1,000 g	0,893 g	0,993 g	0,853 g	0,600 g	1,200 g	0,800 g
f	1 g CaCO₃ (Mol.Gew. 100) = kohlensaurer Kalk (Calciumcarbonat) bindet bei Entsäuerung:	1,500 g	1,340 g	1,400 g	1,280 g	0,900 g	1,800 g	1,200 g

* Die COOH-Gruppen bestimmen die Wertigkeit, was bei der waagrechten Spalte e) »Umrechnung: 1 g Weinsäure entspricht« berücksichtigt ist.
** Zitronensäure kommt in 2 Formen im Handel vor, und zwar einmal als Monohydrat und einmal als Anhydrat (letzteres ist wasserfrei). Darauf muß beim Säurezusatz geachtet werden, auch liegt der Preis bei letzterem etwas höher. Wenn nicht anders vermerkt, handelt es sich immer um die Monohydrat-Form. Die Dichte der Zitronensäure ist 1,542 kg/l. Das Volumen von 1 kg beträgt 0,649 l. Wie aus dem nachfolgenden Text hervorgeht, kann man mit CaCO₃ nur die Weinsäure neutralisieren und ausfällen, die anderen Säuren sind nur rein theoretisch aufgeführt, da wohl eine Neutralisierung möglich ist, jedoch keine Ausfällung und die entsprechenden Salze bleiben somit in Lösung.

Neben diesen Säuren gibt es einige weniger bekannte Säuren, z. B. Isozitronensäure, Chinasäure, Bernsteinsäure, Fumarsäure, Gluconsäure, Galacturonsäure.
In Brombeeren kommt hauptsächlich Isozitronensäure vor, bis 8 g/l Saft; in Heidelbeeren die Chinasäure, bis 9 g/l Saft; in Preiselbeeren auch noch die Benzoesäure.

Die einzelnen Hauptsäuren

Weinsäure

Diese kommt ausschließlich in Traubenmosten und Traubenweinen vor, sonst in keiner anderen Frucht oder Pflanze; daher hat sie auch ihren Namen. Im Traubenmost liegt Weinsäure in größe-

$$
\begin{array}{l}
\text{COOH} \\
\text{CHOH} \\
\text{CHOH} \\
\text{COOH} \\
\text{Weinsäure}
\end{array}
+ K \; \text{-----} \!\!>
\begin{array}{l}
\text{COOH} \\
\text{CHOH} \\
\text{CHOH} \\
\text{COOK} \\
\text{Weinstein} \\
\text{(saures Kaliumtartrat)}
\end{array}
+ \; H_2O
$$

+ Kalium ⟶   + Wasser

rer Menge vor, der Anteil ist hier 30-90% an der Gesamtsäure - je nach Reifegrad der Trauben. Die Weinsäure wird während und nach der Gärung teilweise als Salz (Weinstein) ausgefällt, indem sie mit dem Kalium eine Verbindung eingeht. (S. Formel auf Seite 59.)

Äpfelsäure

Diese kommt überwiegend in Äpfeln und zum Teil in Traubenmosten und -weinen vor; in Beerensäften ist sie ebenso wie in Birnen- und Quittensäften enthalten.
Die Gesamtsäure des Apfelsaftes besteht ausschließlich aus Äpfelsäure, daher auch ihr Name.
Bei normal ausgereiften Trauben kann diese Säure etwa 50% der Gesamtsäure ausmachen, bei unreifen Trauben sogar bis zu 90%. Sie wird teilweise während und nach der Gärung von säureabbauenden Bakterien in Milchsäure und Kohlendioxid abgebaut. Auch Hefen können Äpfelsäure in Alkohol und Bernsteinsäure abbauen.

Zitronensäure

In Zitrusfrüchten (Grapefruit, Orangen, Zitronen) besteht die Gesamtsäure ausschließlich aus Zitronensäure. In Spuren (mg) kommt sie in Apfelsäften und Traubensäften vor. Ein erheblicher Anteil der Beerensäfte und Steinobstsäfte besteht aus Zitronensäure (siehe auch Kapitel Zitrone, Seite 159 f.).

Oxalsäure

Die Gesamtsäure des Rhabarbers besteht überwiegend aus Oxalsäure, auch Kleesäure genannt (COOH-COOH). Sie ist nicht so bekömmlich wie die anderen Fruchtsäuren und soll deshalb bei der Rhabarberweinherstellung gegen Milchsäure ausgetauscht werden. In kleinen Mengen kommt Oxalsäure in Spinat, Sellerieknollen und rote Bete vor (siehe Kapitel Rhabarberwein, Seite 136 f.).

Milchsäure

Bei der Milchsäure handelt es sich um eine sogenannte biogene Säure, d. h., sie kommt in natürlichen Säften nicht vor, sondern wird während und nach der Gärung bzw. Lagerung durch Bakterien (Milchsäurebakterien) gebildet. Auch einzelne Hefestämme haben diese Fähigkeit. Die Milchsäure trägt ihren Namen deswegen, weil sie von der Milchzuckergärung herrührt und dort eigentlich ihren biologischen Ursprung hat.
Sie wird von besonderen Mikrobenstämmen durch Züchtung auch industriell hergestellt.
Milchsäure wird im Gegensatz zu den anderen Säuren nicht weiter abgebaut. Sie wird deshalb bevorzugt zur Aufsäuerung von säurearmen Getränken verwendet (siehe Seite 73 f.).
Es gibt in der Natur eine sogenannte D (−) und eine L (+)-Milchsäure. Die L (+)-Milchsäure ist rechtsdrehend und kommt in vielen Geweben als physiologischer Bestandteil im Körper (besonders im Muskel) vor. Sie wird deshalb als Fleischmilchsäure bezeichnet. Der L (+)-Milchsäure wird therapeutische Wirkung zugeschrieben.
Diese Milchsäuren sind optisch aktiv. Unsere zur Aufsäuerung von Getränken empfohlene Kitzinger Milchsäure ist optisch inaktiv, d. h. sowohl links- als auch rechtsdrehend.
Die Milchsäure kommt meist 80%ig in den Handel und ist eine viskose, leicht zähe Flüssigkeit von gelblich-weißer Farbe und einem spezifischen Gewicht um 1,200.

1 l   wiegt 1,200 kg
1 ml wiegt dann 1,2 g
1 g   nimmt einen Raum von 0,80 ml
ein.

Milchsäure entsteht bei Gärungsprodukten, wie Sauerkraut, Salzgurken, rote Bete, Möhren, Bohnen und ähnlichen Sauerkonserven. Da aus Zuckerarten durch Bakterien bzw. Hefen Milchsäure gebildet wird, kommt es zur Eigenkonservierung, da Säuren z. B. ein Faktor für die Haltbarkeit sind.

Essigsäure

Auch bei dieser Säure handelt es sich um eine biogene Säure. Sie kommt in den Pflanzen, Säften und Früchten nicht vor, sondern wird durch Bakterien (Essigbakterien) teilweise schon an faulenden Früchten, im Saft oder Wein gebildet. Sie ist im Gegensatz zu anderen Säuren sehr geschmacksintensiv und ab einer bestimmten Menge im Saft oder Wein (über 1 g/l) nicht mehr genußfähig. Ab einer Menge von 0,5 g/l ist Essigsäure schmeckbar, geübte Zungen können sogar noch niedrigere Werte feststellen.

Essigstich ist eine Weinkrankheit, da bei einer bestimmten Menge Essigsäure die Hefezellen nicht mehr arbeiten, um den Zucker zu vergären.

Es ist sinnlos, eine Umgärung einzuleiten, wenn ein Gehalt von 1,5 g Essigsäure im Liter vorhanden ist.

Ein weiterer Nachteil liegt darin, daß die Essigsäure mit Alkoholen (z. B. Äthylalkohol) Verbindungen eingeht und Äthylester bildet. Er ist besonders aromatisch und geschmacksintensiv, und hieran erkennt man oft den Essigstich (siehe auch Kapitel »Essigbereitung im Haushalt«, Seite 205 ff.).

Für den Laien mag die Darstellung der Säuren in der Tabelle etwas kompliziert und verwirrend sein, aber zahlreiche Leser teilten uns mit, daß sie gerne mehr über diesen Fragenkomplex in Erfahrung bringen möchten. Für diese soll die Übersicht hauptsächlich gedacht sein.

Mit den Werten aus der Säuretabelle unter dem Punkt »Umrechnung« kann eine entsprechende Berechnung vorgenommen werden:

Ein Saft hat nach der vorgenommenen Untersuchung mit der entsprechenden Blaulauge z. B. 8,0 g/l Gesamtsäure (berechnet als Weinsäure – Bestimmung siehe später); dann würde dies, in Milchsäure gerechnet, einem Wert von $8 \times 1,2 = 9,6$ g/l (Milchsäure 100%ig) entsprechen.

Dieses Beispiel wurde gewählt, weil eine Säureerhöhung oft mit Milchsäure vorgenommen wird. Da die Milchsäure in der Regel nur 80%ig im Handel ist, muß dieser Wert nochmals mit dem Faktor 1,25 multipliziert werden, so daß 8 g Weinsäure

$8 \times 1,2 \times 1,25 = 12$ g 80%ige Milchsäure

entsprechen. Diese Werte zeigen, daß Milchsäure schwächer ist als Weinsäure. Da es sehr schwierig und aufwendig wäre, beispielsweise im Traubensaft, Traubenwein, Apfelsaft oder in anderen Getränken jede einzelne Säure für sich zu bestimmen, titriert man lediglich die Gesamtsäure und tut so, als ob nur eine Säure vorhanden wäre und bezieht bzw. berechnet sie auf Weinsäure.

Die Untersuchung der Gesamtsäure kann auch von Ungeübten verhältnismäßig einfach und ohne großen Aufwand durchgeführt werden.

Säurebestimmung

Im Laborbereich gibt es zur Feststellung des Säuregehaltes verschiedene Geräte: z. B. das pH-Meter, mit dem auf elektrometrischem Wege die Säure bestimmt werden kann. Für den Hausweinbereiter sind solche Meßgeräte aber zu teuer. Für

Acidometer und Säurebestimmung

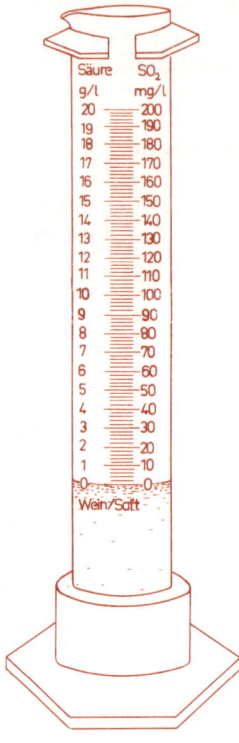

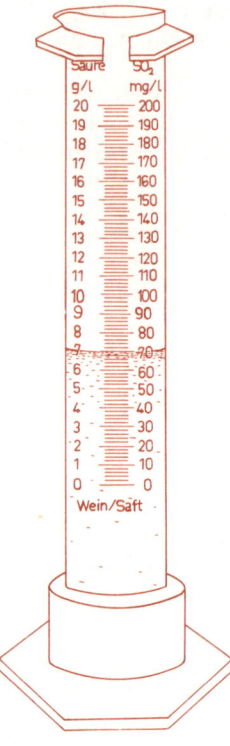

Den Glaszylinder bis zur Nullmarke der Gradierung mit dem zu untersuchenden Getränk füllen.

An der Gradierung ablesen, wieviel Lauge hinzugefügt wurde.

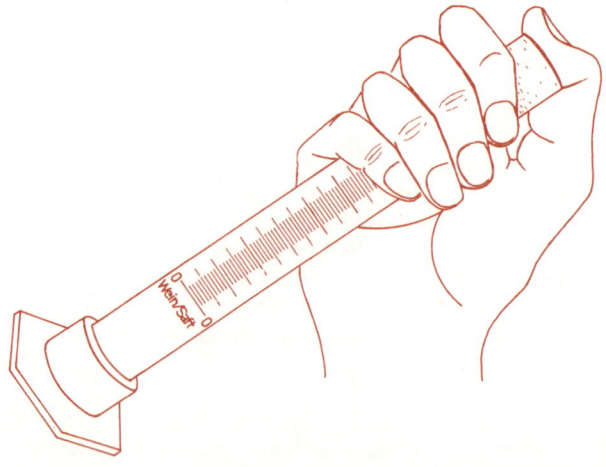

Nach Zugabe der Blaulauge den Zylinder einmal leicht umkippen, jedoch nicht schütteln.

seine Zwecke gibt es einfache und billige Geräte, mit denen ebenfalls mit einer Genauigkeit von ± 0,3 g/l die Säure ermittelt werden kann.

Ein solches Gerät ist z. B. auch das Kitzinger Acidometer. Für die Säurebestimmung wird eine bestimmte Menge an Untersuchungsflüssigkeit vorgelegt (10 ml). Dazu gibt man Natronlauge mit einer ganz bestimmten Stärke (Molarität). In dieser Lauge befindet sich gleichzeitig ein Indikator, der den Neutralpunkt (pH-7) anzeigt. Der Neutralpunkt ist erreicht, wenn die Farbe über Grün in Dunkelgrün umschlägt, jedoch noch nicht Blau ist.

Durchführung: Da Kohlensäure das Ergebnis erhöhend verfälscht, muß eine größere Getränkemenge zunächst gut geschüttelt werden, ehe man davon in den Acidometer einfüllt.

Der Glaszylinder wird bis zur Nullmarke der Graduierung mit dem zu untersuchenden Getränk gefüllt (10 ml). Beim Ablesen wird der Glaszylinder immer in Augenhöhe gehalten, und die Flüssigkeit läßt man wegen der Schaumbildung an der Glaswandung entlang einfließen.

Man hält die Blaulaugeflasche mit dem Spritzverschluß schräg auf die Öffnung des Meßzylinders und gibt durch vorsichtiges Drücken der Flasche einige Milliliter Lauge zu dem Getränk. Anschließend verschließt man die Öffnung mit dem Daumen und kippt den Zylinder einmal leicht um; bei stärkerem Schütteln entsteht Schaum.

Bevor man den Daumen von der Öffnung nimmt, streift man ihn erst ab, so daß die Flüssigkeit, die am Daumen haftet, wieder zurückfließt. Man stellt dabei fest, daß die Farbe noch Gelb ist (bei hellen Getränken).

Nun gibt man aus der Spritzflasche weiter Lauge dazu, verschließt mit dem Daumen und kippt erneut.

Sofern die Farbe noch nicht verändert ist, gibt man so lange von der Lauge dazu, bis man nach dem Kippen bemerkt, daß die ursprüngliche Farbe nicht mehr zurückkehrt, sondern ein deutlicher Farbumschlag nach Grün oder gar Dunkelgrün eingetreten ist.

Der Daumen wird (genau beachten) stets gut abgestreift, da sich sonst ein zu großer Fehler (geringerer Wert) einstellt. Jetzt liest man an der Graduierung in Augenhöhe ab, wieviel Lauge man dazugegeben hat und beachtet dabei, daß ein Strich 0,2 ml bedeutet. Die gefundene Zahl ist der Gesamtsäuregehalt des untersuchten Getränkes in g/l ausgedrückt, z. B. Verbrauch 8,5 ml = 8,5 g/l Gesamtsäure als Weinsäure berechnet.

> **Wichtig:** Der Acidometer-Glaszylinder muß vor der Säurebestimmung mit dem zu untersuchenden Getränk ausgespült werden!

Bei dunklen Säften ist es schwieriger, den Umschlagspunkt festzustellen. Hier sollte man Lackmuspapierstreifen verwenden. Man betüpfelt den Streifen mit Hilfe eines Glasstabes oder feinen Röhrchens oder dem Stiel einer Öchslewaage mit der im Acidometer befindlichen Flüssigkeit. Ändert sich die Farbe des neutralen Lackmuspapieres nicht mehr, d. h. nicht in Rot, aber auch noch nicht in Blau, so ist die Flüssigkeit neutral, und das gefundene Ergebnis stimmt.

Bei hoher Eigenfärbung, z. B. bei schwarzen Johannisbeeren, ist dies etwas schwierig. Hier ist nicht das Zentrum des Tropfens auf dem Lackmusstreifen der richtige Farbwert, sondern der Rand (Peripherie).

Färbt sich das Lackmuspapier rot, ist immer noch Säure vorhanden; man muß etwas Lauge dazugeben und die Kontrolle mit dem Lackmusstreifen wiederholen. Hat sich das Lackmuspapier jedoch blau gefärbt, wurde zuviel Lauge dazugegeben; das gefundene Ergebnis ist zu hoch, und die ganze Titration ist mit weniger Blaulauge zu wiederholen.

Bei einer Reihe von Fruchtsäften liegt die Gesamtsäure höher als 20 g/l, so daß vor der Bestimmung eine genaue Verdünnung im Verhältnis 1:1 (eventuell 1:2) mit destilliertem Wasser, notfalls auch Leitungswasser vorgenommen werden muß. Der später erhaltene Wert ist mit dem Faktor 2 (bzw. 3) zu multiplizieren.

Bei der Säurebestimmung werden alle Säuren erfaßt und in g/l ausgedrückt. Man spricht deshalb vom Gesamtsäuregehalt. Der Hausweinbereiter weiß dann, wie er sein Getränk einzuordnen hat: ob es mild, harmonisch oder zu sauer ist.

Daraus ergeben sich dann die notwendigen Konsequenzen, nämlich ob aufgesäuert (unter 6 g/l), ob das Getränk so belassen (6-9 g/l) oder ob entsäuert werden (über 9-10 g/l) bzw. mit Wasser verdünnt werden muß – Beerensäfte müssen mit Wasser verdünnt werden.

Der pH-Wert

Die Säure läßt sich nicht nur in g/l, wie in der vorgenannten Beschreibung dargestellt, sondern auch im pH-Wert ausdrücken, wobei dieser Wert nicht viel aussagt; zumindest ist er nicht brauchbar, um Säurekorrekturen vorzunehmen. Mit diesen pH-Werten drückt man lediglich die aktuelle Säure aus, d. h. die freien Wasserstoffionen in dem Getränk. Es gibt einen pH-Bereich von 0-14, wobei 0 sehr sauer und pH-14 sehr stark alkalisch ist.

Der Neutralpunkt ist pH7, und reines, destilliertes Wasser weist diesen Wert auf. Getränke sind bekanntlich sauer, und entsprechend liegt der pH-Wert zwischen 1-7, und wenn in der Tabelle Seite 34 die entsprechende Zahl verfolgt wird, fällt auf, daß eine hohe Gesamtsäure – ausgedrückt in g/l – einem niederen pH-Wert entspricht oder umgekehrt.

Anhand dieses pH-Wertes kann man nicht errechnen, ob die Säure normal ist, und Säure zugesetzt oder verdünnt werden muß. Säurekorrekturen sind nur möglich, wenn man die g/l durch Titration kennt, wie im vorhergehenden Kapitel genau beschrieben. Für den Praktiker oder Wissenschaftler sind solche pH-Werte wohl interessant und geben wertvolle Hinweise, der kleine Winzer oder Hausweinbereiter kann damit nichts anfangen.

Zur Bestimmung dieses pH-Wertes muß ein bestimmtes pH-Papier verwendet werden, wobei man einen Tropfen auf einen Papierstreifen aufbringt und anhand einer mitgelieferten Farbskala die pH-Zahl vergleicht.

In einem Labor wird dieser pH-Wert aber mit einem sogenannten pH-Meter ermittelt, wobei man eine Elektrode in den zu untersuchenden Saft oder Wein eintaucht und ein Zeiger an einer Skala den pH-Wert angibt oder die Zahlen digital erscheinen. Solche pH-Meter gibt es als Taschengeräte, die mit Batterie betrieben werden. Die Mindestkosten belaufen sich auf etwa DM 270,00; Labor-pH-Meter liegen im Preis über DM 1000,00. Sicher wäre es ein großer Fortschritt und eine Erleichterung, wenn man anhand dieses pH-Wertes erkennen könnte, wie hoch der tatsächliche Säuregehalt, in diesem Falle die potentielle Säure, ist und welche notwendigen Säurekorrekturen man vornehmen müßte – leider ist dies bis heute nicht möglich.

Es gibt Getränke, die sauer schmecken, aber trotzdem einen normalen Säuregehalt (ausgedrückt in g/l) aufweisen, da sie, wie man in der Fachsprache sagt, wenig gepuffert sind. Sie enthalten wenig Mineralstoffe wie Kalium. Dieser Mineralstoff geht eine Verbindung mit der Säure ein und schwächt sie ab.

Andererseits kann ein Wein weniger säurereich schmecken und trotzdem eine hohe Säure aufweisen, wenn mehr Kalium vorhanden ist.

Zur Verdeutlichung soll dies an zwei Weinen dargestellt werden:

Wein A enthält   10,0 g/l Gesamtsäure (zu hoch) und   3,3   pH-Wert

Wein B enthält   7,2 g/l Gesamtsäure und ebenfalls   3,3   pH-Wert

Im Wein A muß die Säure vor der Vergärung schon etwas erniedrigt werden, damit sie in den Normalbereich zwischen 6-9 g/l kommt (siehe dazu auch Rezept für Traubenwein, Seite 145 ff.).

Die Alkoholbestimmung im Wein

In den Erläuterungen zur Mostgewichtsbestimmung und damit des indirekten Zuckergehaltes wurde darauf hingewiesen, daß zwischen dem Mostgewicht des frischen Gäransatzes und dem späteren Alkoholgehalt ein direkter Zusammenhang besteht. So entspricht etwa 1°Oe nach der Vergärung ungefähr 1 g/l Alkohol.

Der Hausweinbereiter kann sich die Alkoholbestimmung im Wein ersparen, wenn er das Anfangsmostgewicht mit der Kitzinger Öchslewaage feststellt, notiert und in der Umrechnungstabelle (siehe Seite 42) den Alkoholgehalt abliest.

Für den Hausweinbereiter bieten sich zwei andere Verfahren, die den Alkoholgehalt annähernd angeben.

1. Das Vinometer

Bei dieser Alkoholbestimmungsmethode bedient man sich eines kleinen Glasröhrchens mit einer sehr engen Kapillare, an der außen eine Skala in % Vol. angebracht ist.

Der Alkohol in Getränken ist »dünnflüssiger« als Wasser oder gar zuckerhaltige Flüssigkeiten, und demzufolge ist auch das Anhaftungsvermögen (Adhäsions-

Beispiel:
Das Anfangsmostgewicht vor der Vergärung lag bei 120° Oe, nach der Gärung wurden noch 20° Oe festgestellt, die Differenz von genau 100° Oe Mostgewicht ergibt einen Alkoholgehalt von etwa 13,8% Vol. = etwa 109 g/l.

Eine exakte Bestimmung des Alkohols ist nur in einem gut eingerichteten Labor möglich. Früher wurde der Alkoholgehalt ausschließlich durch Destillation einer bestimmten Weinmenge festgestellt, also durch eine Trennung von den übrigen Extraktstoffen. Heute dagegen wird der Alkoholgehalt überwiegend mit Hilfe chemischer Verfahren ermittelt, d. h., der Alkohol siedet über und geht mit bestimmten Reagenzien Verbindungen ein, so daß andere Stoffe entstehen. Diese werden dann auf Alkohol rückgerechnet. Voraussetzungen für eine solche Feststellung des Alkoholgehalts sind jedoch teure Apparate und Einrichtungen sowie Fachwissen.

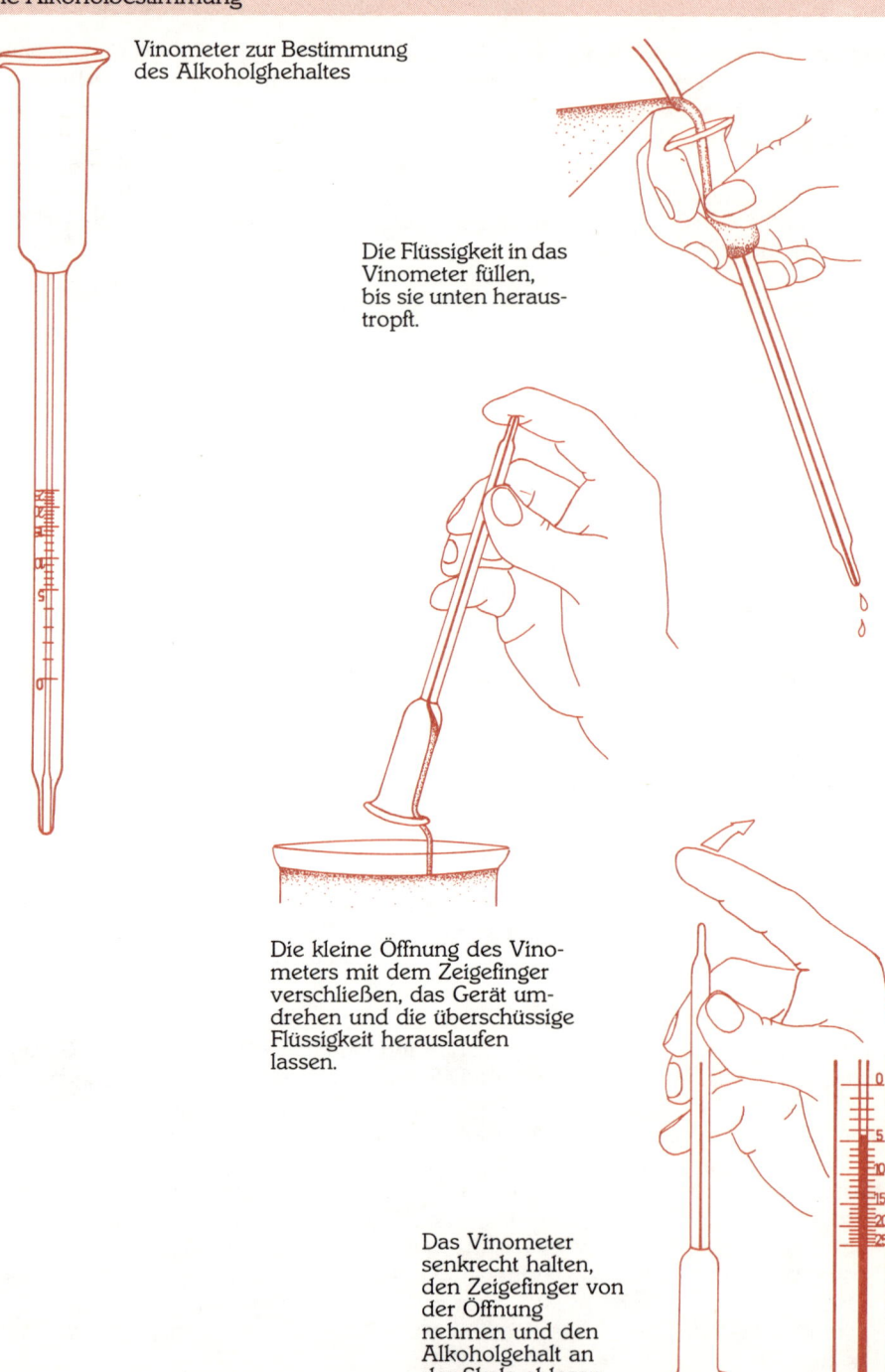

Vinometer zur Bestimmung
des Alkoholghehaltes

Die Flüssigkeit in das
Vinometer füllen,
bis sie unten heraus-
tropft.

Die kleine Öffnung des Vino-
meters mit dem Zeigefinger
verschließen, das Gerät um-
drehen und die überschüssige
Flüssigkeit herauslaufen
lassen.

Das Vinometer
senkrecht halten,
den Zeigefinger von
der Öffnung
nehmen und den
Alkoholgehalt an
der Skala ablesen.

kraft) in dieser Kapillare geringer. Der Flüssigkeitsfaden sinkt also entsprechend tiefer ab.

Diese kleinen Geräte arbeiten nur annäherungsweise, und Differenzen von ± 1 % Vol. sind je nach Zusammensetzung des Weines möglich. (Nähere Angaben werden in den Gebrauchsanweisungen gemacht). Für den Hausweinbereiter ist das Vinometer jedoch wegen des relativ niedrigen Preises sowie der recht einfachen Handhabung von Bedeutung.

2. Die Kitzinger Weinwaage

Bei diesem Gerät handelt es sich um die Weiterentwicklung der Mostwaage nach Öchsle. Der Skalenbereich umfaßt die Werte von −10 bis + 20° Oe. Die Skala ist außerdem unterteilt in ganze und halbe Öchslegrade, ist also noch anwendbar bei vollkommen vergorenen Weinen mit einem hohen Alkoholgehalt. Mit der normalen Öchslewaage wäre dies nicht möglich.

Außer dieser Kitzinger Weinwaage sind zur Alkoholbestimmung ein 100 ml-Meßzylinder, ein Erlenmeyerkolben und ein Heizkörper (Heizfläche) nötig, da 2 Messungen durchzuführen sind: eine Spindelung im normalen Wein und eine Spindelung nach Verdampfung des Alkohols, also im Extrakt (nähere Angaben in der Gebrauchsanweisung).

Technische Hilfsstoffe bei der Saft- und Weinbereitung

Außer von Natursaft, Zucker und Wasser wird in den meisten Rezepten und Kapiteln dieses Weinbuches die Mitverwendung von Stoffen empfohlen, die eine bestimmte Funktion haben bei der
– sachgemäßen und rationellen Saftgewinnung;
– zügigen und abschließenden Gärung;
– befriedigenden Klärung und Haltbarmachung;

Diese technischen Hilfsstoffe sind aufgrund der Unkenntnis ihrer Zusammensetzung und Wirkung auf die Getränke der Anlaß, daß man sie oft wegläßt – in der Meinung, »zuviel Chemie« schade den Getränken bzw. dem Menschen.

Die Hilfsstoffe werden im folgenden in der Reihenfolge ihrer Bedeutung bei der Saft- und Weinbereitung vorgestellt. Dies dient als Hinweis auch für Ärzte und andere Verantwortliche, wenn von Erwachsenen oder Kindern diese Stoffe versehentlich oder fälschlicherweise verzehrt werden.

Kitzinger Reinzuchthefe (flüssig)

Hier handelt es sich um Sproßpilze, um kleine einzellige Mikroorganismen einer speziellen Gattung (Saccharomyces cerevisiae). Sie werden Sproßpilze genannt, weil sie sich durch Sprossung vermehren – im Gegensatz zu den Bakterien, die sich durch Spaltung vermehren und deshalb auch Spaltpilze genannt werden.

Die Reinhefen werden in Reinkultur in einem sterilen, d. h. durch Pasteurisation keimfrei gemachten Traubensaft zur Vermehrung gebracht. Der Traubensaft vergärt dabei, so daß das flüssige Medium, in dem sich die Hefezellen befinden, Traubenwein wird.

Kitzinger Reinzuchthefen

gungen, z. B. bei sehr warmer Lagertemperatur von über 30°C, schon einige Wochen nach der Füllung einsetzen. Kühle Lagerung ist deshalb ebenso selbstverständlich wie die Bedingung, angebrochene Kulturen nicht aufzubewahren (Infektionsgefahr!).

Da es sich bei diesem flüssigen Hefesubstrat (Suspension) um Traubenwein handelt, können mehrere Kulturen Reinhefe in einen Gäransatz gebracht werden. Außerdem kann eine große Kultur auch für einen kleinen Weinansatz verwendet werden (z. B. eine 300-l-Kultur für 10 l Ansatz). Auch der Verwendung von mehreren Heferassen, sogenannten Populationen, in einem Weinansatz steht nichts im Wege. Man kann eine solche Hefekultur sogar zum Direktverzehr heranziehen.

Es ist vorteilhaft, wenn eine größere Hefemenge zum frischen Most gegeben wird; je mehr Hefezellen vorhanden sind, desto früher setzt die Gärung ein. Spätestens 3-5 Tage nach dem Zusatz bzw. Ansetzen soll die Gärung einsetzen, da sonst auf der Saft- oder Maischeoberfläche Schimmelsporen auskeimen und die ganze Fläche besiedeln können.

Es liegt in der Natur der Hefezellen, daß sie ihre Aktivität allmählich verlieren: Sie gehen zunächst vom Stadium der Vermehrung, Gärung ins Ruhestadium und schließlich in die Phase des Absterbens über. Da dieser Prozeß stark von der Temperatur beeinflußt wird, kann man keine Vorhersage treffen, wann eine Hefekultur abgestorben und damit unbrauchbar sein wird.

Je frischer eine Reinzuchthefekultur ist, desto gärkräftiger ist sie; die Angärzeit kann eventuell 1-7 Tage betragen, je nach den übrigen Bedingungen.

Eine besondere Art sind Kaltgärhefen, die die gleichen Eigenschaften besitzen wie alle anderen Heferassen auch. Sie werden lediglich bei niedrigeren Gärtemperaturen eingesetzt.

Ist der Gärungsprozeß beendet, werden die Kulturfläschchen befüllt. Die Hefezellen befinden sich darin im Ruhestadium. Würden die Fläschchen aber vor Beendigung des Gärungsprozesses befüllt, dann würden sie platzen, da die Kohlensäure nicht entweichen kann.

In diesem Zustand befinden sich zwischen 50-150 Milliarden Einzelzellen in einem Liter Hefeflüssigkeit (5×10^{10} — 15×10^{11}).

Entscheidend ist nicht die absolute Zahl von Zellen, sondern die Menge der lebenden Hefezellen. Bekanntlich gehören Hefezellen zur »lebenden Materie« und sind einer Alterung und schließlich einem Absterben unterworfen. Das Absterben kann unter ungünstigen Bedin-

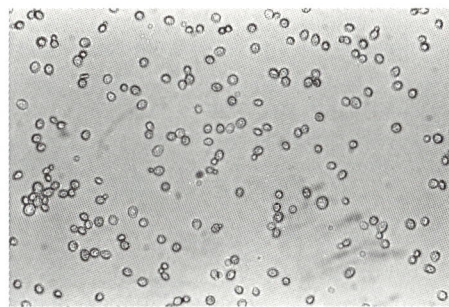

Reinzuchthefe im Ruhestadium (400fache Vergrößerung)

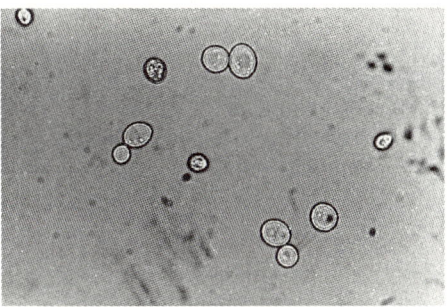

Reinzuchthefe in Sprossung (1000fache Vergrößerung)

Kaltgärhefen können beispielsweise noch bei Temperaturen um 6-10° C vergären, allerdings nur leichtere Tischweine, wie Apfel- und Birnenweine mit Alkoholwerten um 5-7% Vol. Für Dessertweine sind sie unbrauchbar, wenn man die Temperaturen nicht auf 20 bis 25°C bringt.

Auch andere Heferassen gewöhnen sich an niedere Temperaturen. Jedoch ist eine geringere Temperatur stets mit einem niedrigeren Alkoholgehalt gekoppelt; eine entsprechend hohe Temperatur ergibt einen hohen Alkoholgehalt.

Hefeansatz

Stellt man eine größere Weinmenge her, so ist es ratsam und notwendig, die Hefekultur einige Tage vorher zu vermehren. Dies ist unbedingt zu empfehlen, wenn im Herbst die Temperaturen niedrig liegen. Die Hefen könnten beim Zusetzen einen Kälteschock erleiden und erst nach mehr als 5 Tagen mit der Gärung beginnen. Unter optimalen Bedingungen verdoppeln sich die Hefezellen in etwa 2-3 Stunden – bei kühler Temperatur kann es 10-20 Stunden dauern, bis eine Mutterzelle eine Tochterzelle geboren hat.

Für den Hefeansatz ist ein gärfähiger Apfel- oder Traubensaft am geeignetsten. Der Saft kann entweder pasteurisiert sein und ist in Lebensmittelgeschäften erhältlich, oder man preßt einige Äpfel nach dem Reiben auf dem Reibeisen mit einem Tuch aus.

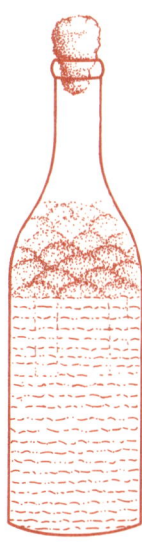

Gärstarter. In eine 3/4 mit Saft gefüllte Flasche wird Reinzuchthefe gegeben. Das Gefäß danach mit einem Wattebausch verschließen. Nach 1-2 Tagen setzt die Gärung ein.

In eine etwa 3/4 mit Saft gefüllte, saubere Flasche gibt man eine Originalkultur Kitzinger Reinzuchthefe, verschließt das Gefäß mit einem Wattebausch und stellt den Gäransatz bei Zimmertemperatur (etwa 20-25°C) auf.

Bei einer weißen Flasche und einem klaren Saft kann man nun besonders gut beobachten, daß sich nach 1-2 Tagen die Hefe am Boden vermehrt und sich nach einem weiteren Tag eine leichte Trübung des Saftes einstellt. Gleichzeitig entsteht auf der Oberfläche eine zunächst leichte, dann stärker werdende Schaumbildung; sie geht mit einem Freiwerden von Kohlensäurebläschen einher. Sobald die Gärung stürmisch verläuft (dies dürfte in etwa 4-6 Tagen der Fall sein), ist der Ansatz in den Gärbehälter zu geben.

Innerhalb dieser Gattung (Saccharomyces cerevisiae) gibt es eine Unterteilung in verschiedene Heferassen. Die Namengebung dieser Rassen beruht auf ihrer Herkunft (z. B. Samos, Malaga, Tokay, usw.) und nicht darauf, daß man mit diesen Rassen die genannten Weintypen herstellen kann. Die Heferassen unterscheiden sich nicht in ihrer Morphologie (= äußere Form, die mit dem Mikroskop festgestellt werden kann) voneinander, sondern in ihrer Physiologie, im Gärverhalten, in ihrer Leistungsfähigkeit, ihren Ansprüchen und in ihrem Stoffwechsel.

Derjenige, der sich diese guten Eigenschaften zunutze macht, stellt folgende Anforderungen an die Reinzuchthefen:

● Sie sollen den Zucker der Früchte und Säfte möglichst rein in Äthylalkohol/Äthanol und Kohlensäure vergären; dabei sollen möglichst wenig Gärungsnebenprodukte wie z. B. Essigsäure, Schwefelwasserstoff, usw. (außer Glyzerin) entstehen, da diese die Weinqualität verschlechtern (wie es bei den wilden Hefen einer »wilden Gärung« der Fall ist).

● Sie sollen auch bei kühler Temperatur zügig ohne Gärungsstockungen den Zucker abbauen, wobei hier allerdings Grenzen gesetzt sind. Dessertweine mit über 13% Vol. Alkohol lassen sich nicht bei 15 oder gar 10°C vergären. Gleichbleibende Temperaturen um 20-25°C sind erforderlich. Traubenweine vergären noch bei etwa 15°C gut, Apfelweine (mit etwa 5-7% Vol. Alkohol) sogar bei ungefähr 10-15°C (siehe Seite 228).

● Sie sollen möglichst unempfindlich gegenüber größeren Temperaturschwankungen sein (dieses Zuchtziel ist jedoch leider nicht zu erreichen).

Diese Kleinlebewesen sind nämlich sensibel und empfindlich, so daß sie ihre Tätigkeit stark einschränken oder gar einstellen, sobald größere Temperaturschwankungen als 5°C im Tages-Nacht-Rhythmus auftreten und die Temperatur während der Gärung unter 10°C absinkt.

● Sie sollen hohe Zuckerkonzentrationen vergären, z. B. bei aufgezuckerten Dessertweinansätzen um etwa 130° Oe oder hochgradige Traubenmoste, wie Beeren- und Trockenbeerenauslesen.

● Sie sollen gegenüber schwefliger Säure möglichst resistent sein. Fruchtmaischen, z. B. Erdbeeren, müssen aus Sicherheitsgründen schon vor der Gärung geschwefelt werden, weil die Infektionsgefahr durch die Bodennähe der Früchte besonders groß ist. Normalerweise vertragen diese Reinzuchthefen Schwefelmengen von 1 g Kaliumpyrosulfit auf 10 l (= 50 mg/l); Gärverzögerungen treten allerdings auf, wenn keine Vermehrung der Kultur vorgenommen wird und/oder wenn die Angärtemperatur gleichzeitig 20°C wesentlich unterschreitet.

Auch bei Verwechslung des Hefe-nährsalzes mit Kaliumpyrosulfit (4 g auf 10 l Weinansatz) gelangen zu hohe Mengen an schwefliger Säure hinein, nämlich 200 mg/l SO_2 – die Gärung bleibt ganz aus. Hier sind besondere Maßnahmen notwendig.

- Sie sollen nur <u>wenig Schaum</u> bilden. Dies ist vom Substrat abhängig. Pasteurisierte oder durch Dampfent-saftung gewonnene Säfte, die zur Weinbereitung verwendet werden, schäumen meist stärker als kalt abge-preßte. Die Gärbehälter müssen einen größeren Steigraum haben, d. h., sie dürfen nicht so weit befüllt werden.
- Sie sollen nur <u>langsam in Autolyse</u> (Zersetzung oder Auflösung des Zell-inhaltes) übergehen.
  Bei warmer Temperatur, wenn der Wein nach der Gärung nicht rechtzei-tig von der Hefe abgelassen wird, kann dieser Auflösungsprozeß schnell vonstatten gehen, der Wein bekommt eventuell einen Hefe- oder einen Schwefelwasserstoff-Böckser.
- Sie sollen <u>keine Degeneration</u> zeigen. Darunter versteht man das Verlieren bestimmter Eigenschaften beim Generationswechsel. So kann bei un-günstiger Lagerung die Eigenschaft verloren gehen, daß die Hefezellen in einem besonders gerbstoffreichen Gäransatz (z. B. bei Schlehenwein) den Zucker restlos zu Alkohol um-setzen.

Trockenhefe

Trockenhefe ist eine besondere Form der Reinzuchthefen. Der Trägerstoff »Traubenwein« (siehe vorheriges Kapi-tel), in dem sie herangezogen wurden, ist entfernt. Die Hefezellen sind beinahe wasserfrei (dehydriert). Sie sind der Um-welt gegenüber widerstandsfähiger, besonders was die Temperatur anbe-

trifft. Bei Transport und Lagerung vor allem in tropischen und heißen Ländern ist dies ein Vorteil. Trockenhefekulturen sind sehr konzentriert; sie bestehen nur aus Hefezellen.

1 g Trockenhefe hat eine Gesamtzellzahl von etwa 10 Milliarden (10^{10}), nach Ditt-rich [1] sogar 25 Milliarden ($2,5 \times 10^{10}$). Trockenhefen haben aber auch Nach-teile: Wenn sie in zu großer Menge ange-wendet werden und die Temperatur hoch ist (etwa um 25° C), dann erfolgt die Gärung zu rasch. Dadurch tritt eine erhöhte Schaumbildung auf, die Gärbe-hälter können überlaufen, und es treten infolge der Wärme und der starken Koh-lensäurebildung erhebliche Bukettver-luste auf. Trockenhefe neigt darüber hin-aus im allgemeinen etwas zu Klumpen-bildung, setzt sich demzufolge rascher ab und wird deshalb in der Endphase der Gärung häufiger aufgerührt, bzw. der Wein wird öfter umgeschüttelt.

Vor der Verwendung müssen diese Hefen wieder rehydriert werden, d. h., sie müssen die bei der Trocknung ver-lorene Wassermenge zur Füllung ihres Zellkörpers erneut aufnehmen. Dieser Rehydrierungsprozeß dauert etwa 0,5-2 Stunden, wobei die Hefe in die etwa 10- bis 20fache Wassermenge gegeben wird (ca. 30° C).

Kitzinger Antigel

Hierbei handelt es sich um eine wasser-klare bis hellbraune Flüssigkeit, in deren Trägerstoff Wasser ein pektinspaltendes Enzym (Pektinase) gelöst ist. Dieses Enzym ist ein Naturprodukt, es wird bio-logisch von Pilzen gewonnen und kommt auch in beinahe allen Pflanzen-säften vor.

Leider ist dieses Enzym von Natur aus in Säften in zu geringer Menge vorhanden bzw. wirkt bei der Maische vor dem Abpressen des Saftes zu langsam. Der

(1) Dittrich, Hans Helmut: Mikrobiologie des Weines, Stutt-gart 1977, Ulmer Verlag.

Verschiedene Produkte
zur Weinherstellung

dadurch ausgelöste, <u>natürliche</u> Abbau des für die Saft- und Weinbereitung nachteiligen Pektins erfolgt deshalb zu langsam. Das Abpressen der Maische ist dann schwierig und die Klärung des Saftes oder späteren Weines nur unbefriedigend. Auch Hefezellen können während der Gärung Pektin abbauen, was durch eine Maischegärung ausgenutzt wird. Höhere Zusätze an Antigel sind notwendig, wenn ein hoher Pektingehalt der Früchte vorliegt.

Dosierung von Kitzinger Antigel auf je 1 kg Maische	
aus Trauben (weiß), Kirschen	1,0-1,5 g
aus Heidelbeeren, Johannisbeeren (rot)	1,5-2,0 g
aus Brombeeren, Erdbeeren, Himbeeren, Trauben (blau), Schlehen	2,0-2,5 g
aus Johannisbeeren (schwarz), Stachelbeeren, Pflaumen, Zwetschgen	2,5-3,0 g

Das Gesamtpektin liegt in den Säften ungelöst als Protopektin, teils gelöst als Pektin vor. Durch das Antigeliermittel und durch die safteigenen, pektinspaltenden Enzyme wird das Protopektin zunächst in Lösung gebracht und abgebaut. Erst wenn beide Vorgänge abgelaufen sind, kann optimal abgepreßt werden.
Selbst Überdosierungen des Antigeliermittels um das Mehrfache sind nicht nachteilig. Sie bringen nur keinen größeren Effekt. Seine beste Wirkung bringt das Mittel bei etwa 50°C. Unter 10°C ist es wirkungslos, auch bei hohen Dosierungen.
Dieses Enzym wird bei Temperaturen über 55°C inaktiviert, d. h., es verliert seine Wirkung, wird zerstört. Bei einem Alkoholgehalt über 17% Vol. wird es unwirksam, so daß dies bei der Likörherstellung besonders berücksichtigt werden muß. Eine Maische muß vollkommen pektinfrei sein, bevor sie abgepreßt und mit reinem Alkohol versetzt wird, weil sonst eine Gelierung eintritt,

die nicht mehr rückgängig (reversibel) gemacht werden kann.

Wird eine Maische mit dem Antigel versehentlich einmal höher erhitzt, muß nach Abkühlung unter 50°C erneut Antigel dazugegeben und gut durchgemischt werden.

Da Kitzinger Antigel ein organisches und natürliches Mittel ist, unterliegt es einer Alterung. Nach zwei bis drei Jahren bei kühler Lagerung (unter 10°C) oder nach einem Jahr bei warmer Lagerung (um 25°C) wird es unbrauchbar. Wird es trotzdem zugesetzt, entsteht kein Nachteil, es ist aber auch kein größerer Erfolg zu erwarten.

Zusammenfassend läßt sich feststellen, daß durch den Zusatz von Kitzinger Antigel nicht nur die »Kittsubstanz« Pektin abgebaut, d. h. in kleinere Baustoffe zerlegt wird, sondern es werden auch Geschmacks- und Aromastoffe auf natürliche Weise rasch und vollkommen freigelegt, die Gärung geht zügiger vonstatten, die Weine werden aromatischer und später klarer.

Kitzinger Hefenährsalz

(Tabletten oder Pulver)

Der Zusatz ist besonders bei Weinansätzen vor der Gärung erforderlich, wo bei zu niedrigem Mostgewicht ein Zuckerzusatz oder bei zu hoher Säure ein Zucker-Wasser-Zusatz vorgenommen werden muß. Nährstoffe sind in beinahe allen Säften vorhanden und reichen nur aus, soweit der natürliche Zuckergehalt vergoren werden muß.

Es handelt sich hierbei um folgende Bestandteile:

● Diammonphosphat $(NH_4)_2HPO_4$
● Ammoniumsulfat $(NH_4)_2SO_4$

Hefenährsalz ist nahezu unbegrenzt haltbar und hygroskopisch. Da es Feuchtigkeit anzieht, muß es trocken und gut verschlossen gelagert werden.

Jeder der oben genannten Bestandteile hat einen bestimmten Zweck zu erfüllen.

Unterläßt man den Zusatz, kommt es zur frühzeitigen Unterbrechung der Gärung, so daß nur ein geringer Alkoholgehalt (z. B. unter 10% Vol.) gebildet wird. Es besteht dann die Gefahr, daß der Wein beispielsweise für Kahmhefebildung anfällig wird.

Überdosierungen sind zu vermeiden, da überschüssiges Nährsalz von den Hefezellen nicht aufgebraucht wird und der Wein später salzig schmecken kann, vor allem bei trockenen Weinen – gesundheitsschädlich ist eine Überdosierung jedoch nicht. Eine Neutralisierung ist nicht möglich.

Kitzinger Milchsäure

Bei Milchsäure $(CH_3.CHOH.COOH)$ handelt es sich um eine wasserklare bis leicht gelbliche 80%ige Säurelösung von viskoser Konsistenz mit einem spezifischen Gewicht von 1,20 (1 l = 1,20 kg oder 1 kg = 0,850 l).

Die Milchsäure (Genußsäure) wird biologisch-enzymatisch gewonnen. Sie wird im Gegensatz zu den anderen Säuren (Weinsäure, Zitronensäure, Äpfelsäure) nicht mehr weiter in den Getränken abgebaut und kann daher als »endgültige« Säure betrachtet werden. Wenn sie durch andere Säuren ersetzt werden soll, dann muß eine Umrechnung nach der Tabelle auf Seite 59 erfolgen.

Die Säure ist gut verträglich. Überdosierungen sollte man wegen der Geschmacksharmonie der Getränke jedoch vermeiden. In der gewerblichen Weinwirtschaft sind maximal 3 g reine Milchsäure zur Säureerhöhung zugelassen, das entspricht 3,75 g 80%ige Milchsäure pro Liter Most bzw. Wein.

Der Zusatz ist nur auf bestimmte Getränke beschränkt, wie Apfel-, Birnenmost, Hagebutten- und Erdbeerdessertwein. Der Sinn besteht darin, daß bei den anderen Fruchtweinen, die von Natur aus eine relativ hohe Säure aufweisen, nicht übermäßig mit Wasser verdünnt wird – in der Annahme, man könne dann einfach die Säure wieder durch Zugabe von Milchsäure erhöhen. Im Haushalt gibt man zweckmäßigerweise nicht mehr als 3 g reine Säure pro Liter Weinansatz dazu.

Kaliumpyrosulfit

(Tabletten oder Pulver)
Streng genommen handelt es sich um das Salz der schwefligen Säure $K_2S_2O_5$, einem in der häuslichen und gewerblichen Weinwirtschaft durch nichts zu ersetzenden Stoff, der die Funktion hat, unerwünschte Mikroorganismen in ihrer Entwicklung zu hemmen sowie Farb-, Geruchs- und Geschmacksveränderungen zu unterbinden (Oxidationsschutz), indem der zum Saft oder Wein hinzutretende Sauerstoff abgebunden wird. In höherer Dosierung werden auch echte Weinhefen gehemmt.

Kaliumpyrosulfit wirkt als Reduktionsmittel. Mehrfache Überdosierungen haben zur Folge, daß das Getränk stechend nach Schwefel riecht oder schmeckt und Gärungen vollkommen gehemmt oder unterbunden werden. Bei fahrlässigen Überdosierungen kann schweflige Säure durch ein Oxidationsmittel (H_2O_2) unwirksam gemacht werden. Dies ist für gewerbliche Weinbereiter verboten.

Mit Hilfe von zwei Kaffeelöffeln können Kaliumpyrosulfit-Tabletten zerdrückt werden.

Wird bei der Weinherstellung aus Angst vor eventuellen gesundheitlichen Schäden ganz oder auf einen rechtzeitigen Zusatz verzichtet, kann der Wein in der Farbe dunkel werden und das fruchteigene Aroma verlorengehen. Rote Farbstoffe in roten Getränken werden braun, grünliche und gelbe Farbstoffe in weißen Getränken werden dunkelgelb bis hellbraun (Brauner Bruch).

Handelt es sich um leichtere Weine (Fruchttischweine oder Apfelweine), können diese in schweren Fällen nicht nur das Aroma und die Farbe verlieren, sondern es können sich Mikroorganismen stark vermehren und zu regelrechten »Bakteriensuppen« werden, so daß das Getränk zäh bis dick und stichig wird (Essigstich und Milchsäurestich). Das Getränk wird ungenießbar. Dies kommt am häufigsten in den warmen Sommermonaten Juni bis September vor, wenn gleichzeitig die anderen Umweltbedingungen für Hefen und Bakterien günstig sind (z. B. Temperatur um 20° C). Nur sehr säurereiche Weine bleiben etwas länger geschützt, da die Säure eine gewisse Schutzfunktion gegen Krankheiten ausübt.

Kaliumpyrosulfit wird auch eingesetzt, um Wasser vor Fäulnis zu schützen, z. B. bei der Naßkonservierung von Holzfässern (siehe Seite 27). Es spaltet sich dabei auf in:

$$K_2S_2O_5 \dashrightarrow 2SO_2 + K_2O$$

Aus 10 g Kaliumpyrosulfit werden etwa 5 g schweflige Säure als wirksame Substanz, der Rest ist ebenfalls löslich und neutral.

Kohlensaurer Kalk

(Calciumcarbonat)
Das reinweiße Pulver ($CaCo_3$) dient zur Neutralisation und Ausfällung von Säuren, die entweder unerwünscht sind (Oxalsäure im Rhabarber) oder im

Para:
ein Konservierungsmittel

Übermaß vorliegen (im Traubenwein die Weinsäure).

Das Calcium geht dabei mit der Säure eine Verbindung ein, fällt aus, und gleichzeitig wird das Kohlendioxidgas (CO_2) frei, das Getränk »sprudelt« dabei (Vorsicht – Überlauf!). Bei diesem ausgeschiedenen Rückstand handelt es sich um ein unlösliches Salz, das verworfen wird. Diese Weine schmecken dann harmonisch. Anwendungszeitpunkt ist in der Regel das Stadium des süßen Mostes, gleich nach dem Abpressen.

Ein bereits vergorener Traubenwein mit genügend Weinsäureanteil kann zu einem späteren Zeitpunkt nachentsäuert werden; in der gewerblichen Weinwirtschaft nur bis zum 15. März des auf die Ernte folgenden Jahres (siehe Kapitel »Traubenwein«, Seite 145 ff.).

Für Obst- und Fruchtweine, die keine Oxalsäure und Weinsäure enthalten, ist diese Entsäuerungsart nicht durchführbar. Hier muß auf Zusatz von Wasser (Verdünnung) bzw. auf einen biologischen Säureabbau (durch Bakterien bei Apfelmost) bei entsprechenden Herstellungsverfahren verwiesen werden.

Kohlensaurer Kalk muß in der gewerblichen Weinwirtschaft den gesetzlichen Anforderungen genügen. Er muß technisch rein und gefällt sein. Schlämmkreide ist die nicht gereinigte Form, kann aber zur Not im Haushalt auch angewendet werden.

Para

Bei Para handelt es sich um ein Konservierungsmittel, bestehend aus den Stoffen Kaliumsorbat (Salz der Sorbinsäure = C_5H_7COOK) und Natriumbenzoat (Salz der Benzoesäure = C_6H_5COONa). Beide Substanzen sind in dem Trägerstoff Wasser gelöst. Die Anwendung dieses Para's liegt im Saftbereich, nicht bei Weinen. Die Wirkung besteht darin, daß die Mikroorganismen (Hefezellen, Schimmelpilze und Bakterien) in ihrer Stoffwechselfunktion und Vermehrung gehindert werden.

Jeder Einzelkonservierungsstoff hat selektive Wirkung. So werden z. B. Hefezellen und Schimmelpilze durch die Sorbinsäure, Bakterien überwiegend durch Benzoesäure gehemmt.

Die Mindestkonzentration ist einzuhalten. Es ist entscheidend, daß der Zusatz sofort erfolgt, wenn sich die von Natur aus an den Früchten befindlichen Mikroorganismen im Saft noch nicht vermehrt haben. Bei warmer Witterung können sich diese Kleinlebewesen schon nach 2 Stunden in ihrer Zahl verdoppelt haben (erste Filialgeneration). Die Vermehrung kann dann nur schwer mit der üblichen Dosis gehemmt werden. In der kühlen Jahreszeit (Oktober/November) geht die Vermehrung langsamer vor sich, die keimhemmende Wirkung ist besser.

Verstärkt wird der Hemmprozeß dadurch, daß gleichzeitig eine Schwefelung mit Kaliumpyrosulfit erfolgt und zusätzlich die abgesetzten Trubstoffe (in denen sich eine große Anzahl von Mikroorganismen befinden) bald nach der Einlagerung entfernt werden (siehe Kapitel zur Fruchtsaftbereitung, Seite 82 ff.).

Es versteht sich von selbst, daß eine keimhemmende Wirkung nur dort erfolgen kann, wo eine innige Durchmischung stattgefunden hat. Nur im Zusammenwirken all dieser wichtigen Faktoren kann eine dauerhafte Konservierung gewährleistet sein.

Das Para selbst soll kühl und dunkel (in Faltschachtel) gelagert werden; angebrochene Packungen sind im Laufe einer Saison zu verwenden!

Acidometer-Lauge

(blau oder weiß)

Es handelt sich hierbei um Reagenzlösungen zur Untersuchung der Gesamtsäure in Getränken, in Saft, Most und Wein mit dem Acidometer. Diese Lösungen enthalten Natriumhydroxid (NaOH) in geringer Konzentration (etwa 0,5%) in destilliertem Wasser. In der Blaulauge, die dunkelblau und klar sein muß, ist zusätzlich ein Indikator enthalten.

Diese Lösungen müssen kühl und dunkel lagern. Flaschen stets verschlossen halten! Die Lösung zersetzt sich nach einigen Jahren und ist daher nur begrenzt haltbar.

Acidometer-Indikatorlösung

Dies ist eine hochprozentige alkoholische Lösung (80%ig), die den Indikator Phenolphthalein enthält. Sie wird nur tropfenweise als Farbanzeiger bei der Säurebestimmung mit dem alten Kitzinger Acidometer verwendet, der noch eine besondere Einteilung für den Indikator enthält.

Die Lösung verdunstet sehr leicht. Flasche stets gut verschließen, kühl halten und vor Sonnenlicht schützen. Die Indikatorlösung löst Kunststoff auf, daher sollte sie nur in Glasflaschen gefüllt und darin gelagert werden.

Acidometer-Jodlösung

Diese Reagenzlösung wird zur Untersuchung der freien schwefligen Säure in Weinen verwendet und enthält in sehr schwacher Konzentration Jod, Kaliumjodid, Stärke und Schwefelsäure, alles unter 0,2%. Sie ist nur sehr begrenzt haltbar und kann nicht auf Vorrat gehalten werden. Kühl und dunkel lagern!

Weitere Weinbehandlungsmittel

Im Folgenden sind alle Stoffe zusammengefaßt, die erst in letzter Zeit von Arauner in Kleinstpackungen (etwa 10 g) abgefüllt wurden und in Tütchenform in den Handel kommen:

- Vitamin B_1 (Thiamin): Es ist ein Gärhilfsstoff und hat eine raschere Angärung zur Folge.
- Vitamin C (Ascorbinsäure): Näheres siehe Zitronenweinrezept, Seite 159.
- Zitronensäure: Näheres siehe Tütchen.

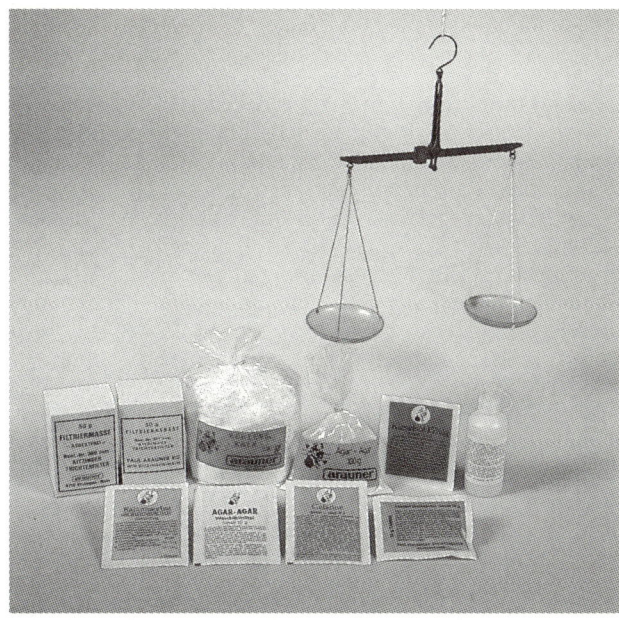

Weinbehandlungsmittel

- Kieselsol 15%ig: Weinklärmittel = kolloidale Kieselsäure.
- Gelatine: Weinklärmittel = eiweißähnliches Produkt.
- Tannin (Gerbsäure): Weinklärmittel.
- Kaliumsorbat: Konservierungsstoff für restzuckerhaltige Weine (Näheres siehe Seite 165).

Wein gehört als Genußmittel zu den Lebensmitteln und deshalb soll der Frage nachgegangen werden, welche Risiken oder Nachteile zu erwarten sind, wenn im Genußmittel Wein bei der Bereitung und Aufbewahrung technische Hilfs- und Zusatzstoffe, die vorher genannt sind, beigegeben werden bzw. beigegeben werden müssen, da die Hauptbestandteile Fruchtsaft, Wasser und Zucker allein noch keinen Wein ergeben.

Alle als Zutaten in Rezepten und allgemeinen Anleitungen aufgeführten Stoffe tragen dazu bei, daß – neben der sachgerechten Arbeitsweise und Hygiene – Säfte und Weine entstehen, die ernährungsphysiologisch den höchsten Anforderungen entsprechen.
Die Ernährungswissenschaftler stellen heute eine Rangliste auf, wonach die Risiken des Lebens abgewogen werden. Danach steht an der Spitze die Überernährung des Menschen, gefolgt von der Fehlernährung und Unterernährung. Am Ende stehen die Zusatzstoffe bei den Lebensmitteln im allgemeinen, denn es ist bekannt, daß ohne Zusatzstoffe keine dauerhaften Lebensmittel hergestellt werden können.

Zuckerlösungen (Flüssigzucker)

In der Likör- und Limonadenindustrie werden Zuckerlösungen, sprich Zuckersirup, schon seit eh und je hergestellt und verwendet, da Zucker sich in reinem Wasser besser löst als in alkoholhaltigen Flüssigkeiten (z. B. reinem Alkohol) oder Fruchtsäften. Die Mitverwendung von Stärkesirup (Glukose, aus Mais gewonnen) ist bei der Likörbereitung üblich, da es auf die Sämigkeit ankommt, ohne daß dabei die Süßung zu stark ausgeprägt ist. Stärkesirup enthält nicht nur Traubenzucker (Glukose), der – wie aus der Tabelle auf Seite 45 ff. hervorgeht – nur die halbe Süßkraft wie Rübenzucker besitzt, er enthält auch sogenannte Polysaccharide, das sind Vielfachzucker (wie Dextrine), die kaum Süßkraft besitzen, aber den Likör »ölig« machen.

In der Weinwirtschaft konnte bis 1970 Flüssigzucker legal verwendet werden, da Naßverbesserung bei säurereichen Mosten und Weinen erlaubt war und auch praktiziert wurde. In den letzten Jahren hat die Verwendung von Flüssigzucker jedoch zu Skandalen geführt, da er angeblich seit 1974 zu Weinfälschungen herangezogen wurde.

Ein Zuckerzusatz ist in der Bundesrepublik Deutschland sowie in anderen europäischen Weinländern zur Anreicherung vor der Gärung bei einfachen Tafelweinen und Qualitätsweinen erlaubt, um einen natürlichen Mangel auszugleichen und den Alkoholgehalt zu erhöhen. Daß dies nur unter ganz bestimmten Voraussetzungen (zeitlich, räumlich, mengenbegrenzt, usw.) geschehen darf, sei nur der Vollständigkeit halber erwähnt.

Warum ist Flüssigzucker nicht (mehr) erlaubt?

Darauf gibt es 2 Antworten:
- Im Flüssigzucker ist ein beträchtlicher Anteil Wasser enthalten, etwa 25-35%. Dies würde eine unzulässige Mengenvermehrung vor der Vergärung bewirken.
- Flüssigzucker wurde nicht bei den Weinfälschungen vor der Gärung zur Alkoholerhöhung zugesetzt, sondern erst zum fertigen Wein, also kurz vor der Flaschenfüllung. Der Zucker verbleibt somit im Wein, täuscht ein höheres Anfangsmostgewicht und damit eine höhere Qualitätsstufe vor (anstelle von Kabinett folglich Spätlese – siehe Rezept für Traubenweine, Seite 145 ff.).
  Ein Zusatz von relativ teurer Süßreserve, von Traubensaft gleicher Herkunft, erübrigt sich somit. Der Wein ist gefälscht.

Zuckerlösungen (Sirupe) für die Likörherstellung stellt man vornehmlich nach praktischen Gesichtspunkten her. Der Rübenzucker wird zunächst durch die chemische Inversion in Traubenzucker und Fruchtzucker aufgespalten, die wertvoller sind als Rübenzucker, und zum anderen wird eine Konzentration gewählt, die leicht umzurechnen ist, nämlich 1 l Zuckerlösung soll 1 kg Zucker enthalten. Der Flüssigzucker ist leicht abmeßbar und braucht nicht gewogen zu werden.

Berechnung der Anteile der Zuckerlösung

Rüben- oder Rohrzucker (beide sind chemisch gleich) hat das spezifische Gewicht von 1,6, danach ist folgende Formel anzustellen:

s (spezifisches Gew.) = G (Gewicht) : V (=Volumen)

oder: V = G : s

$$V = 1 \text{ kg} : 1{,}6 = 0{,}625$$

1 kg Zucker nimmt also gelöst einen Raum von genau 0,625 l ein.

In der Praxis wird mit dem abgerundeten Faktor 0,6 gerechnet.

Stellt man 1 l Zuckerlösung her, die genau 1 kg Zucker enthält, so sind 1000 ml – 625 ml (für Zucker) = 375 ml Wasser nötig, in das der Zucker aufzulösen ist.

1 l Zuckerlösung wiegt (1000 g Zucker + 375 ml Wasser) 1,375 kg, oder das spezifische Gewicht beträgt 1,375.

Wenn in 1,375 kg (= 1375 g) Lösung 1 kg Zucker enthalten ist, so enthält 1 kg Lösung:

1,375 kg (Lösung) : 1 kg (= Zucker) = 1 kg (Lösung) : x (kg Zucker)

$1,375 \text{ x} = 1$

$\text{x} \quad = 1 : 1,375$

$\text{x} \quad = 0,727$

In 1 kg Lösung sind also 727 g Zucker enthalten, das sind 72,7 Gewicht-Prozent.

Dieses Beispiel verdeutlicht die Umrechnungen. Es sieht für den Laien vielleicht etwas verwirrend aus, aber wer an den genauen Anteilen der Zuckerlösung interessiert ist, muß Schritt für Schritt auf diese Weise vorgehen.

Zu berücksichtigen ist, daß solche Zuckerkonzentrationen von 72,7%, in denen also 1 l Lösung 1 kg Zucker enthält, für die Dauer nicht stabil sind, d. h., sie sind bei etwa 20° C (Zimmertemperatur) schon leicht übersättigt, und können etwas auskristallisieren: Ein Teil der Lösung wird wieder fest. Bis etwa 67% sind die Zuckerkonzentrationen bei Normaltemperatur stabil.

Zucker löst sich in heißem oder kochendem Wasser schneller. Da hierbei etwas von dem Wasser verdampft, führt dies zu einer noch höheren Konzentration. Abgesehen davon steigt die Konzentration zusätzlich durch die Inversion (Aufspaltung). Dies muß berücksichtigt werden, und man gibt deshalb im obigen Beispiel vor dem Kochen bzw. Lösen nicht 375 ml Wasser zu 1 kg Zucker, sondern etwas mehr, nämlich 400-420 ml Wasser.

Herstellungstechnik

Der Rübenzucker soll nicht nur aufgelöst, sondern in die beiden wertvolleren Zuckerarten Traubenzucker und Fruchtzucker umgewandelt werden. Diese beiden sind auch in den natürlichen Fruchtsäften enthalten und werden vom Körper leichter aufgenommen.

Man gibt zunächst die abgemessene Wassermenge von 400-420 ml in einen Topf, fügt 1 kg Zucker und etwa 2 g Zitronensäure hinzu und erhitzt unter Rühren bis zum Sieden.

Nun alles 30 Minuten ganz schwach weiterkochen lassen und gelegentlich den Schaum abschöpfen. Anschließend abkühlen lassen.

Aus 1000 g Rübenzucker sind 1050 g (also 5% mehr) Invertzucker entstanden. Ein kleiner Anteil kann als Rübenzucker nachgewiesen werden. Der »neue« Zucker hat nicht mehr die Süßkraft 1,0 des Rübenzuckers, sondern etwa 0,75 (siehe Tabelle Seite 45 f.).

Praktisch heißt dies: Wenn ein Getränk mit 30 g Rübenzucker im Liter geschmacklich harmonisch ist, sind jetzt dafür 40 g Invertzucker – eben dieser Flüssigzucker – nötig.

Mit der Vergärung oder Alkoholausbeute hat dies nichts zu tun – 30 g Zucker bleiben 30 g Zucker, denn der Zugewinn von 5% würde in diesem Beispiel nur 1,5 g mehr an Zucker (analytisch gemessen) ergeben. Dieser Flüssigzucker würde – vor der Gärung zugesetzt – überhaupt keinen Vorteil bringen. Im vergorenen Zustand läßt sich nicht nachweisen, ob der Alkohol aus Invertzucker oder aus Rübenzucker entstanden ist. Nach der Gärung bzw. vor der Flaschenfüllung zugesetzt, wäre dieser Zucker zu vergleichen mit den natürlichen Frucht- und Traubenzuckern.

Allgemeine Anleitung und Abstich von der Hefe

Gärungen verlaufen individuell, der Weinansatz (ob im Ballon oder in einem anderen Gefäß) ist immer einmalig. Deshalb gibt es auch keinen vollkommen gleichen Gäransatz. Selbst wenn alle Bedingungen in mehreren Gäransätzen (und zwar auf Milligramm genau Zucker, Säure, usw.) stimmen und diese selbst in der gleichen Minute bei gleicher Ausgangstemperatur auf $1/10°$ C genau angesetzt würden, wäre vielleicht der Trubstoffgehalt unterschiedlich, und dies würde genügen, daß in einem Falle die Gärung in z. B. 4 Wochen zu Ende wäre, in einem anderen Fall erst in 5 Wochen. Auch der Endalkohol wäre dann nicht absolut gleich, da langsamere Vergärungen eine geringere Verdunstung zur Folge haben. Das Geschmacksbild des Weines würde dadurch automatisch anders.

Dieses Beispiel soll zeigen, daß es kein absolut genaues Schema gibt, wann z. B. die Gärung einsetzt, wann sie beendet ist, wann der Abstich von der Hefe vorgenommen werden kann, wie lange die Selbstklärung dauert, usw. Es können deshalb nur Rahmenbedingungen angegeben werden.

Im Juli, bei Temperaturen um 25-30° C kann ein Dessertweinansatz schon nach 8-14 Tagen vollständig vergoren sein und einen Alkoholgehalt von etwa 15% Vol. aufweisen. Ein gleicher Ansatz würde für den gleichen Alkoholgehalt im Spätherbst bei Temperaturen um 20° C vielleicht 3-5 Wochen benötigen, bei 15° C sogar 2-4 Monate.

Man muß die Gärbeendigung jeweils prüfen, um den nächsten Schritt machen zu können. Es gibt 2 Möglichkeiten:

● Mit etwas Übung läßt sich durch Ver-kosten leicht herausfinden, ob ein Jungwein zu süß, ausgeglichen oder vollkommen durchgegoren ist, der Wein also herb schmeckt (von vielen Weinbereitern auch als bitter bezeichnet).

● Mit der Kitzinger Öchslewaage ist das Mostgewicht in Oe-Grade festzustellen.

Tischweine sollen nach beendeter Gärung um oder knapp unter 0° Oechsle liegen; Dessertweine sollen auf etwa 25° heruntergegoren sein.

Liegt das Mostgewicht bei Dessertweinen niedriger oder gar unter 0° Oechsle, dann kann man mit Alkoholwerten um 15% Vol. und mehr rechnen.

Der Wein schmeckt dann unharmonisch und brandig und muß zum Ausgleich (in geschmacklicher Hinsicht) mit Zucker nachgesüßt werden – zwar nicht sofort, sondern am besten nach der Klärung. Zuckerfreie und damit im spezifischen Gewicht leichtere Weine klären sich besser.

Ist das Ende der Gärung festgestellt, muß der Wein so kühl wie möglich (in den Keller) gestellt werden, wobei der Gäraufsatz mit der Wasserfüllung noch als Verschluß dient.

Nun beginnt die Phase der Selbstklärung. Die groben Trubstoffe sinken sofort, die feinen Stoffe und die Hefezellen allmählich zu Boden, und nach etwa 2-4 Wochen kann bzw. muß der eventuell noch blinde Jungwein vom abgesetzten Trub abgezogen werden! Dies geschieht bei Verwendung von Kunststofffässern durch den Ablaufhahn oder vom Ballon mit dem Kitzinger Weinheber.

Da der Wein während dieses Vorgangs stärker mit Luft in Berührung gebracht wird, muß geschwefelt werden: für je 10 Liter Wein 1 Tablette mit 1 g Kitzinger Kaliumpyrosulfit. Für größere Mengen verwendet man zweckmäßigerweise die 10-g-Tütchen von Kitzinger Kaliumpyrosulfit.

Der Wein wird dann entweder in ein kleineres Gefäß umgefüllt, das vorher mechanisch gesäubert wurde, oder man gibt den Wein zwischenzeitlich in Eimer, Töpfe oder auch Plastikwannen und füllt ihn nach der Reinigung des Gärgefäßes schnellstmöglich zurück.

Es muß folgendes beachtet werden:

Handelt es sich um einen Obst- oder Tischwein, soll das Lagergefäß voll gefüllt werden. Bei einem Dessertwein ist dies nicht so entscheidend, da der hohe Alkoholgehalt das Getränk auch gegen Bakterien und Kahmhefen schützt (siehe Kapitel »Weinkrankheiten«).

Die Klärphase setzt sich danach weiter fort, und zwar durch die vorgenommene Schwefelung und die Belüftung. Es kann innerhalb weniger Wochen zu einer vollkommenen Klärung kommen. Sollte bei Dessertweinen aus Geschmacksgründen eine Nachsüßung notwendig sein, kann der Wein mit der entsprechenden Menge Zucker versetzt und anschließend gleich auf Flaschen abgefüllt werden (s. Kap. »Die Restsüße im Wein«). Bezüglich der Nachsüßung mit Zucker sollte man zunächst eine kleine Menge vortesten. Man nimmt dazu aus dem Ballon 1 l heraus, gibt 20 g Zucker hinzu, der sich im Wein kalt auflösen läßt und verkostet im Vergleich zum Originalwein. Reicht der Süßungsgrad noch nicht aus, ist der Zuckergehalt etwas zu erhöhen.

Bleibt der Wein nach längerer Lagerung trotzdem trüb oder leicht blind, kann man die Klärung zwangsweise durch Filtration oder Schönung einleiten (siehe Seite 166 ff.).

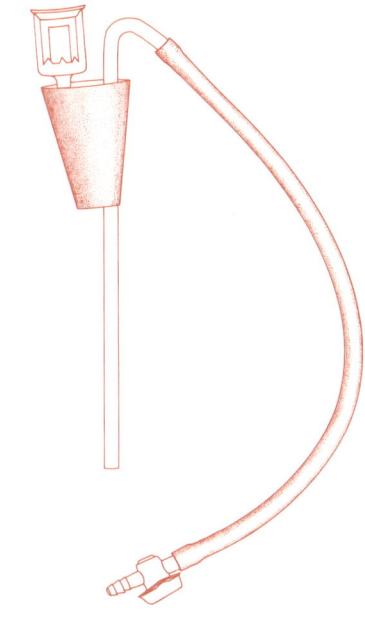

Kitzinger Weinheber

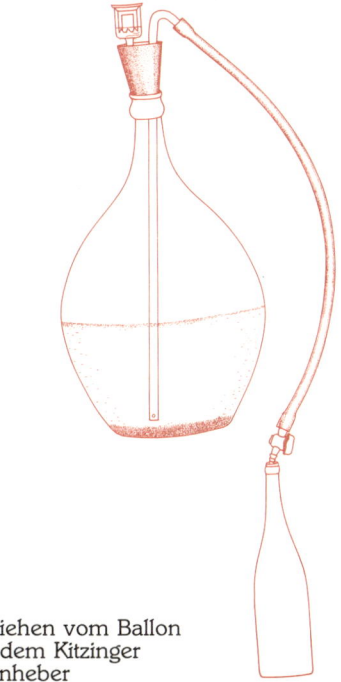

Abziehen vom Ballon mit dem Kitzinger Weinheber

Dessertweine mit Alkoholwerten über 15% Vol. können im Ballon verbleiben und bei Bedarf hieraus entnommen werden. Tischweine dagegen sollen in kurzer Zeit genossen oder auf Flaschen abgefüllt werden.

In der Regel sind Tischweine frei von Restzucker. Der relativ niedrige Alkoholgehalt hat nur eine beschränkte konservierende Wirkung, und bei Temperaturen über 15°C kann selbst bei einem klaren Wein innerhalb weniger Wochen ein Zuckerrest durch Hefen abgebaut werden.

Tischweine können einen Restzucker nicht behalten, es sei denn, sie werden in stark gekühlten Räumen (unter 8-10°C) gelagert, was in normalen Haushalten meist nicht möglich ist.

Deshalb stellt sich die Frage, wie Tischweine, die als Geschmacksausgleich eine kleine Restsüße haben, gelagert bzw. haltbar gemacht werden können. Diese Frage soll in einem späteren Kapitel (»Restsüße im Wein«) behandelt werden.

Die Herstellung von Fruchtsäften und Süßmosten (Nektaren)

Hinter diesen Bezeichnungen verbergen sich 2 verschiedene Gruppen von süßen, unvergorenen Getränken:

● Fruchtsäfte sind auf mechanischem Wege (Zerkleinern der Früchte und Abpressen der Maische) gewonnene unvergorene, aber gärfähige Säfte, die aufgrund ihrer Zusammensetzung hinsichtlich Zucker und Säure harmonisch und zum direkten Genuß geeignet sind.

Hierunter fallen z. B. Trauben-, Apfel- und Birnensäfte. Industriell werden solche Säfte auch aus Fruchtsaftkonzentraten dieser Früchte oder teilweise mit ihnen hergestellt.

Dies muß deklariert und auf dem Etikett angegeben sein. Fruchtsaftkonzentrate enthalten durch Wasserentzug im Vakuum etwa 65-70% Trockensubstanz (T.S.) – also überwiegend Zucker – und sind somit sirupähnlich. Sie sind im angebrochenen Zustand bei kühler Temperatur beinahe unbegrenzt haltbar. Der Wasserentzug beträgt etwa 80%, d. h., bei einer späteren Saftherstellung können aus 1 l Konzentrat und 4 l Wasser 5 l Saft gewonnen werden.

● Süßmoste oder Fruchtnektare, teilweise mit Fruchtfleisch, sind ebenfalls auf mechanischem Wege gewonnene unvergorene, aber gärfähige Säfte, die aufgrund des zu sauren Früchte-Ausgangsmaterials einen Zusatz an Wasser und Zucker erhalten, bevor sie trinkfähig sind. (Man nennt diesen Vorgang »auf Trinkstärke einstellen«.)

Trinkbar ist ein Saft, wenn der Zucker in einem bestimmten Verhältnis zur Säure steht. Dieses soll sich zwischen 10:1 bis 20:1 bewegen; oder bei 10 g/l Säure sollen mindestens 100, höchstens aber 200 g/l Zucker enthalten sein. Bei Unterschreiten im ersteren Fall wäre ein Saft zu sauer, bei Überschreiten im letzteren Fall zu süß.

Der Leser kann anhand der Analysentafel (Seite 34) selbst ausrechnen, welche Säfte nicht »naturrein«, also unverdünnt getrunken werden können. Darunter fallen Johannisbeeren, Brombeeren, Sauerkirschen, um nur einige zu nennen. Die unter »Fruchtsäfte« aufgeführten Trauben-, Apfel- und Birnensäfte zeigen dagegen ein harmonisches Verhältnis.

Für den häuslichen Saftbereiter spielen diese Bezeichnungsunterschiede keine Rolle. Er muß aber wissen, welchen Saft er »naturrein« belassen <u>kann</u> und welchen Saft er mit Zuckerwasser verdünnen <u>muß</u>. Dazu gibt die nachstehende Tabelle Auskunft. Die Angaben sind Pauschalwerte, da es Sortenunterschiede sowie jährliche Schwankungen

gibt. Für den gewerblichen Safthersteller sind Mindestwerte an Mostgewicht und Säure vorgeschrieben. Er muß jede Ausmischung vor der Abfüllung untersuchen.

Je nach Fruchtart soll die Säure zwischen 6 g/l (bei Erdbeeren, Äpfeln, Birnen, Pflaumen, usw.) und 10 g/l (bei schwarzen Johannisbeeren) liegen und das Mostgewicht zwischen 45° Oe (bei Äpfeln, Birnen, usw.) und 70° Oe (bei schwarzen Johannisbeeren) betragen.

Hier gilt: Höhere Säurewerte erfordern höhere Mostgewichte (= Zuckergehalte).

Bei Fruchtsäften, die keinen Wasserzusatz erhalten, liegt die Säure niedrig, oft sogar zu niedrig (unter 6 g/l), so daß aus Geschmacksgründen ein Säurezusatz von 1-3 g Milchsäure 80%ig pro Liter notwendig ist (im Haushalt).

Ausmischung für 10 l Fertigsaft

Saftart	Muttersaft in l	Zuckerlösung bestehend aus	
		l Wasser	kg Zucker
Johannisbeeren, schwarz	3,5	5,7	1,3
Johannisbeeren, rot und weiß	4,0	5,2	1,3
Rhabarber	4,0	5,0	1,5
Erdbeeren	5,0	4,0	1,5
Brom- und Stachelbeeren, Sauerkirschen	5,0	4,2	1,3
Süßkirschen	10,0	–	–
Heidelbeeren	6,0	3,2	1,3
Holunderbeeren	8,0	1,4	1,0
Quitten	9,5	–	0,8
Äpfel, Birnen, Trauben	10,0	–	–
Pflaumen, Mirabellen, Zwetschen	10,0	–	–
Pfirsiche	9,5	–	0,8

Von der Notwendigkeit dieses Zusatzes kann man sich durch Säurebestimmung selbst überzeugen. Säurearme Säfte sind fade und weniger durststillend; darüber hinaus üben sie keine nachhaltige Wirkung gegen Krankheitserreger im menschlichen Körper aus.

Diabetiker können solche Säfte genießen, wenn sie anstelle des Zuckers die entsprechende Menge Süßstoff (Umrechnung siehe Seite 45 f.) oder Zuckeraustauschstoffe (siehe Seite 44 ff.) verwenden.

Reine Natursäfte – je nach Fruchtart oder Sorte – sind für Diabetiker empfehlenswert, da oftmals (innerhalb der Fruchtart) ein überwiegender Teil des Zuckers aus dem wertvolleren Fruchtzucker und der kleinere Teil aus Trauben- und Rübenzucker besteht.

Dies trifft auf alle Apfel- und Birnensorten zu. Das Verhältnis ist oft 3:1 zugunsten des Fruchtzuckers.

Man muß sich darüber klar sein, daß die Saftbereitung keine Abfallverwertung ist. Saft ist ein Nahrungs- und Genußmittel, das auch von Sportlern, Kindern und Kranken genommen wird. Das Obst soll deshalb immer gesund und ausgereift sein, damit im Saft ein Höchstmaß an Zucker, Vitaminen und Aromastoffen erreicht wird.

Saft steht dem frischen Obst im Geschmack am nächsten, vor allem, wenn die Gewinnung schonend und fachgerecht durchgeführt wird.

Die besonderen Vorzüge dieser Getränke liegen im Nähr-, Gesundheits- und Genußwert.

Der Frucht- und Traubenzucker macht den größten Teil der Inhaltsstoffe (neben dem Wasser) eines Saftes aus. Er ist ein Nahrungsmittel, das nach Aufnahme im Körper sofort in Energie umgesetzt wird. Aber auch die anderen Inhaltsstoffe, selbst wenn sie nur in geringen Mengen oder Spuren vorhanden sind, müssen erhalten werden und haben jeder für sich bestimmte Aufgaben im menschlichen Körper zu erfüllen. Die Erhaltung dieser Substanzen bei der Saftgewinnung ist oberster Grundsatz.

Die Saftbereitung muß von 2 Seiten betrachtet werden, und zwar
– von der Saftgewinnung und
– von der Haltbarmachung.

Saftgewinnung durch Auspressen

Die Früchte werden gewaschen oder mit Wasser abgespritzt. Schmutz und verschiedene Arten von Mikroorganismen sollen dadurch entfernt werden. Bevor die verschiedenen Früchte gepreßt werden können, müssen sie gemaischt, zerquetscht, zerdrückt oder sonst zerkleinert werden. Bei weichen Früchten geschieht dies in der Regel mit einer Walzenmühle, bei harten Früchten mit einer Rätzmühle (siehe Kapitel »Verarbeitung der Früchte«, Seite 19 ff.). Bei manchen Früchten und kleinsten Mengen erübrigt sich eine Mühle; man kann sie mit der Hand zerdrücken, wie z. B. Erdbeeren, Himbeeren, Brombeeren oder Sauerkirschen.

Das Fruchtfleisch und die Zellen geben aber den Saft nicht einfach ab, sondern er wird durch die »Kittsubstanz« Pektin festgehalten. Aus diesem Grunde muß das Pektin abgebaut werden. Dazu wird Kitzinger Antigel zugesetzt (siehe Verarbeitung der Früchte und Abbau des Pektins, Seite 19 ff.). Je nach Fruchtart und -reife ist der Pektingehalt verschieden, und es müssen unterschiedliche Dosierungen vorgenommen werden. Überdosierungen schaden nicht.

Manche Früchte müssen nach dem Zerdrücken mit etwa 10-20% Wasser (auf 10 kg Früchte 1-2 l Wasser) versetzt und auf 50° C erwärmt werden. Das Antigel wirkt bei dieser Temperatur nicht nur schneller, sondern es laugt die Farbe besser aus, und das Abpressen nach einigen Stunden geht leichter (dies trifft hauptsächlich auf schwarze Johannisbeeren zu). Der Rückstand kann nochmals mit dem restlichen Wasser eingeweicht und nach einigen Stunden abgepreßt werden, wobei dieser Anteil nur als Wasser gewertet wird!

Saftgewinnung durch Dampfentsaftung

Bei dieser Methode wird nicht nur entsaftet, sondern auch gleich haltbar gemacht. Für die Saftbereitung bietet das Dampfentsaften daher große Vorteile. Die Handhabung ist einfach und garantiert Sicherheit hinsichtlich der Sterilität des Saftes.

Der Dampf bringt die Fruchtfleischzellen zum Platzen, und der Saft läuft steril ab. Meist werden die Früchte vorher gezuckert. Dampfentsaftern liegen entsprechende Gebrauchsanleitungen bei, so daß auf eine genaue Beschreibung verzichtet werden kann (Frostentsaften siehe Seite 23 f.).

Trübungsgrad

Je nach Preßsystem enthalten die Fruchtsäfte unterschiedliche Mengen an Trubstoffen (Fruchtfleisch), die ein Volumen einnehmen, das für die eigentliche Saftmenge verloren geht. Daneben stören sie beim Trinken.

Die Trubstoffe sind für die Schaumbildung beim Heißeinfüllen in Flaschen verantwortlich. Jeder gepreßte Fruchtsaft sollte durch ein engmaschiges Sieb, besser noch durch ein feinmaschiges Filtertuch (z. B. Perlonfilterbeutel im Kitzinger Trichterfilter) laufen.

Die Haltbarmachung der Säfte

Jeder Saft aus frisch gepreßten Früchten ist alkoholfrei und wird durch Mikroorganismen, wie Schimmelpilze, Hefen und Bakterien bedroht. Diese Kleinlebewesen vermehren sich im Saft und bauen dabei Inhaltsstoffe, wie Zucker, Säure, usw. ab. Sie bilden dabei Stoffe, die Genußwert und Bekömmlichkeit des Saftes herabsetzen. Im schlimmsten Fall können durch bestimmte Schimmelpilze Mykotoxine (= Giftstoffe) gebildet werden, die für die menschliche Gesundheit lebensgefährlich sind (Aspergilus flavus bildet das bekannte Aflatoxin). Das Aussortieren von faulen und schimmeligen Früchten ist deshalb äußerst wichtig.

Damit möglichst wenige dieser Mikroben in den Saft gelangen, ist ein Waschen oder Abbrausen der Früchte notwendig. Bei warmer Temperatur kann es innerhalb von 3-4 Tagen zur Schimmelbildung auf der Oberfläche des gepreßten Saftes kommen, wenn zwischenzeitlich keine Gärung eintritt. In 2-3 Stunden vermehren sich diese Kleinlebewesen einmal, Bakterien in noch kürzerer Zeit. Das bedeutet, aus einer Zelle entstehen zwei, und manche Haltbarmachungsmethoden (z. B. die Kaltkonservierung) sind 6-8 Stunden nach dem Abpressen nicht mehr voll wirksam. Die Stoffwechseltätigkeit geht weiter, der Zucker wird abgebaut.

Verfahren der Haltbarmachung

1. Entkeimungsfiltration

In der gewerblichen Wirtschaft werden Säfte mittels geeigneter Entkeimungsfilter mit Siebwirkung mechanisch entkeimt. Der Saft muß anschließend unter sterilen Bedingungen sofort keimfrei in Tanks, Ballons oder Flaschen gefüllt werden. Für diese Entkeimung werden entweder Asbest- oder asbestfreie Schichten verwendet.

Für den Haushalt ist dieses Verfahren nicht geeignet und wird nur der Vollständigkeit halber erwähnt.

2. Gefrierung

In modernen Haushalten ist meist eine Gefriertruhe oder ein Gefrierschrank vorhanden um in Dosen oder Plastikbeutel gefüllten Saft aufzunehmen. Wegen des Zuckergehaltes gefrieren Säfte bei etwa −4 bis − 5°C und sind dann im festen Zustand (Eisblock) auf Dauer haltbar.

Vorsicht: Der Saft (wie alle Flüssigkeiten) dehnt sich beim Gefrieren aus und nimmt mehr Raum ein. Deshalb muß sowohl in den Dosen als auch in Plastikbeuteln Raum frei bleiben. Die Beutel werden mit Schnüren oder Gummi verschlossen und ebenso wie die Dosen aufrecht in die Gefriertruhe gestellt.

Für den Haushalt ist diese Methode praktisch und preiswert. Es können sowohl Muttersäfte, die noch nicht mit Zuckerwasser auf Trinkstärke gebracht wurden, als auch fertige Süßmoste und Fruchtsäfte eingelagert werden. Die Platzersparnis beträgt etwa 65% (siehe Ausmischtafel, Seite 83).

3. Pasteurisation (Erhitzung auf etwa 75°C)

Fruchtsäfte sind bei Temperaturen um 75°C absolut steril. Nach diesem Verfahren werden alle Säfte des Handels hergestellt. Sämtliche Organismen werden dabei abgetötet. Sporen von Schimmelpilzen können evtl. überleben, wenn der Lufteinschluß in der Flasche nicht durch die Flüssigkeit steril gemacht wird.

Um Platz zu sparen, können schon die Muttersäfte so eingelagert werden, nur muß später vor dem Trinken bei jeder Flasche die erforderliche Menge an Zucker und Wasser neu abgemessen und neu abgewogen werden, wenn eine gleichbleibende Qualität erzielt werden soll.

Die Temperatur darf bei diesem Verfahren 70°C nicht unterschreiten, sonst besteht die Gefahr der Gärung; 80°C darf nicht überschritten werden, da sonst ein leichter Kochgeschmack auftreten kann, mehr Vitamine und andere Wirkstoffe zerstört werden und − wichtig! − weil die Gefahr größer ist, daß Flaschen oder Ballons platzen.

Gemüsesäfte (z. B. rote Bete, Karotten, Tomaten, usw.) enthalten kaum Säure; sie lassen sich nicht bei 75°C, sondern erst bei Siedetemperatur von 95-100°C haltbar machen. Eine andere Möglichkeit besteht darin, daß man sie sofort nach dem Pressen mit Milch- oder Zitronensäure mit 5-7 g je Liter aufsäuert. Dann genügt eine Temperatur von 75°C.

Säure wirkt keimhemmend. Je mehr Säure eine Frucht bzw. deren Saft hat, desto besser ist er gegen die Kleinlebewesen geschützt oder mit den verschiedenen Haltbarmachungsmethoden schützbar (siehe »Zitronen«, Seite 158 f.). Säurearme Apfelsäfte können von Schimmelpilzen der Gattung Mucor befallen werden, die wattebauschähnlich sind und im Saft schwimmen.

Es gibt 2 Möglichkeiten, Saft im Haushalt heiß zu machen:

I. Man füllt den Saft kalt in Flaschen und erhitzt diese im Wasserbad (z. B. im Einkochtopf oder im Kessel) auf etwa 75° C.

II. Man füllt den Saft in einen Emaille-, Edelstahl-, Aluminium-Behälter und füllt ihn in vorgewärmte Flaschen bzw. Ballons, die dann verschlossen werden.

Beim Verfahren I ist eine relativ kleine Saftmenge (in den Einkochtopf passen 6-8 Literflaschen hinein) in einem Arbeitsgang zu pasteurisieren; hier muß der größere Anteil, nämlich das Wasser im Topf, zwangsweise mit erhitzt werden (notwendiges Übel). Beim Verfahren II können mit gleicher Energiemenge und Zeit bis zu 25 l Saft – soviel faßt ein großer Einkochtopf – erhitzt werden. Hier müssen die Flaschen vorgewärmt werden. Diesem Verfahren ist der Vorzug zu geben, da die 3- bis 4fache Saftmenge haltbar gemacht werden kann.

Verfahren I

Der kalte Saft wird in die Flaschen eingefüllt und diese im Topf oder Kessel mit Einsatz im Wasserbad erhitzt. Die Flaschen dürfen dabei nicht direkt auf dem Boden des erhitzten Topfes stehen. Der Topf muß allerdings so hoch sein, daß die Wasserfüllung bis zum Flaschenhals reicht.

Die Flaschen werden 3-5 cm unter den Mündungsrand befüllt. Sie bleiben offen und werden in das kalte Wasser eingestellt. Dieses muß bis in Safthöhe der Flasche reichen. Das Wasser wird auf etwa 80° C erhitzt.

Die Wärme dringt verzögert in die Flaschen ein und erhitzt den Saft. Dabei kommt es zur Ausdehnung des Saftes. Es ist unbedeutend, wenn etwas Saft überläuft. Sobald die Temperatur von etwa 72-75° C im Saft erreicht ist (die Temperatur wird dabei am besten mit dem aus

der Hülle genommenen Kitzinger Stabthermometer in einer der mittleren Flaschen gemessen), werden die Flaschen aus dem Topf herausgenommen. Sie müssen dann auf eine relativ warme Fläche, z. B. auf Holz, Plastik oder Stoff, nicht aber auf Stein und Metall, gestellt und sofort mit Gummikappen verschlossen werden. Der Verschluß mit Kronenkorken ist sehr empfehlenswert, sofern Flaschen mit Kronenkork(CC)-Mündung verwendet werden.

Der Verschluß mit Naturkorken scheidet bei der Saftbereitung aus, da sich der Saft bei Abkühlung zusammenzieht, dadurch ein Vakuum entsteht, und diese Naturkorken eingesogen werden können. Da Flaschen am Mündungsrand den kleinsten Durchmesser haben und sich nach innen erweitern, besteht die Gefahr, daß die Flaschen nicht dicht sind.

Aus verschiedenen Gründen sind die Säfte nach dem Pressen und vor dem Erhitzen von den Trubstoffen zu befreien. Man benötigt einmal für den reinen Saft weniger Lagerraum, und die Haltbarkeit solcher pasteurisierten Säfte wird verbessert.

Beim Erhitzen bewegen sich die Trubstoffe nach oben, und es kommt beim Einfüllen in Flaschen zur Schaumbildung. In diesen Trubteilchen können Schimmelsporen eingeschlossen sein, die nicht abgetötet werden. Die Folge ist, daß es nach der Abkühlung des Saftes zur Auskeimung dieser Sporen kommt und die Saftoberfläche schimmelt. Bei trubstofffreien Säften ist dies nicht der Fall, wenn die Flaschen nach dem Verschließen einmal gestürzt werden.

Das Verfahren I zur Haltbarmachung des Saftes ist etwas zeitaufwendiger, wenn dabei auch keine Flaschenvorwärmung nötig ist. Wichtig ist, daß die verschlossenen Flaschen im heißen Zustand kurz einmal auf den Kopf gedreht und in die normale Stellung zurückgebracht werden.

Verfahren II

Der Saft wird in einem Topf aus Emaille, Aluminium oder Edelstahl auf etwa 75°C erhitzt und mit einem Probeschlauch aus Gummi (ein Plastikschlauch wird durch den heißen Saft zu weich) in Flaschen gefüllt, die tiefer bzw. auf dem Boden stehen. Die sauberen Flaschen müssen kurz vorher in warmem Wasser gleichmäßig auf etwa 50°C vorgewärmt werden (durch Drehen der Flaschen).

Der gesamte Vorwärm-, Abfüll- und Verschließvorgang erfolgt kontinuierlich, d. h., die Flaschen werden einzeln abgefüllt und sofort verschlossen, wobei keine Unterbrechung stattfinden darf. Der Topf kann auf dem Herd stehen bleiben. Die Hitze wird abgedreht, sobald 75°C erreicht sind. Die Temperatur wird mit einem Thermometer kontrolliert (Stabthermometer, Artikel 000297) und kann zwischen 72 und 80°C schwanken.

Die vorgewärmten Flaschen werden am besten in eine Plastikschüssel mit möglichst flachem Boden gestellt. Dadurch können Saftverluste verhindert und Verunreinigungen des Bodens vermieden werden, falls eine Flasche platzt. Die zum Verschließen notwendigen Gummikappen (Größe 1 für Flaschen mit Kronenkorkmündung u.ä., Größe 2 für Flaschen mit Bandmündungen, also gewöhnliche Weinflaschen) müssen vorher in kochendem Wasser steril gemacht werden. Aus diesem Wasser werden sie nach Bedarf einzeln herausgenommen und mit Hilfe eines Kaffeelöffelstiels aufgezogen.

Die Flaschen müssen bis zum Überlauf gefüllt werden, es darf keine Luft mit eingeschlossen bleiben! Der Kaffeelöffelstiel wird dabei in die Gummikappe eingeführt und die Gummikappe zwischen Löffel und Daumen gehalten. Anschließend zieht man die Gummikappe schräg auf die Mündung und drückt sie mit dem anderen Daumen auf. Sobald die Luft gänzlich entwichen ist, wird der Löffelstiel herausgezogen.

Werden die Flaschen nicht randvoll gefüllt und verbleibt ein Luftpolster in der Flasche (der Löffelstiel dient zur Entlüftung und verhindert somit einen Druck nach außen), kann es zur Schimmelbildung auf der abgekühlten Saftoberfläche kommen. Der Schimmel wächst so

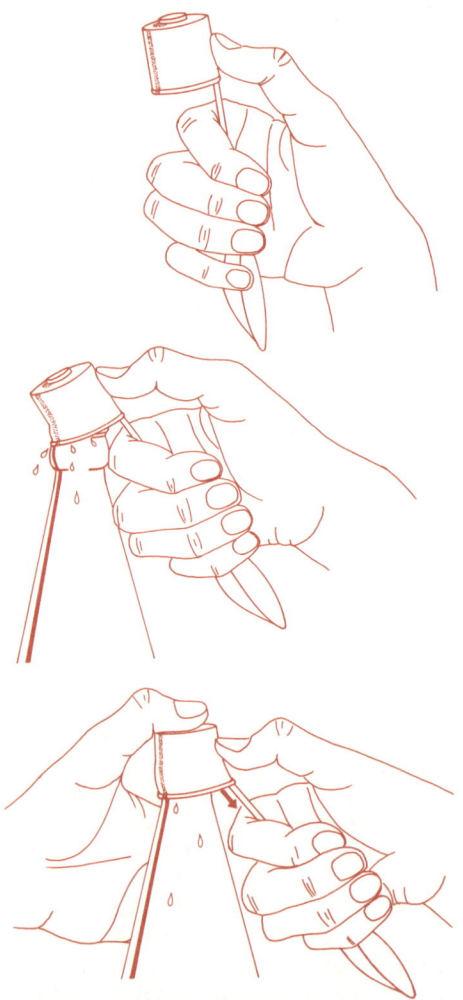

Mit Hilfe eines Kaffeelöffelstiels kann man Flaschen mit Gummikappen verschließen.

lange, bis der Rest des eingeschlossenen Sauerstoffes verbraucht ist. Gärungen dagegen finden selten statt, da die Hefezellen gegen Hitze empfindlicher sind und eher abgetötet werden als die widerstandsfähigeren Schimmelsporen. Zur Verhinderung von Schimmelbildung muß die frisch gefüllte und verschlossene Flasche kurz gestürzt und dabei die Gummikappe festgehalten werden.

Bei der Flaschenabfüllung zu beachten:

● Werden Säfte in Kronenkorkenflaschen gefüllt und mit Kronenkorken verschlossen, müssen die Flaschen ebenfalls randvoll sein. Die Kronenkorken brauchen vorher nicht steril gemacht zu werden, wenn man die Flaschen sofort nach dem Verschließen legt oder stürzt, damit sich die eventuell vorhandene Luftblase durch den Saft bewegt und der heiße Saft den Innenteil des Korkens berührt. Zum Verschließen von Kronenkorkenflaschen gibt es neuerdings ein Handverschließgerät.

● Die mit Kronenkorken verschlossenen Flaschen können liegend aufbewahrt werden und nehmen weniger Lagerraum ein. Ein weiterer Vorteil ist der günstige Preis dieser Verschlüsse, die im Gegensatz zu Gummikappen jedoch nur einmal verwendet werden können.

● Im gewerblichen Bereich werden die Säfte nicht in Einzelmengen, sondern kontinuierlich erhitzt. Der Saft fließt ständig und gleichmäßig durch einen Erhitzer (Plattenapparat, Röhrenerhitzer, Baumann-Glocke). Dabei dauert es nur 30-60 Sekunden, bis der Saft von der Ausgangstemperatur (um 15-20° C) auf 75° C erhitzt ist.

Mit einer Aluminium- oder besser noch V2A-Röhrenspirale, die man in einen Einkochtopf oder einen Waschkessel einbringt, läßt sich dieses Verfahren auch im Haushalt praktizieren. Das Saftvorratsgefäß muß dabei höher stehen. Mit Falldruck läuft der Saft dann durch die Spirale von unten kommend nach oben. Am Auslauf wird der Durchfluß mit einem Hähnchen oder einer Schlauchklemme gesteuert und die Safttemperatur am Thermometer kontrolliert.

Ballonfüllung

Auf gleiche Art und Weise wie bei der Flaschenabfüllung kann der auf etwa 75° C erhitzte Saft in Ballons von 5, 10, 15 oder 25 l Inhalt gefüllt werden. Diese Ballons brauchen nur mechanisch mit Bürste oder Putz-Sand gereinigt zu werden; ein Sterilmachen ist ebensowenig notwendig wie bei den Flaschen, da der heiß eingefüllte Saft die Glaswandung steril macht.

Die Ballons müssen auf etwa 45-50° C gleichmäßig vorgewärmt werden, damit die Temperaturspanne beim Einfüllen des Saftes nicht zu groß ist und die Ballons nicht platzen. Beim Füllvorgang werden die Ballons am besten in eine Plastikschüssel oder -wanne gestellt.

Auch hier gilt:

● Ballons nicht auf Stein oder Metall stellen (zu kühl).

● Safttemperatur nicht unter 72° C abfallen lassen.

● Ballons bis zum Überlauf füllen.

● Gummikappen in heißem Wasser steril machen und mit Hilfe eines Löffelstiels aufsetzen.

● Gefüllte Ballons nicht mit kaltem Wasser oder kaltem Saft in Berührung bringen (Gefahr des Platzens).

In dieser Form in größeren Zwischenbehältern gelagerter Saft kann zu einem späteren Zeitpunkt geöffnet und entweder in einigen Tagen verkonsumiert oder nach demselben Erhitzungsverfahren (zum 2. Mal) jetzt in Flaschen abgefüllt werden. Dieses erneute Erhitzen ist deshalb notwendig, da der Saft bei längerer Berührung mit der Luft wieder infiziert wird und in Gärung übergehen oder schimmeln kann.

Ein nach dem Erhitzungsverfahren (alle Säfte des Handels sind erhitzt) haltbar gemachter Saft kann nach dem Öffnen selbst im Kühlschrank bei Temperaturen um +4° C nicht länger als etwa 3-5 Tage stehenbleiben, bei Zimmertemperatur nur 1-3 Tage.

Auf diese Weise haltbar gemachte Säfte können auch im Winter, wenn es keine frischen Säfte gibt, nach dem Öffnen und nach dem Zusatz einer vermehrten Reinzuchthefe (siehe Seite 67 ff.) zu einem Wein vergoren werden. Apfelsäfte sind dazu besonders gut geeignet, da sie nicht weiter auf Trinkstärke eingestellt werden müssen und einen hervorragenden Gärmost (Bremser, Sauser, der in diesem Zustand getrunken wird) und Wein ergeben (siehe Seite 98 ff.).

4. Haltbarmachung mit Para-flüssig

Bei dieser Methode werden bei normaler Temperatur alle im Saft vorhandenen Mikroorganismen sowohl in ihrer Vermehrung als auch in ihrer Stoffwechseltätigkeit (= Abbau von Saftinhaltsstoffen und Bildung neuer Substanzen) gehemmt.

Der große Vorteil dieser Methode – allerdings nur für den Haushalt – liegt darin, daß große Saftmengen einfach und schnell haltbar gemacht werden können. Für den gewerblichen Bereich sind nur physikalische Methoden zugelassen.

Der gepreßte oder anders auf kaltem Wege gewonnene Muttersaft (Gewinnung genau wie bei der Weinbereitung) wird mit dem Para versetzt und innig vermischt. Die Lagerung kann in allen Gefäßen erfolgen, die auch für die Weinlagerung verwendet werden.

Folgende Punkte müssen hier beachtet werden:

● Das Para muß **sofort**, spätestens 6 Stunden nach dem Abpressen dem Saft zugesetzt werden, **bevor** sich die Mikroorganismen vermehren. Sehr kalter Saft im Spätherbst kann – mit Vorbehalt – auch am nächsten Tag mit Para versetzt und haltbar gemacht werden.

Bis 10° C und höher innerhalb 2 Stunden
5° C innerhalb 6 Stunden
2° C innerhalb 1 Tag
0° C bis 2 Tage.

● Die **genaue Dosierung** mit 2 ml Para pro Liter muß eingehalten werden.

● Eine **innige Vermischung** muß stattfinden; dies ist nur möglich im offenen Gefäß (Plastikwanne), in dem sich der **gesamte** Saft befindet.

Zum Mischen nicht geeignet sind Ballons oder Holzfässer, da zu enge Öffnung.

Um die natürliche Farbe zu erhalten, setzt man auf 10 l Muttersaft 1 g Kitzinger Kaliumpyrosulfit zu. Mit Hilfe eines Siebes oder Perlonfilterbeutels wird der Hauptteil der Trubstoffe schon beim Einlagern zurückgehalten.

Die Lagerung des konservierten Saftes soll bei möglichst kühler Temperatur (im Keller) erfolgen, damit sich die Trubstoffe in 1-2 Wochen absetzen. Danach muß der Saft abgezogen werden, wobei der am Boden sitzende Trub entfernt wird. Gleichzeitig wird nochmals 1 g Kaliumpyrosulfit auf 10 l zugesetzt.

Nach dem Einfüllen in das gereinigte Gefäß wird mit dem Gäraufsatz Hobby I wieder verschlossen, in den zuvor eine wässrige schweflige Säurelösung eingefüllt wird.

Zusammensetzung dieser Lösung:
In etwa 100 ml Wasser löst man 4 g Kaliumpyrosulfit und einige Tropfen Kitzinger Milchsäure oder einige Zitronensäurekristalle aus dem 10-g-Tütchen.

Ist der Saft einigermaßen klar, kann er in Flaschen abgefüllt werden (siehe Kapitel Flaschenfüllung, Seite 176 ff.). Bei dieser Haltbarmachungsmethode können die Flaschen mit Naturkorken verschlossen werden. Den täglichen Bedarf kann man aus dem Faß durch einen Hahn oder bei Ballons mit Hilfe eines Weinhebers entnehmen. Dabei sollte vermieden werden, den Behälter bei jeder Entnahme oben zu öffnen; gelegentliches Öffnen schadet dem Saft nicht.

Der Saft kann vom ersten Tag der Haltbarmachung an getrunken werden.

Das Para hat den Vorteil, sehr vielseitig zu sein: Nicht nur Obstmuttersäfte, sondern auch gekochtes Obst, Sauerkonserven aller Art, Gurkenkonserven und Gemüse in Essig können damit haltbar werden. Para ist nach dem Lebensmittelgesetz bzw. nach der Konservierungsstoffverordnung zugelassen. Alle näheren Angaben findet man auf der Packung und der beiligenden Anleitung.

5. Lagerung unter Kohlensäure (CO_2)-Druck

Dieses Verfahren hat für den Haushalt keine Bedeutung, da ein erheblicher Aufwand an Behältern und Geräten notwendig ist.

Das Prinzip besteht darin, daß der frisch gepreßte Saft durch Imprägniergeräte mit Kohlensäuregas (CO_2) so stark angereichert wird, daß ein Druck von etwa 7-8 bar entsteht, wozu je Liter Saft etwa 15 g CO_2 notwendig sind. Die Lagerung ist nur in starkwandigen Stahlbehältern und nicht in Kunststofftanks, Aluminiumtanks, Holzfässern oder gar in Ballons möglich. Die Tätigkeit aller Mikroorganismen wird durch starken Druck gehemmt.

Dieses Verfahren wird nur der Vollständigkeit halber erwähnt.

Allgemeines zu den Weinrezepten

In diesem Kapitel werden alle Früchte, Pflanzen, Blüten und sonstige Grundstoffe aufgeführt, die sich für die Saft- und Weinbereitung eignen. Es ist verständlich, daß es hinsichtlich der technischen Verarbeitung, dem späteren Genußwert, der Bekömmlichkeit der Getränke sowie der Herstellungskosten Unterschiede gibt.

Dies hat auf die Rangfolge der folgenden Rezepte keinen Einfluß. Sie ist nach alphabetischer Reihenfolge ausgerichtet, auch wenn dabei weniger bekannte Grundstoffe bzw. daraus hergestellte Weine zuerst genannt sind. Der Hausweinbereiter gewinnt dadurch eine bessere Übersicht.

Nach welchen Kriterien werden Weine hergestellt?

Die Rezepte sind so ausgelegt, daß danach hergestellte Weine teilweise den Handelsnormen entsprechen und in den Verkehr kommen können. Voraussetzung ist, daß die Weine im fertig ausgebauten Zustand die geforderten Mindestwerte, z. B. an Alkohol, Säure, zuckerfreiem Extrakt und Höchstwerte

z. B. an flüchtiger Säure aufweisen. Die Weine müssen frei von Fehlern und Krankheiten sein. Dies läßt sich aber nur durch eine Analyse (auch in unserem Kitzinger Weinlabor führen wir Analysen durch, siehe Seite 11) feststellen.

Mit den im Kitzinger Weinlabor gewonnenen Zahlenwerten läßt sich sehr viel aussagen. In Verbindung mit einer sensorischen Beurteilung, also Prüfung mit Sinnesorganen auf Farbe, Klarheit, Geruch, Geschmack und Harmonie – das ist die Abstimmung zwischen Säure, Restzucker und Alkohol – gewinnt man ein umfassendes Bild vom Wein.

Untersuchungen dieser Art führen wir seit Jahren durch – hauptsächlich für gewerbliche Winzer. Falls keine Analysenerstellung erfolgt, wird für eine allgemeine Beurteilung und eventuelle Behandlung wegen Trübungen usw. ein Selbstkostenersatz erhoben.

Auch wenn die im Haushalt hergestellten Weine nicht in den Verkehr kommen, sollte es das Ziel eines jeden Wein- und Saftbereiters sein, das Beste aus dem jeweiligen Grundstoff zu machen.

Ein Teil der Weine in den folgenden Rezepten ist gewerbsmäßig nicht herstellbar, weil es dafür keine gesetzlichen Grundlagen gibt, nicht geben wird und kann. Sie bleiben dem Privatbereich vorbehalten. Das heißt nicht, daß sie unbekömmlicher oder gesundheitsschädlicher sind. Oft ist das Gegenteil der Fall. Die Grundstoffe für diese Weine waren zumindest in unseren Gegenden nicht verbreitet und bekannt, so daß sich der Gesetzgeber bei der Fassung des 1930 herausgegebenen Weingesetzes damit noch nicht befassen konnte. In § 10 dieses Gesetzes wurden nämlich diese weinähnlichen Getränke geregelt, und dieser Paragraph hat heute noch Gültigkeit.

Andererseits muß in diesem Weinbuch auf die Wiedergabe von bestimmten Rezepten verzichtet werden, um Weinfälschungen nicht Vorschub zu leisten, z. B. Traubenwein aus Rosinen, Korinthen oder Sultaninen.

Mindestsaftmengen und Verdünnungen

Die Rezepte sind nach den Erfordernissen des Gesetzgebers zusammengestellt, um im fertigen Süßmost oder Wein eine Mindestmenge an Natursaft zu haben, so daß nicht »unendlich« verdünnt und mit Zucker und Säure einfach »nachgeholfen« werden kann.

Was die teilweise sehr hohe Säure mancher Früchte anbetrifft, muß eine genügende Wasserzugabe erfolgen, um zu hohe Säurewerte auf das Geschmacksoptimum (6-10 g/l) zu reduzieren, auch wenn in diesen Fällen genügend und billiger Saft zur Verfügung steht oder nur ein begrenzter Gärraum vorhanden ist.

1. Aus Geschmacksgründen wird eine Verdünnung mit Wasser vorgenommen. Die Bekömmlichkeit wird dadurch gefördert.

2. Aus Gründen der Säureempfindlichkeit der Hefezellen – Bakterien sind noch empfindlicher –, muß eine Normalisierung der Säure erfolgen. Bei sehr säurereichen, unverdünnten Säften vermehrt sich die Hefe sehr langsam, die Gärung verläuft zu schwach.

3. Eine chemische Entsäuerung mit Calziumcarbonat ($CaCO_3$ ist bei Obst- und Fruchtweinen nicht üblich und auch nicht möglich (außer Trauben und Rhabarber), da es nicht zur Ausfällung des Ca-Salzes kommt.

Bei natürlichem Säuremangel oder teuren Früchten kann eine begrenzte Aufsäuerung erfolgen – in den Rezepten ist dies jeweils angegeben.

Kommen Weine in den Handel, darf eine Aufsäuerung nur bei Kernobst-, Erdbeerdessert- und Hagebuttendessertweinen erfolgen, und zwar bis 3 g reine Milchsäure pro Liter.

4. Bei Zuckerzugabe ist der Spielraum nach unten und oben begrenzt – er sollte möglichst eingehalten werden. Zum einen soll ein Mindestalkoholgehalt erreicht werden, andererseits ergeben sich bei zu hohem Zuckergehalt Gärschwierigkeiten.

Saftzusammensetzung und Untersuchung

Über Jahrzehnte wurden vom Kitzinger Weinlabor Früchte und deren frische Säfte analysiert, um authentisches Zahlenmaterial zu sammeln und für die Rezepte auszuwerten. Dabei ergab sich von Jahr zu Jahr oder von Standort zu Standort eine gewisse Streubreite der Inhaltsstoffe.

Es ist trotzdem nicht auszuschließen, daß extremere Zahlenwerte vorkommen können, die aber zu vernachlässigen sind. In speziellen Fällen und bei Interesse müssen das Mostgewicht und die Säure selbst untersucht und die entsprechende Berechnung (siehe Seite 39 ff. und 61 ff.) vorgenommen werden. Man erhält einen besseren Einblick in die Weinherstellung, ein größeres Selbstvertrauen und das Gefühl, die »Sache« besser in den Griff zu bekommen (siehe dazu die Tabelle Seite 37).

Es ist eine Tatsache, daß selbst bei sorgfältigster Verarbeitung der Früchte und Vergärung des Weines das typische Fruchtbukett bei manchen Fruchtweinen während der Gärung verlorengeht oder zumindest stärker verändert wird. Dies ist manchmal unvermeidlich. Da Dessertweine häufig einen hohen Alkoholgehalt aufweisen, müssen sie als Geschmacksausgleich meist mit Zucker nachgesüßt werden (siehe Seite 163 ff.); Honigwein wird auch mit Honig nachgesüßt. Eine Nachgärung ist bei Alkoholwerten über 14-15% Vol. nicht zu befürchten.

Anstelle oder in Verbindung mit Zucker kann aber auch reiner Fruchtsaft (etwa 5%) zugesetzt werden (auf 10 l Wein = 0,5 l). Dadurch wird das Problem der Süßung und Aromatisierung auf einmal gelöst. Man muß sich rechtzeitig vor der Gärung bzw. vor der Verdünnung des Saftes mit einer entsprechenden Menge Muttersaft eindecken. Dazu kann man eine entsprechende Menge Früchte oder Muttersaft in die Gefriertruhe legen. Durch Hinzufügung des Muttersaftes wird (bitte nicht unterschätzen) die Farbe des Weines wieder »aufgefrischt« und natürlich gemacht; vor allem bei roten oder dunkelroten Fruchtweinen ist dies sehr vorteilhaft.

Behältergrößen

Die Größe des Gärbehälters ist wichtig, denn bei Maischegärungen sollte etwa 50% Luftraum (Steigraum) belassen werden, da hierbei das Fruchtfleisch mit Kohlensäurebläschen aufgeladen wird und dann hochsteigt. Bei zu geringem Steigraum wird der Gäraufsatz entweder herausgedrückt, und die Maische läuft über, oder der Gäraufsatz verstopft, und der Gärbehälter platzt.

Bei Weinansätzen ohne Maischegärung (Saftgärung) muß etwa 5-10% Freiraum verbleiben, da bei manchen Weinen ein Schaumhut in dieser Größenordnung entstehen kann. Das ist insbesondere der Fall, wenn noch Fruchtfleisch enthalten ist und die Temperatur hoch liegt. Manche Fruchtweine schäumen nicht bzw. sehr wenig, so daß die fehlende Schaumbildung kein Indiz für eine ausbleibende Gärung ist. Dies trifft bei fast blanken Säften und niedrigen Temperaturen zu.

Dessertweine – Tischweine

Die Rezepte sind, wenn nicht anders vermerkt, fast ausschließlich für Dessertweine mit Alkoholgehalten um oder über 13% Vol. ausgelegt. Dies hat verschiedene Gründe:

● Solche Weine sind haltbarer, da sie teilweise vom eigenen Alkohol konserviert werden. Dies ist besonders wichtig bei nur teilweise gefüllten Behältern. Höhere Lagertemperaturen, z. B. im Sommer, können solchen Weinen weniger anhaben.

Man kann solche Weine später (meist mit Mineralwasser oder kohlensäurefreiem Wasser) auf ein geringeres Maß an Alkohol verdünnen. Eventuell aufdringliche Fruchtaromen, wie bei Himbeeren, können dadurch gemildert werden.

● Im Gegensatz zu Dessertweinen, die nicht nur alkoholreich sein müssen und erhebliche Restsüße aufweisen können, besitzen Tischweine weniger Alkohol (um 8-10% Vol.) und einen geringeren Zuckerrest bzw. sind fast zuckerfrei. Solche Weine sind empfindlicher und können leichter krank und fehlerhaft werden. Sie sind weniger lang haltbar. Die Herstellung ist zu empfehlen, wenn sie zum baldigen Konsum bestimmt sind. Die Rezepte ändern sich insofern, als weniger Zucker (für 10 l etwa 1 kg weniger), dafür aber als Mengenausgleich mehr Wasser zugegeben wird (etwa 0,75 l).

Für den Konsumenten ist es sicher besser, wenn ein Wein weniger Alkohol enthält. In bestimmten Weinbaugebieten der Bundesrepublik Deutschland werden die Traubenweine wegen ihres niedrigen Alkoholgehaltes als leicht und besonders bekömmlich gepriesen (Mosel). Alkohol allein stellt kein Genußmittel dar, sondern nur in Verbindung mit anderen Stoffen oder Aromen in Bier, Wein, Branntwein oder im Likör. Die Herstellung leichterer Weine erfordert ein Höchstmaß an Sauberkeit, technischem Aufwand und eine termingerechte kellerwirtschaftliche Bearbeitung. Die Behälter müssen nach der Gärung stets spundvoll sein. Dagegen ist die Herstellung von Dessertweinen relativ einfach und unproblematisch; die Gärzeit ist bei Dessertweinen jedoch wesentlich länger.

Als geschmacklicher Nachteil der Tischweine kann gelten, daß sie meist keinen Restzucker haben und zu herb schmecken (für Diabetiker wünschenswert). Werden Tischweine im vergorenen, geklärten Zustand mit Zucker nachgesüßt, kann es leicht zur Nachgärung auf der Flasche kommen. Erst Alkoholgehalte um 15% Vol. verhindern diese Nachgärung (Stabilisierung von Restsüße in Tischweinen, siehe Seite 165).

Lassen sich die Alkoholmenge und eine bestimmte Restsüße steuern?

Es ist sicher der Wunsch vieler gewerblicher und privater Weinbereiter, daß durch besondere Gärführung und/oder Zusätze wie Zucker, Heferasse usw. nur ein ganz bestimmter Alkoholgehalt entsteht und eine bestimmte Restzuckermenge im fertigen Wein verbleibt.

Es sind in dieser Hinsicht aber folgende Grenzen gesetzt:

● Nach einem Naturgesetz kann die Hefe (Hefezellen) im Höchstfalle bis etwa 18% Vol. Alkohol bilden, wozu eine bestimmte Menge Zucker (um 130° Oe) notwendig ist. Bei solchen Zuckerkonzentrationen wirken große osmotische Drücke auf die Hefezellen und beeinträchtigen ihre Arbeitsleistung (siehe Seite 67 ff.). Außerdem tritt ein hoher Alkoholgehalt auf, der die Hefe schädigt und beinahe tötet.

● Die Temperatur (20-25° C optimal) bestimmt weitgehend die Gärintensität und – wenn die anderen Faktoren optimal sind – die Höhe des Alkoholgehaltes.

● Der Trubstoffgehalt ist ein wichtiger Faktor auf diesem Wege: viel Trubstoffe = schnelle und hohe Vergärbarkeit, wenig Trubstoffe = langsame Gärung

und eventuell geringerer Endalkoholgehalt.

● Die Heferasse selbst spielt in dieser
Hinsicht eine weniger wichtige Rolle; die
Hefezellen passen sich in der Regel der
Umwelt und einem bestimmten Milieu
an, da es sich bei den Hefezellen um einzellige Pflanzen (niedere Form des Lebens) handelt.

Weder die einzelnen Hefezellen, noch
die verschiedenen Rassen können so
beeinflußt oder gar gezüchtet werden,
daß sie, gemessen nach den menschlichen Vorstellungen, arbeiten – sie lassen sich also in kein Schema zwängen.
Außerdem sind bei nicht sterilen Weinansätzen auch noch von Natur aus Hefezellen vorhanden, die sich mitvermeh-
ren. Sie können unterliegen oder domi-
nieren und somit das Gärgeschehen beeinflussen.

Wird ein bestimmter Alkoholgehalt gewünscht, ist nur auf eine bestimmte
Höhe aufzuzuckern (siehe Tabelle Seite
42). Eine Nachsüßung mit Zucker oder
unvergorenem Saft ist unumgänglich
(siehe Seite 163 ff.), wenn das Getränk
dem persönlichen Geschmacksempfinden gerecht werden soll.

Bezeichnungsrechtliche Vorschriften auf dem Etikett

Für die Fruchtweinbereitung im gewerblichen Bereich (nicht im Haushalt) gilt
heute noch der § 10 des alten Weingesetzes von 1930. Nach dessen Bestimmungen handelt es sich bei allen Weinen, die nicht aus Trauben hergestellt
sind, um sogenannte »weinähnliche
Getränke«. Dies hat zur Folge, daß das
Wort »Wein« nur in Verbindung mit der
Fruchtart stehen darf, z. B. Erdbeerwein,
Honigwein usw. – und dies nicht nur auf
den Etiketten, sondern auch auf Preis-
listen.

Die Mißachtung oder Unkenntnis dieser
Vorschrift hat dazu geführt, daß manche

Hobby-Kellermeister-Etikett
für Weinflaschen

Hausweinbereiter, die mehr Wein als
nur für den eigenen Verbrauch herstellen, diesen also auch in den Verkehr
gebracht haben, mit Bußgeldern von
einigen hundert Mark belegt wurden.
Liegt dann z. B. auch noch der Alkoholgehalt oder/und die Säure niedriger als
es den Bestimmungen entspricht, liegt
ein weiterer Verstoß vor, der ebenfalls
mit Bußgeldern geahndet wird.

Lautet beispielsweise eine Etikettenbe-
schriftung: »Wein aus Kitzingen« und darunter die nähere Erklärung »Hagebutten-
Dessertwein«, dann ist dies schon nicht
mehr zulässig. Dabei ist es noch nicht
einmal notwendig, daß solche Flaschenweine verkauft werden – allein schon
das In-den-Verkehr-bringen, also auch
das Verschenken an dritte Personen, ist
ein Verstoß.

Gesamtübersicht

Die folgende Tabelle führt die einzelnen Weinarten auf und gibt jeweils an, auf welche Werte die Gäransätze eingestellt werden müssen, damit einerseits eine optimale Qualität erzielt und andererseits auch die Voraussetzungen dafür geschaffen werden, daß diese Getränke in den Verkehr kommen können.

Die Werte decken sich nicht ganz mit denen, die in den »Richtlinien für die Herstellung, Kennzeichnung und Beurteilung von Obst- und Fruchtweinen und weiterverarbeiteten Erzeugnissen« vorgeschrieben sind. Dort unterscheidet man noch zwischen Gesamtsäure und nichtflüchtiger Säure.
Beim Alkoholgehalt sind nur Mindestwerte vorgeschrieben, z. B. bei Frucht-

tischweinen 8,0% Vol. und Dessertweinen 13,0% Vol. Da ein Dessertwein mit 13% Vol. keine Garantie für Haltbarkeit gibt, wenn Restzucker vorhanden ist, könnte der Wein in der warmen Jahreszeit noch nachgären. Deshalb ist der Alkoholgehalt hier bewußt höher (bis 15% Vol.); bei dieser Alkoholstärke dürfte die Gewähr gegeben sein, daß keine Nachgärung mehr stattfindet.
Bei Dessertweinen soll als Geschmacksausgleich nach der Gärung bzw. vor der Flaschenfüllung eine gewisse Menge an Restzucker vorhanden sein oder zugegeben werden (je nach Geschmacksempfinden etwa 20-80 g/l). Diese Zuckerwerte sind in dieser Tabelle nicht mit angegeben.

Weinart	Anfangswerte (vor der Gärung)		Endwerte (nach der Gärung)		
	Säure	Mostgewicht	Säure	Alkohol	
	g/l	°Oechsle	g/l	g/l	% Vol.
1. Apfel-, Birnenwein = Kernobst	6-8	50-55	5-6	47-55	6-7
2. Apfel-, Birnenmost nach Landesbrauch	6	40-45	5-6	32-40	4-5
3. Fruchttischwein	6-8	80	6	64-80	8-10
4. Fruchtdessertwein	8-10	110-125	7-9	103-118	13-15
5. Obstdessertwein = Cider	8-10	110-125	6-8	103-118	13-15
6. Traubenwein, weiß	6-9	85	5-7	80-87	10-11
7. Traubenwein, rot	6-8	90	4-6	87-95	11-12

Weinrezepte von A bis Z

Ananaswein

Ananaswein aus frischen Früchten

Frische, gesunde Früchte sind für die Weinbereitung oft zu teuer, obwohl der Wein hieraus aromatischer und ansprechender ist (hoher Genußwert).

Rezeptur für 10 l Weinansatz

5 kg ungeschälte Ananas (= 3,5 kg Fruchtfleisch = etwa 2,7 l Saft)
2,5 kg Zucker
6 l Wasser
5 Tabletten Kitzinger Hefenährsalz
(= 4 g)
1 Kultur Kitzinger Reinzuchthefe, Rasse Samos oder Portwein
10 ml Kitzinger Antigel
40 g Zitronensäure oder 50 g Kitzinger Milchsäure 80%ig

Ananaswein aus Dosenfrüchten

Ananas in Dosen, Stücke sind wesentlich billiger. (Nettofruchtfleisch); die Flüssigkeit ist teilweise gezuckert.

Rezeptur für 10 l Weinansatz

5 l Doseninhalt (6 Dosen à 850 g, bestehend aus etwa 3 kg Frucht + 2 l Flüssigkeit)
2,5 kg Zucker
3,5 l Wasser
5 Tabletten Kitzinger Hefenährsalz
(= 4 g)
1 Kultur Kitzinger Reinzuchthefe, Rasse Samos oder Portwein
10 ml Kitzinger Antigel
40 g Zitronensäure oder 50 g Kitzinger Milchsäure 80%ig

Die Ananasfrucht schälen und in Stücke oder Würfel schneiden. Diese dann wie die Stücke in den Dosen quetschen oder zerstampfen und mit der Zucker-Wasser-Lösung vermischen.
Danach die anderen Zutaten hinzufügen und nach guter Durchmischung alles in ein Gärgefäß füllen. Maischegärung durchführen.
Nach 1-2wöchiger intensiver Gärung (im Sommer) ist diese beendet. Die Maische kann abgeseiht und der Rückstand ausgepreßt oder mit der Hand in einem Preßsäckchen (auch Perlonbeutel) ausgedrückt werden.
Nach eigenen Versuchen war die Gärung nach 10 Tagen beendet und ein Alkoholgehalt von 14,2% Vol. vorhanden. Der Preßrückstand aus den Fruchtstücken betrug nur 20%, obwohl mit Perlonsäckchen von Hand ausgedrückt wurde. Eine Presse ist nicht notwendig. Das Fruchtfleisch kann bis zur vollkommenen Vergärung im Wein verbleiben. Je nach Geschmack kann nach der Klärung mit einfachem Zucker nachgesüßt werden (Probeversuch machen!).

Apfelwein – Apfelmost

Der Ausgangsstoff für dieses Getränk, der Apfel, spielt in der Menschheitsgeschichte eine Rolle, wie keine andere Frucht. Das beginnt schon beim Sündenfall im Paradies durch Adam und Eva – was nach dem Genuß dieser Frucht vom »Baum der Erkenntnis« aus dem Menschengeschlecht wurde, wissen wir heute – und setzt sich fort in der Geschichte der Griechen (Göttermythos – »Zankapfel«) über den »Reichsapfel« der deutschen Kaiser, Wilhelm Tell bis zu den Sagen und Märchen der Neuzeit, wobei er als verlockende Schönheit bei Schneewittchen – wie so oft – zu einem bösen Zweck verwendet wurde.

Durch Züchtung und Anpassung an die verschiedenen Boden- und Klimaverhältnisse ist der Apfelbaum der wohl am meisten verbreitete Obstbaum überhaupt. Seine Früchte dürften die beliebtesten sein, nicht nur wegen ihrer Form, Farbe und dem Geschmack, sondern vor allem wegen der vielseitigen Verwendbarkeit und dem Gesundheitswert. Die Sortenvielfalt ist beträchtlich. Mehrere tausend Sorten soll es geben – in der Bundesrepublik Deutschland einige Dutzend Hauptsorten. Dies hat zur Folge, daß die Inhaltsstoffe, wie Zucker, Säure,

Aromen, größeren Schwankungen unterliegen. Und gerade wegen des stark schwankenden Zuckergehaltes wurde er wieder einmal zum Zankapfel – nicht einer Nation, aber immerhin einer Branche: der Branntweinhersteller. So mußten langwierige Prozesse (in den 70er Jahren) Klarheit bringen, wobei auch hochqualifizierte Sachverständige neue Erkenntnisse gewannen. Der Zuckergehalt bzw. die Mostgewichte, die leicht meßbar sind, schwanken je nach Herkunft, Sorte, Standort, Ertragreichtum, usw. zwischen 40 und 80° Oe (wobei der letzte Wert eine Ausnahme darstellt).

Die weiteren Vorteile des Apfels sind seine relativ lange Lagerfähigkeit, so daß sich die Verarbeitung im Gegensatz zu anderen Früchten über geraume Zeit hinziehen kann. Im folgenden wird auf besondere Eigenheiten hingewiesen, die von Bedeutung sind.

Es ist bekannt, daß der höchste Zuckergehalt in der Regel zum Zeitpunkt der Pflückreife vorliegt. Durch lange Lagerung bei normalen Verhältnissen (Temperatur und Sauerstoffatmosphäre) wird der Apfel »minderwertiger«; er beginnt zu schrumpfen, und dann treten folgende Veränderungen ein:

– der Zuckergehalt geht zurück;
– die Säure wird abgebaut;
– es tritt eine Verdunstung des Wassers ein, das Gewicht wird leichter;
– das Aroma wird schwächer;
– für den Verarbeiter (Saft- oder Weinhersteller und Brenner) treten Schwierigkeiten beim Pressen auf.

Nach unseren Untersuchungen (über einen Zeitraum vom Erntemonat Oktober bis Februar) waren bei der Sorte Golden Delicious unter normalen Lagerbedingungen folgende Veränderungen eingetreten:

1. Das erntefrische Gewicht von 1000 g Äpfel ging bis Februar auf 915 g (um 8,5%) zurück!

2. Das Mostgewicht von ursprünglich 62° Oe fiel auf 46° im Februar (Dezember noch 56°), also insgesamt um 26%!

3. Die ursprüngliche Säure von 5,6 g/l nahm um 2,1 g/l ab und fiel auf 3,5 g/l zurück, also um 38%!

Diese Zahlen sind nicht für alle Apfelsorten repräsentativ, auch spielen dabei die Lagertemperatur und die Luftfeuchtigkeit eine erhebliche Rolle, aber es soll aufgezeigt werden, daß mit der Lagerung immer ein Abbau einhergeht. Nur bei Lagerung in sogenannten CA-Lagern (Hallen mit kontrollierter Atmosphäre) ist der Abbau stark verzögert, die Reife also verlangsamt bzw. unterbunden.

Der Abbau der Inhaltsstoffe zeigt, daß im Apfel etwas vor sich geht, daß er »lebt«; eine ganze Reihe von Enzymen sind hier tätig. Dies ist auch für den Praktiker und Hausweinbereiter wichtig: Die Äpfel sollten möglichst bald verarbeitet werden!

Durch die lange Vegetationszeit (von der Blüte bis zur Baumreife) ist die Zusammensetzung der Saftinhaltsstoffe in der Regel so harmonisch, daß der Saft »naturrein« bleiben kann (deshalb tragen solche Getränke, ähnlich den Trauben, die Bezeichnung »Apfelsaft« bzw. »Traubensaft«, im Gegensatz zu den mit Zucker und Wasser auf Trinkstärke eingestellten »Süßmosten« bzw. »Nektaren«). Das darf jedoch nicht darüber hinwegtäuschen, daß diese Regel häufig durchbrochen wird, wenn nämlich die Bäume reich tragen oder in ungünstigen Jahren wenig Sonnenschein herrscht oder auch bestimmte Sorten sich für die Saft- und Weinbereitung nicht eignen (besonders Frühsorten, die wenig Aroma und auch wenig Zucker besitzen).

Im Normalfall soll das Mostgewicht bei 50° Oe und darüber liegen, die Säure bei mindestens 6 g/l, besser noch bei 7-9 g/l. In ungünstigen Fällen liegen diese Werte bei 40-50° Oe und die Säure unter 6 g/l (weniger gut geeignete Tafeläpfel) oder über 10 g/l (unreife Früchte oder besonders säurereiche Sorten wie Boskop usw.). Hier können Mischungen vorgenommen werden, oder es muß eine Verbesserung mit Zucker oder Zuckerwasser erfolgen. Auf jeden Fall ist es wichtig, diese Inhaltsstoffe zu bestimmen (siehe Seite 39 und 61).

Aus Apfelsaft lassen sich eine Vielzahl von Getränken herstellen:

● Apfelsaft, nach verschiedenen Verfahren haltbar gemacht, (siehe Seite 82 ff.);

● Apfelwein, Alkoholgehalt etwa 5-7% Vol.;

● Apfel-Cider = Dessertwein (Alkoholgehalt mindestens 13% Vol.);

● Apfel-Cidre = leicht moussierendes, alkoholschwaches Getränk mit 2-5% Vol. Alkohol;

● Apfelschaumwein (Sekt mit 5-7% Vol. Alkohol).

Apfelwein

So vielseitig seine Verwertung, so schwierig ist die Verarbeitung des Apfels für den Haushalt; hier läßt sich nicht improvisieren wie bei vielen anderen Beeren- und Steinfrüchten. Die Struktur des Apfels erfordert auf jeden Fall eine Zerkleinerung (Maischung) mit einer Mühle, bevor abgepreßt werden kann (eine Dampfentsaftung scheidet aus mehreren Gründen aus: sehr hoher Energieaufwand, ungenügende Entsaftung, Zerstörung vieler Inhaltsstoffe; Säfte und daraus gewonnene Weine bleiben trüb, bei der Gärung schäumen diese sehr stark).

Wird zu stark zerkleinert, geht zuviel Fruchtmark in das Getränk über (beim Mixen); ist der Zerkleinerungsgrad nicht fein genug, bleibt zuviel Saft in den Fruchtstücken. Ein einfaches Zerschneiden der Äpfel, selbst in feine Scheiben oder Stückchen, ist völlig ungenügend. So mancher müßte sich mit nur 10-20%

Saftausbeute (aus 10 kg Äpfeln nur 1-2 l Saft) zufrieden geben. In den gewerblichen Mostereien wird mit Rätzmühlen gearbeitet, wobei im Durchschnitt etwa 70% Saft abfließt (aus 10 kg Früchten etwa 7 l). Deshalb sollte man sich nach Möglichkeit an eine Lohnmosterei in der Umgebung wenden, wenn die Anschaffung einer Mühle und Presse zu teuer ist und auch kein Obst- oder Gartenbauverein mit dieser Einrichtung dienen kann. Eine Maischegärung für die Weinbereitung scheidet bei Äpfeln und Birnen aus: Die Getränke würden u. a. zuviel Gerbstoff enthalten!

Die Äpfel werden unmittelbar nach dem Waschen gemahlen, also gemaischt. Diese Maische kann sofort abgepreßt werden und muß nicht (wie bei anderen Beerenmaischen) erst stehen, damit die Pektinstoffe abgebaut werden. Ein Zusatz von Kitzinger Antigel ist sehr vorteilhaft, da sich der spätere Fruchtsaft bzw. -wein besser klärt. Jetzt wird die entsprechende Untersuchung auf Mostgewicht und Säure vorgenommen und die eventuell notwendige Verbesserung durchgeführt.

Liegt die Säure unter 6 g/l, dürfen nach dem deutschen Weingesetz auch die gewerblichen Apfelweinhersteller Milchsäure (siehe Seite 73 f.) zusetzen, und zwar in einer Menge von bis zu 3 g reine Säure, das sind 3,75 g/l 80%ige Kitzinger Milchsäure; man geht aber nicht höher als bis auf höchstens 7 g/l. Haltbarkeit, Bekömmlichkeit, Geschmacksharmonie und der Genußwert werden dadurch wesentlich verbessert.

Bei höheren Säurewerten als 9 g/l wird man zweckmäßigerweise die auch für gewerbliche Betriebe zugelassene 10%ige Naßverbesserung (= Zusatz von Zuckerwasser) anwenden. Bei noch höheren Werten kann man im Privatbereich sogar bis zu 25% Naßverbesserung gehen (auf 10 l Natursaft etwa 2,5 l Zuckerwasser).

An einigen Beispielen soll diese Verbesserungsberechnung gezeigt werden, wenn

a) das Mostgewicht zu niedrig und
b) die Säure zu hoch ist.

Die angenommene Saftmenge beträgt 10 l, das festgestellte Mostgewicht 44° Oe und die ermittelte Gesamtsäure 10,5 g/l.

Das Mostgewicht soll auf die auch für gewerbliche Betriebe zulässige Höchstgrenze von 55° Oe und auf etwa 9 g/l Gesamtsäure eingestellt werden (man stellt die Säure deswegen auf 8-9 g/l ein, weil durch die Gärung und anschließende Lagerung eventuell 1-3 g/l abgebaut werden, wie die Praxis sehr häufig zeigt).

Berechnung des Zuckerwassers (von der Säure abhängig)
10 l Saft x 10,5 g/l (vorhandene Säure) = 105
105 : 9 g/l (erwünschte Säure) = 11,66 l Gesamtmenge, aufgerundet 11,7 l
11,7 l — 10 l (vorhandene Saftmenge) = 1,7 l Zuckerwasser
Aus 10 l Saft werden also nach der Verbesserung 11,7 l Weinansatz.

Berechnung der Zuckermenge (vom Mostgewicht und der Verdünnung abhängig)
10 l Saft x 44° Oe = 440
440 : 11,7 l (Gesamtmenge) = 37,6° Oe Zwischenmostgewicht
37,6° Oe (oder praktisch 37° Oe) würden erreicht, wenn zu 10 l Saft mit 44° Oe 1,7 l reines Wasser dazugegeben werden.
55° Oe (angestrebter Wert) — 37° Oe = 18° Oe
Durch Zuckerzugabe muß das Mostgewicht um 18° Oe erhöht werden.
18° Oe x 2,6 g/l Zucker (siehe Seite 34 f.) = 46,8 g Zucker pro Liter.

46,8 g x 11,7 l = 547 g Zucker insgesamt.

Diese 547 g (oder aufgerundet 550 g) Zucker nehmen einen Raum von 550 x 0,6 l = 330 ml ein (= 0,33 l). Von den 1,7 l Zuckerwasser 0,330 l abziehen, und man erhält die reine Wassermenge:

1,7 l − 0,330 l = 1,370 l (oder praktisch 1,4 l).

Die Zusammenstellung sieht dann so aus:

10 l Saft

1,4 l Wasser, darin

550 g Zucker lösen und vermischen, ergibt 11,7 l Weinansatz

Dieses Beispiel einer sogenannten Naßverbesserung könnte man erweitern auf noch niedrigere Mostgewichte und noch höhere Säurewerte. Der Rechengang bleibt stets der gleiche. Er kann auch auf Traubenmost übertragen werden, nur daß dort eine höhere Aufzuckerung (auf etwa 85° Oe) vorgenommen wird, wobei die Ausgangs-Öchslegrade schon höher liegen und deshalb kaum höhere Zuckergaben notwendig sind.

Ähnlich läßt sich dieses Beispiel auch auf die anderen Fruchtarten bzw. Weinarten übertragen; dort hat man es aber fast immer mit gleichen Öchsle- und Säurewerten zu tun und kann Standardrezepte angeben.

Die Berechnung ist wesentlich einfacher, wenn nur das Mostgewicht erhöht werden muß, die Säure aber im Normalbereich liegt. 55° Oe sollten im Privatbereich nicht überschritten werden, weil der Apfelwein als durstlöschendes Getränk nur 5 bis maximal 7% Vol. Alkohol aufweisen sollte.

Zur Erhöhung des Mostgewichtes um 1° Oe sind 2,6 g/l Zucker nötig. In der Praxis wird meist nur mit 2,5 g/l gerechnet. 10 g Zucker erhöhen das Mostgewicht im Liter dann um 4° Oe oder 1 kg Zucker auf 100 l ebenfalls um 4° Oe.

> Die Harmonisierung des Mostgewichtes und der Säure vor der Gärung sind beim Apfelmost wesentliche Schritte für ein gutes und haltbares Getränk.

Daneben spielt der Gärungsprozeß selbst eine große Rolle. Aus diesem Grunde ist der Saft sofort nach dem Pressen in einen sauberen Gärbehälter zu füllen und Kitzinger Reinzuchthefe zuzusetzen. In der kühlen Jahreszeit (unter 15° C) ist die Reinzuchthefe einige Tage vorher zu vermehren (siehe Seite 67 ff.), damit die Gärung nach Zugabe schnellstmöglich einsetzt.

Der Gärbehälter sollte nur zu etwa 90% befüllt werden. Danach muß sofort ein Gäraufsatz – Hobby I für kleinere, Hobby II für größere Gärbehälter – aufgesetzt werden. Nicht überschäumen lassen, wie bei allen anderen Weinen auch! Sinnvoll ist es, wenn der von der Presse abfließende Saft über ein Sieb oder Tuch läuft, damit die gröbsten Trubstoffe (Fruchtfleisch, Schalen, Kerne, Stiele) zurückgehalten werden.

- Viel Trubstoff im Saft bedeutet zu schnelle Gärung, starke Erwärmung und damit verbundenen Bukettverlust; außerdem entweicht etwas Alkohol.
- Leichte Trübung bedeutet optimale Gärung, die in 3-6 Tagen beendet sein soll.
- Vollkommen blanke bzw. glanzklare Säfte vergären zu langsam, es besteht die Gefahr, daß unerwünschte Gärungsnebenprodukte, unter anderem durch Bakterien entstehen, da der Saft nicht steril war und diese wilden Mikroorganismen durch die ver-

e Gärung stets stärker in Er-
ng treten, d. h. sich stärker
vermehren.

Ideale Bedingungen für Vergärung und Ausbau eines normalen Apfelweines sind: eine Gärtemperatur um 10-15° C und ein leicht trüber Saft, der sofort nach dem Pressen mit 1 g Kaliumpyrosulfit auf 10 Liter geschwefelt, mit Kitzinger Reinzuchthefe und Hefenährsalz (2 g auf 10 l) versetzt und auf richtiges Mostgewicht und Säure eingestellt unter Göraufsatz vergoren sowie bald nach der Gärung von der Hefe abgelassen wird.

Wenn das Getränk über das Frühjahr hinaus, eventuell bis zur neuen Ernte halten soll, muß dieser Abstich spätestens im Winter, in der kühlen Jahreszeit vorgenommen werden. Dagegen kann ein Apfelwein auf der Hefe verbleiben, wenn der Keller oder der Lagerraum sehr kühl und das Getränk spätestens bis zum Frühjahr getrunken ist.

Beim Abstich muß nochmals auf 10 l mit 1 g Kaliumpyrosulfit geschwefelt werden. Da es sich um einen alkoholarmen Wein handelt, sollte die Temperatur so kühl wie möglich und das Lagergefäß vollgehalten werden.

Nur aus einem Gefäß trinken, das nicht zu lange im Anbruch bleibt. Häufig probieren und sich vom Gesundheitszustand überzeugen! Beim Ballon ist dies mit einem Kitzinger Weinheber möglich, und man sollte auch schon während der Gärung von diesem Genußmittel »Apfelwein« trinken, da es den Appetit fördert, die Verdauung anregt und auch sonst gesundheitlich wertvoll ist. Durch den Kitzinger Weinheber bleibt der Göraufsatz Hobby stets auf dem Ballon, der nicht gekippt werden sollte.

Im Frühjahr kann der noch leicht trübe oder – was seltener vorkommt – schon klare Apfelwein auf Flaschen abgefüllt werden. So wird vermieden, daß der schädigende Lufteinfluß in den angebrochenen Behältern die Kahmentwicklung fördert. Hierbei handelt es sich um besondere, luftbedürftige Hefezellen, die nur auf der Weinoberfläche wachsen und ein alkoholarmes Getränk bei warmer Temperatur bevorzugen.

Während der Gärung, wenn sich Kohlensäure auf der Weinoberfläche befindet, findet keine Kahmentwicklung statt. Erst wenn die Kohlensäure (CO_2-Gas) verschwunden ist und die Luft sich auf der Weinoberfläche ausbreitet, beginnt das Wachstum: zunächst in Form von kleinen weißgrauen Inseln, die zu einer Decke zusammenwachsen und die ganze Oberfläche überziehen. Diese wird dann schwerer und sinkt allmählich zu Boden. Die Entwicklung beginnt von neuem.

Dabei wird der Wein in seiner Substanz angegriffen, da die Kahmhefezellen für ihr Wachstum Säure, Alkohol, Gerbstoff, Glyzerin usw. verbrauchen. Im Extremfall (wenn also nicht rechtzeitig abgestochen, geschwefelt, kühl und in vollen Behältern gelagert wird) entsteht eine »fade Brühe«, die mit der Zeit dick werden kann, so daß das ganze »Getränk« weggeschüttet werden muß.

Ist die Selbstklärung des Apfelweines ungenügend, sollte man Schönung mit Spezialgelatine vornehmen, wobei in der Regel 1 g auf 10 l ausreicht. Auf der 10 g-Gelatine-Packung ist die Gebrauchsanleitung vermerkt. In schwierigen Fällen muß mit einer kombinierten Gelatine-Kieselsol-Schönung gearbeitet werden.

Apfel-Cider (Dessertwein)

Apfel-Cider ist ein beliebtes Getränk und besonders bekannt in Norddeutschland, Skandinavien und England. Man trinkt ihn dort als Aperitif oder als sogenanntes »Sonntagsgetränk«. Darunter versteht man Getränke, die nur in geringer Menge verzehrt werden, da sie alkoholreich, aber auch lieblich (süß), vollmundig und aromatisch sind.

Der hohe Alkoholgehalt wird erzielt, indem man

– den süßen Saft sofort nach dem Pressen auf das gewünschte Mostgewicht aufzuckert oder

– einen vergorenen Apfelwein, der nicht glanzklar sein darf und keinen Schwefel erhalten hat, aufzuckert und eine Umgärung vornimmt.

In beiden Fällen sind Gärtemperaturen um oder über 20° C notwendig. Die Gärzeit erfordert bei solchen Getränken nicht 3-6 Tage (wie bei normalen Apfelweinen), sondern je nach Trübungsgrad Monate.

Säurereiche Äpfel eignen sich besser für Apfel-Cider, da der höhere Alkoholgehalt (13% Vol. sind Mindestmenge) und der eventuell verbleibende oder nach der Gärung zugesetzte Restzucker dies aus Geschmacksgründen erfordern und durch die wesentlich längere Gärzeit mehr Säure von den Bakterien abgebaut wird.

> Der Wein muß bei höherer Temperatur (über 20° C) vergoren werden. Es gilt also der allgemeine Grundsatz: Je höher die Temperatur, desto mehr und stärker vermehren sich neben den Hefezellen auch die säureabbauenden Bakterien (siehe Seite 187 ff.).

Bei diesem Spezialgetränk wird man das Mostgewicht auf etwa 110-120° Oe mit Zucker vor der Vergärung einstellen. Soll ein festgestelltes Mostgewicht von 50° Oe auf 120° Oe eingestellt werden, beträgt die Differenz 70° Oe.

$70 \times 2,6 = 182$ g Zucker auf 1 l Apfelsaft

Auf 10 l sind 1,82 kg Zucker zuzusetzen, aufgerundet etwa 2 kg Zucker. Außerdem müssen 4 g Hefenährsalz und eine Kultur Kitzinger Reinzuchthefe, Südwein-Rasse, Haut Sauternes, Portwein,

Sherry, o. ä. – zugesetzt werden. Diese sollte man einige Tage vorher erst vermehren (siehe Seite 67 ff.).

Falls keine Mostwaage zur Messung des süßen Mostes vorhanden ist, können auf 10 l Saft generell 2 kg Zucker zugesetzt werden.

Apfel-Cidre

Apfel-Cidre ist ein moussierendes, kohlensäurehaltiges, alkoholschwaches Getränk, ein leichter Perlwein, der aus Frankreich stammt. Apfel-Cidre gilt als besonders erfrischend und durstlöschend.

Dieses Getränk kommt in 2 Variationen vor: als »lieblich« mit entsprechend hoher Restsüße und niedrigem Alkoholgehalt sowie als »herb« mit höherem Alkoholgehalt und entsprechend niedrigem Restzuckergehalt.

Nach eigenen Untersuchungen wiesen beide Getränke folgende Inhaltsstoffe auf:

	lieblich	herb
Alkohol g/l	16,6	33,5
Alkohol % Vol.	2,11	4,24
Zucker vor Inversion g/l	64,5	25,0
Zucker nach Inversion g/l	73,8	25,6
Saccharose g/l	8,8	0
Gesamtsäure g/l	4,3	5,2
Restmostgewicht Oe°	36	11,5
freie schweflige Säure mg/l	0	0
gesamte schweflige Säure mg/l	0	33

Es ist verständlich, daß Hausweinbereiter die in Frankreich industriell hergestellten und auf dem deutschen Markt befindlichen Sommergetränke nachahmen möchten. Schließlich handelt es sich dabei um einen relativ preiswerten »Schaumwein«.

Die Herstellung ist jedoch nicht so ohne weiteres möglich, da die Gärung zur Erhaltung des Restzuckers ohne technische Einrichtung nicht unterbrochen und auch die Kohlensäure im Wein nicht gespeichert werden kann. Der Hausweinbereiter muß in diesem Falle improvisieren; das bedeutet, daß er auf eine Restsüße verzichten und sich nur mit der Kohlensäure zufrieden geben muß.

Folgender Arbeitsgang ist dazu nötig:
Man nimmt einen (wie oben beschrieben) vergorenen, ausgebauten und einigermaßen klaren Apfelwein, versetzt ihn mit etwa 6-7 g Zucker pro Liter und füllt ihn in Kronenkorkenflaschen, wobei ein Luftraum von etwa 4 cm verbleiben soll. Die Flaschen werden anschließend mit Kronenkorken verschlossen.

Bei Temperatur um 15°C wird Zucker vergoren, wozu die im Wein verbliebenen Hefezellen ausreichen. Nur wenn er glanzklar sein soll, müssen pro Liter einige Milliliter flüssige Hefe aus einer Ballonkultur, die etwa 20 ml enthält, zugesetzt werden.

Aus diesen 6-7 g Zucker pro Liter entstehen 3-3,5 g CO_2, die einen Überdruck von 0,5-0,75 bar (siehe Seite 199) ausmachen. Wein-/Saftflaschen halten diesen Druck aus, und der Kronenkork läßt auch keine Kohlensäure hindurch.

Die Flaschen können sowohl liegend als auch stehend gelagert werden. Bei Gärung im höheren Temperaturbereich ist die Vergärung des Zuckers schneller, und der Wein kann kühl gelagert werden. Er soll kühl getrunken werden.

Apfelschaumwein
Siehe hierzu das Kapitel »Die Sekt-Schaumwein-Bereitung im Haushalt«, Seite 196 ff.

Aprikosenwein

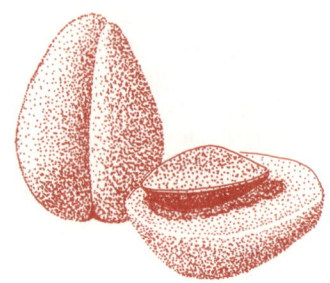

Sicher wird dieser Wein nur bei Überschuß an Aprikosen, aus Marktrückständen und nicht aus den für den direkten Genuß geeigneten Früchten hergestellt, da sie zu kostbar sind.

Rezeptur für 10 l Weinansatz

5 kg Aprikosen (= etwa 4 kg Fruchtfleisch oder 3 l Saft)
2,5 kg Zucker
5,5 l Wasser
10 ml Kitzinger Antigel
5 Hefenährsalztabletten (= 4 g)
30 g Milchsäure 80%ig)
1 Kitzinger Reinzuchthefe, Rasse Portwein/Malaga

Nach dem Waschen werden die Früchte halbiert, die Steine entfernt, die Fruchthälften gequetscht, zerstampft oder gemahlen, und es wird Kitzinger Antigel zugesetzt.

Da sich die süße Maische im Haushalt nur unvollständig auspressen läßt, wird eine Maischegärung durchgeführt. Man gibt alle Zutaten zur Maische und füllt diese in einen 20-l-Gärbehälter. Bei Temperaturen um 20-25°C kann nach 2 Wochen die Gärung schon beendet sein, und man preßt die Maische ab.

Die Flüssigkeit wird in einen 10-l-Ballon gegeben, der beinahe voll wird. Wichtig ist, daß möglichst keine Luft mit eingeschlossen wird (Aromaveränderung). Der Göraufsatz bleibt weiterhin auf dem Ballon. Die langsame Nachgärung unter täglichem Umschütteln dürfte nach einigen Wochen beendet sein.

Den Aprikosenwein nach der Gärung sofort kühl stellen, nach etwa 4 Wochen von der Hefe abziehen und mit 1 g Kaliumpyrosulfit schwefeln. Je nach Geschmack mit Zucker nachsüßen (siehe Seite 163 ff.).

Bananenwein

Für diesen Wein sollte man am besten reife bis überreife Bananen (Marktrückstände) verwenden, da sie aromatischer sind.

Rezeptur für 10 l Weinansatz

3-4 kg Bananen (= 2-3 kg Fruchtfleisch)

2,5 kg Zucker

7,5 l Wasser

60 g Milchsäure 80%ig oder 50 g Zitronensäure

(Zitronensäure ist vorzuziehen, da die Maische dadurch hell bleibt)

5 Tabletten Hefenährsalz (= 4 g)

10 ml Kitzinger Antigel

1 Kitzinger Reinzuchthefe, Rasse Portwein/Samos

Die Früchte werden geschält, zerdrückt und mit der erkalteten Zuckerwasserlösung vermischt.

Dann setzt man Kitzinger Milchsäure, Hefenährsalz, Antigel und Reinzuchthefe zu, mischt gut durch und füllt alles in einen entsprechend großen Ballon oder Kunststoffbehälter von etwa 20 l.

Es muß eine Maischegärung durchgeführt werden, da die Früchte beim Pressen kaum Saft abgeben. Erst durch die Gärung läßt sich die Maische aufschließen. Unter Gäraufsatz Hobby I wird bei Temperaturen von 20-25° C vergoren.

Die Maische (täglich kurz umschütteln) nach 14 Tagen in ein Leinensäckchen oder einen Perlonbeutel geben und ausdrücken.

Die Flüssigkeit in einen 10-l-Ballon füllen, weiterhin mit Gäraufsatz Hobby I verschließen und nach einigen Wochen bis zur beendeten Gärung warm stehen lassen.

Danach kühl stellen, einige Wochen später von der Hefe ablassen und mit 1 g Kaliumpyrosulfit auf 10 l schwefeln.

Stellt sich nach einigen Monaten kühler Lagerung keine Selbstklärung ein, ist die Trübung mit Kieselsol 15%ig zu beseitigen. Nach eigenen Untersuchungen reichen dazu 20-30 ml auf 10 l aus. Falls nötig, kann zur Geschmacksabrundung und Harmonisierung mit etwa 20-50 g Zucker pro Liter nachgesüßt werden.

Birkenwein

Manche sind der Meinung, daß sich aus dem Saft des »lebenden« Birkenholzes ein guter Wein herstellen lasse.

Im Frühjahr und bei gefällten Bäumen läßt sich zweifellos eine größere Flüssigkeitsmenge gewinnen. Wir haben durch Untersuchung dieses »Birkensaftes« festgestellt, daß die darin gelösten Stoffe für die Weinbereitung keine Bedeutung haben; es sind nur Spuren von wichtigen

Stoffen vorhanden (Mostgewicht: 4° Oe, Zucker: 11,0 g/l, Säure: 0,4 g/l (siehe Tabelle Seite 34), und außerdem schmeckt der »Birkensaft« beinahe neutral, ohne jegliches Aroma.

Über eine heilende Wirkung dieses Birkenwassers sowohl als Genußmittel als auch in der äußeren Anwendung (z. B. als Haarwasser) sind Pharmakologen und Mediziner zu befragen.

Wird »Birkensaft« zur Weinbereitung herangezogen, kann er »nur als Wasseranteil« zur Herstellung anderer Fruchtweine dienen. Da es zu dieser Zeit keine Früchte gibt, kann er eingefroren und zu gegebener Zeit, z. B. während der Holunderblüte, aufgetaut verwendet werden.

Birnenwein

Ähnlich wie der Apfel- und Quittenwein gehört der Birnenwein zu den sogenannten Kernobstweinen. Birnen haben meist einen geringeren Säuregehalt; er liegt zwischen 3-5 g/l. Die Säure besteht aus der weniger stabilen Zitronensäure und wird leichter abgebaut. Der Zuckergehalt liegt nicht höher als bei Äpfeln, oft sogar niedriger. Wenn Birnen trotzdem süßer schmecken, dann nur, weil das Verhältnis Zucker zu Säure ungünstiger ist.

Oft ist bei der Verarbeitung von Birnen neben dem Zusatz von Säure ein Zusatz von Zucker nötig. Dies ist der Grund dafür, daß der frisch gepreßte Saft auf jeden Fall auf Mostgewicht und Säure hin untersucht werden muß.

Die Lagerfähigkeit der Birnen nach der Ernte ist schlechter als bei Äpfeln. Man sollte die Früchte deshalb bald verarbeiten – also mahlen und pressen, wenn Saft oder Wein daraus hergestellt werden soll. In Verbindung mit säurereichen Äpfeln lassen sich ansprechendere und haltbarere Weine erzielen.

Kühlere Gärtemperaturen (zwischen 10-15° C) sind vorteilhaft, und die Reinzuchthefe ist vorher zu vermehren (für schnelleren Gärbeginn; Vermehrung der Reinzuchthefe, siehe Seite 67 ff.).

Bei Birnensorten, die sehr viel Gerbstoff aufweisen, ist die Lagerfähigkeit günstiger. Sie können zunächst als ganze Früchte länger gelagert werden; der Birnenwein ist nicht anfällig gegen Krankheiten – Gerbstoff konserviert! Für den Genuß ist dieser Gerbstoff weniger angenehm, er wirkt adstringierend, also zusammenziehend. Man kann diesen hohen Gerbstoffgehalt nach der Gärung abbauen, indem man zwischen 20 und 80 g Gelatine je 100 Liter zusetzt. Meist ist ein Vorversuch anzustellen.

Je nach Preßsystem, Birnensorte und Zeitpunkt der Verarbeitung gewinnt man aus 10 kg Früchten zwischen 4 und 8 l Saft; bereits teigige Birnen lassen sich kaum noch abpressen, und der Säuregehalt fällt während der Lagerung stark ab. Ein Wasserzusatz ist bei Birnenmosten unbedingt zu unterlassen.

Rezeptur für etwa 10 l Weinansatz

13-20 kg Birnen

bis 0,5 kg Zucker (auf 55° Oe einstellen)

bis 30 g Milchsäure (auf 6-7 g/l einstellen)

3 g Kitzinger Hefenährsalz

10 g Kitzinger Antigel

1 Kultur Kitzinger Reinzuchthefe Steinberg

Die Birnen waschen und faule Stellen ausschneiden. Die Früchte zerkleinern, mahlen (nicht mixen, da zu fein; nicht dampfentsaften!) und abpressen.

Den Saft sofort auf Mostgewicht und Säure hin untersuchen und eventuell korrigieren. Danach in den Gärbehälter (der Behälter darf nur zu etwa 90% befüllt werden) füllen, vermehrte Reinzuchthefe und Kitzinger Hefenährsalz zugeben sowie mit Hobby Gäraufsatz verschließen.

Starker Trubanteil kann durch vorheriges Seihen vermindert werden. Dies trägt zu einer geringeren Schaumbildung und etwas langsameren Gärung bei, die bei 10-15°C ablaufen soll.

Nach etwa 8 Tagen dürfte die Gärung beendet sein, und der Wein sollte kühl gestellt werden.

Einige Tage später oder spätestens nach 4 Wochen sollte der erste Abstich von den abgesetzten Trubstoffen und der Hefe erfolgen, wobei gleichzeitig auf 10 l 1 g Kaliumpyrosulfit zugesetzt wird.

Vorteilhaft ist es, wenn 10-20% Quitten mitverarbeitet werden. Dies trägt zur Säureerhöhung, Aromaverbesserung, Steigerung der Haltbarkeit und zum besseren Abpressen bei.

Da der Alkoholgehalt bei etwa 6-7% Vol. liegt, ist das Getränk anfällig wie ein Apfelwein, deshalb kühl lagern. Wenn mehrere Behälter vorhanden sind, diese nach dem Abstich füllen und den täglichen Bedarf nur aus einem Behälter entnehmen.

Wenn Birnenwein länger (bis über den Sommer des nächsten Jahres) aufbewahrt werden soll, sollte er noch im Winter durch Schönung oder Filtration geklärt werden. Je trubstoffreicher ein Getränk, desto anfälliger ist es für Mikroorganismen (z.B. Kahm- und Schleimhefen) sowie Milchsäure- und Essigsäurebakterien.

Brombeerwein

Für die Weinbereitung verwendet man die schwarzfrüchtigen und die in Kultur genommenen stachellosen Sorten, da die Früchte größer und ergiebiger sind. Sie enthalten mehr Säure (durchschnittlich 16 g/l) als die blaufrüchtigen, wesentlich kleineren Ackerbrombeeren (durchschnittlich 9 g/l) Säure. Bei letztgenannten kann kaum eine Verdünnung mit Wasser vorgenommen werden, oder man muß Säure zusetzen. Die hellere Farbe würde durch die Verdünnung mit Wasser noch heller werden.

Der tägliche Anfall an gleichmäßig schwarzen, etwas weichen und gut ausgereiften Früchten reicht für einen Weinansatz von 10 l meist nicht aus. Die Beeren werden deshalb in Plastikbeutel gefüllt und in die Gefriertruhe gelegt. Hat man aber wenig Platz in der Gefriertruhe bzw. im Kühlschrank zur Verfügung, so kann man anstelle der ganzen Beeren diese gleich nach dem Ernten entsaften, den Saft einfrieren und ihn so für die weitere Wein- oder Saftbereitung aufbewahren. Der Saft darf keinesfalls mit PARA haltbar gemacht werden, wenn man Wein daraus herstellen will.

Rezeptur für 10 l Weinansatz

6 kg Beeren (= etwa 4,5-5 l Saft)

2,5 kg Zucker

4 l Wasser

15 ml Kitzinger Antigel

5 Tabletten Hefenährsalz (= 4 g)

1 Kultur Kitzinger Reinzuchthefe, Rasse Burgund/Bordeaux

Die Beeren werden zerdrückt, gemahlen oder sonstwie vermaischt, wobei zur besseren Preßbarkeit, höheren Saft- und Farbausbeute Kitzinger Antigel dazugegeben werden muß. Dadurch wird das Abpressen erleichtert und kann sogar ohne Presse nur mit einem Preßsäckchen oder Perlonbeutel durchgeführt werden, wenn eine etwa 5-8 tägige Maischegärung vorgenommen wird.

Wird aber die Maische süß abgepreßt, kann der Preßrückstand (Trester) mit etwas zurückgelassenem Wasser nochmals einige Stunden eingeweicht und dann ausgepreßt werden. Bei 20-25°C unter Gärverschluß Hobby I vergären.

Dieser Wein klärt sich fast immer, also ohne Hilfsmittel. Später kann je nach Geschmack nachgesüßt werden (siehe Seite 163 ff.).

Dattelwein

Diese exotische Frucht schmeckt frisch hervorragend. Zur Weinbereitung ist sie wohl geeignet, aber das Fruchtaroma ist wenig ausgeprägt, ähnlich wie eine andere südländische Frucht, die Feige. Die Weine hieraus schmecken etwas streng, sind nicht aromatisch und lassen die Frucht im Wein kaum noch erkennen. Ansonsten ist die Weinbereitung problemlos.

Rezeptur für 10 l Weinansatz
(gilt auch für Feigenwein)

3 kg Früchte

2 kg Zucker

8,5 l Wasser

10 ml Kitzinger Antigel

50 g Milchsäure 80%ig (oder 40 g Zitronensäure)

5 Tabletten Hefenährsalz (= 4 g)

1 Kultur Kitzinger Reinzuchthefe, Rasse Portwein/Malaga

Die Datteln werden entkernt, grob zerkleinert, zerstoßen, mit der Zuckerwasserlösung übergossen und gründlich vermischt.

Die Kitzinger Hefenährsalztabletten werden ebenfalls zerstoßen und zusammen mit der Zitronen- oder Milchsäure in die Maische eingerührt.

Danach Kitzinger Antigel und Reinzuchthefe zusetzen und den Ansatz in einen Ballon oder ein Kunststoffaß (Größe etwa 20 l) füllen.

Bei einer Temperatur um 20°C und unter Gärverschluß Hobby I wird eine Maischegärung von etwa 8 Tagen durchgeführt und dann abgepreßt.

Den Jungwein weiterhin unter Gäraufsatz bei Zimmertemperatur und täglichem Umschütteln vergären, ohne daß neue Zusätze notwendig sind.

Ist die Gärung beendet, muß der Wein kühl gestellt werden. Nach weiteren 3-4 Wochen den Wein vom Trub bzw. von der Hefe abziehen und mit 1 g Kaliumpyrosulfit auf 10 l schwefeln.

Sollte der Wein zu diesem Zeitpunkt zu herb und unharmonisch schmecken, kann er mit 20-50 g Zucker pro Liter nachgesüßt werden. Eine Nachgärung ist nicht mehr zu erwarten, da der hohe Alkoholgehalt (über 14-15% Vol.) dies verhindert.

Ebereschenwein

Die Eberesche kommt in 2 Arten vor:
- Die gewöhnliche oder bittere Eberesche enthält 400-600 mg/kg Vitamin C.
- Die süße oder mährische Eberesche enthält 350-2 000 mg/kg Vitamin C.

Zur Wein- und Saftbereitung sind die Früchte der süßen Eberesche geeignet, auch zum Rohgenuß. Sie spielen in der Säuglingsernährung, in der Süßwaren- und Limonadenindustrie eine Rolle (besonders wegen des Vitamin-C-Gehaltes).

Die Früchte der gewöhnlichen Eberesche unterscheiden sich von denen der süßen Eberesche nur durch den bitteren Geschmack. (In der Literatur gibt es keine näheren Angaben über botanische Unterscheidungsmerkmale). Nach Entbitterung sind diese Beeren zu Nahrungs- und Genußzwecken verwendbar. Sie werden über Nacht mit normalem 4-5%igen Essig übergossen und anschließend gut abgespült. Für die Weinbereitung ist dieses Verfahren allerdings nicht geeignet.

Nach eigenen Untersuchungen sind beide Fruchtarten sehr säure- sowie extraktreich (siehe Tabelle Seite 34) und deshalb bei der Weinbereitung ergiebig (hoher Sorbitgehalt).

Rezeptur für 10 l Weinansatz

3 kg Früchte

2,5 kg Zucker

7,5 l Wasser

40 g Milchsäure 80%ig (oder 30 g Zitronensäure)

10 ml Kitzinger Antigel

5 Tabletten Hefenährsalz (= 4 g)

1 Kultur Reinzuchthefe, Rasse Portwein oder eine andere Südweinhefe

Da die Früchte fest, mehlig und saftarm sind, lassen sie sich so nicht abpressen.

Sie werden mit Wasser im Verhältnis 1:1 (3 kg Beeren und 3 l Wasser) gemaischt, nachdem sie von Stielen befreit, zerdrückt oder zerstampft wurden. Die Früchte sollen möglichst gut ausgereift sein.

Die Maische wird mit Kitzinger Antigel (für den Aufschluß der Pektinstoffe) behandelt. Nach etwa einem Tag abpressen.

Den Rückstand aus diesen 3 kg frischen Beeren mit einem Liter Wasser übergießen und nochmals einen halben Tag ziehen lassen.

Danach abpressen und die beiden Preßteile zusammengeben. Zucker, Säure, Kitzinger Nährsalz und Kitzinger Reinzuchthefe zusetzen. Mit restlichem Wasser auf 10 l ergänzen und in Gärbehälter einfüllen.

Gärungstechnisch sind keine Probleme zu erwarten, wenn unter Gäraufsatz Hobby I und bei Temperaturen um 20-25°C vergoren wird. Häufig umschütteln und – falls notwendig – später als Geschmacksausgleich mit Zucker nachsüßen (siehe Seite 163 ff.).

Erdbeerwein

Die Verwertung der Erdbeeren zum »Dauerprodukt« Erdbeerwein hat in den letzten 10 Jahren stark zugenommen. Für die Saftbereitung sind diese Früchte weniger gut geeignet, weil sich die frischen Früchte selbst nach starker Fermentierung mit Kitzinger Antigel nur schlecht pressen lassen und wenig Saft ergeben. Darüber hinaus enttäuscht Erdbeersaft bzw. Süßmost (Nektar) geschmacklich – er ist fad. Aus diesen Gründen sind die Getränke auf dem Markt kaum erhältlich.

Wegen der schlechten Preßbarkeit frischer Früchte muß eine Maischegärung durchgeführt werden. Ähnlich anderen Obstarten vor der Verarbeitung zu Wein, können die frisch gepflückten Beeren eingefroren werden. Nach eigenen Untersuchungen wurde festgestellt, daß der ursprüngliche Vitamin-C-Gehalt von durchschnittlich 420 mg/kg nach einem Jahr Frostlagerung um bis zu 80% auf etwa 50-80 mg/kg abnimmt.

Bei der Weinbereitung spielt der Vitamin-C-Gehalt nicht die Rolle wie bei der Saftherstellung und könnte auch weitgehend vernachlässigt werden. Nun kommt gerade diesem Vitamin C eine gewisse Schutzwirkung gegenüber Saft und Wein zu, ähnlich der schwefligen Säure (siehe Seite 171 ff.). Vitamin C verhindert Oxidationen und nachteilige Veränderungen im Geschmack sowie in der Farbe. Wäre kein Vitamin C vorhanden, würden die frischen Beeren braun und unansehnlich und das Aroma größtenteils verschwinden.

Die schweflige Säure (Kaliumpyrosulfit) hat die zusätzliche Aufgabe gegenüber den Mikroorganismen (Schimmelpilze und Bakterien), daß diese sich nicht stärker ausbreiten. Bei der Maische wird eine Schwefelung empfohlen, da Erdbeeren in der Nähe oder am Boden wachsen und viel stärker als andere Früchte mit Erdpartikeln behaftet sind, die viele (besonders nach Regen) Bakterien enthalten. Schweflige Säure schützt das natürlich vorhandene Vitamin C.

Wichtig ist, daß die Früchte durch Abbrausen gesäubert sind, bevor sie zerdrückt gemaischt werden. Bei industrieller Verarbeitung zu Wein können Stiele und Kelchblätter an den Beeren bleiben, da bei der einwöchigen Gärzeit (von Beginn der Gärung an gerechnet) kaum Stoffe aus den grünen Teilen herausgelöst werden, die den Geschmack verschlechtern.

Im Haushalt können diese grünen Teile vor dem Einmaischen entfernt werden. Die Gärzeit darf dann über 2 Wochen ausgedehnt werden. Wie eigene Versuche und Untersuchungen ergeben haben, kann in dieser Zeit der Alkohol auf über 14% Vol. ansteigen, und die Gärung ist damit praktisch schon abgeschlossen.

Oft wird von den Hausweinbereitern beobachtet, daß nach dem Abpressen der Maische ein Stillstand der Gärung eintritt, obwohl der Wein noch warm steht. Die außerordentlich kurze Gärzeit hängt damit zusammen, daß in der »Erdbeerzeit« die höchsten Temperaturen des Jahres herrschen; man könnte geradezu von paradiesischen Verhältnissen für Hefezellen bzw. Mikroorganismen sprechen. Hinzu kommt, daß Fruchtmaischen stärker gären als Säfte und die Intensität proportional mit dem Gehalt an Trubstoffen zunimmt (siehe Grafik Seite 225).

Dies trifft in der Sommerzeit auch auf andere Maischen zu.

Bei dem folgenden Rezept beträgt die Saftausbeute etwa 83%; praktisch kann dieser Wert überschritten werden, wie bei eigener Herstellung festgestellt wurde (bis 90% Saftausbeute). Errechnet wird dies anhand der eingesetzten Beeren und dem nach Abpressen der Maische erhaltenen Preßrückstand (Trester).

Rezeptur für 10 l Weinansatz

6 kg Erdbeeren (= etwa 5 l Saft)

2,5 kg Zucker

3,5 l Wasser

30 g Milchsäure 80%ig

5 Tabletten Kitzinger Hefenährsalz
(= 4 g)

1 g Kitzinger Kaliumpyrosulfit

10 ml Kitzinger Antigel
1 Kultur Kitzinger Reinzuchthefe, Rasse Portwein/Malaga

Die zerdrückten Beeren werden mit der Zuckerwasserlösung, der Milchsäure, dem Hefenährsalz, dem Kaliumpyrosulfit und dem Antigel zu einer gleichmäßigen Maische vermischt und bis zur halben Höhe in ein Gärgefäß gefüllt.

Wegen der Schwefelung der Maische und den damit verbundenen ungünstigeren Gärbedingungen ist die Kultur Reinzuchthefe 3-4 Tage vorher in etwa 0,25 l Apfelsaft zu vermehren (siehe Seite 67 ff.).

Den Behälter danach mit Gäraufsatz Hobby I verschließen, an einem warmen Ort aufstellen und die Maische nach der vorgeschriebenen Zeit abpressen.

Erdbeerweine klären sich beinahe stets von selbst. Eine Schwefelung und Nachsüßung (eventuell nach Vorversuch mit einem Liter) nach der Klärung bzw. vor der Flaschenfüllung vornehmen (siehe Seite 170 ff. und 163 ff.).

Feigenwein
– siehe Dattelwein

Grapefruitwein

Diese Frucht ist seit einigen Jahren stärker auf dem Markt vertreten, und so fallen zwangsläufig mehr Rückstände an, die zum Direktverzehr nicht geeignet sind. Diese bieten sich für die Saft- und Weinbereitung geradezu an.

Die Grapefruit wird wegen ihres feinen Aromas und ihrer erfrischenden Säure geschätzt.

Rezeptur für 10 l Weinansatz

6 kg Grapefruits (= 5 kg geschält = etwa 4 l Saft)
2,5 kg Zucker
4,5 l Wasser
5 Tabletten Hefenährsalz (= 4 g)
10 ml Kitzinger Antigel
1 Kitzinger Reinzuchthefe, Rasse Haut Sauternes/Portwein

Die Früchte müssen geschält und anschließend gemaischt/zerdrückt werden. Der Saft läßt sich danach leicht pressen und ist reich an Vitamin C (siehe Tabelle Seite 34).

Sollen aus weniger Früchten als hier angegeben aber trotzdem 10 l Wein angesetzt werden, muß die Wassermenge der reduzierten Saftmenge entsprechend erhöht und Säure zugesetzt werden. Pro Liter weniger Saft = 20 g Säurezusatz. Bei nur 3 l Saft zusätzlich 20 g Säure.

Alle anderen Gär- und Ausbauvorgänge sind die gleichen. Dies trifft auch auf die Nachsüßung, Schwefelung und Flaschenfüllung zu (siehe entsprechende Kapitel).

Hagebuttenwein

Zur Herstellung dieses wohlschmeckenden und bekanntesten Fruchtweines aus den Wildfruchtarten eignen sich alle ausgereiften gelb-orange-roten Früchte der Garten- und Wildrosenarten (große Frucht: Kartoffelhagebutten). Daneben gibt es noch eine blau-schwarze Art, die etwas flach-rund ist; hier liegen keine Ergebnisse über die Brauchbarkeit für Getränkeherstellung oder anderweitige Verwendung als Nahrungsmittel vor.

Die Früchte werden in ihrer Gesamtheit mit den Samen verarbeitet. Sicher wäre es vom Wein her gesehen besser, wenn nur Fruchtfleisch verwendet wird, aber der Aufwand wäre zu groß; man würde wesentlich mehr Früchte benötigen.

Die frischen, gut ausgereiften Hagebutten selbst sind reich an Vitamin C (sie enthalten je kg Fruchtfleisch bis 1 000 mg). Dies trägt dazu bei, daß die Farbe des späteren Weines über lange Zeit hellgelb bleibt. Wir haben selbst in 1- bis 2jährigen, sachgemäß hergestellten Weinen noch 150 mg/l Vitamin C festgestellt. Getrocknete Hagebutten allerdings verlieren dieses Vitamin C, sie bräunen stärker. Die Weine hieraus sind dann durchweg dunkelgelb bis hellbraun.

Die Früchte erfordern keinen Frost am Strauch (im Gegensatz zu Schlehen – wegen des Abbaus der Gerbstoffe), sondern können überreif, also weich sein. Sie müssen vor der Verarbeitung einige Male mit kaltem bis warmem Wasser gründlich abgebraust werden, vor allem, wenn sie an Straßenrändern wachsen und reifen. Hier werden sie durch Staub und Autoabgase unter anderem mit Blei sowie anderen Stoffen stärker belastet. Schwermetalle und Schadstoffe bleiben in der Regel nicht in Lösung, sondern werden während der Gärung mit den Trubstoffen und Hefen ausgeschieden. Sie sedimentieren nach der Gärung. Bei Saft ist dies anders: Hier bleiben sie meist in Lösung.

Rezeptur für 10 l Weinansatz

3 kg frische Hagebutten (oder 2 kg getrocknete Früchte)

2,8 kg Zucker

8,5 l Wasser

40 g Milchsäure 80%ig (oder 30 g Zitronensäure)

5 Tabletten Hefenährsalz (= 4 g)

10 ml Kitzinger Antigel

1 Kultur Kitzinger Reinzuchthefe, Rasse Sherry/Malaga/Portwein

Nach gründlichem Waschen werden die Früchte von Stielen und Blütenköpfen befreit und grob zerkleinert/aufgerissen – entweder mit der Hand halbiert oder geviertelt oder mit dem Mixer ganz kurz bearbeitet. Dies muß selbst ausprobiert werden.

Die Samen verbleiben in der Maische. Bei zu feiner Zerkleinerung werden die Samen zerstört und bei der Gärung die unerwünschten Stoffe, wie z. B. Gerbstoff, herausgelöst; auch klären sich die späteren Weine aufgrund zu feinen Fruchtfleisches schlechter.

Bei diesem Fruchtwein wird eine Maischegärung durchgeführt, da die Früchte saftarm sind und die wertbestimmenden Inhaltsstoffe wie Extrakt-, Farb- und Geschmacksstoffe erst durch die Gärung, d. h. durch den Alkohol und das CO_2-Gas herausgelöst werden.

Unterstützt wird diese Extraktion dadurch, daß die zerkleinerten Früchte mit der heißen Zuckerwasserlösung übergossen werden.

Sobald eine Abkühlung auf etwa 50-40°C erfolgt ist, wird das Kitzinger Antigel zugesetzt, gut durchgemischt und nach weiterer Abkühlung auf 25-20°C Milchsäure, Kitzinger Hefenährsalz und Kitzinger Reinzuchthefe zugesetzt. Der gesamte Ablauf dauert einige Stunden. Die Maische wird in den Gärbehälter eingefüllt (etwa 50% Steigraum belassen), mit Gäraufsatz Hobby I verschlossen und bei einer Temperatur um 20-25°C zur Gärung aufgestellt. Täglich einmal kurz umschwenken und umschütteln, damit die aufsteigende Fruchtmasse wieder mit der Flüssigkeit vermischt und besser ausgelaugt wird, und die CO_2-Gase schneller entweichen können. Im Wein gelöste Kohlensäure hemmt die Gärung geringfügig.

Nach einer etwa 2wöchigen Gärzeit wird die Maische aus dem Behälter herausgenommen, abgepreßt und die Flüssigkeit in einen anderen Ballon gegeben. Dieser sollte kleiner sein, damit möglichst wenig Luftraum verbleibt; bei 20-25°C unter Gäraufsatz weitergären lassen, wobei ab jetzt nur eine schwache Gärung zu erwarten ist!

Bei gleichbleibender Temperatur um 20-25°C kann nach weiteren 2-4 Wochen der Alkoholgehalt ausreichen (13-15% Vol.); bei niedrigeren Temperaturen (um 15-20°C) kann der Gärungsprozeß 3-6 Monate dauern.

Der Wein ist dann kühl zu stellen, von der Hefe abzuziehen und auf 10 l mit 1 g Kaliumpyrosulfit zu schwefeln. Sollte er zu herb sein, kann je nach Geschmack mit 20-60 g Zucker pro Liter nachgesüßt werden. Der Zucker wird (wie bei anderen Weinen) nach der Gärung im Wein kalt aufgelöst und gut durchgemischt.

Sollte die Selbstklärung nicht befriedigen, kann mit Agar-Agar (0,5-1 g pro 10 l), das vorher in 100 ml Wasser gequollen und auf Siedetemperatur gebracht wurde, geschönt werden, wobei eine kräftige Durchmischung in einem offenen Behälter, wie z. B. Plastikwanne erfolgen muß; im Ballon ist dies nicht möglich. Danach in den Ballon zurückgießen; hier setzen sich die Trubstoffe ab (s. 10 g Agar-Agar-Tütchen).

Hagebuttenweine eignen sich gut für eine »Sherrysierung«. Der Wein darf nach der Gärung nicht geschwefelt werden und soll sogar, im Gegensatz zu anderen Weinen, im Anbruch liegenbleiben (teilgefüllter Ballon). Es soll möglichst viel Sauerstoff hinzutreten, wodurch die gewünschte Oxidation eintritt. Der Wein altert schneller und nimmt eine bräunliche Farbe an. Im Geschmack erinnert er später an einen Madeira – manche Hausweinbereiter lieben diesen Geschmackstyp besonders.

> Noch ein Hinweis: Der Preßrückstand nach der Maischegärung besteht zum größten Teil aus den Samenkörnern. Ein nochmaliges Ansetzen ist kaum lohnend; man kann die Samen trocknen und für den Winter als Vogelfutter aufbewahren.

Hagebuttenauszug

Unser flüssiger, konzentrierter Hagebuttenauszug kann ganzjährig in Literflaschen bezogen werden. Er ist der ideale Ausgangsstoff für den Hausweinbereiter, der sich zu beliebiger Jahreszeit einen Hagebuttendessertwein auf bequeme Art, ohne Mühle und Presse, herstellen möchte. Kitzinger Hagebuttenauszug eignet sich auch vorzüglich zur Bereitung von wohlschmeckendem und gesundem Hagebuttentee: 2 Kaffeelöffel auf 1 Tasse.

Rezeptur für 10 l Dessertwein

1 l Kitzinger Hagebuttenauszug

7,5 l Wasser

2,5 kg Zucker

5 Tabletten Kitzinger Hefenährsalz

1 Kultur Kitzinger Reinzuchthefe, Rasse Malaga oder Sherry

Der Hagebuttenauszug wird mit der Hälfte des angegebenen Wassers ausgemischt. Die vorher zerstoßenen Hefe-nährsalztabletten dazugeben. Den Zucker im restlichen Wasser heiß auflösen und nach dem Abkühlen zumischen.

Die Reinzuchthefe am besten einige Tage vorher in etwa 0,25 l Apfelsaft (gekauft oder selbst hergestellt) in einer Flasche ansetzen, die mit einem Wattebausch verschlossen wird. Vor Aufsetzen des Hobby-Gärverschlusses wird der Gäransatz in den Ballon gegeben und bei 20-25°C vergoren.

Gegen Ende der Gärung häufiger umschütteln, damit die Gärung intensiviert wird. Man sollte den werdenden Wein – während der Gärung – häufiger probieren, was mit Hilfe des Kitzinger Weinhebers (siehe Seite 81) aus dem Ballon leicht möglich ist.

Soll der Zucker restlos vergären, erreicht der Wein einen Alkoholgehalt um 14% Vol.; er schmeckt sicher etwas herb und sollte mit etwas Zucker nachgesüßt werden. Je nach Geschmack genügen dafür 20-50 g pro Liter Wein. Kühle Lagerung und der Zusatz von 1 g Kaliumpyrosulfit auf 10 l fördern die Selbstklärung. Befriedigt diese nicht ganz, kann 0,5 g Agar-Agar auf diese Menge (nach Gebrauchsanweisung) die Klärung herbeiführen.

Heidelbeerwein

Heidelbeerweine sind wohlschmekkende, aromatische Getränke, doch in der Herstellung teuer. Man benötigt wegen des relativ niedrigen Säuregehaltes (um 12 g/l, siehe Tabelle Seite 34) viele Beeren und kann bei weitem nicht so stark mit Wasser verdünnen wie beispielsweise bei Johannisbeerweinen.

Heidelbeerweine neigen nach der Gärung, wenn sie nicht sofort kühl gelagert und geschwefelt werden, gerne zum Mäuselton, wobei die rote Farbe dann ins Bräunliche übergeht und das Aroma verschwindet.

Nimmt man weniger Beeren, um den Wein preiswerter zu machen, muß auf jeden Fall entsprechend der geringeren Saftmenge mehr Wasser und zusätzlich Milchsäure (bis 40 g auf 10 l) zugesetzt werden.

Rezeptur für 10 l Weinansatz

6 kg Heidelbeeren (= etwa 4,5-5 l Saft)

2,5 kg Zucker

4 l Wasser

5 Tabletten Kitzinger Hefenährsalz (= 4 g)

20 g Milchsäure 80%ig

10 ml Kitzinger Antigel

1 Kitzinger Reinzuchthefe, Rasse Burgund/Bordeaux

Die Beeren waschen, von den Blättern befreien und zerdrücken/maischen. Mit der erkalteten Zuckerwasserlösung mischen und das Hefenährsalz, das Antigel, die Milchsäure sowie die Reinzuchthefe zusetzen. Die Hefe sollte besser einige Tage vorher in etwas Apfelsaft vermehrt werden (siehe Seite 67 ff.).

Anschließend in den Gärbehälter einfüllen, mit Gäraufsatz Hobby I verschließen und bei 20-25°C 5-8 Tage als Maische angären. Dann abpressen und den Wein allein, ohne weitere Zusätze, weitervergären.

Nach der Gärung sofort kühl stellen, schwefeln (10 g Kaliumpyrosulfit) und einige Wochen später von der Hefe abziehen. Nachsüßen mit 20-50 g Zucker pro Liter, je nach Geschmack. Nach Selbstklärung kann der Wein auf Flaschen abgefüllt werden.

Himbeerwein

Diese Früchte sind für die Weinbereitung beinahe zu schade, weil sie sehr teuer sind und keine größeren Mengen zur Verfügung stehen. Das Himbeeraroma wird bei der Gärung zudem stark verändert. Himbeeren bilden eher die Grundlage für hervorragende Konfitüren und erstklassige Sirupe (siehe Seite 16).

Rezeptur für 10 l Weinansatz

4 kg Himbeeren (= etwa 3,5 l Saft)
2,5 kg Zucker
5 l Wasser
5 Tabletten Kitzinger Hefenährsalz
(= 4 g)
10-20 g Milchsäure 80%ig
10 ml Kitzinger Antigel
1 Kultur Kitzinger Reinzuchthefe, Rasse Portwein oder Burgund

Bei der Weinbereitung wird eine etwa einwöchige Maischegärung durchgeführt, um einerseits das Aroma und die Farbstoffe besser auszuziehen und andererseits eine höchstmögliche Saftausbeute bis zu 90% sowie eine bessere Preßbarkeit zu erreichen.

Ansonsten wird wie bei Erdbeerwein verfahren.

Zur Nachsüßung beim fertigen Wein kann anstelle von Zucker etwas Himbeersaft bzw. -sirup (10-50 ml auf 1 l Wein) je nach Geschmack zugesetzt werden. Dadurch wird das Fruchtaroma des Weines verbessert (siehe dazu Seite 164f.), das sich während der Gärung etwas nachteilig verändert.

Am besten bleibt das Aroma im Sirup erhalten. Deshalb sollten zur Zubereitung nur frische unangegorene Beeren verwendet werden.

Holunderbeerwein

Es ist wohl keine Frucht für die Weinbereitung so umstritten wie die Holunderbeere. Dies hängt damit zusammen, daß die rohe Frucht und der kalt gepreßte Saft, vor allem die grünen, roten, also auch noch nicht reifen Beeren und Stiele, das Glucosid »Sambunigrin« enthalten, das Übelkeit, Erbrechen und Durchfall verursachen kann.

Neueren Angaben zufolge soll es 2 Holunderarten geben, die sich durch folgende Merkmale voneinander unterscheiden:

● Der ungenießbare Zwergholunder ist eine Staude. Die Fruchtstände des Zwergholunders sollen aus 3 Hauptästen bestehen.

● Der schwarze, genießbare Holunder ist ein Holzgewächs.

Die Fruchtstände des schwarzen Holunders bestehen aus 5 Hauptästen.

Eine andere Art, der rote Traubenholunder, hat nur hellrote Früchte (auch im reifen Zustand), die für die Saft- und Weinbereitung gänzlich ungeeignet sind. Nach anderen Autoren sollen nur die Samen giftig sein (was auch wahrscheinlicher ist), nicht aber das Fruchtfleisch, das vor allem zu Gelee und Konfitüre verarbeitet wird.

Seit einigen Jahren wird der schwarze Holunder vor allem in Österreich kultiviert (Selektion »Naschberg«) und besonders wegen des hohen natürlichen Farbstoffgehaltes, der in der Lebensmittelindustrie gefragt ist, erwerbsmäßig angebaut.

Allgemein ist die schweißtreibende und fiebersenkende Wirkung des Holunders in Tee (aus Blüten) und Säften (aus Beeren) bekannt.

Als reiner Süßmost (mit Zuckerwasser auf Trinkstärke eingestellt; siehe Seite 82 f.) findet er in der Industrie wenig Anklang; am besten erweisen sich Mischungen von rotem Johannisbeersüßmost (75%) mit Holunderbeersüßmost (25%).

In der Weinbereitung dürfte ein ähnliches Mischungsverhältnis oder 1:1 zu besseren Getränken führen als reine Holunderbeerweine.

Etwas störend bei den Getränken aus diesen Beeren ist ein gewisser »Trubgehalt«, der sich auch durch Filtration und Schönung nicht ganz beseitigen läßt. Damit sind eigentlich Farbstoffe gemeint, die opaleszierend wirken – der Fachmann spricht von Flavour.

Rezeptur für 10 l Weinansatz

5 kg Dolden (= etwa 4,5 kg Beeren = etwa 3 l Saft)

2,5 kg Zucker

5,5 l Wasser

40-50 g Milchsäure 80%ig (oder 30-40 g Zitronensäure)

10 ml Kitzinger Antigel

5 Tabletten Kitzinger Hefenährsalz (= 4 g)

1 Kultur Kitzinger Reinzuchthefe, Rasse Burgund/Portwein

Da die Früchte sehr leicht verderben, sollten sie am Tag des Pflückens verarbeitet werden. Man kann die ganzen Dolden abschneiden. Zu Hause werden die Beeren abgestrupft oder abgekämmt, wobei Stiele, grüne oder rote Beeren entfernt werden; sie dürfen nicht mitverwendet werden.

In heißen, trockenen Jahren und bei überreifen Beeren ist die Saftausbeute geringer, die Säure fällt ebenfalls ab. Bei eigenen Vesuchen konnten wir nur rund 50% Ausbeute (1 kg reine Beeren = 0,5 l Saft) und 7,5 g/l Säure ermitteln. Von der Säure her dürfte keine Verdünnung mit Wasser erfolgen, jedoch ist der Eigengeschmack zu intensiv und sogar aufdringlich, so daß wir einen über 50%igen Zuckerwasserzusatz mit Ausgleich der Säure durch Milchsäurezugabe empfehlen.

Folgender Arbeitsgang erweist sich als sehr geeignet:

Die Beeren werden zerstampft, auf etwa 85°C erhitzt und anschließend auf 50°C abgekühlt; dann das Kitzinger Antigel zusetzen, gut einrühren und nach 4-6 Stunden abpressen.

Üblicherweise – besonders bei saftarmer Maische – kann man die 4,5 kg Beeren schon vor dem Erhitzen 2 l von der vorgeschriebenen Wassermenge zusetzen.

Eventuell vorhandene Spuren von Sambunigrin werden bei 85°C unwirksam, und bei 40-50°C hat Antigel seine größte Aktivität. Bei höherer Temperatur wird es zerstört.

Mit Gäraufsatz Hobby I wird bei

20-25°C vergoren. Nach Gärende kühl stellen, schwefeln, eventuell je nach Geschmack nachsüßen. Sonst wie üblich verfahren (siehe Seite 162 f.).

Holunderblütenwein

Dieses Getränk erfreut sich seit jeher großer Beliebtheit und wird mit unterschiedlichem Erfolg hergestellt. Die Problematik liegt darin, daß es sehr viele Rezepte gibt, nach denen dieses Getränk von Anfang an zum Verderb verurteilt ist (Essigstich): Es ist die Vergärung im offenen Behälter, die das große Risiko darstellt.

Dieser Wein ist im Aroma und Duft einzigartig; er kann sogar zur Aromatisierung anderer Weine herangezogen werden.

Rezeptur für 10 l Weinansatz

500 g Holunderblüten

2,5 kg Zucker

8,5 l Wasser

5 Tabletten Kitzinger Hefenährsalz (= 4 g)

50 g Zitronensäure oder wahlweise -saft bzw. die Scheiben von 5-10 Zitronen oder entsprechende Mengen von beiden

1 Kultur Kitzinger Reinzuchthefe, Rasse Haut Sauternes/Portwein

Die Holunderblüten von den Stielen abschneiden, mit kaltem Wasser abbrausen und in einem Sieb abtropfen lassen.

Den Zucker in warmem Wasser auflösen. Die Zuckerlösung in den Ballon füllen, ebenso die kalten Blüten (nicht überbrühen!). Die Zitronnsäure bzw. den -saft oder die -scheiben genau wie das Hefenährsalz der auf etwa 25°C abgekühlten »Maische« zusetzen.

Die Reinzuchthefe 3-5 Tage vorher in 0,25 l Apfelsaft vermehren (siehe Seite 67 ff.), da die reine Zuckerlösung des Ansatzes nur schwer angärt. Den Ballon mit Gäraufsatz Hobby I verschließen.

Zur Geschmacksverbesserung und zur Extrakterhöhung können außerdem noch 250 g Rosinen (vorher zur Entfernung der schwefligen Säure einige Male mit warmem Wasser abspülen) grob zerkleinert zugesetzt werden. Ebenso kann ein Teelöffel Tannin beigegeben werden.

Nach 2-4 Tagen setzt die Gärung ein. Nach eigenen Versuchen ist die Gärung in 3-4 Wochen beendet. Täglich einmal kurz umschütteln. Der Alkoholgehalt steigt auf etwa 14% Vol.

Der Wein wird abgeseiht und der Blütenrückstand ab- bzw. ausgedrückt (am besten im Leinentuch oder im Kitzinger Perlonbeutel mit der Hand). Anschließend wird der Wein in einen 10-l-Ballon gefüllt.

Nach vollendeter Gärung wird der Wein kühl gestellt und mit 1 g Kaliumpyrosulfit geschwefelt. Nach der Klärung eventuell mit einfachem Haushaltszucker (20-50 g/l) – je nach persönlichem Geschmack – nachsüßen. Der Zucker wird im Wein kalt aufgelöst.

Holunderblütensekt

Wird Holunderblütensekt hergestellt, dürfen für 10 l anstelle der 2,5 kg Zucker nur maximal 2 kg verwendet werden. Dieses Getränk kann als Ausgangsprodukt für die Schaumweinherstellung dienen (siehe Seite 196 ff.). Soll dagegen ein noch leichteres Getränk (ähnlich dem Apfel-Cidre) hergestellt werden, dürfen nur 1,5 kg Zucker auf 10 l zugesetzt werden. Das Wasser muß allerdings auf 9 l im Rezept erhöht werden; alle anderen Zutaten bleiben die gleichen (siehe Apfel-Cidre).

Rezeptur für 10 l

300-500 g Holunderblüten

1,5-2 kg Zucker

9 l Wasser

4 Tabletten Kitzinger Hefenährsalz

40-50 g Zitronensäure (oder entsprechend Zitronensaft, -scheiben)

1 Kitzinger Reinzuchthefe, Rasse Champagner (3-5 Tage vorher in 0,25 l Apfelsaft vermehren)

Die Holunderblüten von den Stielen abschneiden, mit kaltem Wasser abbrausen und in einem Sieb abtropfen lassen. Den Zucker in warmem Wasser auflösen. Die Zuckerlösung in den Ballon füllen, ebenso die kalten Blüten (nicht überbrühen!).
Die Zitronensäure bzw. den -saft oder die -scheiben genau wie das Hefenährsalz der auf etwa 25°C abgekühlten Maische zusetzen.
Die Reinzuchthefe 3-5 Tage vorher in 0,25 l Apfelsaft vermehren (siehe Seite 67 ff.), da die reine Zuckerlösung des Ansatzes nur schwer angärt.
Das Ganze wie einen Wein im Ballon mit Göraufsatz Hobby I gären lassen.
Nach etwa 2 Wochen abseihen und wieder in den Ballon zurückfüllen, kühl stellen und weiterhin mit Hobby I verschließen.
Entweder sofort oder nach Selbstklärung mit Zucker versetzen, und zwar pro Liter etwa 30 g. Hieraus entstehen bei vollkommener Vergärung etwa 6-6,5 bar Überdruck in der Sektflasche.
Dieser Ausgangswein wird dann mit

einer neuen Reinzuchthefe, die wiederum erst einige Tage vorher in etwa 0,25 l Apfelsaft vermehrt wurde, versetzt und in Sektflaschen eingefüllt (siehe dazu entsprechenden Abschnitt im Kapitel »Schaumweinbereitung im Haushalt«).
Die Flaschen werden bei einer Temperatur um 20°C gelagert und täglich einmal kurz umgeschüttelt. Nach 3-4 Wochen dürfte die Gärung beendet sein.
Die Flaschen werden mit dem Hals nach unten gestellt (am besten in eine Kiste oder einen Karton) und in den Keller gebracht. Von nun an wird durch tägliche ruckartige Bewegung versucht, die sich an der Flaschenwandung absetzende Hefe bis zum Korken zu bringen. Sobald der Schaumwein einigermaßen klar ist, kann er im Kühlschrank (wiederum mit dem Hals nach unten) heruntergekühlt und eventuell von der Hefe befreit werden (siehe Seite 202 f.).

Honigwein

Honig allein – auch wenn er flüssig ist – gärt nicht, weil die Zuckerkonzentration zu hoch ist. Sie liegt bei 78-80%. In 1 kg Honig befinden sich also 780-800 g Zucker. Die restlichen 20% sind überwiegend Wasser.
Nach Verdünnung mit Wasser auf etwa 30% Zuckergehalt kann eine Gärung optimal vorgenommen werden. Es können bis 17% Vol. Alkohol entstehen – praktisch gärt Honigwein langsamer als andere Fruchtweine, und der Endalkoholgehalt liegt beim Honigwein meist niedriger (etwa 12-14% Vol.).
Während für gewerbliche Honigweinbereiter ein vorgeschriebenes Ausmischungsverhältnis von 1 Teil Honig mit 2 Teilen Wasser eingehalten werden muß (auch das Rezept in den früheren Ausgaben des Kitzinger Weinbuches war danach ausgerichtet), ist für den Hausweinbereiter ein wesentlich erweitertes Ausmischungsverhältnis von 1 : 3

bis 1 : 3,5 möglich, wobei dann die Vergärung leichter ist. Solche Weine gären meist vollkommen durch, und man kann zur späteren Nachsüßung – je nach Geschmack – wieder Honig verwenden.

> **Beim Honigwein gilt:** Je besser das Ausgangsmaterial (milder Honig) und je weicher das Wasser, desto besser ist der spätere Wein (für den Hausweinbereiter kann ein Teil des Bienenhonigs auch durch Kunsthonig (Honella Invertzuckercreme) ersetzt werden).

Rezeptur für 10 l Weinansatz

3 kg Bienenhonig (oder 2 kg Bienenhonig und 1 kg Kunsthonig (Invertzuckercreme)

1 l Apfel- oder Traubensaft (gekauft oder selbst hergestellt)

7 l Wasser

5 Tabletten Kitzinger Hefenährsalz (= 4 g)

40 g Milchsäure 80%ig (bei Eigenverbrauch)

10 g Weizenmehl

1 Kultur Kitzinger Reinzuchthefe, Südweinrasse (Portwein, Samos, Malaga, Tokaj, Sherry)

Damit der Honig sich besser mit dem Wasser vermischt, soll sowohl der Honig (im Wasserbad) als auch das Wasser auf etwa 50°C erwärmt werden. Bei dieser Temperatur wird die Vermischung vorgenommen. Nach Abkühlung auf etwa 25-20°C gibt man die im Rezept angegebene Kitzinger Milchsäure, das Kitzinger Hefenährsalz, die Kitzinger Reinzuchthefe und das Weizenmehl dazu. Da Honig keine natürlichen Trubstoffe enthält, die gärfördernd wirken, muß ersatzweise ein feingeriebener Apfel oder etwas Weizenmehl (geschmacklos) hinzugefügt werden, das sich nach der Gärung zusammen mit den Hefezellen absetzt.

Ein Zusatz von 1 Liter frischem oder pasteurisiertem Apfel- oder Traubensaft fördert die Gärung, wie Versuche im Labor und in der Praxis ergeben haben. Es ist sinnvoll, wenn man in diesem Saft etwa 4-6 Tage vor dem Ansetzen des Weines eine Kultur Reinzuchthefe vermehrt, wobei diese Flasche mit einem Wattebausch verschlossen wird (siehe Seite 67 ff.).

Zur Geschmacksabrundung, -verfeinerung oder um einen neuen Typ zu schaffen, können entweder vor, besser aber nach der Gärung, Gewürze (Nelken, Ingwer, Muskatnuß, Kalmus, Zimt, Hopfen u. ä.) oder andere Kräuter und Kräuterauszüge zugesetzt werden. Hier kann man wirklich experimentieren, wobei es ratsam ist, dies erst mit 1 Liter Wein zu versuchen und nur kleine Mengen an würzenden Aromen zu verwenden.

Das Gärgefäß wird nur gärvoll (mindestens 10% Steigraum belassen) befüllt, mit Güraufsatz Hobby I verschlossen und bei gleichbleibender Zimmertemperatur vergoren. Gegen Ende der Gärung täglich einmal schütteln. Nach vollständigem Gärende kühl stellen, bald von der Hefe abziehen und mit 1 g Kaliumpyrosulfit auf 10 l schwefeln.

Sollte nach 2-4 Monaten keine Selbstklärung eintreten, kann mit dem Schönungsmittel Kieselsol – je nach Stärke der Trübung setzt man auf 10 l Wein 10-40 ml zu und rührt gleichmäßig ein – eine vollkommene Klärung erreicht werden.

Falls der Wein zu herb ist, kann mit Honig (20-50 g/l) nachgesüßt werden (Flaschenabfüllung siehe Seite 176 ff.).

Es gibt eine ganze Reihe von Hausweinbereitern, vor allem wissenschaftlich Interessierte, die sich mit der Rezeptur allein nicht zufrieden geben. Sie möchten nachvollziehen, wieviel Zucker und Öchslegrade im Ansatz vorhanden sind und wieviel Alkohol bei der Gärung daraus entsteht.

Hier die Berechnung:	
3 kg Honig (oder Invertzucker-creme) enthalten bei 80% Zuckergehalt	= 2 400 g Zucker
1 l Apfelsaft enthält bei 50°Oe (50° × 2,6 − 30)	= 100 g Zucker
7 l Wasser enthalten	= 0 g Zucker
10 l Ansatz	= 2 500 g Zucker

1 l Ansatz enthält
(2 500 : 10) = 250 g Zucker
250 : 2,6 = 96°Oe
250 g × 0,47 theoretisch (bei vollständiger Vergärung) = 117,5 g/l Alkohol
praktisch aber nur etwa = 109,0 g/l Alkohol
= 14,0% Vol.

Aus Geschmacksgründen wird man diesem Wein, falls der gesamte Zucker vergoren ist, nach der Gärung die oben angegebene Honigmenge als bleibende Restsüße zusetzen (nur leicht anwärmen, damit der Honig flüssig wird).

Ingwerwein

Dieser Wein fällt aus dem Rahmen und müßte unter den Gewürz- oder Kräuterweinen eingeordnet werden, da der namengebende Bestandteil Ingwer mengenmäßig von untergeordneter Bedeutung ist (es wird fast ausschließlich die Wurzel dafür verwendet).
Ingwer ist der geschmackgebende Stoff,

ähnlich wie bei den in den USA und in England hergestellten, sehr beliebten Ingwerbieren und -limonaden. Das Aroma in den Getränken ist so fein und edel, allerdings in der richtigen Dosierung, daß jeder Weintrinker davon begeistert ist.
Ingwer soll schweißhemmend (im Gegensatz zu Holunder) und wie alle Gewürze und Kräuter appetitanregend sowie verdauungsfördernd wirken.

Rezeptur für 10 l Dessertwein

7 l Wasser
1 l Apfelsaft oder Traubensaft
2,8 kg Zucker
je 4 Zitronen und Orangen
80 g Ingwer
5 Tabletten Hefenährsalz (= 4 g)
30 g Milchsäure 80%ig
1 Kultur Kitzinger Reinzuchthefe, Rasse Haut Sauternes/Portwein

Im Apfel- oder Traubensaft wird 2-4 Tage vor dem Ansetzen des Weines eine Kultur Reinzuchthefe vermehrt (siehe Seite 67 ff.).
Den Zucker in heißem Wasser auflösen und abkühlen lassen. Die geschälten Zitronen und Orangen zerdrücken und den zerkleinerten Ingwer hinzufügen. Anschließend die zerdrückten Hefenährsalztabletten, die Milchsäure und die inzwischen gestartete Reinzuchthefe dazugeben. Alles gut miteinander vermischen.
Die Mischung in den Gärbehälter füllen (gärvoll) und mit Hobby I verschließen. Bei möglichst gleichbleibender Zimmertemperatur vergären lassen.
Nach beendeter Gärung werden die Rückstände aus Orangen, Zitronen und Ingwer herausgenommen. Den Wein dazu abseihen. Den Wein nach allgemeiner Anleitung weiter ausbauen.

Johannisbeerwein

Es ist empfehlenswert, aus Johannisbeeren einen Dessertwein herzustellen, da diese Getränke geschmacklich besser zusagen. Es verbleibt oft ein kleiner Restzuckergehalt, oder man süßt solche Weine auch nach der Gärung etwas nach.

Roter Johannisbeerwein

Rezeptur für 10 l Dessertwein

4 kg rote Johannisbeeren (= 3 l Saft)
2,5 kg Zucker
5,5 l Wasser
5 Tabletten Hefenährsalz (= 4 g)
10 ml Kitzinger Antigel
1 Kultur Kitzinger Reinzuchthefe, Rasse Aßmannshausen/Portwein

Durch den hohen natürlichen Pektingehalt, der eine sofortige Pressung der Maische nicht zuläßt, müssen die gut reifen, mit den Rispen (Stielen) zerdrückten Beeren sofort mit Antigel versetzt und gründlich durchgemischt werden. Diese Maische muß 10–20 Stunden abgedeckt bei Zimmertemperatur stehenbleiben und wird dann abgepreßt.

Wird die Maische <u>vor</u> der Zugabe des Antigeliermittels mit 2 l Wasser versetzt (verdünnt) und auf etwa 50°C (nicht höher) erwärmt, kann nach kürzerer Zeit (5–8 Stunden) abgepreßt werden, wobei die Saft- und Farbausbeute wesentlich verbessert wird.

Auch den Preßrückstand (Trester) kann man nochmals mit dem restlichen Wasser (3 l) übergießen, einige Stunden stehenlassen und nochmals auspressen. In dieser Nachpresse löst man den Zucker heiß auf und gibt nach Abkühlung alle anderen angegebenen Zutaten hinzu.

Selbst mit im Haushalt üblichen Pressen und der vorgenannten Arbeitsweise ist mit 70–75% Saftausbeute zu rechnen, so daß 4 kg Beeren etwa 3 l Saft ergeben. Da die Säurewerte bei allen roten Johannisbeersorten sehr hoch liegen (siehe Tabelle Seite 34), muß stärker als bei anderen Beerenarten mit Zuckerwasser verdünnt werden. Eine Säurereduzierung auf anderem Wege (z. B. mit kohlensaurem Kalk) ist nicht möglich. Verdünnt man weniger stark, wird der Genußwert bzw. die Verträglichkeit nach dem Genuß herabgesetzt.

Die Vergärung in den Sommermonaten ist günstig und wirkt sich auf die Höhe des Alkoholgehaltes aus; der Wein kann wesentlich früher von der Hefe abgezogen werden. Aber auch hier ist zur höchstmöglichen Vergärung des Zuckers in der Endphase der Gärung der Wein häufiger umzuschütteln bzw. bei größeren Gebinden aufzurühren.

Eine kühle Lagerung <u>nach</u> der Gärung und Schwefelung mit 1 g Kaliumpyrosulfit auf 10 l ist wichtig, da solche Weine in den Sommermonaten leicht zum Mäuselton neigen. Noch stärker ist die Gefahr bei Stachelbeerwein!

Der Geschmack kann später vor der Flaschenfüllung durch Zugabe von Zucker oder reinem Saft (sofern vorhanden) harmonisiert werden. Je nach Geschmack reichen 20–60 g Zucker oder 100 ml Muttersaft je Liter Wein aus.

Durch Zusatz von Saft wird der Alkoholgehalt dann um 10% verringert, d. h., wenn er anfangs 16,0% Vol. aufweist, so liegt er nun bei 14,5% Vol.

Leichtes Sommergetränk/ Tischwein

Will man ein leichtes Sommergetränk (Tischwein) als Durststiller herstellen, kann man stärker verdünnen. Der Wein ist aber nicht so gut haltbar und muß dann im Laufe des Sommers aufgebraucht werden.

Rezeptur für 10 l Weinansatz

2-2,5 l Saft (aus etwa 3 kg Beeren – rot, weiß oder schwarz)

1,5 kg Zucker

6,5 l Wasser

3 Tabletten Kitzinger Hefenährsalz

10 ml Kitzinger Antigel

1 Kultur Kitzinger Reinzuchthefe, Rasse Steinberg/Aßmannshausen

Ansatz und Zubereitung wie beim roten Johannisbeerwein; die Gärtemperatur kann etwas niedriger liegen; Gärzeit ist nur kurz.

Der Alkoholgehalt dieses Getränkes erreicht etwa 8% Vol., etwas stärker als ein guter Apfelwein.

Weißer Johannisbeerwein

Da sich diese Beeren in ihrer Zusammensetzung von den roten kaum unterscheiden, kann nach dem Rezept für roten Johannisbeerwein sowohl Tisch- als auch Dessertwein hergestellt werden.

Im Geschmack sind weiße Beeren etwas minderwertiger als rote; die Extraktstoffe erreichen nicht ganz deren Werte. Am besten ist es, weiße Beeren zusammen mit roten zu verarbeiten.

Schwarzer Johannisbeerwein

Die schwarzen Johannisbeeren unterscheiden sich in vielerlei Hinsicht von den roten: Sie haben einen höheren Säuregehalt (siehe Seite 34), und deshalb kann der Saft stärker mit Zuckerwasser verdünnt werden als beim roten Johannisbeerwein (oder der Säuregehalt bleibt bei gleichem Rezept etwas höher).

Der Pektingehalt der schwarzen Johannisbeeren ist höher, und demzufolge ist eine direkte Abpressung überhaupt nicht möglich. Nach dem Quetschen der Früchte geliert die Maische sofort, und es muß eine andere Vorbereitung für die Entsaftung getroffen werden. Dies gilt auch für die Saftbereitung. Als alkoholfreies Getränk ist der Saft, besonders wegen seines außerordentlich hohen Vitamin-C-Gehaltes, noch wertvoller.

Auch der fertige Wein enthält das natürliche Vitamin C, wenn auch weniger als der Süßmost (Nektar).

Die Farbstoffe befinden sich überwiegend in den Schalen und im Fruchtfleisch, nicht aber im Saft; deshalb muß eine Erwärmung vorgenommen werden. Bei Temperaturen um 50°C und Zugabe von erhöhten Mengen Antigel wird das Pektin rasch abgebaut und die Farbstoffe herausgelöst. Das Aroma ist intensiver.

Rezeptur für 10 l Dessertweinansatz

4 kg schwarze Johannisbeeren (= etwa 3 l Saft)

2,5 kg Zucker

5,5 l Wasser

5 Tabletten Hefenährsalz (= 4 g)

15 ml Kitzinger Antigel

1 Kultur Kitzinger Reinzuchthefe, Rasse Portwein/Burgund

Die Beeren werden gewaschen und zerdrückt/gemaischt, wobei die Stiele nicht entfernt werden müssen. Man setzt 2 l Wasser zu, mischt gut durch und erwärmt gleichmäßig auf 50°C, nicht höher!

Das Antigel wird gleichmäßig eingerührt, die Maische abgedeckt und nach etwa 5-8 Stunden abgepreßt.

Hier muß der Rückstand nochmals, und zwar mit der restlichen Wassermenge (3,5 l) eingeweicht und nach weiteren 10 Stunden erneut abgepreßt werden. In dieser Nachpresse können der Zucker und das Hefenährsalz aufgelöst werden. Die Vergärung wird dann wie bei rotem Johannisbeerwein durchgeführt, ebenso der rechtzeitige Abstich nach beendeter Gärung und die eventuell erforderliche Nachsüßung mit etwa 20-50 g Zucker pro Liter, wenn der Wein im ausgebauten Zustand zu herb schmecken sollte. Johannisbeerweine klären sich selbst, Schönungen sind nicht notwendig.

Noch eine Bemerkung zur Säure:
Wie aus der Tabelle Seite 34 ersichtlich ist, liegen die Säuregehalte bei allen 3 Johannisbeerarten (weiß, rot, schwarz) sehr hoch; aus diesem Grund muß mit (Zucker-)Wasser stark verdünnt werden. Ein hoher Säuregehalt im Saft oder Wein macht das Getränk unbekömmlich.
Eine Reduzierung der Säure mit kohlensaurem Kalk wie bei Rhabarber- oder Traubenwein ist nicht möglich, weil hier eine andere Säureart (Zitronensäure) vorliegt; diese wird zwar mit $CaCO_3$ neutralisiert (siehe Tabelle Seite 59), jedoch kommt es nicht zur Ausfällung dieses Salzes wie beim Traubenwein, sondern es bleibt als Salz gelöst – der Wein würde stark salzig schmecken.

Kiwiwein

Die Kiwifrüchte sind als Ausgangsprodukt für die Weinbereitung bei uns zu teuer. Für denjenigen, der billig an diese Früchte kommt, hier ein Rezept.
Wie aus der Tabelle Seite 34 hervorgeht, liegt die Säure der Kiwis im Bereich von 16 g/l. Dies bedeutet, daß man den Fruchtsaft im Verhältnis 1 : 1 mit Zuckerwasser verdünnen kann, so daß man aus 1 l Fruchtsaft 2 l Wein bekommt. Bei stärkerer Verdünnung (wie das Rezept unten angibt) müßte man den Weinansatz mit Säure versetzen.

Rezeptur für 10 l Weinansatz

4,5-5 kg Kiwis (= etwa 3 l Saft)

2,5 kg Zucker

5,5 l Wasser

10 ml Kitzinger Antigel

40 g Kitzinger Milchsäure 80%ig (oder 30 g Zitronensäure)

5 Tabletten Kitzinger Hefenährsalz (= 4 g)

1 Kultur Kitzinger Reinzuchthefe, Rasse Sherry/Portwein/Samos

---

Die geschälten Früchte werden zerdrückt oder sonstwie gequetscht und mit Antigel versetzt.
Man läßt diesen Fruchtbrei dann abgedeckt 10-15 Stunden bei Zimmertemperatur stehen. Dann wird abgepreßt und der Saft mit den anderen Anteilen (Zucker, Wasser, Nährsalz und Hefe – vorher vermehren, siehe Seite 67) versetzt.
Der Fruchtrückstand kann dann nochmals mit etwas kaltem Wasser übergossen, ausgelaugt und erneut ausgepreßt werden. Diese Zweitpresse wird dann als einfaches Wasser angerechnet.
(Vergärung, Abziehen von der Hefe, Nachsüßen usw., siehe bei den entsprechenden Kapiteln.)

Kürbiswein
– siehe Melonenwein

Die Kürbisse unterscheiden sich von Melonen nur in der Größe der Frucht und im Geschmack, so daß bei der Rezeptur die Melonenrezepte herangezogen werden können (siehe Seite 127 f.).

Kornelkirschenwein

Diese Frucht ist wenig bekannt, der Strauch wächst teilweise wild, aber auch als Einzelstrauch in Gärten und Parkanlagen.

Die Früchte sind glänzend scharlachrot, länglich ellyptisch, 12-15 mm lang und 5-6 mm breit. Sie besitzen einen länglich-schmalen Steinkern, und die Frucht schmeckt im vollreifen Zustand (Ende September – Anfang Oktober) süßsäuerlich mit feinem Aroma.

Kornelkirschen müssen zur Weinbereitung voll ausgereift sein. Sie fallen in diesem Zustand leicht und schnell vom Strauch. Sie enthalten viel Pektin, deswegen geliert der Saft sehr stark, und die Maische muß unbedingt mit Antigel behandelt werden. Der hohe Pektingehalt macht Kornelkirschen besonders wertvoll für die Gelee- und Konfitürenherstellung.

Die Säure liegt sehr hoch, etwa um 30 g/l, und aus diesem Grunde können aus relativ geringen Mengen Kornelkirschen größere Weinmengen hergestellt werden. Der Steinanteil beträgt etwa 15%, der Fruchtfleischanteil somit 85%. Aus der Gesamtfrucht lassen sich etwa 50% Saft gewinnen.

Rezeptur für 10 l Weinansatz

5 kg Kornelkirschen (= etwa 2,5 l Saft)
2,5 kg Zucker
6 l Wasser
5 Tabletten Kitzinger Hefenährsalz
(= 4 g)
15 ml Kitzinger Antigel
1 Kultur Kitzinger Reinzuchthefe, Rasse Burgund/Portwein

Stehen weniger Früchte zur Verfügung, muß die Säure durch Zugabe von etwa 20-30 g Milchsäure 80%ig erhöht werden; 3 kg Früchte sollte man für 10 l Weinansatz nicht unterschreiten, muß aber etwa 1 l Wasser mehr zugeben.

Die Früchte waschen, abtropfen lassen und mit der Hand oder mit einem Stampfer zerdrücken (Steine müssen ganz bleiben). Die Zuckerwasserlösung, die Hefenährsalztabletten, das Antigel sowie die Reinzuchthefe zusetzen und in einen Ballon (etwa 20 l) füllen.

Ab Gärbeginn wird eine etwa 8tägige Maischegärung durchgeführt, die Maische anschließend abgepreßt und der Wein allein weitervergoren.

(Abstich, Klärung und Flaschenfüllung, siehe entsprechende Kapitel.)

Löwenzahn-blütenwein

Auch wenn die Qualität (Aroma und Geschmack) dieses Weines nicht an den Holunderblütenwein heranreicht, der beinahe dieselbe Zusammensetzung hat und nach dem gleichen Schema hergestellt wird, findet der Löwenzahnblütenwein doch Eingang in die häusliche Weinbereitung.

Den »Rohstoff« liefert die Natur kostenlos und zu einer Zeit, in der es noch keine anderen frischen Früchte gibt.

Zugesandte Weinproben von Hausweinbereitern, die sich erfolgreich in der Herstellung von Löwenzahnblütenwein versucht haben, veranlassen uns, hier ein Rezept aufzunehmen. Es ist das gleiche wie das auf Seite 116 f. aufgeführte Rezept für Holunderblütenwein.

Zur Intensivierung des Geschmacks schlagen wir vor, 0,6-1 kg Löwenzahnblüten und auf jeden Fall Zitronen anstelle der Zitronensäure zu verwenden, ebenso einige Orangen (wie im Rezept für Ingwerwein).

Beim Verzicht auf die Zutaten Zitronen und Orangen oder bei einer zusätzlichen Verfeinerung, kann nach der Vergärung auch Wermut-Kräuter-Essenz zugesetzt werden, da sich diese besonders gut dafür eignet. Für 10 l Wein reichen 20 ml Wermutessenz (Wermutaroma) aus.

Rezeptur für 10 l Löwenzahnblütenwein

500-700 g Löwenzahnblüten (fein abgezupft)

2,5 kg Zucker

8,5 l Wasser

5 Tabletten Kitzinger Hefenährsalz (= 4 g)

wahlweise den Saft bzw. die Scheiben von 5-10 Zitronen – eventuell noch einige Orangen

1 Kultur Kitzinger Reinzuchthefe, Rasse Samos/Portwein

Die Blütenblätter abzupfen, mit kaltem Wasser abbrausen und in einem Sieb ablaufen lassen.

Den Zucker in warmem Wasser auflösen. Die Zuckerlösung in den Ballon füllen, ebenso die kalten Blütenblätter (nicht überbrühen!). Den Zitronensaft oder die -scheiben genau wie das Hefenährsalz der auf etwa 25°C abgekühlten »Maische« zusetzen.

Die Reinzuchthefe 3-5 Tage vorher in 0,25 l Apfelsaft vermehren (siehe Seite 67 ff.), da die reine Zuckerlösung des Ansatzes nur schwach angärt. Den Ballon mit Gäraufsatz Hobby I verschließen.

Zur Geschmacksverbesserung und zur Extrakterhöhung können außerdem noch 250 g Rosinen (vorher zur Entfernung der schwefeligen Säure einige Male mit warmem Wasser abspülen) grob zerkleinert beigegeben werden.

Nach 2-4 Tagen setzt die Gärung ein. Nach eigenen Versuchen ist die Gärung in 3-4 Wochen beendet. Täglich einmal kurz umschütteln. Der Alkoholgehalt steigt auf etwa 14% Vol.

Der Wein wird abgeseiht und der Blütenrückstand ab- bzw. ausgedrückt (am besten im Leinentuch oder im Kitzinger Perlonbeutel mit der Hand). Anschließend wird der Wein in einen 10-l-Ballon gefüllt.

Nach vollendeter Gärung wird der Wein kühl gestellt und mit 1 g Kaliumpyrosulfit geschwefelt. Nach der Klärung eventuell mit einfachem Haushaltszucker (20-50 g/l) – je nach persönlichem Geschmack – nachsüßen. Der Zucker wird im Wein kalt aufgelöst.

Mahonienwein

Die Früchte dieses Zierstrauches lassen sich wegen ihres außerordentlich hohen Säuregehaltes von 40-52 g/l gut zu Wein verarbeiten.

Die an Rispen (ähnlich den Trauben) wachsenden Beeren müssen vollreif sein. In diesem Zustand sind sie sehr farbintensiv: Die Beeren sind dunkelblau, der daraus hergestellte Wein ist rubinrot (selbst bei starker Verdünnung mit Zuckerwasser).

Rezeptur für 10 l Weinansatz

etwa 3 kg Mahonienbeeren (= etwa 1,5 l Saft)

2,5 kg Zucker

7 l Wasser

10 ml Kitzinger Antigel

5 Tabletten Kitzinger Hefenährsalz (= 4 g)

1 Kultur Kitzinger Reinzuchthefe, Rasse Burgund/Portwein

Der Saftanteil der gesamten Frucht beträgt etwa 50%. Da sich die Mahonienbeeren nicht einfach auspressen lassen, muß eine Maischegärung durchgeführt werden.

Die Beeren waschen, abtropfen lassen, von den Rispen streifen und zerdrücken (mit Holzstampfer o. ä.). Zu diesem Fruchtbrei das Zuckerwasser, das Antigel, das Hefenährsalz und die Reinzuchthefe geben.

Die gärfertige Maische in einen Gärbehälter füllen (halbvoll), mit Gäraufsatz Hobby I versehen und bei etwa 20°C zur Gärung aufstellen. Wichtig ist, daß die Maische täglich 2mal durchgestoßen oder umgewirbelt wird, um Farb- und Extraktstoffe besser herauszulösen.

Nach 8 Tagen Gärzeit zerfällt das Fruchtfleisch, die Samen lösen sich heraus, und die Maische kann abgepreßt werden. Zur Weitergärung, die langsamer verläuft, wird der Jungwein wieder in das Gärgefäß zurückgefüllt.

Hat man weniger Beeren (z. B. nur 2 kg) und möchte trotzdem 10 l Wein herstellen, ist dies durchaus möglich. Aus Gründen der Haltbarkeit und der Geschmacksharmonie muß jedoch am besten 20-30 g Milchsäure 80%ig zugesetzt werden. Auch bei dieser Verdünnung ist der Wein schön rubinrot.

(Klärung, Nachsüßung, Flaschenfüllung usw.: siehe jeweilige Kapitel.)

Malzwein

Früher gab es nicht diese Fülle von Rohstoffen (z.B. keine Südfrüchte) für die Weinbereitung im häuslichen Bereich. Aus diesem Grunde wurde oft aus Bierwürze ein Wein hergestellt, der dann einen bierähnlichen Charakter hatte.

Neuerdings gibt es Malzkonzentrate bzw. -extrakte auf dem Markt; diese werden – ähnlich wie die Apfelsaftkonzentrate – mit Wasser im Verhältnis 1 : 4 (1 l Konzentrat + 4 l Wasser = für 10 l Ansatz 2 l Konzentrat auf 8 l Wasser) gemischt und nach Zusatz der anderen notwendigen Stoffe vergoren.

Man kann im Mischungsverhältnis auch enger bleiben (1 : 3 = 1 l Konzentrat zu 3 l Wasser oder für 10 l Ansatz 2,5 l Konzentrat und 7,5 l Wasser). Dies hat zur Folge, daß solche Getränke gehaltvoller und aromatischer werden.

In allen Fällen muß, um einen ausreichenden Alkoholgehalt für Dessertwein zu bekommen, das Mostgewicht mit Zucker auf etwa 110-120° Oe aufgebessert werden (siehe Gesamtübersicht Seite 96 und Verbesserungsberechnung in °Oe Seite 100 f.).

Malzweine schmecken als Dessertweine besser als leichtere Tischweine.

Das Wasser und der Malzextrakt werden warm bei etwa 50°C miteinander gemischt. Nach Abkühlung die anderen Zutaten beigeben und bei Zimmertemperatur vergären.

(Weitere Hinweise über Gärdauer, Abstich, Klärung und Flaschenfüllung siehe in den entsprechenden Kapiteln.)

Rezeptur für 10 l Weinansatz

	Dessert-wein	Tisch-wein
Malzkonzentrat bzw.		
-extrakt	2,5 l	2 l
Wasser	7,5 l	8 l
Zucker	0,75 kg	
Kitzinger		
Hefenährsalz	5 Tabl.	5 Tabl.
	(= 4 g)	(= 4 g)
Milchsäure 80%ig	50 g	50 g

1 Kultur Kitzinger Reinzuchthefe, Rasse Portwein/Sherry

Maracujawein

Aus diesen relativ teuren Früchten wird bei uns wahrscheinlich kaum Wein gemacht werden, eher in den Erzeugerländern (tropische und subtropische Länder). Wir haben diese Früchte aus dem Handel besorgt und festgestellt, daß der Saftanteil vermutlich durch den längeren Transport und das Lagern sehr gering war.

Bei Maracujas handelt es sich um ovale, etwa 7 cm lange und 4-5 cm breite, im frischen Zustand gelbe Früchte, deren Farbe bei längerer Lagerung stark ins Bräunliche übergeht. Die Außenhaut ist lederartig und das Fruchtfleisch schrumpft bei längerer Lagerung durch Verdunstung des Wassers zu einer schleimigen, samenreichen Masse zusammen, die sich inwandig von der Außenhaut löst.

Die Lagerdauer scheint begrenzt. Wie die Tabelle auf Seite 34 zeigt, liegt selbst bei diesem konzentrierten Fruchtfleischanteil das Mostgewicht relativ niedrig: Die Säure ist nicht besonders hoch, und besonders auffällig ist der beinahe neutrale Geschmack (frische Früchte sind geschmacksintensiver).

Auf jeden Fall kann man aus länger gelagerten Früchten nur bedingt Saft oder Wein zubereiten, da keine Ausgiebigkeit vorhanden ist. Der Einkaufspreis lag immerhin im Frühjahr 1983 bei DM 20,– für 10 Früchte, wobei etwa 442 g gesamtes Fruchtfleisch mit Saft gewonnen wurden und daraus nach Behandlung 230 ml Saft.

Der Wein, der daraus hergestellt wurde, zeichnete sich durch keine Besonderheit aus: Er war zu vergleichen mit einem Honigmelonen- bzw. Netzmelonenwein (siehe dort); möglicherweise sind die Ergebnisse bei Wein aus frischen Früchten jedoch anders.

Maulbeerwein
– siehe Brombeerwein

Da Maulbeeren eine ähnliche Zusammensetzung haben wie Brombeeren, kann man nach dem Rezept für Brombeerwein vorgehen.

Melonenwein

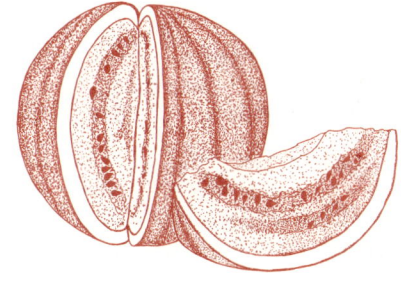

Die auf dem Frischmarkt erhältlichen Melonenarten eignen sich alle für die Weinbereitung, wenn es auch hinsichtlich Geschmack, Zusammensetzung des Saftes und Ergiebigkeit Unterschiede gibt.

Wir haben die drei gängigsten Arten, (Honigmelonen, Netzmelonen und Wassermelonen) näher untersucht (Analysezahlen siehe Tabelle Seite 34) und entsprechende Weinansätze bereitet. Die Ergebnisse waren sehr zufriedenstellend. Die Honigmelonen waren erwartungsgemäß sowohl vom Geschmack her als auch in der Zusammensetzung am besten.

Die Melonen eignen sich hervorragend für eine Maischegärung, da keine Blätter, Stiele, Kerne usw. vorhanden sind.

Nach 2wöchiger Gärzeit wird abgeseiht und der Rückstand (Fruchtfleisch) entweder ausgedrückt oder abgepreßt. Bei dieser Art der Weinherstellung läßt sich ein größerer Saftanteil gewinnen, nämlich 75-80% vom Fruchtanteil.

Die Tabelle (siehe Seite 34) zeigt, daß der Säuregehalt – ein Hauptfaktor bei der Saft- und Weinbereitung – sehr niedrig ist. Daraus folgt eine größere Anfälligkeit gegenüber Weinkrankheiten als bei säurereichen Fruchtweinen. Es muß deshalb sofort nach dem Zerkleinern der Früchte, sobald das Gewicht feststeht, die notwendige Säure zugesetzt werden. Eine Verdünnung mit Wasser sollte streng genommen nicht erfolgen. Nur wenn man sich weniger Arbeit machen (schälen und zerkleinern) und Kosten sparen will, kann man die Früchte »strecken«, d. h. Wasser und demzufolge auch mehr Zucker zusetzen. Diese Zahlen sind alternativ im Rezept aufgeführt.

Rezeptur für 10 l Weinansatz

etwa 15 kg ungeschälte Melonen
(= 10 kg Fruchtfleisch = 7,5 l Saft)
2,5 kg Zucker
1 l Wasser
70 g Milchsäure 80%ig
20 ml Kitzinger Antigel
5 Tabletten Kitzinger Hefenährsalz
(= 4 g)
1 Kultur Kitzinger Reinzuchthefe, Rasse Haut Sauternes/Portwein
oder:
7,5 kg Melonen
2,8-3 kg Zucker
4 l Wasser
85 g Milchsäure 80%
20 ml Kitzinger Antigel
5 Tabletten Kitzinger Hefenährsalz
(= 4 g)
1 Kultur Reinzuchthefe, Rasse Haut Sauternes/Portwein

Die Melonen schälen und dabei auch den harten, inneren Schalenanteil (mit nur wenig Flüssigkeit) entfernen. Je nach Melonenart beträgt der geschälte Abfall 30-38%, d. h., es bleibt ein verwertbarer Fruchtanteil von 62-70% übrig, der in kleine Würfel geschnitten wird.

Zu der mit Hand zerdrückten Masse (mit Mühle natürlich besser) pro kg 2 ml Antigel zusetzen. Alles gut miteinander vermischen und nach einer Einwirkzeit von 5 Stunden bei 20°C abpressen. (Für unsere Versuche verwendeten wir die Para-Press, weil es sich um eine kleinere Menge handelte, die sich sehr gut dafür eignete.) Bei Nichtabpressen die Zusätze beimischen und als Maische vergären.

Vergoren wird unter Gäraufsatz Hobby I (bei Ballons) bzw. Hobby II (bei größeren Behältern).

(Zu Gärung, Schwefelung, Abstich von der Hefe, Klärung und Flaschenfüllung siehe jeweilige Kapitel.)

Mirabellenwein

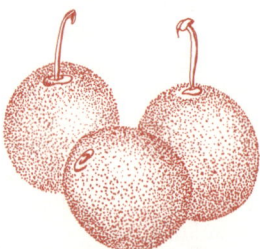

Aus diesen Früchten wird gewöhnlich nur Wein bereitet, wenn keine anderen Verwertungsmöglichkeiten, wie z. B.

Branntweingewinnung, Konfitürenherstellung usw., mehr gegeben sind. Im Zustand der größten Reife ist das Aroma der Früchte am ausgeprägtesten.
Mirabellen sind pektinreich und daher für die Konservenherstellung sehr geeignet. Der Saft läßt sich hingegen nur sehr schwer abpressen. Hier ist eine Maischegärung durchzuführen, wobei zuvor die Steine entfernt werden müssen.
Durch die Maischegärung zerfallen die Früchte besser. Das schon in den Früchten enthaltene Enzym (Pektinase) und das gleich wirksame Antigel bauen die Pektinstoffe so weit ab, daß nach einer 1- bis 2wöchigen Gärzeit relativ gut abgepreßt und mit einer maximalen Saftausbeute um 70% gerechnet werden kann. Die Früchte sollen gut reif, aber fest – nicht runzelig oder matschig – sein. Meist liegt die Säure in den reifen Früchten sehr niedrig, das Mostgewicht jedoch sehr hoch (siehe Seite 34), nämlich über 80° Oe (in besonders guten Jahren sogar bei über 100° Oe).
Mirabellen gehören im mitteleuropäischen Raum zu den zuckerreichsten Früchten überhaupt. Bei der Branntweinherstellung mit hoher Alkoholausbeute ist dies besonders erwünscht.
Die Höhe der Säure bestimmt bei der Weinbereitung den Verdünnungsgrad mit Wasser. In diesem Falle sollte kein Wasser zugesetzt werden, doch erfordert die bessere Auslaugung bzw. Extraktion des Fruchtsaftes einen Wasserzusatz, wobei in einer »dünneren« Maische die Wirksamkeit oder Aktivität der safteigenen Enzyme und des zugesetzten Enzyms Antigel erhöht wird.
Dieser Pektinabbau ist nicht nur wegen der besseren Preßbarkeit von Vorteil, sondern auch wichtig für die spätere Klärung des Weines. Oft bleibende Trübungen sind auf unvollständigen Abbau der Pektinstoffe und stärkeres Wachstum von unerwünschten Mikroorganismen, wie Schleimhefen und Bakterien, in

einem säurearmen Wein zurückzuführen – deshalb die erhöhte Säurezugabe.
Mirabellen enthalten von Natur aus kein Vitamin C; deswegen werden die gemaischten (zerkleinerten) Früchte leicht braun, und diese braune Farbe macht das Getränk unansehnlich.
Dem kann man begegnen, wenn bei der Zerkleinerung der Früchte sofort Vitamin C aus dem 10 g-Tütchen zugesetzt und gut eingerührt wird (10 g auf 10 kg Mirabellen).

Rezeptur für 10 l Weinansatz

etwa 6 kg Mirabellen (= etwa 4,5 l Saft)
2 kg Zucker
4,5 l Wasser
15 ml Kitzinger Antigel
5 Tabletten Kitzinger Hefenährsalz
(= 4 g)
50 g Milchsäure 80%ig
1 Kultur Kitzinger Reinzuchthefe, Rasse Portwein/Malaga

Die Früchte werden gewaschen, entsteint, gemaischt/zerdrückt oder gemahlen, mit Antigel versetzt, gut durchgemischt und in das Gärgefäß gefüllt (20-l-Behälter).
Dann wird Zucker in Wasser gelöst und nach der Abkühlung die Milchsäure, das Hefenährsalz und die Reinzuchthefe dazugegeben. Alles gleichfalls in das Gärgefäß füllen und durchmischen bzw. umschütteln.
Unter Gäraufsatz Hobby I bei Zimmertemperatur vergären.
(Klärung, Nachsüßung, Flaschenfüllung siehe jeweilige Kapitel.)

Möhrenwein
– siehe Rote-Bete-Wein

Orangenwein

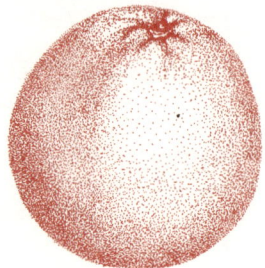

So aromatisch der frische Saft aus diesen Früchten ist – im fertigen Wein bleibt davon oft nur wenig übrig. Die Aromastoffe der Orangen sind nicht so stabil wie in anderen Früchten und werden bei der Gärung umgesetzt.

Es empfiehlt sich, die Weine nach der Gärung mit etwa 5-10% frisch gepreßtem Saft (50-100 ml) oder 2-4% Orangenkonzentrat (20-40 ml) je Liter zu versetzen. Ist genügend Alkohol (über 15% Vol.) vorhanden, kann keine Nachgärung ausgelöst werden. 10% Saftzusatz bedeutet bei 15% Vol. Alkohol eine Reduzierung auf etwa 13,5% Vol.

Diese nicht zu vermeidenden Aromaverluste sind zweifellos ein großer Nachteil; ein weiterer ist, daß bei zu warmer, stürmischer Gärung über 25°C die Säure, die fast ausschließlich aus Zitronensäure besteht, durch Bakterien stark abgebaut werden kann. Der Wein schmeckt dann fade und bekommt eventuell einen Mäuselton. Diese Nachteile muß man berücksichtigen.

Manche Praktiker empfehlen, das Aroma durch Einhängen einer Orangenschale (zerkleinert in einem Leinentuch) wieder aufzufrischen.

Bei der Verarbeitung zu Wein müssen Orangen geschält oder, ähnlich wie bei Zitronen, ausgedrückt werden. Die gelbe Haut unter der Schale sollte man wegen ihres Bitterstoffes nicht verwenden.

Je nach Fruchttyp und -herkunft schwankt der Säuregehalt stark. Deshalb darf bei milden, säurearmen Säften kein Wasser zugesetzt werden (oder man muß Säure zusetzen). Bei höherem Säuregehalt kann eine Verdünnung im Verhältnis 1 : 1 mit Zuckerwasser erfolgen. Orangen sind säurereicher, Mandarinen und Satsumas säureärmer (siehe Tabelle Seite 34). Neben diesen frischen Säften kann aus Orangenkonzentrat, das etwa 4 : 1 eingedickt wurde (aus 4 l frischem Saft erhält man 1 l Konzentrat durch Abdampfen von 3 l Wasser) Wein hergestellt werden, da diese Handelsware nicht konserviert sein darf. Nach der Rückverdünnung im umgekehrten Verhältnis von 1 : 3 (= 1 l Konzentrat + 3 l Wasser, entsprechend für 10 l Weinansatz = 2,5 l Konzentrat + 7,5 l Wasser) kann man einen Tischwein herstellen. Für einen Dessertwein muß Zucker dazugegeben werden.

Ein Tischwein hat eine Gärzeit von ungefähr 5-8 Tagen und enthält etwa 8-10% Vol. Alkohol. Er kann nur kurzfristig gelagert werden.

Gibt man zu einem 10 l Ansatz noch 1 kg Zucker, ist mit einem Alkoholgehalt von über 13% Vol. zu rechnen. Dieser Dessertwein ist haltbarer und wegen der verbleibenden oder später zugesetzten Restsüße harmonischer im Geschmack.

Rezeptur für 10 l Weinansatz

1. säurereiche Früchte (Orangen = über 12 g/l Säure)

6 kg Früchte (= etwa 4,5 l Saft)

2,5 kg Zucker

4 l Wasser

evtl. 10-20 g Milchsäure

10 ml Kitzinger Antigel

5 Tabl. Kitzinger Hefenährsalz (= 4 g)

1 Kultur Kitzinger Reinzuchthefe, Rasse Portwein/Malaga/Samos

2. säurearme Früchte (Mandarinen = unter 10 g/l Säure)

6 kg Früchte (= etwa 4,5 l Saft)

2,5 kg Zucker

4 l Wasser

30-40 g Kitzinger Milchsäure 80%ig

10 ml Kitzinger Antigel

5 Tabletten Kitzinger Hefenährsalz (= 4 g)

1 Kultur Kitzinger Reinzuchthefe, Rasse Portwein/Malaga/Samos

3. Konzentrat

2,5 l Konzentrat

7,5 l Wasser

0-1 kg Zucker (je nach gewünschtem Alkoholgehalt)

30-40 g Kitzinger Milchsäure 80%ig

5 Tabletten Kitzinger Hefenährsalz (= 4 g)

1 Kultur Kitzinger Reinzuchthefe, Rasse Portwein/Malaga/Samos

Pfirsichwein

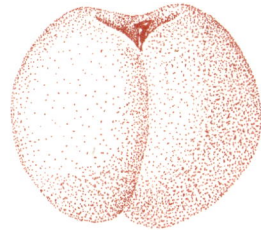

Obwohl die Pfirsiche keine optimalen Früchte für die Weinbereitung sind, da sie wenig Zucker enthalten und der Wein nur ein schwaches, beinahe neutrales Aroma besitzt, soll dennoch ein Rezept angegeben werden.

Ein großer Obstüberschuß ist oft der Anlaß, Pfirsichwein herzustellen, denn für Branntwein sind diese Früchte wegen des niedrigen Zucker- und damit niedrigen Alkoholgehaltes nicht geeignet.

Es gibt eine Reihe von Pfirsichsorten, und entsprechend unterschiedlich ist die Zusammensetzung hinsichtlich der Saftinhaltsstoffe und dem Verhältnis Fruchtfleisch zu Stein. Bei großfrüchtigen Sorten (Importsorten) lag der Steinanteil nach eigenen Untersuchungen bei 8-9%, bei kleinfrüchtigen Sorten (teilweise inländisch) betrug er bis zu 20%. Schon vom Geschmack her läßt sich sagen, daß auch der Säuregehalt gering ist. Demzufolge ist eine Verdünnung mit Wasser kaum möglich, es sei denn, man erhöht die Säure zusätzlich durch Milchsäure (Zusammensetzung siehe Tabelle Seite 34).

Die Pfirsiche sollen gut reif sein, da das Pektin in den Früchten während des Reifens stark abgebaut wird und sie in diesem Zustand wässrig, also saftig werden. Sie lassen sich leicht zerdrücken und entsteinen. Auch angeschlagene reife Früchte lassen sich – wenn nicht angefault und von innen her braun – mitverwerten. Angefaulte Früchte ergeben bittere Säfte und Weine. Die Pfirsiche sollten auf jeden Fall vor der Verarbeitung mit Wasser gewaschen oder abgesprüht werden, dann muß man sie nicht schälen.

Rezeptur für 10 l Weinansatz

10 kg Pfirsiche (= etwa 8-9 kg Fruchtfleisch oder 6-7,5 l Saft)

2,5 kg Zucker

bis 2,5 l Wasser (bei hohem Steinanteil)

20-30 g Milchsäure 80%ig

20 ml Kitzinger Antigel

5 Tabletten Kitzinger Hefenährsalz (= 4 g)

1 Kultur Kitzinger Reinzuchthefe, Rasse Portwein oder Samos

Das in einem Arbeitsgang entsteinte und zerdrückte Fruchtfleisch – mit Händen leicht möglich – wird mit Antigel behandelt. Vitamin C zusetzen!

Nach einem Tag wird die Maische abgepreßt. Kleine Mengen lassen sich mit den Händen in einem Preßsäckchen gut ausdrücken, und man kommt sogar auf Ausbeuten von 75% Saftanteil, berechnet aus der ganzen Frucht (große Sorten).

Das Preßsäckchen sollte bei dieser Maische engmaschig sein, ähnlich wie der Kitzinger Perlonbeutel (Artikel Nr. 000275), da die Maische ziemlich breiig ist und wenig Rohfasern (wie z. B. eine Apfelmaische) enthält.

Wird eine Maischegärung durchgeführt, müssen alle im Rezept enthaltenen Zusätze zugesetzt und nach einer Woche abgepreßt werden. Für die Maischegärung einen 25-l-Ballon verwenden.

Verarbeitet man weniger Früchte, muß entsprechend mehr Wasser zugesetzt und gleichzeitig die Säurezugabe erhöht werden, und zwar pro Liter Wasser mehr etwa 8-10 g Milchsäure 80%ig.

Den Wein nach der Gärung kühl stellen und bald vom Trub abziehen. Unbedingt auf 10 l 1 g Kaliumpyrosulfit zusetzen (schwefeln).

(Zu Klärung, Nachsüßung und Flaschenfüllung siehe entsprechende Kapitel.)

Pflaumenwein, Zwetschgenwein

Auch diese Früchte lassen sich ähnlich wie Mirabellen nur schlecht zu Wein verarbeiten, da der Pektingehalt sehr hoch und ein Abpressen der Maische schwierig ist. Außerdem treten fast immer Schwierigkeiten bei der Klärung des Weines auf.

Eine Dampfentsaftung kommt nicht in Frage, da die Saftausbeute zu gering ist (es findet keine ausreichende Extraktion statt). Der Säuregehalt ist dann ungenügend, und solche Weine werden später anfällig und sogar dick und zäh.

Aus diesen Gründen kommt nur ein Kaltabpressen, besser eine Maischegärung (wenn möglich ohne Steine) in Frage, wobei die Früchte entsprechend vorbereitet werden müssen.

Im folgenden Rezept werden unterschiedliche Angaben bei der Wasser-, Zucker- und Säuremenge gemacht. Die Erklärung ist, daß bei einem höheren natürlichen Mostgewicht (Oe°) weniger Zucker, bei niedrigerem Mostgewicht mehr Zucker zugesetzt werden muß. Dasselbe trifft auf die Säure zu.

Es ist zu beachten, daß in jedem Fall 10 l Weinansatz entstehen: Ist die untere Zuckermenge von 1,5 kg notwendig, muß die höhere Wassermenge von 5 l zugegeben werden; umgekehrt ist bei höherer Zuckermenge von 2,5 kg die geringere Wassermenge von 4 l erforderlich.

Rezeptur für 10 l Weinansatz

etwa 6 kg Pflaumen (= etwa 4-4,5 l Saft)
1,5-2,5 kg Zucker
4-5 l Wasser
15 ml Kitzinger Antigel
5 Tabletten Kitzinger Hefenährsalz
(= 4 g)
30-50 g Milchsäure 80%ig
1 Kultur Kitzinger Reinzuchthefe, Rasse Portwein/Burgund

Die Pflaumen nach dem Waschen oder Absprühen abtropfen lassen, wenn möglich entsteinen und zerdrücken oder mit der Walzenmühle quetschen (nicht passieren!). Möglichst wenig Steine zerstoßen und sofort das Antigel zusetzen sowie gut durchmischen.

Nun setzt der Pektinabbau ein, die Maische wird flüssiger. Zweckmäßiger ist, wenn die Maische nach Zugabe aller im Rezept angegebener Zusätze und guter Vermischung etwa 1 Woche angegoren wird. Dabei wird das Pektin restlos abgebaut und durch den entstandenen Alkohol sowie die Kohlensäure viel von den Inhaltsstoffen herausgelöst. Durch die kurze Gärzeit wird nur wenig Amygdalin aus den Steinen frei, sofern diese in der Maische verblieben sind.

Nach dem Abpressen der Maische die gewonnene Flüssigkeit abmessen, notfalls mit Wasser auf 10 l ergänzen und ohne weitere Zusätze im selben Ballon weitergären lassen.

Die Zusammensetzung des frischen Saftes ist für die Wein- oder auch Saftbereitung nicht optimal. Der Zuckergehalt ist je nach Sorte, Jahrgang und Standort der Bäume oft sehr hoch, so daß meist kein Zuckerzusatz notwendig ist. Andererseits liegt die Säure meist sehr niedrig. Dies hat zur Folge, daß die Weine anfälliger sind für Krankheiten (Schleimhefen und Bakterien). Ein stark schwankender Zuckergehalt erschwert es, in der Rezeptur präzise Zuckerangaben zu machen. Mostgewichte über 70° Oe erfordern nur 1,0-1,5 kg Zucker, unter 70° Oe 2,0-2,5 kg Zucker auf 10 l. Deshalb sollte man das Mostgewicht mit der Oechslewaage und die Säure mit dem Acidometer bestimmen.

Nach der Gärung ist besondere Aufmerksamkeit nötig: kühl stellen, schwefeln mit 1 g Kaliumpyrosulfit auf 10 l, Gefäß vollhalten, bald von der Hefe abziehen.

Noch ein Hinweis: Wegen der starken Bräunung (Oxidation) der Maische und des späteren Weines sollte – ähnlich wie bei den Mirabellen (siehe dort) – Vitamin C sofort nach dem Zerdrücken der Früchte zugesetzt werden.

Preiselbeerwein

Diese Frucht ist für die Weinbereitung kaum geeignet, da sie ein natürliches Konservierungsmittel (Benzoesäure) enthält, und zwar in Mengen bis zu 1,5 g pro Liter Saft (Konservierungsstoffe siehe Seite 75). Benzoesäure ist ein Schutzzstoff, der verhindert, daß die Beeren bei ungünstigen Witterungsverhältnissen an den Stauden faulen. Benzoesäure ist auch ein Bestandteil von PARA, das zur Haltbarmachung von Fruchtmuttersäften dient, damit keine Gärung erfolgt und die Säfte süß bleiben.

Darüber hinaus ist das Sammeln von Preiselbeeren sehr zeitraubend und somit teuer. Selbst wenn stark mit Wasser verdünnt wird (der hohe Säuregehalt der Früchte läßt dies zu oder erfordert dies sogar), kann immerhin noch eine Gärhemmung vorhanden sein.

Rezeptur für 10 l Weinansatz

3 kg Preiselbeeren (mindestens aber 2 kg)

2,5 kg Zucker

7 l Wasser

5 Tabletten Kitzinger Hefenährsalz (= 4 g)

10 ml Kitzinger Antigel

30 g Milchsäure 80%ig

1 Kultur Kitzinger Reinzuchthefe, Rasse Malaga/Portwein

Reinzuchthefe unbedingt einige Tage vorher in 0,5 l Apfelsaft vermehren (siehe Seite 67 ff.).

Die Beeren zerdrücken oder zerstampfen, mit der Zuckerwasserlösung vermischen, die anderen Zutaten zusetzen und im Ballon (20-25 l Inhalt) eine 1- bis 2wöchige Maischegärung durchführen. Danach abpressen und den Jungwein weitergären lassen.

(Klärung, Schwefelung, Nachsüßung und Flaschenfüllung: siehe jeweilige Kapitel.)

Quittenwein

Die Quitten sind von Natur aus sehr hartfleischig und zum Rohgenuß nicht geeignet. Sie lassen sich selbst in gewerblichen Betrieben und erst recht im Haushalt nur schwer verarbeiten. Die Frucht zeichnet sich durch ein sehr kräftiges, ausgeprägtes Aroma und einen hohen Gerbstoffgehalt aus.

Bei längerer Lagerung verlieren die Quitten nicht nur zunehmend an Aroma – auch wichtige Inhaltsstoffe (z. B. Zucker und Säuren) werden abgebaut. Aus diesem Grunde sollten die Früchte möglichst frisch verarbeitet und nicht länger als höchstens 2-3 Wochen gelagert werden.

Rezeptur für 10 l Weinansatz

7 kg Quitten (= etwa 4-5 l Saft)

2,5 kg Zucker

3-4 l Wasser

25 g Kitzinger Milchsäure 80%ig

5 Tabletten Kitzinger Hefenährsalz

(= 4 g)

10 ml Kitzinger Antigel

1 Kultur Kitzinger Reinzuchthefe, Rasse Haut Sauternes/Portwein

Die Quitten nicht nur waschen, sondern mit einer Bürste von den feinen Härchen der Schale befreien, da diese ein ätherisches Öl enthalten. Dieses soll – Erfahrungen zufolge – bei der Verarbeitung von Quitten zu Getränken nach längerer Lagerzeit zur Verschlechterung der Qualität beitragen.

Für die Qualität des Saftes oder Weines ist es am besten, wenn die Quitten kalt entsaftet werden, eine Dampfentsaftung ist nicht empfehlenswert.

Im gewerblichen Betrieb kann die Zerkleinerung mit einer Rätzmühle (wenn auch nur bei sehr langsamer Dosierung) geschehen, im Haushalt müßte die Zerkleinerung mit einem Reibeisen erfolgen.

Der Preßvorgang der Maische selbst bereitet keine Schwierigkeiten. Die Maische kann mit jeder kleinen Presse (Para-Press), selbst noch mit einem Preßbeutel (z. B. Kitzinger Perlonbeutel) mit den Händen ausgepreßt werden (bis 75% Saftausbeute).

Zur vollständigen Entsaftung den Tresterrückstand noch mit etwas Wasser einweichen, ziehen lassen und nach einigen Stunden nochmals auspressen. Die Zusammensetzung des gepreßten Saftes ist nicht optimal, d. h., es ist zu wenig Zucker und zuviel Gerbstoff vorhanden. Der Saft sollte entweder gezuckert oder mit säurearmen Apfel- und Birnensäften verschnitten werden (bis etwa 30%). Dadurch tritt auch eine vorteilhafte Aromatisierung ein.

Im Haushalt sollten die Quitten zur besseren Verarbeitung nach dem Halbieren oder Vierteln kurz erhitzt werden. Die Früchte lassen sich dann besser quetschen, und eine solche Maische kann – mit Antigel behandelt – über Nacht stehenbleiben (Antigel erst nach Abkühlung der Maische auf unter 50°C zusetzen und gut einmischen). Der Preßvorgang ist am folgenden Tag sehr leicht.

Reiswein
– und ähnliche Getreideweine

Reis, Roggen und Weizen sind keine gewöhnlichen Grundstoffe für die Weinbereitung, da diese Früchte keinen vergärbaren Zucker enthalten, sondern eine chemisch kompliziertere Form von Kohlenhydraten, die Stärke, die nicht direkt vergärbar ist.

Ohne Umwandlung der Stärke in vergärbaren Malzzucker (Maltose) ist es sinnlos, aus Getreide Wein herstellen zu wollen. Das gesamte Mehl wäre unausgenützt, oder man müßte darauf verzichten und zusätzlich Zucker für die Alkoholbildung zusetzen.

Der Umwandlungsprozeß von Stärke in Maltose ist so kompliziert, daß er technisch nur von Brennern und Bierbrauern, die aus diesen Stoffen mit Hilfe technischer Einrichtungen Branntweine bzw. Biere herstellen, perfekt durchgeführt werden kann.

Da keine Säure vorhanden ist, die allgemein schützend wirkt, muß besondere Sorgfalt walten! Das fehlende Aroma bzw. die Bukettstoffe, die einen Wein auszeichnen und ihn zu einem echten Genußmittel machen, sprechen gegen die Weinherstellung aus Getreide.

Wir haben uns versuchsmäßig ausführlich mit der Herstellung von Reiswein sowie Wein aus anderen Getreidearten befaßt und möchten den zweistufigen Ablauf kurz schildern:

● die enzymatische Stärkeverzuckerung (durch Amylase) und
● die Vergärung der Maische.

Bei jedem dieser Schritte handelt es sich um naturwissenschaftlich hochinteressante Prozesse, die enzymatisch nach bestimmten Gesetzmäßigkeiten ablaufen, aber im Rahmen dieses Rezeptes nicht näher erläutert werden können.

Die einzelnen Arbeitsabläufe:

● Den Reis mit Hilfe einer Rohkostreibe, einer Handschrotmühle, einer Kaffeemühle oder dergleichen fein zerkleinern oder schroten.

● Schrot unter Rühren in 55°C bis maximal 60°C heißes Wasser (keinesfalls höher – Thermometer dazu benutzen!) geben, wobei das Wasser vorher mit Milchsäure angesäuert werden muß (ph-Wert 4,7-5,7).
Dazu sind pro Liter Wasser etwa 3 g Milchsäure 80%ig oder 2 g Zitronensäure nötig.

● Anschließend das Malz, das ebenfalls fein geschrotet sein muß, zusetzen und einrühren (Temperatur bei 55-60°C halten!). Malz ist gekeimte und gedarrte Gerste (Darrmalz), die das Enzym Amylase enthält, das die Stärke abbaut und verzuckert. Das gleiche Malz wird auch zur Bierbereitung verwendet.

● Nach einer Verzuckerungsdauer von etwa 60 Minuten wird die Mischung notfalls im Wasserbad auf Zimmertemperatur abgekühlt und eine 3-5 Tage vorher in 0,25 l Apfelsaft vermehrte Kultur Reinzuchthefe (siehe Seite 67 ff.) und Hefenährsalz zugesetzt.

● Diese Masse wird in einen größeren Ballon (15-20 l) eingefüllt und bei etwa 20-25°C unter Gäraufsatz Hobby I (wegen der geringen Säure) möglichst schnell vergoren. Bei dieser relativ warmen Gärung, die bis auf etwa 32°C ansteigen kann, wird die Restmenge an Stärke verzuckert und maximal verwertet.

● Die Gärung soll in einigen Tagen beendet sein; dann sofort die Säure durch weitere Zugabe von

4 g Milchsäure 80%ig oder 3 g Zitronensäure pro Liter erhöhen, um eine Geschmacksharmonie und Haltbarkeit zu erreichen.

● Den Behälter sofort nach Gärende kühl stellen und die Maische abpressen. Später die klare Flüssigkeit mit dem Weinheber abziehen. Die Feststoffe abseihen bzw. abfiltrieren und auf 10 l Sake – wie der Reiswein genannt wird – 1 g Kaliumpyrosulfit zusetzen.

Reiswein wird üblicherweise warm getrunken, schmeckt aber kalt genausogut. Mit Gewürzen (siehe Honigwein und Schlehenwein) kann der Geschmack »veredelt«, jedoch nicht mehr rein gehalten werden.

Rezeptur für 10 l Tischwein

2,5 kg Reis (oder anderes Getreide)
10 l Wasser
250 g Darrmalz
30 g + 40 g (in 2 Teilmengen) Milchsäure 80%ig
5 Tabletten Kitzinger Hefenährsalz
(= 4 g)
1 Kultur Kitzinger Reinzuchthefe, Rasse Steinberg/Tokaj

Aus 2,5 kg stärkehaltigem Rohstoff können unter besten Verzuckerungs- und Gärbedingungen, die selten genau eingehalten werden können, maximal 0,9-1 l (1 000 ml) reiner Alkohol erwartet werden, das sind also 10% Vol. (= 100 ml/in 1 000 ml Wein).
Wie man sieht, ist die Herstellung solcher Weine gar nicht so einfach, außerdem ist sie arbeitsaufwendiger und risikoreicher.
Eventuelle Trübungen lassen sich durch den Zusatz von 10 ml Kieselsol 15%ig beseitigen.

Rezeptur für 10 l Wein ohne Verzuckerungsprozeß

2,5 kg Reis oder anderes Getreide – grob geschrotet
2 kg Zucker
9 l Wasser
60 g Milchsäure (oder 50 g Zitronensäure)
5 Tabletten Kitzinger Hefenährsalz
(= 4 g)
1 Kultur Kitzinger Reinzuchthefe, Rasse Steinberg/Tokaj (3-4 Tage vorher in 0,25 l Apfelsaft vermehren)

Will man den aufwendigen Verzuckerungsprozeß mit Malz im vorgenannten Rezept umgehen und die Stärke unausgenutzt lassen, gibt man zum geschroteten Reis noch zusätzlich 2 kg Zucker, jedoch kein Malz; die Reinzuchthefe wird einige Tage vorher im Apfelsaft vermehrt und die Säure auf einmal zugegeben.
Da es sich um eine Maischegärung handelt, muß ein entsprechend größerer Gärbehälter (etwa 20 l Inhalt) verwendet werden; der Gäraufsatz Hobby I ist sofort nach Zugabe aller Zutaten in den Ballon aufzusetzen.

Rhabarberwein

Rhabarber gehört nicht zu den Früchten, sondern zu den Gemüsearten. Da Rhabarber eines der ersten »Gemüse« im Jahr ist und oft mehr anfällt, als in der

Küche verwertet werden kann, stellt man häufig Wein oder auch Saft daraus her. Dieser Saft bekommt eine gelbe bis leicht rötliche Farbe, wenn dazu rote Blattstiele verwendet werden.

Der einzige Grund, der gegen einen vermehrten Genuß von Rhabarber bzw. einem daraus hergestellten Getränk spricht, ist die darin enthaltene Oxalsäure; neben dieser ist noch Äpfelsäure in größerer Menge vorhanden. Die Oxalsäure läßt sich aber relativ leicht entfernen und durch eine andere Säure, nämlich Milchsäure, ersetzen.

Worin besteht die Bedenklichkeit gegen Oxalsäure?

Medizinisch gesehen bindet die Oxalsäure das Calcium (Ca) im Magen und Dünndarm des Menschen. Sie entzieht auch dem Blut das Calcium und senkt somit den Blutcalciumspiegel. Daneben können noch in den Nieren, harnableitenden Wegen und in der Harnblase »Oxalsteine« ausfallen.

Neuerdings vermutet man, daß die größere »Schädlichkeit« des Rhabarbers von anderen Substanzen, nämlich von Anthrachinonen (gewebereizend) ausgeht. Diese sind ausschließlich in den Blättern enthalten; deshalb müssen Blätter und Ansatzstellen auf jeden Fall verworfen werden!

Nicht nur Rhabarber, sondern auch andere Gemüsearten, wie Spinat, Sellerieknollen und rote Bete, weisen einen hohen Gehalt an Oxalsäure auf.

Es ist übrigens absolut unbedenklich, wenn ein Hausweinbereiter beispielsweise etwa 20 l Wein herstellt (auch wenn die Oxalsäure vorher nicht ausgefällt wurde) und diesen im Laufe eines halben Jahres trinkt.

Man darf und soll eine Frucht nicht allein an ihren vom menschlichen Standpunkt aus gesehenen »negativen« Inhaltsstoffen bewerten. Insbesondere wegen der prickelnden und erfrischenden Säure

(im Gaumen) ist Rhabarber besonders beliebt. Möglicherweise wird in Zukunft medizinisch belegt werden, daß im Rhabarber Wirkstoffe enthalten sind, die auch positiv zu bewerten sind. Wenn auch nicht viel, so sind im Liter frischen Saft doch bis zu 100 mg Vitamin C enthalten.

> **Grundsätzlich gilt:** Rhabarber nie in Aluminiumtöpfen kochen oder heiß lagern.

Rezeptur für 10 l Weinansatz

etwa 7 kg Rhabarber (= etwa 4,5 l Saft)
3 kg Zucker
3,5-4 l Wasser
5 Tabletten Kitzinger Hefenährsalz
(= 4 g)
30 g kohlensaurer Kalk
40 g Milchsäure 80%ig
1 Kultur Kitzinger Reinzuchthefe, Rasse Haut Sauternes/Portwein

Die Stiele zunächst waschen, abtropfen lassen und zerkleinern: bei Vorhandensein einer Walzenmühle in etwa 10-15 cm lange Stücke, ohne Mühle in kleinere, 1-2 cm lange Stücke zerteilen. Mit der Mühle werden die langen Stiele zerquetscht, aufgerissen, und ein Teil des Saftes wird frei. Dann kann gepreßt werden. Ohne Mühle müssen die Rhabarberstücke mit Dampf oder kochendem Wasser aufgeschlossen werden, bevor gepreßt werden kann. Dazu muß man das im Rezept vorgesehene Wasser zum Kochen bringen, die kleinen Stücke damit überbrühen und das Gefäß abdecken.

Nach 1-2 Stunden kann abgepreßt werden. In diesem Saft-Wasser-Gemisch nimmt man die Entsäuerung (Ausfällung der Oxalsäure) vor. Auch Schlämmkreide ist dafür geeignet.

Wie wir durch Untersuchungen festgestellt haben, liegt die Gesamtsäure des reinen Saftes bei etwa 16,5 g/l, berechnet als Weinsäure. Diese kann mit dem Acidometer direkt bestimmt werden (siehe Seite 61 ff.).

Wie durch weitere Versuche festgestellt wurde, kann und soll man die Säure nicht restlos entfernen, da die Gesamtsäure noch aus anderen Säuren (z. B. Äpfelsäure – etwa 50%) besteht, so daß die im Rezept angegebenen 30 g kohlensaurer Kalk ($CaCO_3$) ausreichen.

Äpfelsäure läßt sich zwar mit $CaCO_3$ abbinden und neutralisieren, jedoch nicht ausfällen. Man gibt also nur $CaCO_3$ zu, um die Oxalsäure zu fällen.

Den kohlensauren Kalk langsam und intensiv in die abgepreßte Saft-Wasser-Mischung einrühren, wobei die Oxalsäure allmählich als Salz zu Boden sinkt (Calciumoxalat = weißer Belag) und die entweichende Kohlensäure frei wird.

Der Entsäuerungsvorgang geht nach unserer Erfahrung sehr langsam vor sich und ist erst nach etwa 20 Stunden abgeschlossen. Erst dann kann vom Bodensatz abgezogen werden.

Der Saft soll nicht ganz klar sein, sondern Fruchtfleischteilchen zur besseren Gärung enthalten, notfalls auf dem Reibeisen etwas Rhabarber zerreiben und vor der Gärung zugeben.

Kleine Mengen Rhabarber, die zu Wein verarbeitet werden, können mit dem Reibeisen zerkleinert, die Maische mit einem einfachen Preßtuch oder mit dem Kitzinger Perlonbeutel ausgedrückt werden.

In die entsäuerte Flüssigkeit gibt man die Milchsäure, das Hefenährsalz, löst den Zucker gut auf und gibt die Reinzuchthefe zu.

Im Gärbehälter unter Gäraufsatz Hobby I wird bei Zimmertemperatur vergoren. Gegen Ende der Gärung täglich einmal umschütteln und später aus Geschmacksgründen eventuell nachsüßen.

Selbstverständlich kann man variieren, d. h. weniger Saftanteil und mehr Zuckerwasser. Entscheidend ist, daß die Säure im ausgemischten Weinansatz vor der Gärung 7-8 g/l und das Mostgewicht für einen Dessertwein 110-120° Oe ausmacht (Berechnungen siehe Kapitel Säure- und Mostgewichtsbestimmung). (Zu Klärung, Nachsüßung und Flaschenfüllung siehe entsprechende Kapitel.)

Rote-Bete-Wein

Dieses Wurzelgemüse ist unseres Erachtens kein Ausgangsstoff für die Weinbereitung, da die notwendige Säure fehlt, die für Haltbarkeit und Geschmacksharmonie verantwortlich ist. Zudem ist das Aroma nicht »weintypisch«.

Es gibt – nach den Zuschriften zu urteilen – einige Hausweinbereiter, die sich jedoch mit Erfolg (vor allem bei der Saftbereitung) darin versucht haben. Unbestritten ist, daß diese »Früchte« des Bodens gewisse Stoffe enthalten, die für die menschliche Gesundheit sehr wertvoll sind. Es stehen also die gesundheitlichen Aspekte im Vordergrund; der Genußwert ist untergeordnet.

Wir haben die Makrobestandteile näher untersucht (siehe Tabelle Seite 34). Rote Bete enthalten, ähnlich wie Karotten und Zuckerrüben, überwiegend Rübenzucker, kaum Fruchtzucker (Invertzucker). Säure ist in nur unbedeutender Menge vorhanden, deshalb gehen solche Säfte leicht in Zersetzung über und verderben.

Sollen rohe oder nach dem Kochen der Knollen aufgeschlossene und gepreßte Säfte haltbar gemacht werden, sind Sterilisiertemperaturen von 100°C notwendig; im Gegensatz dazu sind bei Fruchtsäften Pasteurisiertemperaturen um 75°C ausreichend, da Obstsäfte genügend Säure (mindestens 5-6 g/l) aufweisen.

Werden die Rote-Bete- bzw. Karottensäfte sofort nach dem Abpressen mit 5-6 g Milchsäure oder Zitronensäure pro Liter aufgesäuert, verhalten sie sich genauso wie andere Fruchtsäfte: Ihre Farbe bleibt erhalten, bei der Heißhaltbarmachung genügen 75° C. Nach Zusatz der üblichen Haltbarkeitsmenge PARA bleibt der Saft haltbar.

Nicht aufgesäuerte Gemüsesäfte können mit Konservierungsstoffen nicht haltbar gemacht werden. Dies trifft auch auf alle anderen Gemüsesäfte zu, die ebenfalls von Natur aus keine oder nur geringe Mengen Säure aufweisen.

Rezeptur für 10 l Weinansatz

6-7 kg rote Bete (= 5 l Saft)

3 kg Zucker

3,5 l Wasser

5 Tabletten Kitzinger Hefenährsalz (= 4 g)

60 g Milchsäure 80%ig oder 50 g Zitronensäure

1 Kultur Kitzinger Reinzuchthefe, Rasse Burgund/Portwein (etwa 2-4 Tage vorher in 0,5 l Apfel- oder Traubensaft vermehren)

Wenn rote Bete zu Getränken verarbeitet werden sollen, sollen die Knollen ein gleichmäßig blutrotes Fleisch besitzen, dürfen nicht holzig sein und keine weißen Ringe bilden.

Die Blätter sind, wenn die Rüben noch lagern, nur abzudrehen oder so hoch abzuschneiden, daß die Rüben nicht ausbluten.

Während des Kochens zum Weichwerden bleiben Krautstumpf und Spitze an der Rübe. Beim Schälvorgang (für die Getränkeherstellung nicht unbedingt nötig) – im noch heißen Zustand – werden diese entfernt. Der Saft kann jetzt austreten.

Die Rüben werden anschließend zerkleinert/gemaischt; bei kleinen Mengen kann dies mit dem Reibeisen geschehen. Die Maische anschließend wie bei anderen Früchten abpressen.

Vergoren wird unter Gäraufsatz Hobby I in einem gleichmäßig temperierten Raum (Zimmertemperatur). Gegen Ende der Gärung häufig umschütteln, öfter probieren und nach beendeter Gärung kühl stellen. Vom Trub abziehen und mit 1 g Kaliumpyrosulfit auf 10 l Wein schwefeln. Notfalls nachsüßen. (Zu Klärung, Nachsüßung, Flaschenabfüllung usw. siehe entsprechende Kapitel.)

Sanddornbeerenwein

Die Sanddornbeere gehört zu den säurereichsten und Vitamin-C-haltigsten Früchten unserer Heimat. Der Zuckergehalt ist sehr gering (Analysenzahlen siehe Tabelle Seite 34), die Frucht selbst relativ klein, meist erbsengroß und leuchtend rot-orange. Die Beeren sitzen einzeln am Zweig bzw. Sproß.

Der bis zu mehreren Metern Höhe wachsende dornige Strauch hat silbergrau-grüne schmale Blätter und kommt sowohl als Ziergehölz in Gärten als auch wild wachsend vor.

Die Früchte bekommen ihre Farbe schon im August, reifen erst im Oktober und werden mit der Schere (mit den Stielen) abgeschnitten. Beim Pflücken mit der Hand läuft der Saft leicht aus. Zum Rohgenuß sind die Sanddornbeeren wegen der völlig unharmonischen Zusammensetzung nicht geeignet. Man stellt daraus wegen des sehr hohen Vitamingehaltes (außer Vitamin C noch die Vitamine A, B, E und P) und anderen wichtigen Inhaltsstoffen vor allem Sirup, Milchmixgetränke für Kinder und hochwertige Süßmoste sowie Fruchtsaftgetränke her.

Das Sammeln der Früchte ist schwierig, da man selten die ausreichenden Mengen zusammenbekommt; aus diesem Grunde wird man häufig stärker als notwendig mit Zuckerwasser verdünnen, muß dann aber, wie im Rezept vorgeschrieben, Säure zusetzen.

Rezeptur für 10 l Dessertwein

2-4 kg Beeren (= etwa 1-1,5 l Saft)

2,8 kg Zucker

7-7,5 l Wasser

5 Tabletten Kitzinger Hefenährsalz (= 4 g)

10 ml Kitzinger Antigel

30 g Milchsäure 80%ig

1 Kultur Kitzinger Reinzuchthefe, Rasse Samos/Portwein

Es wird eine Maischegärung durchgeführt. Die Früchte werden nach dem Waschen und Abtropfen zerdrückt (gestampft) und mit der Zuckerwasserlösung versetzt.

Danach die anderen Zutaten dazugeben und alles in das Gärgefäß füllen. Unter Gäraufsatz Hobby I bei Zimmertemperatur etwa 1-2 Wochen vergären.

Danach wird abgepreßt und die Flüssigkeit unter Gäraufsatz bei Zimmertemperatur weitervergoren.

Nach Gärbeendigung wird der Wein kühl gestellt, bald darauf vom Trub abgezogen, auf 10 l mit 1 g Kaliumpyrosulfit geschwefelt und nach Klärung, wenn der Geschmack dies erfordert, mit Zucker nachgesüßt und auf Flaschen gefüllt.

Sauerkirschwein

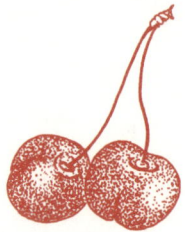

Sauerkirschen gehören mit zu den besten und wertvollsten Früchten für die Wein- und Saftbereitung. Neben ihrem Aromareichtum besitzen sie einen hohen Farbstoffgehalt, eine intensive Säure, die eine stärkere Verdünnung mit Zuckerwasser zuläßt, und – was vor allem medizinisch wichtig ist – einen hohen Mineralstoffgehalt (besonders Kalium und noch einige andere wichtige Substanzen).

Zur Weinbereitung eignen sich beinahe alle Sorten, insbesondere die säurereichen (über 16 g/l Säure) und farbkräftigen. In Verbindung damit können sogar die hellen (blassen) und säurearmen »Frühe-Ludwigs« verarbeitet werden. In der gewerblichen Süßmostbereitung dürfen letztere jedoch nicht verwendet werden.

Rezeptur für 10 l Weinansatz

etwa 7 kg Sauerkirschen (= etwa 5 l Saft)

2,5 kg Zucker

3,5 l Wasser

10 ml Kitzinger Antigel

5 Tabletten Kitzinger Hefenährsalz (= 4 g)

1 Kultur Kitzinger Reinzuchthefe, Rasse Portwein/Burgund

Dank der hohen Säure, des hohen Saftanteils und des niedrigen Pektingehaltes dieser Früchte ist die Weinbereitung problemlos.

Süßkirschwein

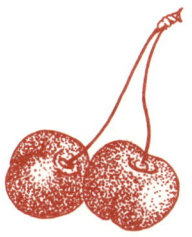

Für die Wein- und Saftbereitung werden die Früchte ohne Stiele gepflückt/abgestrüpft. Sie lassen sich leicht maischen und quetschen, kleine Mengen sogar mit den Händen, wobei man beide Hände mit den Früchten gegeneinanderdrückt (wegen möglichem Spritzen in einem Eimer oder Topf). Die Zerkleinerung ansonsten mit einer Walzenmühle durchführen, die jedoch so gestellt sein muß, daß wenig Steine (wegen der Blausäure) zerdrückt werden.

Nach dem Quetschen muß die Maische mit Kitzinger Antigel versetzt werden, um die Pektinstoffe abzubauen. Die Maische (abgedeckt) läßt sich dann nach 5-10 Stunden leichter abpressen als ohne Standzeit. Es ist mit einer höheren Farb- und Saftausbeute zu rechnen. Der Preßrückstand (Trester) kann mit einem Teil des kalten Wassers nochmals kurz eingeweicht und nach weiteren 4-5 Stunden (zur besseren Herauslösung der Saftinhaltsstoffe) abgepreßt werden.

Es läßt sich auch eine Maischegärung nach der Zugabe aller im Rezept aufgeführten Stoffe durchführen, wobei aus Sicherheitsgründen auf 10 l Ansatz 1 g Kaliumpyrosulfit – Schwefelpulver – zugesetzt werden sollte.

Es dürfen nur wenig Steine zerstört werden und keine Stiele in der Maische verbleiben. Das Abpressen erfolgt nach 5-8 Tagen.

Diese angegorene Maische ist meist farbintensiver als die süß abgepreßte Maische und läßt sich leichter abpressen. Da die gemaischten Früchte während der Gärung hochsteigen, muß täglich untergestoßen oder umgeschüttelt werden. Die Gärung fällt in die warme Jahreszeit: Es kommt zu einer raschen Vergärung mit relativ kurzer Gärdauer. Sauerkirschweine gehören zu den wenigen Weinen, die sich ohne Hilfsmittel selbst klären. (Zu Lagerung, Flaschenfüllung usw. siehe jeweilige Kapitel.)

Im Gegensatz zu Sauerkirschen eignen sich Süßkirschen (beinahe alle Sorten) weniger gut für die Weinbereitung. Dafür gibt es mehrere Gründe: Die Früchte sind fleischiger und enthalten weniger Saft, daher lassen sie sich nicht gut abpressen. Deshalb sollte nach dem ersten Abpressen etwas Wasser zugesetzt werden.

Der Pektingehalt der Süßkirschen ist höher; sie müssen mit einer höheren Dosis Kitzinger Antigel behandelt (fermentiert) werden.

Das Aroma ist nicht so fein ausgeprägt. Süßkirschen besitzen wenig Säure, der Saft kann nicht oder kaum mit Wasser verdünnt werden, ja es ist sogar ein Säurezusatz notwendig. Aus diesem Grund ist die Anfälligkeit des Weines gegenüber Bakterien größer, die Weine sind gefährdet (Säureabbau)!

In Verbindung mit Sauerkirschen (Verhältnis 1 Teil Sauerkirschen und 2 Teile Süßkirschen) läßt sich ein besserer Wein herstellen. Ein geringerer Prozentsatz Sauerkirschen bringt schon entscheidende Verbesserungen; man kann variieren (10% : 90% bis 50% : 50%).

Werden Süßkirschen allein zu Wein verarbeitet, ist auf jeden Fall eine Säurebestimmung durchzuführen (siehe Seite 61 ff.) und notfalls sofort Säure zuzusetzen. Andernfalls tritt leicht ein Zähwerden auf. Warme Temperatur begünstigt die verursachenden Bakterien und Schleimhefen. Die Gärung sollte nur bei Temperatur um 15-20°C erfolgen.

Nach der Gärung muß der Wein bald-möglichst vom abgesetzten Trub abge-zogen und unbedingt mit 1 g Kalium-pyrosulfit auf 10 l geschwefelt werden.

Rezeptur für 10 l Weinansatz

etwa 10-12 kg Kirschen (= etwa 7 l Kirschsaft)

2 kg Zucker

2 l Wasser (zum Auslaugen des ersten Preßrückstandes)

20 ml Kitzinger Antigel

30 g Milchsäure 80%ig

5 Tabletten Kitzinger Hefenährsalz
(= 4 g)

1 Kultur Kitzinger Reinzuchthefe, Rasse Portwein/Burgund

Die Kirschen ohne Stiele pflücken oder diese später entfernen. Die Früchte not-falls vorher waschen, quetschen/mai-schen, aber dabei die Steine nicht be-schädigen.

Kitzinger Antigel zusetzen, gleichmäßig einrühren und alles abgedeckt stehen-lassen.

Am nächsten Tag abpressen. Den Rück-stand gut mit Wasser vermischen und nach weiteren 5 Stunden abpressen.

Im zweiten Preßsaft den Zucker auf-lösen, die Mischung zum ersten Preßsaft geben und das Nährsalz, die Säure so-wie die Reinzuchthefe zusetzen. Alles in das Gärgefäß einfüllen und mit Gäraufsatz Hobby I verschließen.

Eine Maischegärung kann durchgeführt werden, wenn die Süßkirschen beson-ders hartfleischig sind. Die Gärung aber nicht über 8 Tage ausdehnen! Es erfolgt ein besserer Aufschluß der Früchte und eine bessere Ausbeute an Saft, Zucker, Farbe und Aroma; das Abpressen wird erleichtert. Es müssen alle Zusätze zur Maische gegeben werden.

Nach dem Abpressen wird der Jung-wein unter Gäraufsatz Hobby I weiter-vergoren. Dabei gegen Ende der Gärung häufiger umschütteln, um die Gärung zu fördern.

Nach beendeter Gärung wird – was Lagerung, Klärung, Nachsüßung und Abfüllung usw. betrifft – wie üblich ver-fahren (siehe jeweilige Kapitel).

Einige interessante Zahlen

Wir haben einige Sorten von Süßkir-schen auf ihren Anteil von Steinen, Fruchtfleisch und Stückgewicht hin untersucht, um die Ausbeute besser errechnen zu können. (Analysezah-len über Inhaltsstoffe sind in der Tabelle Seite 34 aufgeführt.)

Es wurden stets 30 Kirschen jeder Sorte gewogen, und es ergab sich ein durchschnittliches Gewicht von etwa 7 g/Stück.

Diese Kirschen wurden entsteint und die Steine ebenfalls gewogen. Der Anteil der feuchten Steine betrug im Durchschnitt aller Sorten etwa 8%. Somit war ein Fruchtfleischanteil von etwa 92% vorhanden.

Wurden die Steine nochmals von den restlichen Fruchtfleischteilchen be-freit, blieb ein Steinanteil von durch-schnittlich 5% übrig. Dies ist wichtig, wenn Maischen vergoren oder aus solchen Maischen später Brannt-weine hergestellt werden. In diesem Fall ist dann mit etwa 95% Frucht-fleischanteil zu rechnen.

Schlehenwein

Nicht nur wegen des häufigen Vorkommens des Schlehenstrauches (Schwarzdorn) und der beinahe regelmäßig guten Erträge werden die Früchte zu Wein verarbeitet, sondern auch oder gerade wegen der hervorragenden Eignung hierfür: Die Früchte haben genügend Säure, der Saft kann demzufolge mit Zuckerwasser entsprechend verdünnt werden, die Farbe und manchmal der Geschmack des Weines gleichen dem eines guten Rotweines, wenn nach Vorschrift – wozu eine Schwefelung nach der Gärung und vor der Flaschenfüllung gehört – gearbeitet wird!

Einziger Nachteil ist nicht das Pflücken der dornigen Schlehen, sondern der hohe Gerbstoffgehalt des Saftes. In den gerade reifen, aber nicht überreifen und noch nicht gefrorenen Früchten kann dieser bis 10 g/l ausmachen. Durch Überreife und Frost am Strauch geht er um über 50% zurück, also auf Werte unter 5 g/l. (Vergleich: milde Rotweine enthalten etwa 1 g/l, herbe bis 2,5 g/l Gerbstoff.) Aus diesem Grunde werden viele Schlehenweine zur Ausfällung des Gerbstoffes mit Gelatine behandelt, vor allem wenn die Früchte in knapp reifem Zustand geerntet wurden.

Meist stellt man aus Schlehen nur Dessertweine her, süß und alkoholreich, da Fruchtweine (wenn Gerbstoff und kein Restzucker vorhanden) geschmacklich völlig unharmonisch sind und kaum getrunken werden.

Vor- und Nachteile des Gerbstoffs

Der geschmacklich störende Gerbstoffgehalt hat den großen Vorteil, daß solche Säfte oder Weine besser haltbar sind, kaum von Bakterien befallen und somit selten krank werden. Gerbstoff ist nicht nur im Saft, sondern in geringen Mengen auch in den Schalen vorhanden.

Es stellt sich die Frage, ob durch Gefrieren in der Tiefkühltruhe eine künstliche Reifung und ein Abbau des Gerbstoffes möglich sind und ob hierdurch die Ernte vorgezogen werden kann. Dies ist leider nicht möglich. Am lebenden Strauch (bei anderen Fruchtarten am Baum oder Stock) laufen die biochemischen Reaktionen weiter ab, in der »leblosen« Gefriertruhe ist dagegen alles erstarrt; der Gerbstoff wird nicht mehr enzymatisch abgebaut.

Die maximale Reife oder sogar Überreife der Früchte soll an der Pflanze abgewartet werden, auch wenn die »Ernte« geringer ausfällt und der Saftanteil weniger wird, da die Früchte schrumpfen und besonders in trockenen Jahren weniger Saft enthalten.

Wegen des hohen Steinanteiles (nur etwa 50% Saftanteil in trockenen Jahren, 60-65% in niederschlagsreichen Jahren) können die Früchte nicht einfach gepreßt, sondern es muß eine Maischegärung durchgeführt werden. Da nur die Haut blau, das Fleisch selbst grün ist (bei Überreife gelblich), bringt die Maischegärung eine rote Farbe.

Gerbstoff wirkt nicht nur geschmacklich nachteilig, sondern auch trubstabilisierend, d. h. die Weine bleiben nach der Gärung meist trübe und unterliegen keiner Selbstklärung. Ein sehr hoher Gerbstoffgehalt wirkt gärhemmend; die Früchte aus diesem Grund gut ausreifen lassen.

Rezeptur für 10 l Weinansatz

5 l Schlehenbrei (= etwa 6 kg Früchte)

2,5 kg Zucker

6 l Wasser

5 Tabletten Kitzinger Hefenährsalz
(= 4 g)

20 ml Kitzinger Antigel

1 Kultur Kitzinger Reinzuchthefe, Rasse Burgund/Portwein

Die Schlehen werden nach dem Waschen zerdrückt oder zerstampft und – soweit möglich – ohne Steine zerstoßen, damit die Inhaltsstoffe während der Gärung besser ausgelaugt werden können. Eine Dampfentsaftung ist völlig ungeeignet.

Je nach Geschmack können Gewürznelken oder zerkleinerte Zimtstangen zugegeben werden.

Den Zucker in heißem Wasser lösen, die Zuckerwasserlösung abkühlen lassen und das Hefenährsalz, die Reinzuchthefe und das Antigel hinzufügen.

Den Fruchtbrei anschließend mit dem Zuckerwasser vermischen und alles mit Hilfe eines Trichters in einen Ballon füllen. Sofort mit Gäraufsatz Hobby I verschließen.

Für diese Menge einen größeren Ballon verwenden (etwa 20-l-Ballon), da die Maische sehr hoch steigt; ungefähr 50% sollen als Gärraum frei bleiben!

Während der Gärzeit ist der Balloninhalt täglich umzuschwenken, damit Flüssigkeit und Fruchtfleisch gut miteinander vermischt werden.

Die Maischegärung dauert 2-3 Wochen, in kühlen Räumen etwa 4 Wochen. Während dieser Zeit wird der größte Teil des vorhandenen Zuckers in Alkohol umgesetzt. Nach dem Abpressen wird die Flüssigkeit abgemessen und sollte 10 l ergeben; wird diese Menge nicht erreicht, muß mit Wasser aufgefüllt werden. Der Grund: Die Zuckerkonzentration darf ein Maximum (Ausgangsmostgewicht von etwa 125°Oe) nicht überschreiten, da hierdurch die Gärung verlangsamt wird und der Wein später zu süß bleibt.

Nach dem Abpressen von der Maische läuft die Gärung nur noch langsam weiter; der Alkoholgehalt sollte über 13% Vol. erreichen. Dies ist notwendig, damit der Wein ein ausgewogenes Verhältnis von Zucker, Säure und Alkohol aufweist. Den Wein nach der Gärung kühl stellen, damit er sich klärt.

Sollte der Wein im fertigen Zustand infolge besonders guter Vergärung viel Alkohol und wenig Zucker als Restsüße aufweisen, kann er nachgesüßt werden. Es reichen meist 20-50 g Zucker je Liter, je nach Geschmack. Der Zucker wird im Wein kalt eingerührt und kann bei einem Alkoholgehalt über 15% Vol. nicht nachgären.

Der Abstich des Weines wird vorgenommen, wenn sich die groben Trubstoffe am Boden des Gefäßes abgesetzt haben. Man gibt auf 10 l Wein 1 g Kaliumpyrosulfit. Dieser Zusatz verhindert unter anderem das Braunwerden der roten Farbstoffe.

Eine Selbstklärung tritt dann nicht ein, wenn der Wein zuviel Gerbstoff enthält oder die Früchte dampfentsaftet bzw. kochendes Wasser zum Übergießen (Extrahieren) verwendet wurde, da hierbei die für die Klärung wichtigen Enzyme (Pektinasen) zerstört (inaktiviert) wurden.

In diesen Fällen können auf 10 l des fertigen Weines nach Zusatz von etwa 20 ml Kitzinger Antigel (Pektinase), 10 ml Kieselsol 15%ig und 2-6 g Gelatine (letztere je nach Trübungsgrad) die Trubstoffe ausgefällt werden. Die Gelatine (10-g-Tütchen) muß vorher aufbereitet werden (siehe Seite 170), andere Mittel einfach so zusetzen. Alle Mittel müssen in den Wein gründlich eingemischt werden.

Nach etwa 2-4 Wochen kann der Wein abgezogen und der Trub selbst – zur Vermeidung von Weinverlusten – über einen Papierfilter filtriert werden.

Obwohl der reine Schlehengeschmack schon hervorragend ist und andere Fruchtweine weit in den Schatten stellt – insbesondere wenn durch das richtige Verhältnis von Alkohol, Säure, Restzucker und andere Extraktstoffe eine »echte« Harmonie gegeben ist –, wird zuweilen mit anderen Gewürzen, wie Zimt, Nelken usw., »nachgeholfen«.

Feinheiten bei der Weinbereitung bleiben jedem einzelnen überlassen und bringen die persönliche Note, das gewünschte Geschmacksbild. Bevor man mit der gesamten Weinmenge experimentiert, sollte man kleine Versuche (1 Literflasche) durchführen.

Stachelbeerwein

Stachelbeerwein ist in der Herstellung und Lagerung etwas problematisch. Dies liegt an der Frucht, die im unreifen oder gerade reifen Zustand sehr viel Pektin enthält und sich schwer abpressen läßt, sowie an der Säureart, die bei sehr warmer Gärtemperatur im Wein leicht von den Bakterien abgebaut werden kann. Deshalb neigt der Wein oft zu einem Mäuselton. Dies muß bei der Weinbereitung beachtet werden.

Die Stachelbeeren sollen bei der Verarbeitung gut reif bis überreif sein. Das Pektin ist in diesem Zustand schon teilweise abgebaut.

Rezeptur für 10 l Weinansatz

etwa 6 kg Stachelbeeren (= etwa 4,5 l Saft)

2,5 kg Zucker

4 l Wasser

20 ml Kitzinger Antigel

5 Tabletten Kitzinger Hefenährsalz (= 4 g)

1 Kultur Kitzinger Reinzuchthefe, Rasse Sherry/Portwein

Für eine Maischegärung, die nicht länger als 8-10 Tage dauern soll, werden die Früchte nach dem Waschen und Abtropfen von grünen Stielen und anderen braunen Teilen befreit, zerdrückt oder sonstwie gequetscht (nicht mit dem Mixer, da zu feines Mus entsteht!). Danach werden alle im Rezept aufgeführten Zutaten zugesetzt.

Nach etwa einer Woche Gärzeit (von Beginn der Gärung an gerechnet) läßt sich die Maische gut abpressen, wobei eine höhere Ausbeute als beim Pressen der süßen Maische zu erwarten ist.

Dehnt man die Gärzeit auf der Maische länger aus und sind die Stiele vorher nicht entfernt worden, kann der Geschmack grasig werden. Dies läßt sich auch mit einem höheren Restzucker im fertigen Wein nicht überdecken.

Die Gärtemperatur soll bei diesem Wein nicht über 22°C liegen. Sofort nach der Gärung – wie bei allen anderen Fruchtweinen unter Gäraufsatz Hobby I – muß der Wein kühl gestellt und auf 10 l mit 1 g Kaliumpyrosulfit geschwefelt werden. Baldige Klärung ist wichtig! Dies sind Maßnahmen, die den Wein gesund erhalten.

(Zu Klärung, Nachsüßung, Flaschenfüllung usw. siehe entsprechende Kapitel.)

Traubenwein – weiß und rot

Der wohl beliebteste und verbreitetste Wein wird in der Regel aus sogenannten Keltertrauben und nur selten aus ausländischen Tafeltrauben hergestellt. Vor allem ausländische Tafeltrauben enthalten viel Fruchtfleisch, dafür weniger Saft und teilweise auch weniger Zucker, weniger Säure und weniger Aromastoffe, als die echten »Wein«-Trauben. Dies hat zur Folge, daß solche Weine auch weniger gut haltbar sowie geschmacklich geringwertiger sind.

Leider ist es so, daß ertragreiche Sorten fast immer frostempfindlich sind, ertragsschwächere widerstandsfähiger. Dies ist ein Hauptkriterium in unseren Klimazonen.
Von diesen Traubensorten können also einige als Tafeltrauben angebaut werden, sofern ein Gartenbesitzer diesen Wunsch hat. Diese Sorten zeichnen sich durch frühere Reife, größere Beeren und größere Trauben (hohe Fruchtbarkeit) aus, die weniger Säure besitzen, somit also (scheinbar) süßer schmecken. Sie sind außerdem sehr saftig – im Gegensatz zu echten ausländischen Tafeltrauben.

Bedingt durch das Klima reifen die Trauben bei uns oft sehr spät, meist erst im Oktober – in ungünstigen Jahren bleiben sie bis November am Stock hängen, und dies hat zur Folge, daß sie dann nicht im optimalen Reifezustand geerntet werden können, z. B. nach Schlechtwetter oder nach Frosteinbruch. Der Zuckergehalt = Mostgewicht bzw. Öchslegrade liegt dann niedrig und der Säuregehalt hoch. Dieses Mißverhältnis kann nur durch entsprechende Korrekturen ausgeglichen bzw. beseitigt werden (nämlich durch Zusatz von Zucker oder Zuckerwasser).

In der gewerblichen Weinwirtschaft muß bei Zuckermangel, also bei Mostgewichten unter 75° Oe, genau wie beim Hausweinbereiter das Mostgewicht durch Zugabe von Zucker erhöht werden.

Eine zu hohe Säure (über 9 g/l) kann in der gewerblichen Weinwirtschaft durch kohlensauren Kalk (Calciumcarbonat = $CaCO_3$) entfernt werden. Der Hausweinbereiter kann die zu hohe Säure entweder auch mit kohlensaurem Kalk oder durch Zusatz von Zuckerwasser reduzieren; er kann aber auch beide Verfahren kombinieren, wenn die Säure zu hoch liegt.

Auf jeden Fall muß aber wegen der großen Schwankungsbreite der Hauptinhaltsstoffe Zucker und Säure (innerhalb der verschiedenen Traubensorten, der Jahrgänge und der Herkunft) bei jedem frischgepreßten Saft eine Untersuchung auf das Mostgewicht und die Säure vorgenommen werden (siehe Seite 39 ff. und 61 ff.).

Die wichtigsten Weißweinsorten in der Bundesrepublik Deutschland sind:

● <u>Riesling</u>	– edelste Rebe, rassiger Wein, säurereich, spätreifend.
● <u>Silvaner</u>	– beinahe geschmacksneutral, spätreifend.
● <u>Müller-Thurgau</u> (auch als Tafeltrauben verwendbar)	– milde Säure, feine Frucht, reichtragend, frühreifend.
● <u>Traminer</u>	– mildes, zartes Rosenbukett, geringere Erträge, spätreifend.
● <u>Scheurebe</u>	– Muskatgeschmack, rassige Säure, spätreifend.
● <u>Bacchus</u> (als Tafeltrauben verwendbar)	– frühreifend.
● <u>Kerner</u>	– ähnlich wie Riesling, mittelfrüh reifend.
● <u>Morio-Muskat</u>	– starkes Aroma – aber frostempfindlich, reichtragend, mittelfrüh reifend.
● <u>Perle</u>	– weniger frostempfindlich, geringer Ertrag, frühreifend.
● <u>Gutedel</u> (als Tafeltrauben verwendbar)	– reichtragend, geschmacksneutral, mittelfrüh reifend.
● <u>Ruländer</u>	– hohe Ansprüche an Klima, spätreifend.

Die wichtigsten Rotweinsorten in Deutschland sind:

● <u>Spätburgunder</u>	– weniger frostempfindlich, beste Rotweinsorte.
● <u>Portugieser</u> (als Tafeltrauben verwendbar)	– reichtragend, aber frostempfindlich.
● <u>Trollinger</u> (in Württemberg)	– reichtragend.
● <u>Blauer Lemberger</u> (in Württemberg)	– reichtragend.
● <u>Domina</u>	– Neuzüchtung, frostfest.
● <u>Müller-Rebe</u> (Schwarzriesling)	– weniger frostempfindlich, ausgeprägte Säure.

Unterläßt man diese Untersuchung, zeigen sich die Fehler bzw. Mängel spätestens nach der Gärung, und zu diesem Zeitpunkt sind sie meist nicht mehr zu beheben: Säureüberschuß, Alkoholmangel, usw. Die Folgen davon können sein: geringere Bekömmlichkeit des Weines beim Genuß oder schlechtere Haltbarkeit bei der Lagerung.

Auch in jedem gewerblichen Betrieb müssen die täglich geernteten Trauben bzw. der daraus gepreßte Traubensaft untersucht werden: Einmal dient dies der Feststellung der Qualitätsstufe (danach richtet sich unter anderem der Ein- und Verkaufspreis), und zum anderen können nur dadurch die möglicherweise notwendigen Korrekturen vorgenommen werden; die Ausbaumaßnahmen richten sich ebenfalls danach. Über die Zusammensetzung der frisch gepreßten Traubensäfte sind in der Tabelle Seite 34 nähere Angaben gemacht.

Je nach dem natürlichen Mostgewicht werden die Traubenmoste in künftige Qualitätsstufen eingeteilt. Da jedes der elf deutschen Weinbaugebiete unterschiedliche Einstufungen vornimmt, seien stellvertretend die Zahlenwerte für das <u>Weinbaugebiet Franken</u> genannt; in den anderen Weinbaugebieten liegen die Werte im Prädikatsweinbereich meist etwas niedriger.

Tafelwein:	mind. 44°Oe
Qualitätswein	
(weiß und rot):	mind. 60°Oe
Prädikatsweine	
Kabinett:	mind. 76°Oe
	(Rotweine 80°Oe)
Spätlesen (weiß):	mind. 85°Oe
	(einige Sonder-
	sorten 90°Oe)
Spätlesen (rot):	mind. 90°Oe
Auslesen:	mind. 100°Oe
Beerenauslesen:	mind. 125°Oe
Trockenbeeren-	mind. 150°Oe
auslesen:	
Eiswein (beson-	(mindestens
dere Herstellung):	Beerenauslese)

Das Mostgewicht ist hier – mehr als bei anderen Früchten – von großer Bedeutung: Nicht nur der spätere Alkoholgehalt ist davon abhängig, sondern auch der Genußwert, also die Reife, die Fruchtigkeit und der Aromareichtum (dieser ist nicht nur von der Traubensorte abhängig).

Prädikatsweine ab Spätlesen aufwärts wachsen nicht jedes Jahr, dazu sind die Witterungsverhältnisse in Mitteleuropa zu unterschiedlich. Außerdem muß noch folgendes berücksichtigt werden: In der Regel liegt die <u>absolute Reife</u> (sie ist nur in etwa 30-50% der Jahre erreichbar) je nach Traubensorte bei etwa 80-95°Oe. Mehr Zucker können die Blätter des Rebstockes nicht bilden, d. h., sie sterben zu diesem Zeitpunkt ab, und die Leitbahnen, die vorher noch intakt (grün) waren, verholzen (Braunfärbung). Bei einsetzender feuchter Witterung (Regen oder starker Tau) im Spät-

herbst beginnen die Trauben zu faulen (Edelfäule = Botrytis), wobei die Beerenhaut platzt. Dadurch kommt es zur Wasserverdunstung: Der Zuckergehalt wird konzentrierter, das Mostgewicht steigt an, und es können hochgrädige Weine gewonnen werden.

Ein länger anhaltender Regen im Herbst kann aber ins Gegenteil umschlagen: Die Beeren werden ausgewaschen, verlieren Zucker, und die Ernte kann qualitativ und quantitativ schlecht werden, vor allem, wenn ein hoher Prozentsatz der Traube bzw. der Beeren zu diesem Zeitpunkt faul ist.

Tritt die Fäulnis aus witterungsbedingten Gründen oder infolge unterlassener Spritzung gegen pilzliche oder tierische Schädlinge schon frühzeitig auf, bevor die Trauben in das Reifestadium kommen (bei 50-60°Oe), spricht man von <u>Sauerfäule</u>. Dies ist ein großer Nachteil. Sauerfaule Trauben sind für die Weinbereitung weniger gut geeignet. Wenn es zur Schimmelbildung an den Trauben kommt, sind diese ganz zu verwerfen.

Ein Befall von pilzlichen Krankheiten (Echter Mehltau, Peronospora) ist nur bei Europäerreben, wie oben aufgeführt, möglich; Amerikanerreben (Wildformen oder auch Hybriden) sind fast alle resistent gegen Pilzkrankheiten – sie ergeben jedoch nur minderwertige, meist sauere und wenig schmackhafte Weine.

Besonderheiten

Trockenbeerenauslesen mit Mostgewichten von 200°Oe oder gar 250°Oe sind in Spitzenjahren, wie 1971, 1976 und 1979, erreicht worden (in der Regel ist dies in jedem Jahrzehnt nur 2- bis 3mal möglich).

Für den Laien stellt sich die Frage, was hinter einer solchen Zahl steckt.

1°Oe = 2,6 g/l gelöste Extraktstoffe (überwiegend Zucker); dann entsprechen 250°Oe (250 x 2,6) = 650 g Extraktstoffe in einem Liter, und dies gleicht fast schon einem Sirup (Näheres über Sirup, siehe Seite 164 f. und 228). Ein Sirup selbst kann wegen seines hohen Zuckergehaltes nicht vergoren werden, deshalb sind solche hochgrädigen Traubenmoste nur äußerst schwer vergärbar. Sie haben eine sehr lange Gärzeit und erreichen nicht mehr als 50-60 g/l Alkohol, das sind 6-7,5% Vol.; der überwiegende Teil des Zuckers bleibt unvergoren, der Wein ist süß, von dunkelgelber bis leicht bräunlicher Farbe und gleichzeitig stark viskos (dickflüssig).

In diesem Zusammenhang soll auf ein Phänomen aufmerksam gemacht werden, weil es vielleicht dazu beiträgt, vieles besser zu verstehen – sei es im Zusammenhang mit der Gärung, der Haltbarmachung oder mit der allgemeinen Pflanzenphysiologie.

Hohe Zuckerkonzentrationen sind nur sehr schwer vergärbar. Mostgewichte bis etwa 130° Oe können bei Vorhandensein aller günstigen Gärbedingungen restlos vergoren werden – der Alkoholgehalt erreicht dabei etwa 18% Vol. Mit steigender Öchslezahl wird die Gärung aber verlangsamt. Dies hängt mit den »Druckverhältnissen« zusammen. Jede Hefezelle ist mit einer Zellwand umgeben, die halbdurchlässig (semipermeabel) ist und auf der ein Innendruck lastet. Man nennt diesen Druck osmotischen Druck. Durch diese Zellwand diffundieren gelöste Stoffe, so auch Zuckermoleküle und andere Nährstoffe.

Befindet sich die Hefezelle in einer Lösung aus Zucker, hat diese einen bestimmten »inneren Druck«, und es kommt zum Druckausgleich, d. h., dank der Durchlässigkeit der Zellwand werden Stoffe ausgetauscht. Jede Seite hat das Bestreben, in ein Druckgleichgewicht zu kommen, was für die Hefezelle als einzelliges Lebewesen (Pflanze) verhängnisvolle Folgen haben kann, wenn nämlich der Außendruck – bedingt durch eine hohe Zuckerkonzentration – so groß wird, daß die Hefezelle Flüssigkeit (Wasser) abgeben muß und sich dabei das Hefeplasma (= Inhaltsstoffe der Zelle) von der Zellwand löst. Es tritt eine sogenannte Plasmolyse ein, der Zelltod.

In Zwischenbereichen kann die Hefezelle zwar am Leben bleiben, aber sie kann sich nicht vermehren und auch keinen Stoffwechsel (Gärung) durchführen.

Diese Druckverhältnisse und das Bestreben nach Druckausgleich von zwei Seiten spielen auch im praktischen Bereich eine große Rolle – beispielsweise bei Holz. Dieser Werkstoff spielte früher die Hauptrolle bei den Gär- und Lagerbehältern für Weine. Selbst das trockenste Holz ist nicht absolut wasserfrei. Dies ist feststellbar, wenn man Holz in die Sonne legt. Holzfässer, die in sehr trockenen Räumen lagern, werden leck, undicht, und zwar hauptsächlich an den Fugen. Dieser Vorgang tritt merkwürdigerweise auch dann ein, wenn ein dichtes Holzfaß mit hochkonzentrierter Zuckerlösung (z. B. Trockenbeerauslese über 200° Oe oder Frucht- und Zuckersirup) befüllt wird. Diese Lösung hat das Bestreben, aus ihrer Umgebung, dem Faßholz, Wasser zu entziehen, um dünnflüssiger zu werden – genau wie bei der Hefezelle, die in einer hochgrädigen Zuckerlösung schwimmt. Das Holzfaß wird undicht und die Flüssigkeit läuft aus, obwohl das Faß nach wie vor befüllt ist.

Man könnte meinen, dies sei ein Widerspruch, aber hier kommt ein Naturgesetz zur Anwendung, das man erst im Zusammenhang mit der Pflanzenphysiologie versteht.

Holzgefäße sind somit für die Lagerung von hochgrädigen Trockenbeerauslesen oder Sirup nicht geeignet.

Die Verarbeitung der Trauben

Die Trauben können nach dem Waschen, was ja im Haushalt bei kleinen Mengen möglich ist, mit den Stielen (auch Kämme oder Rappen genannt) gequetscht/gemaischt werden. Dabei sollen die Traubenbeeren, aber nicht die grünen Stiele und Samen (Kerne) zerdrückt bzw. beschädigt werden, weil sonst Gerb- und Bitterstoffe herausgelöst werden, die den Geschmack des späteren Weines verschlechtern. Entweder nimmt man zur Zerkleinerung eine Walzenmühle oder einen Stampfer, keinesfalls einen Fleischwolf. Man kann die Stiele auch vorher entfernen (entrappen) – Dampfentsaften ist völlig ungeeignet.

Nun setzt man auf etwa 10 l Traubenmaische (= aus etwa 11 kg Trauben) ungefähr 20 ml Kitzinger Antigel und 1 g Kaliumpyrosulfit zu. Das Antigel baut die Pektinstoffe (»Kittsubstanzen«) der Fruchtfleischzellen ab. Die Maische läßt sich dann nach 5-10 Stunden besser auspressen. Die Schwefelung mit Kaliumpyrosulfit bietet Schutz vor Mikroorganismen (Krankheiten) und Braunfärbung (Oxidation).

Die Maische bleibt während dieser Zeit abgedeckt stehen, wird dann abgepreßt, der Saft sofort untersucht und in den Gärbehälter eingefüllt.

Nun nimmt man die Verbesserung vor, falls die ermittelten Analysenzahlen von Mostgewicht (Öchslegrade) und Säure (Promille oder g/l) nicht optimal vorhanden sind.

Hier einige Hinweise zu den Analysenzahlen:

● Die Säure (Gesamtsäure)
– Säurewerte unter 6 g/l kommen selten vor (wenn, dann mit Zitronensäure oder Milchsäure auf etwa 7 g/l aufsäuern – nur der Hausweinbereiter; in gewerblichen Betrieben ist die Aufsäuerung in der Bundesrepublik Deutschland nicht erlaubt).
– Säurewerte von 6-9 g/l sind optimal und so zu belassen.
– Werte über 9 g/l sind auf etwa 8 g/l (nicht tiefer!) durch Zusatz von einfachem kohlensauren Kalk zu reduzieren oder durch Zuckerwasser bzw. beides für den Hausweinbereiter. Bei noch höheren Säurewerten muß man ein Spezialverfahren anwenden – siehe dazu Tabelle auf Seite 151/152.

Zur Entfernung von 1 g Säure pro Liter sind genau 0,666 g Calciumcarbonat = $CaCO_3$ notwendig; man rundet meist auf 0,7 g/l auf.

Um beispielsweise von 13 g/l auf 8 g/l herunterzukommen, müssen:

13 g – 8 g = 5 g / 5 g × 0,7 = 3,5 g $CaCO_3$ je Liter Traubenmost zugesetzt werden. Dieses mehlige Pulver wird einfach in den Saft eingerührt, gut durchgemischt und kann dann mitvergären; es wird später als Salz beim Abstich von der Hefe ebenfalls entfernt. Es muß berücksichtigt werden, daß dabei Kohlendioxid (CO_2) frei wird und ein stärkeres Schäumen auftritt; deshalb sollte der Behälter nur etwa $3/4$ befüllt werden.

Die Entsäuerung geht nach folgender Formel vor sich:

$$
\begin{array}{l}
\text{COOH} \\
\text{CHOH} \\
\qquad\qquad + \text{CaCO}_3 \; \text{-->} \\
\text{CHOH} \\
\text{COOH}
\end{array}
\left.
\begin{array}{l}
\text{COO} \\
\text{CHOH} \\
\text{CHOH} \\
\text{COO}
\end{array}
\right\}
\text{Ca} + \qquad \text{CO}_2 + \qquad \text{H}_2\text{O}
$$

| Weinsäure | kohlen-
saurer Kalk | neutrales
Salz | Gas | Wasser |

Molekulargewicht:

150   + 100 ——> 188   +   44 +   18

Vorteilhaft ist es, wenn die Gesamtsäure des Traubenmostes (-saftes) aus etwa gleichen Teilen Weinsäure und Äpfelsäure besteht. In guten Jahren ist überwiegend Weinsäure, in schlechten Jahren überwiegend Äpfelsäure vorhanden.

Der kohlensaure Kalk reagiert nur mit der Weinsäure des Traubenweines und fällt aus, die Äpfelsäure wird dagegen nicht ausgefällt.

Folgende Tabelle soll vor allem dem gewerblichen Traubenweinbereiter eine Hilfestellung bei der Entsäuerung des frischen Mostes geben (im fertigen Traubenwein ist diese Entsäuerung nicht mehr so ohne weiteres anwendbar).

Traubenmostentsäuerung

● mit einfachem kohlensaurem Kalk ($CaCO_3$) bei Säurewerten von 9,0 g/l – 13,0 g/l auf etwa 9,0 g/l

vorhandene Säure Promille (= g/l)	Entsäuerung um g/l	Kalkzusatz g/hl
bis 9,0	–	–
bis 10,0	1,0	70
bis 10,5	1,5	100
bis 11,0	2,0	135
bis 11,5	2,5	170
bis 12,0	3,0	200
bis 12,5	3,5	235
bis 13,0	4,0	270

- mit Spezialkalk »Anticid« oder »Acidex« (= Doppelsalz-Entsäuerung*) bei Säurewerten über 13,0 g/l auf etwa 9,0 g/l Säure

vorhandene Säure Promille (= g/l)	Entsäuerung um Promille (= g/l)	Spezialkalk g/hl	total zu entsäuernde	nicht entsäuerte
			Mostmenge in l	
bis 13,0	4,0	270	35	65
bis 13,5	4,5	300	38	62
bis 14,0	5,0	335	41	59
bis 14,5	5,5	370	43	57
bis 15,0	6,0	400	46	54
bis 15,5	6,5	435	48	52
bis 16,0	7,0	470	50	50
bis 16,5	7,5	500	52	48
bis 17,0	8,0	535	54	46
bis 17,5	8,5	570	56	44
bis 18,0	9,0	600	57	43
bis 18,5	9,5	635	59	41
bis 19,0	10,0	670	60	40
bis 19,5	10,5	700	62	38
bis 20,0	11,0	735	63	37

* Hierbei wird sowohl Weinsäure als auch Äpfelsäure in etwa gleichem Verhältnis abgebaut.

Mit einfachem kohlensauren Kalk läßt sich nur Weinsäure ausfällen. Da diese aber in schlechten Weinjahren mit geringen Qualitäten, also niedrigen Mostgewichten, niedrig liegt (weniger als 50% der Gesamtsäure ausmacht), kann nur in begrenztem Umfang kohlensaurer Kalk zugesetzt werden, nämlich bis 270 g je 100 l. Oder man muß bei noch höheren Säurewerten das Spezialverfahren, nämlich die Doppelsalzentsäuerung, anwenden. Hierbei wird durch eine besondere Technik eine errechnete Weinmenge total entsäuert und dabei Weinsäure und Äpfelsäure in gleichen Teilen entfernt. In der Praxis geht man bis etwa 16-17 g/l mit diesem Verfahren, oder man muß die Weinsäure direkt bestimmen.

Das Beispiel zeigt, daß bei einer Entsäuerung (bei Weißweinen) nie unter 8-9 g/l entsäuert werden soll. Dies hängt damit zusammen, daß während und nach der Gärung noch weitere Säure abgebaut wird, und zwar:

- auf chemischem Wege durch natürliche Ausscheidung von Weinstein (= Verbindung der Weinsäure mit Kalium), wobei hier Minderungen um 1-2 g/l möglich sind – bei kühler Lagerung und hohem Alkoholgehalt sogar noch mehr (ähnliche Formel wie bei Entsäuerung mit kohlensaurem Kalk);

- auf biologischem Wege, wobei hier die im Traubenmost oder -wein vorhandene Äpfelsäure durch Bakterien abgebaut wird. Daraus entsteht Milchsäure und Kohlensäure nach folgender Formel:

$$
\begin{array}{lll}
\text{COOH} & \text{CH}_3 & \\
\text{CHOH} & \text{CHOH} & \\
& \quad\text{-----}> & \quad + \text{CO}_2 \\
\text{CH}_2 & \text{COOH} & \\
\text{COOH} & &
\end{array}
$$

Äpfelsäure	Milchsäure	Kohlendioxid
134	90	44
(Molekulargewicht)	(Molekulargewicht)	(Molekulargewicht)

Nach dem Molekulargewicht entstehen also aus 3 Teilen Äpfelsäure 2 Teile Milchsäure.

Im praktischen Bereich bedeutet dies, daß etwa 3 g Äpfelsäure abgebaut werden können, woraus dann 2 g Milchsäure entstehen. Dieser Säureabbau vollzieht sich nur bei warmer Temperatur und nichtgeschwefelten Weinen.

Dieser Säureabbau ist bei Weißwein unerwünscht, weil neben Milch- und Kohlensäure noch geringe Mengen anderer Bestandteile entstehen, die den Wein unter Umständen qualitativ verschlechtern können. Bei Rotwein ist dieser Säureabbau erwünscht.

Insgesamt rechnet man mit einem fast unvermeidbaren Säurerückgang um 2-3 g/l; wenn dieser Rückgang größer ist, entstehen meist fehlerhafte Weine.

Ein fertiger Wein soll jedenfalls um 5-6 g/l Säure aufweisen (Rieslingweine und Weine aus geringen Weinjahrgängen, die nicht so weit entsäuert werden können und sollen, weisen im ausgebauten Zustand etwas mehr Säure auf, nämlich 7-8 g/l).

Werden noch höhere Säurewerte (über 20 g/l) bei frisch gepreßten Traubenmosten festgestellt, kann nicht mehr beliebig entsäuert werden – das hängt damit zusammen, daß der überwiegende Teil der Säure – und zwar bis zu 80% – aus Äpfelsäure besteht. In diesem Fall muß der Hausweinbereiter eine zusätzliche Naßverbesserung vornehmen, wobei Zucker im Wasser gelöst wird. Dabei tritt jedoch eine Verdünnung aller Saftinhaltsstoffe auf, obwohl nur eine Verdünnung der Säure gewünscht wäre. Auch bei der Naßverbesserung wird man nicht mehr als maximal 25% Zuckerwasser zugeben (berechnet auf die Ausgangsmenge); das wären für 10 l Natursaft 2,5 l Zuckerwasser.

Beispiel für eine Naßverbesserung

Von praktischer Bedeutung ist, aus wieviel Zucker und Wasser diese Lösung besteht.

Wenn verbessert bzw. gezuckert werden soll, ist das Mostgewicht bei weißen Trauben auf 85° Oe, bei roten auf etwa 90° Oe einzustellen. (Im gewerblichen Bereich darf allerdings nur um 28 g/l Alkohol verbessert werden – in Baden nur um 20 g/l, dies soll aber den Hausweinbereiter nicht weiter belasten.)

Angenommen, ein Traubenmost hat nach dem Abpressen

● ein Mostgewicht von 70° Oe => gewünschtes Mostgewicht: 85° Oe;

● eine Säure von 15,0 g/l => gewünschte Säure: 8 (bis 9) g/l.

Mit kohlensaurem Kalk kann auch der Hausweinbereiter nur um höchstens 5 g/l entsäuern, so daß immer noch 10 g/l vorhanden sind. (Auf 10 l Saft sind: 10 × 3,5 = 35 g kohlensaurer Kalk notwendig.)

Da die 10 g/l Säure immer noch zuviel sind, muß zusätzlich mit Zuckerwasser verdünnt werden:

10 l × 10 g/l Säure = 100

100 : 8 = 12,5 l

insgesamt entstehen aus 10 l Saft (= Traubenmost) 12,5 l verdünnte Saftmenge, die eine Säure von 8,0 g/l aufweist. Folglich sind 2,5 l Zuckerwasser zuzusetzen.

Das vorhandene Mostgewicht von 70° Oe wird durch diese Verdünnung mit 2,5 l (nehmen wir an, es handelt sich nur um Wasser) reduziert, und zwar

10 l × 70° Oe = 700

700 : 12,5 l = 56° Oe (Zwischenmostgewicht).

Um von diesen 56° Oe auf 85° Oe zu verbessern, sind

85 − 56 = 29° Oe

29° Oe × 2,6 g = 75,4 g Zucker pro Liter nötig

(1° Oe entspricht 2,6 g Zucker).

Für 12,5 l sind dann 75,4 x 12,5 = 942,5 g Zucker abzuwiegen.

Diese 942,5 g Zucker nehmen aber nach der Lösung ein Volumen von 942,5 x 0,6 = 565,5 ml ein. Dieses muß erst von den 2,5 l Wasser abgezogen werden, so daß genau 1,9345 l Wasser übrig bleiben. Die Zahlenwerte können in der Praxis auf- oder abgerundet werden.

Zusammenfassend kann man für dieses Beispiel sagen:

10 l Traubensaft + 2 l Wasser + 940 g Zucker ergeben etwa 12,5 l (naßverbesserten) Traubenweinansatz.

Es liegt eine 25%ige Naßverbesserung vor. In der gewerblichen Weinwirtschaft ist dies nicht zulässig. Im Bereich des Hausweinbereiters kann eine solche Naßverbesserung bei nachfolgenden, sachgerechten kellerwirtschaftlichen Maßnahmen eine echte Qualitätsverbesserung bringen.

Einfacher ist ein Berechnungsbeispiel bei normaler Säure (von 6–9 g/l), wo nur das Mostgewicht zu niedrig liegt, z. B. bei 70° Oe.

Um das Mostgewicht um 1° Oe pro Liter zu erhöhen, sind, wie oben schon aufgezeigt, 2,6 g Zucker notwendig.

Beispiel für eine Erhöhung des Mostgewichts = Trockenverbesserung

Gewünschtes Mostgewicht: 85° Oe (ergibt einen späteren Alkoholgehalt von 11-11,5% Vol.)

Differenz 85 − 70 = 15 × 2,6 = 39 g

(Bei gewerblichen Weinbereitern wird nur ein Faktor von 2,4 angewandt.)

Auf 10 l Saft sind somit 39 g × 10 g = 390 g Zucker zuzusetzen.

Diese 390 g Zucker nehmen ein Volumen von 390 × 0,6 = 234 ml ein, das streng genommen erst von den 10 l abgezogen werden müßte.

10 l − 0,234 l = 9,766 l Saft

Zu diesen 9,766 l (oder aufgerundet 9,8 l) Saft gibt man die 390 g Zucker und erhält 10 l verbesserten Most.

Es kann vernachlässigt werden, daß sich bei der Zugabe dieser Zuckermenge auf 10 l Most die Flüssigkeit auf 10,234 l oder um 2,3% vermehrt.

Eine Besonderheit: Der Federweiße

Nicht nur fertige Weine sind genießbar und bekömmlich, sondern noch im Gärstadium befindliche und als Bremser, Sauser, Bitzler, Federweißer usw. bekannte Jungweine. Dafür eignen sich niedergrädige Traubenmoste um 60-80° Oe bestens, die entweder so belassen oder aufgrund des zu geringen Mostgewichtes (unter 70° Oe) aufgezukkert sein können (bis höchstens 85° Oe). Der besondere Genuß besteht darin, daß gärende Moste durch die Hefe reich an Vitamin B werden. Man kann solche Getränke mehr genießen, da der Alkoholgehalt niedriger ist; außerdem entsteht durch die prickelnde Kohlensäure ein angenehmes Gefühl im Mund und auf der Zunge.

Bei Perlwein und Sekt liegt das Schwergewicht auf diesem Prickeln (siehe Kapitel zur Schaumweinbereitung, Seite 196). Die Kohlensäure hat eine kühlende Wirkung, indem sie beim Entweichen aus der Flüssigkeit im Mund Wärme aus der Umgebung entzieht.

Die »Zeit des Federweißen« braucht nicht nur auf die Herbstzeit beschränkt zu bleiben, sondern kann von jedem Hausweinbereiter beliebig verlängert oder zusätzlich in eine andere Jahreszeit verlegt werden. Er muß nur den frisch gekelterten Traubensaft haltbar machen, und zwar in Plastikbeutel einfüllen und einfrieren (Gefriertruhe) oder pasteurisieren und in Flaschen bzw. Glasballons füllen (siehe Kapitel zur Saftbereitung, Seite 82 ff.). Je nach Wunsch können zu gegebener Zeit einer oder mehrere Behälter geöffnet bzw. aufgetaut und mit einer einige Tage vorher vermehrten Reinzuchthefe (siehe Seite 67 ff.) angegoren werden. Das gleiche läßt sich auch mit gekauftem Trauben- bzw. Apfelsaft machen. Die Säfte dürfen vorher jedoch nicht mit Konservierungsstoffen haltbar gemacht worden sein!

Rotwein, Rosé und Rotling

Rotweine werden aus roten Trauben hergestellt. Die Farbstoffe sind nicht im Fruchtsaft, sondern in den Beerenhäuten (Beerenschalen) enthalten und werden beim Pressen nicht herausgelöst. (Ausnahmen sind bestimmte Neuzüchtungen, Amerikanerreben und Hybriden; diese enthalten die Farbstoffe schon im Saft; die Trauben sind nach dem Mahlen preßbar, der Saft rot).

Es gibt 2 Verfahren, diese Farbstoffe herauszulösen:

1. Die gequetschten Trauben (Maische) auf etwa 85°C erhitzen, abkühlen lassen und bei etwa 50°C auf 10 l Maische (wie bei weißen Trauben) 20 ml Kitzinger Antigel zusetzen und gut durchmischen.

Nach Abkühlung auf Zimmertemperatur preßt man ab (nach etwa 5-10 Stunden). Jetzt den Saft auf Mostgewicht und Säure hin untersuchen und – falls erforderlich – verbessern.

Man geht auf etwa 90° Oe, da der Alkoholgehalt später bei 12% Vol. liegen soll. Die Säure reduziert man vor der Gärung auf etwa 7 g/l.

Diese Weine sollen im ausgebauten Zustand mild und samtig schmecken.

2. Eine etwa einwöchige Maischegärung durchführen, um den Zucker bis auf ein Mostgewicht um etwa 30-40° Oe herunterzugären, da durch den sich bildenden Alkohol und die Kohlensäure die Farbstoffe herausgelöst werden.

Die Trauben werden gequetscht = gemaischt, und es wird soviel Saft entnommen, wie zur Untersuchung notwendig ist. Anschließend bestimmt man das Mostgewicht und die Säure (siehe Traubenwein, weiß). Die notwendige Verbesserung mit Zucker ist nach dem Abpressen vorzunehmen. Die Entsäuerung führt man jedoch vor Beginn der Gärung durch. Es muß berücksichtigt werden, daß aus 10 l Maische etwa 7 l Wein abgepreßt werden. Demzufolge sind die Mengen an Zucker, Wasser oder Kalk für etwa 7 l zu berechnen.

Werden die Traubenbeeren vorher von den Stielen befreit (entrappt), ist der spätere Wein reintöniger, sauberer und enthält weniger Gerbstoff; es ist dann mit 80% Ausbeute (aus 10 l Maische 8 l Wein) zu rechnen. Das Entrappungsverfahren ist vorzuziehen – es ist allerdings aufwendiger. Zu den gequetschten Trauben (Maische) wird Antigel hinzugegeben. Die Maische wird mit 1 g Kaliumpyrosulfit auf 10 l versetzt, in den Gärbehälter gegeben (am besten in ein Kunststoffaß mit abschraubbarem Deckel) und auf 10 l zwei g Hefenährsalz und Reinzuchthefe zugesetzt.

Die Gärung

Zur Unterstützung der Gärung – insbesondere bei Verwendung von angefaulten Trauben – sollte Vitamin B_1 zugesetzt werden. (Es wurde 1980 weingesetzlich für die gewerbliche Weinwirtschaft als technischer Hilfsstoff zugelassen, um Gärschwierigkeiten zu vermindern.) Ein weiterer großer Vorteil des Vitamin B_1 besteht darin, daß zum Ausbau des Traubenweines weniger schweflige Säure benötigt wird.

Grundsätzlich ist der größte Teil der Trubstoffe (Fruchtfleisch, Staub, Spritzmittelrückstände, usw.) durch Absetzenlassen oder Abseihen vor der Gärung zu entfernen. Dadurch verläuft die Gärung langsamer, aber reintöniger, und die Qualität des späteren Weines wird tatsächlich gesteigert; das Gärgefäß kann voller gehalten werden (geringere Schaumbildung und weniger Temperaturanstieg), um Alkohol- und Aromaverluste zu vermeiden. Etwas trüb sollte der Saft sein, da die Gärung bei vollständiger Abwesenheit von Trubstoffen wiederum zu träge verläuft und die Gefahr besteht, daß der Zucker nicht restlos vergoren wird.

Die Vergärung wird mit Kitzinger Reinzuchthefe durchgeführt; will oder muß man schnell vergären, da die Gefahr einer Infektion besteht (oder aufgrund niedriger Temperaturen bei der Traubenlese), ist es ratsam, die Reinzuchthefe 3-5 Tage vorher in etwa 0,25 l Traubensaft zu vermehren. Diesen Ansatz stellt man in einer teilgefüllten Flasche her, die mit einem Wattebausch verschlossen und warm gestellt wird (siehe Seite 67 ff.).

So können Anfangsgärschwierigkeiten überwunden werden. Da jeder Saft von Natur aus schon wilde Hefen mitbringt, übernehmen diese nun in sprossendem Zustand zugesetzten Reinhefen die Gärung alleine. Der Gärbehälter muß von Anfang an mit einem Gäraufsatz Hobby I oder Hobby II verschlossen werden (für Behälter von 5-200 l Hobby I).

Während der Gärung sollte man häufig probieren (oder konsumieren), um sich vom Zustand zu überzeugen, da gärender Wein (trifft auf alle anderen Weinarten zu) viele Vitamine, vor allem B-Gruppe, enthält. Dieses Vitamin trägt, wie nicht nur der Volksmund zu berichten weiß, zur »Blutreinigung« und zum rascheren Abbau der Kohlenhydrate (Stärke und Zucker) im menschlichen Körper bei. Das vor der Gärung zugesetzte Vitamin B_1 ist bei der Gärung nicht nur für die Hefezellen, sondern auch für den menschlichen Körper wertvoll.

Die Gärbehälter bei der Rotweinmaischegärung zu 50%, bei jeder anderen Saftgärung zu etwa 90% befüllen.

Rotweinmaische ist täglich einmal unterzustoßen (im Plastikgefäß mit Deckel) oder im Ballon umzuschütteln. Die Farbstoffausbeute ist besser, wenn die Beeren immer wieder in den Saft eingetaucht werden.

Die Gärtemperatur sollte nicht über 15° C liegen, da durch rasche Gärung die Temperatur nochmals stärker ansteigt. Nach Möglichkeit sollte man die Temperatur in der Hauptgärphase nicht über 20° C ansteigen lassen – notfalls kühlen oder kühl stellen.

Bei einer Temperatur über 20° C geht etwas Alkohol und ein Teil des bei Trauben empfindlichen und sowieso nicht im Übermaß vorhandenen Aromas verloren. Gärtemperaturen unter 10° C führen zur Gärstockung mit der Folge, daß größere Zuckerreste im Wein verbleiben, die im folgenden Frühjahr durch Wiedererwärmung zur Nachgärung führen können.

Nach der Gärung

Gegen Ende der Gärung oder kurz danach ist der Gärbehälter aufzufüllen, um eine Oxidation (Bräunung) zu vermeiden. Entweder man füllt aus einem anderen Behälter den gleichen oder ähnlichen Wein hinzu oder verwendet dafür einen fertigen Wein aus früheren Jahren. Man kann sich die fehlende Weinmenge dazukaufen oder einfach in einen oder mehrere kleinere Behälter umfüllen.

Dadurch wird gleichzeitig der erste Abstich (die Entfernung der Hefe), der in jedem Fall spätestens 4 Wochen nach Gärbeendigung erfolgen soll, durchgeführt. Der Wein wird mit 1 g Kaliumpyrosulfit auf 10 l geschwefelt (unumgänglich). Ab jetzt den Behälter stets voll, kühl und dunkel lagern. Als Verschluß weiterhin den Hobby-Gäraufsatz verwenden. Im Anbruch befindliche Behälter sollen innerhalb weniger Wochen leergetrunken werden.

Allmählich setzt die Klärung ein, die Säure stabilisiert sich. Am Ende des Winters wird zum zweiten Mal abgestochen und wiederum mit 1 g Kaliumpyrosulfit auf 10 l geschwefelt.

Traubenweine werden wegen ihrer besonderen Güte und wegen ihrer Anfälligkeit gegenüber Luftsauerstoff meist auf Flaschen gefüllt, da auch der Alkoholgehalt bei Traubenweinen niedriger als bei Obst- und Fruchtdessertweinen ist.

Traubenweine unterscheiden sich von anderen Obst- und Fruchtweinen noch insofern, als sie von Natur aus Eiweiß in unterschiedlichen Mengen enthalten. Dieser Bestandteil ist labil. Bei höherer Temperatur und in Verbindung mit anderen Inhaltsstoffen, wie Metall und

Gerbstoff, kann er ausflocken: Der Wein wird trüb, zumindest »blind«. Vorbeugend, wenn keine spezifische Untersuchung im Labor erfolgt (unter anderem auch bei Arauner Weinlabor und Beratungsdienst), ist pauschal eine Schönung mit 25 g Bentonit (siehe Seite 168) je 10 l durchzuführen.

Bei der Bentonitschönung werden gleichzeitig unerwünschte, während oder nach der Gärung durch Bakterien gebildete biogene Amine (Aminosäuren) wie Histamin und Thyramin entfernt, denen teilweise die Unverträglichkeit der Weine und sogar Kopfschmerzen zugeschrieben werden. Zur rascheren und vollkommenen Klärung kann nach der Bentonitschönung mit 5-10 ml Kieselsol 15%ig und 0,5-1 g Gelatine (je nach Trübungsgrad) nachgeschönt werden.

Etwa 1-2 Monate später kann der Wein auf Flaschen abgefüllt werden (siehe Kapitel »Flaschenfüllung«).

Vitamin C besitzt eine ähnliche Schutzwirkung gegen Oxidation wie schweflige Säure (Kaliumpyrosulfit). Eine Mitverwendung von 1,5 g auf 10 l Wein kurz vor der Flaschenfüllung ist sehr zu empfehlen (siehe Seite 174 f.).

Sterile Abfüllung

Oft enthalten Weine von der Gärung her eine Restsüße oder werden vor der Flaschenfüllung aus Geschmacksgründen gezielt nachgesüßt. Wird – wie in der gewerblichen Weinwirtschaft – »Süßreserve« verwendet, sind auf 10 l Wein zusätzlich 2,5 g Sorbinsäure zuzusetzen. Bei Süßreserve handelt es sich um haltbar gemachten süßen Traubensaft, der in einer Menge von 3-10% einem fertigen Wein zugesetzt wird (auf 10 l fertigen Wein 0,3-1 l Saft).

Durch Sorbinsäure wird jede Nachgärung mit ihren Folgen (Trübung des Weines, schlimmer: Platzen oder Auslaufen der Flaschen mit Verschmutzung der Umgebung) verhindert.

Traubenwein kann ebenso wie jeder andere Frucht- und Kernobstwein vor der Flaschenfüllung mit einfachem Zucker nachgesüßt werden, wenn es sich ausschließlich um den Bedarf im eigenen Haushalt handelt. Der Wein muß zu diesem Zeitpunkt glanzklar sein. Der Alkoholgehalt spielt keine Rolle. Bei sachgemäßer Anwendung ist die Sorbinsäure in der Lage, eine Nachgärung zu verhindern. Nähere Angaben finden sich auf den 10-g-Tütchen von Arauner, wobei diese Menge für 40 l ausreicht.

Voraussetzungen für eine Stabilität im biologischen Sinne:

- Der Wein muß sachgemäß ausgebaut und geschwefelt sein, ohne Fehler und Weinkrankheiten.
- Der Wein muß durch Selbstklärung oder nach zwangsweiser Schönung oder Filtration glanzklar sein.
- Die Flaschen müssen mit einer Bürste gut gereinigt sein, gegebenenfalls mit 50° C heißem Wasser ausspülen und einer 2%igen schwefligen Säurelösung nachspülen; austropfen lassen.
- Die Sorbinsäure wird in Wasser aufgelöst (für 2,5 g reichen etwa 20 ml aus); die Lösungsflüssigkeit vollständig in den Wein einrühren und gleichmäßig verteilen. Da dies im Ballon kaum möglich ist, muß der Wein herausgenommen und am besten in einem Plastikwännchen durchgerührt werden. Von hier aus kann er mit einem Probeschlauch direkt in Flaschen gefüllt werden (siehe Kapitel »Flaschenfüllung«).

Die gefüllten Flaschen möglichst kühl, dunkel und liegend lagern.

Alle Mittel und Zusätze sind in Kleinstmengen bei Arauner KG erhältlich.

Genußwert und Bekömmlichkeit eines Weines

Wenn auch allgemein bekannt ist, daß mit steigendem Mostgewicht die Qualität und beim In-den-Verkehr-bringen vor allem der Preis steigt, stellt sich doch die Frage, ob in jedem Falle neben dem Genußwert auch die Bekömmlichkeit erhöht wird. Oft ist dies nicht der Fall, vor allem, wenn kellerwirtschaftlich nicht sachgemäß gearbeitet, d. h. zu spät von der Hefe abgelassen, nach der Gärung zu warm gelagert und/oder der Behälter nicht rechtzeitig vollgefüllt wurde, so daß der Wein viel Sauerstoff aufnehmen konnte.

Das Mostgewicht bzw. die Traubenqualität ist nur ein wichtiger Faktor, die Traubensorte und die Lage ein anderer. Für alles andere ist der (Hobby-)Kellermeister verantwortlich, und das ist nicht wenig. Hochwertige Qualitätsweine stammen nicht immer aus Trauben mit hohen Mostgewichten, sie können auch aus unteren Bereichen von 70-80° Oe gewonnen werden. Solche Weine sind nicht nur ein echter Genuß, eine wahre Gaumenfreude, sondern sie sind bekömmlich.

Hochgradige Traubenweine (ab Spät- und Auslesen) können nur in kleineren Mengen genossen werden; sie belasten den Körper stärker als leichtere Tischweine. Sie werden nicht von allen Menschen gleich gut vertragen. Dies hängt oft damit zusammen, daß solche Weine in größeren Mengen höhere Alkohole, außer Äthylalkohol, enthalten (siehe Tabelle Seite 37).

Bei uns in der Bundesrepublik kennt man den Begriff von der »Qualität im Glase«, das heißt, der Wein wird danach beurteilt, wie er sich im Glase darstellt – die Herkunft spielt eine untergeordnete Rolle. Jede Traubensorte und jede Lage/Herkunft kann höchste Qualitäten hervorbringen.

Im Ausland, insbesondere in Frankreich und Italien, sind es bestimmte Herkünfte, die schon von vornherein einen gewissen Bonus haben, der die Weine vor allem preislich über weniger bekannte Weine hebt. Dabei denke man an den berühmten Chablis, um nur ein Beispiel zu nennen.

Weißdornwein

Wir haben die Früchte des Weißdorns, auch unter dem Namen Hagedorn, Heckendorn oder Zaundorn bekannt, näher untersucht und einige wichtige Daten in der Tabelle Seite 34 aufgeführt. Daraus ergibt sich, daß diese Früchte für die Weinbereitung weniger gut geeignet sind: Erstens sind sie sehr saftarm (wie Hagebutten), der Säuregehalt ist sehr niedrig und das Aroma nicht besonders ausgeprägt.

Diese Früchte eignen sich besser als Heilkräuter oder Tee. Man spricht den Weißdornblüten und -früchten herzmuskelstärkende Wirkung zu.

Aus allem ist ersichtlich, daß eine Weinbereitung hieraus nicht unbedingt empfohlen werden kann. Sollte aber der Wunsch bestehen, kann nach dem Rezept für Hagebuttenwein verfahren werden, da die Früchte von der Konsistenz und Struktur ähnlich sind.

Zitrone

Die Zitrone kommt zwar als Frucht für die Weinbereitung kaum in Frage, spielt jedoch im Bereich der häuslichen Saft- und Weinbereitung eine außerordentlich große und wertvolle Rolle:

- Die Zitrone hat ein ausgeprägtes Fruchtbukett, das selbst nach starker Verdünnung noch intensiv ist und zur geschmacklichen Verbesserung vieler anderer neutraler Weine beiträgt. Vor allem werden Blütenweine damit abgerundet und Kräuter- und Gemüseweine bzw. -säfte »echt« verbessert. Die Aromastoffe sitzen überwiegend in der Schale der Zitrone. Man gibt häufig Zitronenscheiben oder nur -schalen (ungespritzt) zu anderen Getränken und Speisen.
- Der außerordentlich hohe Säuregehalt der Zitrone bietet die Möglichkeit, den Zitronensaft in kleinen Anteilen zur Aufsäuerung anderer, säureärmerer Weine heranzuziehen. Die Säurewerte liegen bei 60-70 g/l, etwa 10mal höher als in normalen Apfelsäften und 2- bis 3mal höher als in roten Johannisbeersäften.
- Außerordentlich wertvoll ist die Zitrone wegen ihres hohen Vitamin-C-Gehaltes und einsetzbar, wo dieses Vitamin C in den Früchten fehlt. Vitamin C verhindert Oxidationen, Farbveränderungen von Fruchtsäften und -weinen, und zwar bei weißen Getränken, daß diese dunkel und roten Getränken, daß diese braun werden; auch schützt es das Aroma. Vitamin C ist in gewissem Sinne ein Ersatz für schweflige Säure (Kaliumpyrosulfit), und es wird deshalb in der modernen Weinwirtschaft in Mengen bis 150 mg pro Liter kurz vor der Flaschenfüllung (bei Traubenweinen) verwendet.
  Das Kitzinger Vitamin C in Tütchen von 10 g kann vielen anderen Früchten zugesetzt werden, wenn diese verarbeitet werden, um die natürliche Farbe zu erhalten.

Die außerordentlich hohe Säure ist der Grund dafür, daß Zitronen lange lagerfähig sind und nicht von Mikroorganismen, wie Schimmel, Hefen oder Bakterien, befallen werden (im Gegensatz zu säurearmen Zitrusfrüchten, wie Orangen, Mandarinen, usw.).

Aufgrund des ausgeprägten Aromas ist die Zitrone mehr oder weniger als »Gewürz« für viele Säfte, Weine und Tees zu bezeichnen. Sie ist universell wie kaum eine andere Frucht. Angaben über die Zusammensetzung der Inhaltsstoffe siehe Tabelle Seite 34.

Zwetschgenwein
– siehe Pflaumenwein

Sonstige Weine und Ausgangsstoffe

Die bisher genannten Rezepturen sind keineswegs vollständig; es sind die in unseren Breitengraden wichtigsten. Ständig werden neue Rezepte ausprobiert, seien es Mischungen (Mehrfruchtweine) oder Säfte und Weine aus Früchten der Tropen oder Subtropen. Im Fruchtsaftbereich sind Getränke wie »Multivitamin« und wie sie alle heißen, nicht mehr wegzudenken.

»Veredelungen« lassen sich dadurch erreichen, daß vorhandenen, weniger geschmackvollen Weinen Kräuterauszüge oder Wermut-Kräuter-Essenzen (Aroma aus Wermutkräutern) in genau dosierten Mengen zugesetzt werden, z. B. bei Rhabarber-, Stachelbeer- und Apfelweinen, um nur einige zu nennen. Es wird nicht nur eine neue Geschmacksvariante um ihrer selbst willen erzeugt, sondern die Weine haben den Vorteil, daß sie appetitanregend, verdauungsfördernd, vielleicht sogar auch bekömmlicher werden.

Es ist jedem möglich, je nach vorhandenen Ausgangsstoffen, Erfahrungen, Einfällen oder vielleicht etwas Glück für die weniger »Begabten« einen Wein herzustellen, der sich von anderen unterscheidet und durch eine persönliche Note auszeichnet.

Diese Erfahrung macht man besonders in den Ländern, die sich gewerblich nicht mit der Traubenweinbereitung befassen, da kein Weinbau vorhanden ist (beispielsweise unsere nördlichen Nachbarn).

Es wurde aus der Not eine Tugend gemacht; auch Roggen, Gerstenmalz und Roggenmehl mit Zucker finden dabei Verwendung. Nebenbei, es muß zur Vergärung all das beachtet werden, was nach physikalischen und biochemischen Gesetzen der Gärung Gültigkeit hat und in den entsprechenden Kapiteln dieses Buches beschrieben ist.

Die Einwohner afrikanischer Länder stellen aus einer Reihe von exotischen Früchten Wein her. Hirse wird im Busch zu Wein verarbeitet, wobei die Gärung durch Hefen im Speichel nach dem Kauen und Ausspucken ausgelöst werden soll. (Sicherlich ist dies eine Überlieferung aus früheren Jahren.)

Im Prinzip lassen sich aus beinahe allen Nahrungsmitteln mehr oder weniger schmackhafte Weine herstellen. Dabei müssen folgende Regeln beachtet werden:

● Zur Gärung ist immer Zucker nötig, der in Flüssigkeit gelöst ist und eine bestimmte Konzentration nicht überschreiten darf.

   Diese läßt sich errechnen und mit einer Spindel (Kitzinger Öchslewaage) bestimmen (siehe Seite 39 ff. und Tabelle Seite 42).

● Für eine saubere, reine, risikolose Gärung, Haltbarkeit und Geschmacksharmonie eines Weines ist eine bestimmte Säuremenge erforderlich. Sie zu bestimmen und zu korrigieren ist nicht schwierig (Hinweise zur Säurebestimmung, siehe Seite 61 ff.).

Wein aus Brotrinde (Kwass)

Außergewöhnliche Beispiele sind Weine, die nicht aus Früchten stammen, die zu ihrer Entwicklung und Reife einen Boden mit gelösten Nährstoffen, Sonnenwärme und Wasser benötigen, sondern aus – fast möchte man meinen »Abfallprodukten der menschlichen Ernährung« – nämlich Brotrinde, die schon vertrocknet und für die menschliche Ernährung (bei uns) nicht mehr geeignet ist. Ein solcher Wein kann in Gegenden erzeugt werden, die jahraus – jahrein nur Schnee und Eis kennen, z. B. mitten in Sibirien. Dort ist bzw. war dieser Wein unter dem Namen Kwass ein Genußmittel.

Rezeptur für 10 l Kwass

2 kg trockene Brotrinde

2 kg Zucker

9 l Wasser

60 g Milchsäure 80%ig

5 Tabl. Kitzinger Hefenährsalz (= 4 g)

1 Kultur Kitzinger Reinzuchthefe, Rasse Steinberg in 0,25 l Apfelsaft einige Tage vorher vermehren (siehe Seite 67 ff.)

Konzentrate für die Weinbereitung

In der gewerblichen Weinwirtschaft werden zunehmend Konzentrate für die Weinbereitung verwendet, überwiegend im Apfelsaftsektor.

Der Grund: In obstreichen Jahren fehlt ausreichend Lagerraum. Infolgedessen wird der frische Preßsaft im Vakuum auf etwa 50°C erhitzt und der größte Teil des Wassers entzogen. Er ist als Dicksaft bei einfacher kühler Lagerung ohne weitere Maßnahmen haltbar und benötigt nur wenig Lagerraum, etwa 20%, da etwa 80% des Wassers entfernt sind. Bei Bedarf wird er in der gewerblichen Wirtschaft mit entmineralisiertem Wasser auf Ausgangsstärke verdünnt und vergoren. Im Haushalt kann dazu einfaches Wasser verwendet werden (siehe Kapitel »Wasser«, Seite 32 f.).

Um z. B. 10 l Weinansatz aus Apfelsaftkonzentrat zu bereiten, muß folgende Berechnung durchgeführt werden:

Das Mostgewicht dieses Konzentrats liegt z. B. bei etwa 320°Oe, dies entspricht auch einer Dichte von 1,320. Dies sind etwa 65% Trockenstoffgehalt (T.S.).

Das gewünschte Mostgewicht des Weinansatzes sollte etwa 53°Oe betragen.

320°Oe : 53°Oe = 6,03 l Ausmischung

Aus 1 l Konzentrat kann man mit 5 l Wasser 6 l Weinansatz bereiten.

Für 10 l Ansatz sind (10 : 6 =) 1,66 l Konzentrat nötig (+ 8,33 l Wasser).

Dieser so rückverdünnte Saft kann auch süß als Saft getrunken werden (Näheres Seite 82 ff.).

Nach dem gleichen Prinzip kann man alle anderen Konzentrate rückverdünnen, um beispielsweise Fruchtweine herzustellen. Man benötigt mehr Konzentrat, da das Ausgangsmostgewicht vor der Gärung nicht auf 53°Oe (wie bei Apfelweinen) sondern auf 80°Oe eingestellt wird – oder man müßte mit Zucker verbessern (siehe Gesamtübersicht Seite 96).

Säfte und Süßmoste für die Weinbereitung

Die im Handel erhältlichen Fruchtsäfte (Apfel- und Traubensaft) und Süßmoste bzw. Nektare (Beerensäfte, Steinobstsäfte, usw.) sind durch Pasteurisation haltbar gemacht und müssen nach gesetzlichen Bestimmungen gärfähig sein.

Sie dürfen nicht mit Konservierungsstoffen versetzt werden.

Solche Säfte sind für die Weinbereitung geeignet, allerdings verläuft die Vergärung nicht so leicht wie bei frischen, kalt abgepreßten Säften. Die Ursache ist, daß diese Säfte nahezu frei von Trubstoffen sind, die gärfördernd wirken; durch den Erhitzungsprozeß wurden einige wichtige gärfördernde Substanzen – z. B. Aminosäuren – zerstört.

Für Tischweine sind diese Säfte gut geeignet, für Dessertweine beschränkt. Bei letzteren müssen bessere Vorbedingungen als bei alkoholschwächeren Getränken aus Fruchtsäften vorhanden sein.

Während der Zuckergehalt und die Säurewerte optimal für die Säfte sind, muß zur Vergärung aber Zucker zugesetzt werden, denn der vorhandene Zucker reicht für die Alkoholstärke eines Tischweines nicht aus. In der Regel liegt das Mostgewicht nämlich bei etwa 50° Oe bei Apfelsäften, bei etwa 60-70° Oe bei Traubensäften und auch bei den übrigen Beeren- und Steinobstsäften bzw. -nektaren. Eine Erhöhung auf etwa 80° Oe ist deshalb für Tischweine nötig, wozu dann normaler Haushaltszucker verwendet wird. Um z. B. von 60° Oe auf 80° Oe aufzubessern, sind 20° (Differenz) × 2,6 = 52 g Zucker pro Liter Saft nötig. Die Säure dieser Getränke ist optimal, und aus diesem Grunde darf kein Wasser zugesetzt werden.

Auch nach Anleitung selbst hergestellte Fruchtsäfte (siehe Seite 82 ff.) sind für die spätere Vergärung geeignet, wenn sie nicht mit Konservierungsstoffen haltbar gemacht wurden. Diese Fruchtsäfte weisen genügend Säure auf, ähnlich wie bei Weinansätzen, nur reicht der vorhandene Zucker meist nicht aus.

Die Säfte sind auf 60-70° Oe eingestellt, da sie in diesem Bereich schmackhaft und noch durstlöschend sind. Sie müssen für Tischweinansätze aber auf etwa 80° Oe aufgezuckert werden:
Bei einem Ausgangsmostgewicht von 60° Oe = 500 g Zucker je 10 l Ansatz; bei einem Ausgangsmostgewicht von 70° Oe = 250 g Zucker je 10 l Ansatz.

Auch eingemachtes Obst eignet sich für die Weinbereitung, weniger jedoch Gelees und Marmeladen bzw. Konfitüren, weil letztere mit Pektin (Verdickungsmittel) hergestellt wurden; die Weine bleiben später trüb.

Die Restsüße (der Restzucker) im Wein

Manche Weine schmecken harmonisch und optimal, wenn sie neben Alkohol und Säure als Geschmacksausgleich eine mehr oder weniger große Restsüße besitzen.

Die gewünschte Restzuckermenge ist von verschiedenen Faktoren abhängig, und zwar

- vom persönlichen Geschmack des Weintrinkers (subjektive Einstellung),
- von der Höhe des Alkohols und der Säure (alkohol- und säurereiche Weine benötigen mehr Restzucker),
- von der Verträglichkeit – Diabetiker müssen auf Restzucker verzichten, in »ihren« Weinen sind maximal 4 g/l

Zucker erlaubt; sie können mit Zuckeraustauschstoffen oder Süßstoff (siehe Seite 44 ff.) nachsüßen.

In der Tat bringen manche Weine ihre schönste Frucht und Reife erst bei einem bestimmten Restzuckergehalt zur Geltung.

Wie hoch soll die Restzuckermenge sein?

Die Skala reicht von 0-100 g/l bei Fruchtweinen (Dessertweinen); bei hochgrädigen Beeren- und Trockenbeerenauslesen kommt es oft vor, daß der größte Teil des Zuckers nicht vergoren werden kann. Im fertigen Wein verbleiben dann Mengen bis etwa 250 g/l.

Wie kommt dieser Zucker in den fertigen Wein?

Es gibt mehrere Möglichkeiten:
- Der Natursaft hat ein zu hohes Mostgewicht und vergärt nur teilweise.
- Wenn der Gäransatz (Dessertweinstärke) auf etwa 120-130° Oe aufgezuckert wurde, kann es – bedingt durch Temperatur, Trubstoffgehalt, Nährstoffangebot, usw. nur »zu etwa 13% Vol. Alkohol reichen«. Der Rest verbleibt im Wein, teilweise ungewollt.
- Man setzt <u>nach</u> der Gärung, je nach persönlichem Geschmack (durch Vorprobe bei einem Liter testen) ein »Süßungsmittel« zu. Dies kann Rübenzucker (= Kristallzucker), Honig oder Fruchtsaft, bei Traubenweinen die sogenannte »Süßreserve« sein; bei Fruchtweinen kann dies auch mit Fruchtmuttersäften, Fruchtsaftkonzentraten oder Sirup geschehen.
- Durch Zusatz von Süßstoff oder nicht vergärbaren Zuckeraustauschstoffen (siehe Seite 44 ff.) tritt das Problem der Nachgärung nicht auf. Diabetikern ist damit geholfen.

Nur selten kommt es vor (es wäre der Idealfall!), daß der vor der Gärung zugesetzte Zucker einen gewünschten Alkoholgehalt ergibt und gleichzeitig eine gewisse Restsüße verbleibt.

Meist setzt man dem Gäransatz mehr Zucker zu und strebt einen Alkoholgehalt um etwa 15% Vol. an – eine Höhe, die ausreicht, daß bei einer notwendigen Nachsüßung keine Nachgärung mehr erfolgt.

Unerfahrene Hausweinbereiter sind dann von ihren Weinen enttäuscht, wenn sie bei totaler Vergärung völlig unharmonisch, brandig und wenig aromatisch schmecken. – Erst bei entsprechender Nachsüßung werden diese Hausweinbereiter zufrieden. Umgekehrt kann auch ein zu hoher Restzuckergehalt nach der Gärung das Geschmacksbild stören. Der Wein hat wenig Weincharakter, er macht leicht »satt« und kann sogar widerlich schmecken.

Welche Süßungsmittel soll oder kann man wählen?

- **Die Nachsüßung mit gewöhnlichem Rübenzucker** ist die einfachste und gleichzeitig billigste Art. Auch im gewerblichen Bereich wird er zur Nachsüßung bei Fruchtweinen verwendet, gleichfalls bei Süßmosten bzw. Nektaren. Wie auf Seite 45 ff. dargestellt, verwandelt sich Rübenzucker (= Zweifachzucker) im Laufe der Weinlagerung in Invertzucker, also in je 1 Molekül Trauben- und Fruchtzucker.

Rübenzucker hat den Vorteil, daß er billig ist, jederzeit zur Verfügung steht und sich leicht im Wein kalt auflösen läßt. Bei niedrigeren Alkoholwerten (unter 10% Vol.) und geringer Säure (unter 6-7 g/l) ist oft keine Nachsüßung erforderlich – der Wein kann »trocken« bleiben –, oder es genügen Mengen von 10-20 g zur Abrundung des Geschmackes.

Im Extremfall können bei über 15% Vol. Alkohol und Säurewerten um 8-10 g/1 Zuckergehalte von 40-80 g/1 nicht zu hoch sein. Wenn ein Wein nach einem Vorversuch mit einem Liter bei 40 g Zucker gerade richtig schmeckt, muß man berücksichtigen, daß bei vollständiger Umwandlung dieses Zuckers in die oben geschilderten Invertzucker die Süßkraft nur noch etwa 3/4 davon ist (siehe Kapitel Zuckerarten, Seite 45 ff.). Leider haftet dem Rübenzucker der Makel an, daß er als Industriezucker weniger bekömmlich und die Ursache von Nebenwirkungen (z. B. Kopfschmerz) sei.

Dies kann mit absoluter Sicherheit verneint werden, wenn auch andere Aspekte bleiben, wie sein hoher Kaloriengehalt, seine nicht direkte Aufnahme (Resorbierbarkeit) im menschlichen Körper, wenn er durch <u>zu kurze Lagerung</u> des nachgesüßten Weines noch nicht umgewandelt ist.

● **Die Nachsüßung mit Traubenzucker,** wie er im Laden erhältlich ist, kommt theoretisch auch in Frage. Er bringt aber keinen Vorteil, da er für Diabetiker nicht geeignet ist.

Die Nachsüßung mit Traubenzucker scheint nicht gerechtfertigt, obwohl dieser Zucker sofort resorbierbar ist. Er ist »minderwertiger« als der zugesetzte Rübenzucker im Wein, der nach längerer Weinlagerung immerhin zu 50% in den wertvollen Fruchtzucker (neben 50% Traubenzucker) umgewandelt wird.

● **Die Nachsüßung mit Fruchtzucker** scheidet aufgrund der relativ hohen Kosten aus. Für Diabetiker wäre dieser aber ideal.

● **Die Nachsüßung mit Zuckeraustauschstoffen** (siehe Seite 44 ff.); sie ist für Diabetiker gedacht, jedoch muß die Süßkraft berücksichtigt und entsprechend umgerechnet werden.

Mit Süßstoff wird auch nachgesüßt, wenn man Kalorien sparen und Nach-

gärungen bei alkoholschwächeren Weinen (unter 13-14% Vol.) vermeiden will.

● **Die Nachsüßung mit unvergorenem Saft** findet meist nur Anwendung in der Traubenweinbereitung durch den Zusatz von sogenannter Süßreserve.

Diesen Vorgang bezeichnet man im gewerblichen Bereich offiziell als »Süßung«. Hier liegen Begrenzungen in Art, Menge, Herkunft, usw. vor. Praktisch kann dies auch jeder Hausweinbereiter durchführen, er muß sich bei der Saftbereitung nur darauf einstellen und einen kleinen Prozentsatz Saft einlagern.

● **Die Nachsüßung mit Konzentraten oder Sirup** ist einfacher, da diese die 4- bis 6fache Menge Zucker als der entsprechende Saft enthalten, doch bereitet die Beschaffung solch kleiner Mengen oft Schwierigkeiten.

Seit kurzer Zeit werden von Arauner Saftkonzentrate zur Weinherstellung angeboten, die sich auch gut für die Süßung fertiger Weine eignen.

Benutzt man diese zur Nachsüßung, muß wegen der zu verwendenden Menge folgendes berücksichtigt werden: Der Trockenstoffgehalt (T.S.) bzw. der Gesamtextraktgehalt liegt bei diesen Saftkonzentraten bei etwa 65%, d. h.:

<u>1 kg dieses Konzentrates enthält 650 g Gesamtextraktstoffe</u> (siehe Kapitel »Das Mostgewicht«, Seite 38 ff.); daneben sind noch 350 g Wasser enthalten.

Diese 650 g Extraktstoffe nehmen einen Raum von

$$650 \text{ g} \times 0,62 \text{ l} = 403 \text{ ml}$$

ein.

1 kg hat somit ein Volumen von

350 ml H_2O (Wasser)

403 ml Extraktstoffe

= 753 ml

Die Gesamtextraktmenge in einem Liter Konzentrat wird dann nach folgender Gleichung errechnet:

1 000 g (Konzentrat) : 753 ml =

x kg : 1 000 ml

753 x = 1 000 000
x = 1 000 000 : 753
x = 1328 g oder 1,328 kg
<u>1 l Konzentrat wiegt somit 1,328 kg.</u>
Sind in einem Kilo Konzentrat 650 g Gesamtextraktstoffe enthalten, sind in einem Liter folgende Mengen vorhanden:
1 000 g (Konzentrat) : 650 g Extraktstoffe = 1328 g : x
1 000 x = 863 200
x = 863 200 : 1 000
x = 863
<u>1 l Konzentrat enthält 863 g Gesamtextraktstoffe.</u>
Diese Gesamtextraktstoffe bestehen überwiegend aus Zucker. Sie enthalten darüber hinaus noch Säuren, usw. (siehe Tabelle Seite 34).
Je nach Fruchtsaftkonzentrat sind von diesem Gesamtextraktstoff 150 bis 200 g/l an Nichtzuckerstoffen abzuziehen, so daß pro Liter etwa 600-700 g an Zucker verbleiben.
Süßt man damit einen Wein nach, der etwa 30 g/l Zucker enthalten soll, so sind 600 : 30 = 20, d. h. 1/20 l oder 50 ml notwendig.
Es muß aber noch folgendes berücksichtigt werden:
Angenommen ein Dessertwein hat genau 15% Vol. Alkohol; durch Zusatz von 50 ml Konzentrat tritt eine 5%ige Mengenvermehrung und somit auch Verdünnung des Alkohols nach folgender Berechnung ein:
$$\frac{5\% \times 15\% \text{ Vol.}}{100} = 0{,}75\% \text{ Vol. Alkohol}$$
Der ursprüngliche Alkoholgehalt sinkt jetzt auf 15% Vol. − 0,75% Vol. = 14,25% Vol. ab.
Bei einem niedrigeren Ausgangswert als 15% Vol. kann dies problematisch werden, die Gefahr der Nachgärung wird größer, und bei gewerblichen Betrieben kann der gesetzlich geforderte Mindestalkoholgehalt von 13,0% Vol. für Dessertweine unterschritten werden.

Wie kann die Restsüße stabilisiert werden?

● Die einfachste Form ist, daß der Alkoholgehalt über 15% Vol. liegt und der Wein sich selbst konserviert.
Dies ist oft der Fall. Nachteilig ist: Man kann weniger trinken (Rausch).
● In gewerblichen Betrieben werden Weine mit etwa 10% Vol. Alkohol und einer mehr oder weniger großen Restsüße bei etwa 50° C im Durchlaufverfahren erwärmt. Bei dieser Temperatur werden in Anwesenheit des Alkohols alle Mikroorganismen abgetötet.
Zur Erinnerung: Bei Fruchtsäften mit ihrer natürlichen Säure reichen erst 75°C aus (= Pasteurisation), bei Gemüsesäften, die <u>keine</u> Säure haben, sind Temperaturen um 100°C (= Sterilisation) zur Stabilisierung notwendig.
<u>Für den Hausweinbereiter scheidet die Methode der Weinerwärmung aus.</u>
● Eine Temperaturerniedrigung auf 0 bis −5°C würde im Wein keine Gärung zulassen, jedoch kann diese Temperatur nicht ständig so niedrig gehalten werden – es sei denn im Winter.
● Eine keimfreie Filtration, die mechanische Entfernung aller Mikroorganismen und das Sterilmachen aller mit dem Wein in Berührung kommenden Teile, wie in der gewerblichen Wirtschaft angewendet, scheidet für den Hausweinbereiter ebenfalls aus.
● Durch <u>Zusatz von haltbarmachenden Stoffen.</u> War es bis 1971 das Diäthylcarbonat (Markenname Baycovin), ist seither das <u>Kaliumsorbat</u> einer der hilfreichsten Zusatzstoffe. Es sind max. 27 g pro 100 l zugelassen, tatsächlich benötigt man nur etwa 20 g.
Dieses Mittel, die Kitzinger Kleinpackung von 10 g im Tütchen, ist für 40-50 l Wein ausreichend und wird dem fertig ausgebauten, glanzklaren und geschwefelten Wein kurz vor der Flaschenfüllung zugesetzt. Diesen so konservierten Wein muß man auf jeden Fall in Flaschen abfüllen.

Die Klärung
der Säfte und Weine

Ein Getränk soll nicht nur eine schöne Farbe aufweisen, geruchlich und geschmacklich einwandfrei sein, sondern es soll möglichst blank, oder wie von den Handelsgetränken her gewohnt, sogar glanzklar sein. Bei der Bewertung eines Getränkes spielt das Aussehen eine Rolle, wenn auch nicht in dem Maße wie der Geschmack.

Nicht alle Getränke werden von Natur aus klar, wobei die Fruchtart oder Fehler bei der Saft- und Weinbereitung die Ursachen sein können oder sich während oder nach der Gärung Krankheiten eingeschlichen und das Getränk biologisch stark verändert haben.

Zweifellos gibt es im gewerblichen Bereich Getränke, die als »naturtrüb« ihre Käufer finden; im Weinbereich ist dies selten, vielleicht bei Apfelweinen, die als »bauernhell« mit einer leichten Trübung abgefüllt im Handel sind.

Bei Säften ist der Trend zu naturtrübem Zustand größer, da es sich bei diesen Trübungspartikeln überwiegend um Fruchtfleisch handelt und dieses als Rohfaser für den menschlichen Genuß gewünschte Ballaststoffe darstellt. Man stellt solche Getränke möglichst naturnahe her. Dies ist mit den sogenannten Nektaren oder Pürees möglich.

Bei Weinen wird dieser Zustand nicht verlangt, da erhebliche geschmackliche Beeinflussungen damit verbunden sind. Man geht bei der Bereitung davon aus, daß sich diese Getränke nach der Gärung selbst klären. In der Regel ist dies der Fall, wenn nach Vorschrift gearbeitet und keine Fehler gemacht wurden.

Weine, deren Saft durch »Dampfentsaftung« gewonnen wurden, haben den Nachteil, daß alle Enzyme zerstört sind.

Die Pektine werden nicht abgebaut, und der Wein bleibt meist trüb – auch langes Lagern nützt wenig.

Auf eine Tatsache, die den Hausweinbereiter oft unzufrieden macht, muß hingewiesen werden:
Natürliche Klärungen brauchen Zeit. Meist glaubt der Hausweinbereiter, einige Wochen nach der Gärung einen klaren Wein zu haben. Da dies meist nicht der Fall ist, schickt er Proben an unser Weinlabor, versucht »mit aller Gewalt« die Trübung zu beseitigen. Wir bemerken dies häufig an Proben, die einige Wochen bei uns standen. Hier tritt zu einem hohen Prozentsatz die Klärung von selbst ein. Fazit: Etwas Geduld ist nötig.

Klären sich Weine nach längerer Lagerzeit jedoch nicht von selbst, stellt sich die Frage, ob eine Schönung oder eine Filtration vorgenommen werden kann oder muß. Wir erleben immer wieder, daß Proben eingesandt werden, die sich weder durch Filtration noch durch Schönung klären lassen, da eine mehr oder weniger starke fruchtfleischhaltige Masse vorliegt.

Man muß sich darüber klar werden, daß bei einem Anteil von 10, 20 oder gar mehr Prozent Fruchtfleisch durch Zusatz eines oder mehrerer Schönungsmittel diese Masse nicht einfach in Flüssigkeit aufgelöst werden kann. Der Trubgehalt muß zwangsläufig durch Abseihen mit einem etwas weitmaschigeren Sieb oder Filtertuch (z.B. Perlonfilterbeutel, Art-Nr. 000275) entfernt werden. Erst wenn sich mechanisch kein Trubstoff mehr abseihen läßt, kann man erwarten, daß die Klärung besser einsetzt, wenn man die entsprechende Schönung oder Filtration vornimmt.

Die Filtration

Bei der Filtration werden die in Schwebe befindlichen feinen Trubstoffteilchen mit Hilfe eines Filters mechanisch entfernt. Die Trubstoffteilchen haben eine bestimmte Größe, die von feinmaschigen Geweben oder Filterhilfsmitteln (Asbest oder asbestfreiem Material) zurückgehalten werden. Die Leistung dieser Filter ist begrenzt, da die in der Flüssigkeit enthaltenen feinen Teilchen den Filter rasch verstopfen und somit »erschöpfen«.

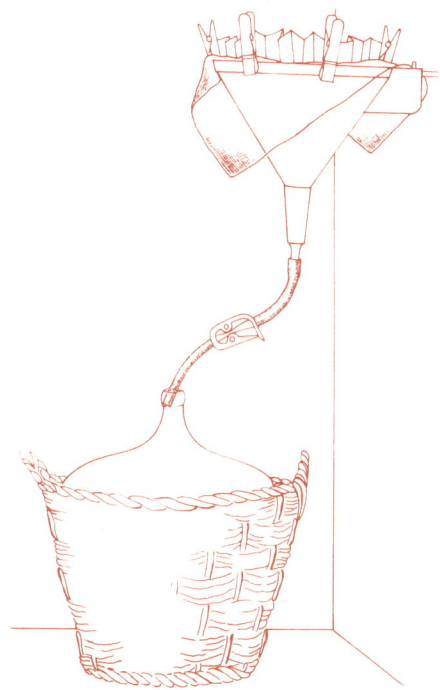

Kitzinger Trichterfilter

Asbest zeigt als Filterhilfsstoff außerordentlich gute Wirkung. Die Trubteilchen werden durch Adsorptionskraft festgehalten. Dadurch wird ein dreidimensionaler Filter geschaffen – nicht nur in der Fläche, sondern auch in der Tiefe durch Überlagerung der einzelnen Asbestfasern mit den Trubteilchen. Die Leistung ist wesentlich größer als bei einem einfachen Papierfilter.

Man sagt dem Asbest nach, daß es krebserregend sei. Dies trifft zu, wenn die feinen Asbestteilchen in die Atem- und Lungenwege gelangen. Bei Getränken, die ausschließlich in Speiseröhre, Magen- und Darmtrakt gelangen, sind die Asbestteilchen ungefährlich. Wie Forschungen ergaben, verbleiben bei sachgemäßer Filtrierung mit Asbestmasse oder Asbestschichten nur sehr wenig Asbestteilchen im Getränk, und mengenmäßig liegen sie weit niedriger als in normalem Brunnenwasser, das stets Asbest vom Erdreich mit aufnimmt und enthält.

Für Asbest gibt es auch Ersatzstoffe, deren Wirksamkeit zur Zeit jedoch noch nicht ganz an die von Asbest herankommen.

Allerdings gibt es Weine, deren Zusammensetzung so ist, daß bei einer Filtration mit diesen Filterhilfsmitteln kein befriedigendes Ergebnis erzielt wird.

Dem Filtrationssystem sind Grenzen gesetzt: Bei meist hochmolekularen Kolloiden, die eine bestimmte elektrische Ladung aufweisen und denen mit Filtrationen nicht beizukommen ist. Hier hilft nur eine Schönung, z. B. Hagebuttenwein.

Die Schönung

Beim Schönungsvorgang wird der Wein nicht durch ein Filtermedium geschickt, sondern hier gibt man ein bzw. mehrere Schönungsmittel in den Wein. Es kommt zu einer gewissen Entladung der Trubteilchen, die entweder elektrisch positiv oder elektrisch negativ geladen sein können. Nach physikalischen Gesetzen kommt es beim Aufeinandertreffen von elektrisch entgegengesetzt geladenen Teilchen (Trubteilchen und Schönungsmittel) zu einer Anziehung und damit zu einer Ausflockung. Dank der Schwerkraft werden diese größeren und schweren Partikel, die sich aus Trubstoffen und Schönungsmitteln zusammensetzen, zu Boden gerissen. Erleichtert wird dies noch dadurch, daß die fertigen Weine spezifisch leichter sind. Das spezifische

Klärung = Schönung von Weinen mit dafür geeigneten Schönungsmitteln

Weinart	Antigel ml/hl	15%iges Kieselsol ml/hl	Gelatine g/hl	Agar-Agar g/hl
Ananaswein	50	50	5	
Apfelwein		(100)	10	
Bananenwein	200	100	5	
Birnenwein		100	5	
Brombeerwein				
Erdbeerwein		50	3	
Hagebuttenwein	200			5-20
Heidelbeerwein				
Himbeerwein				
Holunderbeerwein		100	5	
Holunderblütenwein		50		
Johannisbeerwein (rot)		100	5-10	
Johannisbeerwein (schwarz)				
Kirschwein (sauer)				
Kirschwein (süß)	150	100	10	
Löwenzahnwein		60	5	
Melonen(Honig-)wein		100		
Met(Honig-)wein		100-500		
Mirabellenwein	200	150	10	
Orangenwein	50	60-100	5-10	
Pfirsichwein	150	300	5-10	
Pflaumenwein	200	150	10	
Quittenwein		100	10-20	
Reiswein		50-100		
Rhabarberwein	150	100-250	5-10	
Rosinenwein		80	5	
Schlehenwein	200	(150)	20-60	
Stachelbeerwein	100			5-20
Traubenwein*	50	60-100	5-10	
Zwetschgenwein	200	150	10	

*) Traubenweine enthalten – im Gegensatz zu den Fruchtweinen – von Natur aus Eiweiß, das nicht stabil ist und mit dem Spezialklärmittel <u>Bentonit</u> vorbeugend behandelt und ausgefällt werden muß (siehe Rezept Traubenwein, Seite 146 ff.).

Gewicht des Weinansatzes liegt vor der Gärung bei etwa 1,120, das Gewicht des daraus entstandenen Weines bei etwa 0,990-1,000, nur bei restsüßen Weinen etwas darüber.

In der Regel haben die Trubstoffe der verschiedenen Weine, die sich nicht selbst klären, eine ganz spezifische Ladung. Deshalb kann man nicht bei allen Weinen mit den gleichen Schönungsmitteln und den gleichen Mengen zum Ziel kommen – sicherlich ein Nachteil, dem Rechnung getragen werden muß. Welche Mittel und Mengen zugesetzt werden, ist nur durch Vorversuche zu ermitteln. Aus Erfahrung können wir sagen, daß gewisse Weine stets mit bestimmten Mitteln behandelt werden sollen. In der Tabelle auf S. 168 sind Mittel aufgeführt, die dem Hausweinbereiter eine Richtlinie für Schönungen ohne Vorversuche bieten.

Aus unseren Laborerfahrungen wurden Schönungsmittel in den angegebenen Mengen ermittelt. Manchmal kann es zu Überschneidungen kommen. Manche Weine lassen sich mit anderen als den angegebenen Schönungsmitteln klären, wenn durch biologische Vorgänge nach der Gärung (Säureabbau) Schleimstoffe gebildet werden, die andere Reaktionen zeigen.

Handelt es sich um Mengen unterschiedlicher Dosierung, (z. B. bei Hagebutten 5-20 g Agar-Agar je hl), entspricht der untere Wert einer geringeren, der höhere Wert einer stärkeren bis starken Trübung. Die exakte Menge der Schönungsmittel kann nur im Vorversuch ermittelt werden, da jeder Wein individuell ist.

Stehen bei einer Weinart mehrere Mittel, müssen diese in der Reihenfolge von links nach rechts alle zugesetzt werden. Manche müssen vorbereitet werden – deshalb entsprechende Anleitungen auf den Packungen beachten!

Soweit bei einzelnen Weinarten keine Schönungsmittel angegeben sind, hat die Erfahrung gezeigt, daß sich diese Weine überwiegend selbst klären. Nicht aufgeführte Weine benötigen meist keine Schönung (Selbstklärung).

Schönungsvorversuche

Manche Fruchtweine klären sich trotz langer Lagerung nicht von selbst. Dies wird häufig bei Pflaumen-, Zwetschgen-, Schlehen- und Hagebuttenweinen beobachtet.

Bei den Trubstoffen dieser Weine handelt es sich meist um Gerbstoffe oder Kolloide, die auch durch Filtration mit Papier- oder Asbestfilter nicht beseitigt werden können. Hier muß dann eine Schönung vorgenommen werden, wobei die Trubstoffe mit nur ganz bestimmten Schönungsmitteln und in einer bestimmten Menge reagieren, ausflocken und dann absinken.

Arbeitsgeräte für Schönungsvorversuche
Zur Ausrüstung gehören:
- eine Briefwaage,
- 2-4 Stück 100-ml-Meßzylinder,
- eine 10-ml-Meßpipette,
- ein 200-ml-Erlenmeyerkolben,
- ein 1-l-Meßkolben (ein anderes Litergefäß ist notfalls auch geeignet).

1. Vorversuch mit Agar-Agar
- Herstellung der Versuchslösung:
1 g Agar-Agar (pulverisiert) mit etwa 100 ml Wasser in einem Becher oder Topf übergießen, durchrühren und etwa 24 Stunden stehenlassen; mit nochmals 900 ml heißem Wasser übergießen, dann auf Siedepunkt erhitzen und gut durchrühren. Diese 0,1%ige Lösung ist wochenlang haltbar; im geschlossenen Gefäß, z. B. Flasche, aufbewahren.

● Reihenansätze:

Für die Schönungsvorversuche werden je 100 ml des zu schönenden Weines in die Meßzylinder gefüllt, die von 1-4 numeriert sind.

Mit der Meßpipette nimmt man aus der Agar-Agar-Lösung zunächst 5 ml heraus, füllt diese in den Erlenmeyerkolben ein und erhitzt bis zum Sieden, wobei sofort aus dem Zylinder Nr. 1 der Inhalt in den Erlenmeyerkolben gegossen wird. Nun schwenkt man kräftig um, damit eine innige Vermischung eintritt und füllt in den Zylinder zurück.

Dann verfährt man mit dem Zylinder Nr. 2 genauso, nur werden hier 10 ml Agar-Agar-Lösung auf Siedetemperatur erhitzt, anschließend mit 15 ml bei Zylinder Nr. 3 und schließlich 20 ml Lösung bei Zylinder Nr. 4.

Nach 1-2 Tagen ist die Reaktion sichtbar, und man kann abschätzen, welche Menge an Agar-Agar für die vorhandene Weinmenge nötig ist.

Ist z. B. der Wein im Zylinder Nr. 2 mit 10 ml Lösung klar, dann bedeutet dies, daß 10 g Agar-Agar für 100 l Wein notwendig sind (bei 10 l Wein nur 1 g).

Die ermittelte Agar-Agar-Menge wird dann ebenso wie bei der Herstellung der Versuchslösung in Wasser vorgequollen, nach einem Tag mit Wasser weiter verdünnt, dann auf Siedetemperatur gebracht und sofort der gesamten Weinmenge unter inniger Durchmischung zugesetzt.

2. Vorversuch mit Gelatine

● Herstellung der Versuchslösung:

1 g Gelatine wird mit 100 ml Wasser übergossen und durchgerührt; 10 bis 20 Stunden quellen lassen. Dann wird diese Lösung unter Rühren (u. a. mit Stabthermometer Art.-Nr. 297) auf 38-40°C erwärmt. In diesem warmen Zustand kann sie sofort verwendet werden, oder sie wird als Vorratslösung für etwa 8 Tage aufbewahrt – länger ist sie nicht haltbar und muß dann neu bereitet werden.

● Reihenansätze:

Für die Schönungsversuche werden je 100 ml des zu schönenden Weins in die Meßzylinder gefüllt, die von 1-4 numeriert sind.

Von der wieder auf 35°C erwärmten Gelatinelösung nimmt man mit der Meßpipette 0,5 ml heraus, läßt sie in Zylinder Nr. 1 einfließen, verschließt den Zylinder mit der Handfläche und schüttelt kräftig durch. In Zylinder Nr. 2 wird 1,0 ml, in Nr. 3 dann 1,5 ml und in Nr. 4 schließlich 2,0 ml zugesetzt und jeweils sofort kräftig durchgeschüttelt.

Diese Mengen entsprechen 5, 10, 15 und 20 g Gelatine je 100 l des zu schönenden Mostes oder Weines.

Ist nach 2-3 Tagen noch keine Ausflokkung sichtbar, kann man entweder in denselben Zylindern die Versuchsreihen durch weitere Zusätze ergänzen (z. B. gibt man in Zylinder Nr. 2 noch 2,0 ml Lösung = insgesamt 30 g/100 l, usw.) oder man muß die Gelatineschönung mit einer Kieselsolschönung kombinieren.

Dazu gibt man in den 1. Zylinder 0,1 ml, in den 2. Zylinder ebenfalls 0,1 ml des Kieselsols und schüttelt kräftig durch. Diese 0,1 ml auf 100 ml Wein entsprechen 100 ml Kieselsol 15%ig auf 100 l Wein. Hier ist eine zusätzliche Meßpipette mit 0,1 ml Meßeinteilung notwendig.

Das Schwefeln der Weine

Keinem technischen Hilfsstoff in der heutigen Kellerwirtschaft, Wein- und Saftbereitung wird mit solch kritischen Argumenten begegnet wie dem Schwefel, der schwefligen Säure (SO_2, aus der im Wein H_2SO_3 wird). Nicht nur der auf biologische Ernährung bedachte Wein- und Saftbereiter lehnt die schweflige Säure von vornherein ab, sondern auch Neulinge auf diesem Gebiet reagieren schon bei dem Wort »Schwefel« allergisch, da sie irgendwann einmal von angeblich gesundheitlichen Nachteilen gehört haben.

Allgemein kann festgestellt werden: Wenn die technisch ausgereifte, moderne Weinkellerwirtschaft heute und mit Sicherheit in der nächsten Zukunft nicht gänzlich auf schweflige Säure verzichten kann, ist dies für den normalen Hausweinbereiter, dem diese technischen Mittel nicht zur Verfügung stehen, erst recht nicht möglich. Die Weltgesundheits-Organisation (WHO), ständig bestrebt, zum Nutzen der Menschheit die Mengen an schwefliger Säure in Nahrungs- und Genußmitteln auf ein Minimum zu reduzieren, betrachtet die Aufnahme von 0,7 mg SO_2 pro kg Körpergewicht und Tag als Maximum. Ein Mensch mit einem Körpergewicht von 80 kg dürfte demnach täglich 56 mg SO_2 aufnehmen. Es ist bekannt, daß er aus der Umwelt durch Atmung täglich bis zu 1 000 mg (besonders in Industriegebieten) aufnehmen muß.

Schweflige Säure (SO_2) ist in geringen Mengen keinesfalls so bedenklich und schädlich, wie oft behauptet wird. Sie wird im Organismus innerhalb von 24 Stunden zu Sulfat oxidiert und gänzlich wieder ausgeschieden. Sie wird nicht gespeichert oder in andere Produkte umgesetzt (metabolisiert).

Viele Wein- und Saftproben beweisen immer wieder, daß unterlassene oder zu späte Schweflung zur visuellen (im Aussehen) und geschmacklichen Verschlechterung, bis hin zum vollständigen Verderb der Weine führen können.

Fest steht: Es gibt bis heute für die schweflige Säure kein Ersatzmittel! Die Frage ist nur, wie, wann und wieviel geschwefelt werden muß. In diesem Zusammenhang ist zu klären, was die schweflige Säure eigentlich bewirkt.

Während die Weinwissenschaft von einer 20fachen (!) funktionalen Bedeutung der SO_2 in der Weinwirtschaft spricht, kann man diese in der Praxis in 2 Hauptpunkte zusammenfassen.

1. Schweflige Säure wirkt reduzierend, d. h., sie nimmt den Sauerstoff auf und verhindert folgende Weinfehler:
   - farbliche Veränderungen (Bräunungen) der Früchte und Getränke;
   - geschmackliche Veränderungen (Luftgeschmack, Oxidationston, Aromaverluste).

   Bei diesen Weinfehlern werden die typischen Fruchtfarben und -aromen irreversibel, d. h. unwiederbringlich zerstört.

2. Sie verhindert Weinkrankheiten. Schweflige Säure wirkt gegen Mikroorganismen, hauptsächlich Bakterien, und in höherer Dosis auch gegen Hefen und gezielt gegen wilde Hefen. Man spricht dann von einer sogenannten »mikrobiziden Wirkung«.

Wie wird geschwefelt?

Früher wurde einfach Schwefel abgebrannt und das Gas (SO_2) in den Wein eingeleitet oder der Wein durch das Gas geschickt (Faßeinbrand mit Asbestschwefelschnitten). Heute ist es viel leichter, mit Kaliumpyrosulfit, dem Salz der schwefligen Säure, eine genaue Menge SO_2 in den Wein zu bringen.

Kaliumpyrosulfit kann als Pulver lose in 1-kg-Packungen mit Meßbecher oder 10-g-Tütchen (10 × 10-g-Packungen) für 100-1 000 l Wein oder als 1-g-Tablette (10 × 1-g-Packungen) für 10-100 l Wein bezogen werden.

Je nach Bedarf können Teilmengen davon einer bestimmten Weinmenge zugesetzt werden; Tabletten müssen vorher eventuell auf einem Blatt Papier zerstoßen, das Pulver in etwas Saft oder Wein gelöst und sofort in die Gesamtmenge eingemischt werden. Es kommt auf eine gleichmäßige Verteilung an!

In saurer Lösung – nicht in reinem Wasser, dieses müßte erst angesäuert werden (siehe dazu Kapitel »Gär- und Lagerbehälter«, Seite 27 ff.) – kommt es zur Aufspaltung des gelösten Salzes.

Nach dem Molekulargewicht entstehen hierbei aus 222 g Kaliumpyrosulfit 128 g SO_2, das sich teilweise mit Wasser zu $SO_2 + H_2O = H_2SO_3 =$ schweflige Säure verbindet.

Der Anteil an wirksamer SO_2 in Kaliumpyrosulfit beträgt somit rund 58%. In der Praxis rechnet man mit einem Anteil von 50%, da teilweise Trägerstoffe mit verarbeitet werden oder sich bei der Lösung ein Teil der SO_2 verflüchtigt und verloren geht. Das K_2O aus dieser Verbindung reagiert nach Auflösung und Spaltung des Salzes als bedeutungsloser Bestandteil mit Weininhaltsstoffen.

Bei größeren Weinmengen, Maischen usw. kann man mit Hilfe der 1-kg-Packungen mit Dosierlöffel (gestrichen voll = 10 g) preiswert und schnell schwefeln.

Größere- und Großbetriebe schwefeln mit verflüssigtem SO_2-Gas aus der Stahlflasche (Bombe). Diese Art der Schwefelung ist billiger, kommt aber wegen hoher Anschaffungskosten und der ungenauen Dosierung bei Kleinmengen für den Hausweinbereiter nicht in Frage.

Die oben genannte Einschwefelung mit Asbestschwefelschnitten war früher die einzige Möglichkeit, um SO_2 in den Wein zu bringen, wenn auch etwas unkontrolliert. Diese Asbestschnitten (Asbest selbst brennt nicht) haben eine Schwefelauflage von 2,5 g, die unter Sauerstoffaufnahme zu 5 g SO_2 verbrennt (Schwefeldioxid). Damit können Leerräume, fast ausschließlich Holzfässer, eingebrannt bzw. trocken konserviert werden. Dadurch wird die gefürchtete Schimmelbildung verhindert, denn diese Mikroorganismen wachsen nicht nur auf der Oberfläche des Faßinneren, sondern treiben ihr Pilzmyzel (»Wurzeln«) in die Faßporen, so daß bei stärkerem Pilzbefall ein Holzfaß völlig unbrauchbar wird, weil eine Beseitigung des Schimmelgeschmackes nicht mehr möglich ist (Schimmel ist selbst in kleinsten Spuren von etwa 2×10^{-9} oder 20 ppb = 2/1 000 000 000 g/l noch schmeckbar).

Mit Einbrennen werden bei Holzfässern zwei wichtige Aufgaben erfüllt:

1. Das Schwefeldioxid wirkt als direktes Gift auf die Schimmelsporen (auskeimungs- und wachstumshemmend).
2. Der Luftsauerstoff im Faßinnern wird ganz oder überwiegend zur Verbrennung des Schwefels

$$S \qquad + O_2 \; --> SO_2$$
Mol. Gew.:
$$32 \qquad + (2 \times 16) \rightarrow 64$$

verbraucht. Zum Wachstum des Schimmelpilzes ist Sauerstoff nötig (im Gegensatz dazu ist Gärung durch Hefezellen ein anaerober Vorgang, also ohne Sauerstoff). Es kann nicht mehr zum »Verschimmeln« kommen. Es läßt sich nicht beliebig viel Schwefel abbrennen, sondern nur soviel, wie dazu Luftsauerstoff vorhanden ist. In der Regel reicht für 100 l Faßraum eine halbe bis eine ganze Asbestschnitte aus.

Verbrennt eine Schwefelschnitte in einem leeren oder teilgefüllten Faß nicht ganz, dann kann dies folgende Ursachen haben:

- Das Faß ist schon angeschimmelt oder verschimmelt, der Sauerstoff ist verbraucht.
- Der Faßraum ist zu stark mit Schwefeldioxid angereichert.
- Auf der Oberfläche des Weines im teilgefüllten Faß (genannt »im Anbruch liegen«) hat sich eine Kahmhefeschicht gebildet. Diese Hefezellen benötigen ebenfalls Sauerstoff für ihr Wachstum.
- Es befindet sich Kohlensäure im Leerraum (entstanden durch Vergärung von Zucker oder Abbau von Säure), die schwerer ist und den Sauerstoff verdrängt hat.

Die Trockenkonservierung der Holzfässer, um sie gegen Schimmelbildung zu schützen, hat einige entscheidende Nachteile. Der Einbrennvorgang muß im Laufe eines Jahres mehrmals wiederholt werden; trotzdem kann es zur Schimmelbildung kommen. Holzfässer, die wahrscheinlich mehrere Monate oder gar Jahre leer liegen werden, sind naß zu konservieren (siehe Seite 27 f.).

Wann wird geschwefelt?

Aufgrund der Gefahren, die von Mikroorganismen (überwiegend den Bakterien) ausgehen, wird bereits eine Schwefelung der zerkleinerten Früchte (Maischen) oder des frisch gepreßten Saftes vor der Gärung empfohlen. Vor allem in warmen Jahreszeiten und bei nicht frischem Obst wird durch eine Schwefelung die unerwünschte, natürliche Mikroflora eines Saftes an der Ausbreitung gehindert. Die Gärfähigkeit der Kitzinger Reinzuchthefe wird durch die relativ kleinen SO_2-Gaben nicht merklich gehemmt, sie gewöhnt sich an ihr Medium. Bei gesunden Maischen, Säften und Mosten sind in kühlerer Jahreszeit Schwefelungen vor der Gärung nicht notwendig. Sie können, falls vor der Vergärung kein Hefeansatz (siehe Seite 67 ff.) zugegeben wurde, diese stärker verzögern.

Wichtig wird der Zusatz der schwefligen Säure zum Wein kurz nach der Gärung bis kurz vor oder beim Abstich von der Hefe, wobei kein größerer zeitlicher Abstand besteht. Bei diesem Vorgang wird das restliche auf der Oberfläche des Weines von der Gärung herrührende, schützende CO_2-Gas notgedrungen entfernt, denn der gegen Sauerstoff jetzt sehr empfindliche Jungwein kommt mit Luft in Berührung. Es können innerhalb weniger Tage Verfärbungen von dunkelgelb bis braun auftreten, die sich im Laufe weiterer Lagerung verstärken. Selbst durch spätere erhöhte SO_2-Zusätze läßt sich diese Oxidation nicht rückgängig machen. Besonders gefährdet sind weiße Traubenweine aus faulen oder edelfaulen Trauben, rote Traubenweine und helle Fruchtweine, wie z. B. Apfelweine. Weniger gefährdet sind alkoholreiche Dessertweine und solche mit ausgeprägtem dunkelroten Farbstoff: Aber auch hier kann es zur Bräunung der roten Farbstoffe und zu Weinkrankheiten kommen, falls es sich um alkoholschwächere Tischweine handelt.

Sofern der Wein auf Flaschen abgefüllt wird, kann es notwendig sein, daß kurz zuvor nochmals eine Schwefelung als Oxidationsschutz vorgenommen werden muß. Der Wein wird bei der Flaschenfüllung, genau wie beim Abstich von der Hefe, stark mit Luft in Berührung gebracht: Im ungünstigsten Fall sind insgesamt drei, im Normalfall zwei Schwefelungen während des Weinausbaus notwendig.

Wieviel/wie wenig wird geschwefelt?

Die Meinungen sind geteilt, ob ungeschwefelte Weine dieselben qualitativen, sensorischen Eigenschaften aufweisen wie geschwefelte. Daß dafür andere Nachteile in Kauf genommen werden müssen, ist bewiesen.

Da Traubenweine, die alternativ ohne SO_2 ausgebaut werden, länger auf der Hefe belassen werden müssen – von der kostspieligen Abfüllmethode ganz zu schweigen –, kann es zur erhöhten Bildung vor allem von biogenen Aminen durch Bakterien kommen (z. B. Histamin, Thyramin). Diese Bakterien vermehren sich während und besonders nach der Gärung im abgesetzten Trub, so daß aus diesem Grund ein rechtzeitiger Abstich des Weines von der Hefe dringend anzuraten ist. Der Wein ist nach beendeter Gärung auch kühl zu lagern, um den sogenannten Mäuselton bei bestimmten Weinen zu verhindern.

Wie neuere wissenschaftliche Untersuchungen ergaben, ist oft nicht der Schwefel bzw. die schweflige Säure die Ursache für die Unbekömmlichkeit des Weines, sondern es sind auch die Amine, die Kopfschmerzen erzeugen.

Sachgemäß und rechzeitig mit SO_2 behandelte Weine sind in jedem Fall fruchtiger und frischer, jugendlicher – sie altern langsamer. Schließlich will man einen Wein nicht allein wegen seines Alkohols, sondern überwiegend seines Genußwertes wegen trinken. Nicht zu vergessen, sein Gesundheitswert, wenn man den Wein in Maßen genießt.

Setzt man bei einer normalen Schwefelung 1 g Kaliumpyrosulfit auf 10 l Wein zu, dann enthält der Wein 50 mg SO_2 pro Liter. Bei dreimaliger Schwefelung (die letzte kurz vor der Flaschenfüllung) sind es 150 mg/l, wobei man davon ausgeht, daß im Laufe der Lagerung dieser Wert zurückgeht, sei es durch Belüftung beim Ablassen des Weines oder durch Eingehen von Verbindungen mit anderen Weininhaltsstoffen.

Nach dem strengen deutschen Weingesetz von 1971 dürfen im Liter normalen Weißweins bis zu 225 mg SO_2 enthalten sein – bei Diabetikerweinen bis 175 mg/l (Stand: 1984). Für andere Weine gelten höhere Werte – z. B. Spätlesen bis zu 300 mg/l.

Mittel zum Einsparen von Schwefel (SO_2)

Vitamin B_1

Ein wichtiger Hilfsstoff zur Einsparung von schwefliger Säure, der auch für den Hausweinbereiter von Nutzen ist, wurde 1980 bei der Weinbereitung gesetzlich zugelassen: Vitamin B_1, auch als Aneurin oder Thiamin bezeichnet.

Dieses Hilfsmittel erfüllt 2 Aufgaben:
● Die Angärung wird erleichtert.
● Vor der Gärung zugesetzt trägt es dazu bei, daß weniger Stoffe gebildet werden, die später im Wein schweflige Säure abbinden, bzw. verbraucht werden.

Die schweflige Säure im Wein hat das Bestreben, sich sofort mit anderen Stoffen zu verbinden (z. B. mit Gerbstoff, Acetaldehyd, Brenztraubensäure, u. a.) und verliert damit ihre eigentliche Aufgabe: den für den Wein gefährlichen Sauerstoff aufzufangen bzw. abzubinden. Sie belastet somit den Wein, ohne ihre Aufgabe zu erfüllen. Diese Weine bezeichnet man als sogenannte »Schwefelfresser«, weil sie viel SO_2 verbrauchen.

Besonders hier zeigt das Vitamin B_1 seine einsparende Wirkung – bis zu 50% weniger SO_2 sind nötig.
● Vitamin B_1 ist auch im menschlichen Körper vorhanden. Es ist ein Enzym,

das für den Abbau der Kohlenhydrate, wie Zucker und Stärke, verantwortlich ist. Deshalb ist der Vitamin-B_1-Bedarf bei gesteigerter Kohlenhydratzufuhr höher.

Während der Gärung wird von den Hefezellen besonders viel Vitamin B_1 gebildet, so daß die Getränke, wie Federweißer, Bremser, Sauser (siehe Seite 154), geeignet sind, einen hohen Kohlenhydratgehalt, z. B. aus Kartoffeln, Brot, usw., schneller und vollständig abzubauen.

Vitamin B_1 wird in Mengen von 60 mg auf 100 l zugesetzt, pro Liter also nur 0,6 mg. Wegen der geringen Menge und zur besseren Dosierung wird es meist mit einem Trägerstoff versetzt.

Trotz Verwendung von Vitamin B_1 vor der Gärung kann auf eine Schwefelung des Weines in seinem Ausbaustadium nicht verzichtet werden, nur eine Reduzierung ist möglich.

Vitamin C = Ascorbinsäure

Ein Hilfsstoff mit ähnlichen Funktionen wie schweflige Säure ist Vitamin C, vielfach unter der Bezeichnung Ascorbinsäure bekannt. Sie übernimmt nur eine Teilfunktion (Reduktionswirkung) der schwefligen Säure.

Vitamin C wird in der Weinkellerwirtschaft nur einem bereits fertigen Traubenwein kurz vor der Flaschenfüllung in einer Menge bis zu 150 mg/l zugesetzt. Im Privatbereich ist eine höhere Dosierung bis etwa 1 000 mg/l empfehlenswert, wie es bis 1971, nach dem alten Weingesetz, in der gewerblichen Weinwirtschaft üblich war.

Bei Vitamin-C-freien Fruchtsäften bzw. -weinen sollte man einen Zusatz schon gleich beim Maischevorgang = Zerkleinerung vornehmen.

Die Tabelle Seite 34 zeigt, daß eine Reihe von Früchten teilweise sehr hohe Mengen Vitamin C enthalten. Es schützt die Früchte vor Umwelteinflüssen, wie Sauerstoffübertragung/Oxidation. Hierdurch werden Farb- und Aromastoffe erhalten. Eine hemmende Wirkung gegen Mikroorganismen (Hefen und Bakterien) hat Vitamin C nicht – im Gegensatz zur schwefligen Säure.

Vitamin C ist für den menschlichen Organismus bzw. für seinen Stoffwechsel unentbehrlich: Verhinderung von Skorbut, bessere Eiweißverwertung sind seine Hauptwirkungen.

Nach neueren Forschungen verhindert Vitamin C die Bildung von Nitrosaminen aus Nitraten, die durch starke Düngung der Pflanzen, sowohl mineralisch als auch organisch, entstehen. Wie bekannt, sind Nitrosamine an der Krebsauslösung beteiligt. Ist der Vitamin-C-Gehalt einer Pflanze doppelt so hoch wie der Nitratanteil, kommt es nicht zur Bildung von Nitrosaminen. Bei Spinat liegt der Vitamin-C-Gehalt mehr als doppelt so hoch wie der Nitratgehalt, und somit ist das Verhältnis hier günstig.

Arauner hat Vitamin C in 10-g-Tütchen in seinem Programm.

Die Flaschenfüllung

Es gibt eine Reihe von Gründen, Saft oder Wein auf Flaschen abzufüllen.

- Fernhalten von <u>Sauerstoff</u>. So notwendig der Luftsauerstoff für alle Lebewesen der Erde ist, so nachteilig ist er für Getränke im allgemeinen – nicht nur für Saft und Wein.
  Die Ausschaltung von Luftsauerstoff ist also vorrangig. Chemische und biologische Veränderungen sollen beim fertigen Wein weitestgehend vermieden werden.
- Die <u>Gär- und Lagerbehälter</u> (Ballon, Faß und andere) müssen wieder frei werden, wenn jahreszeitlich bedingt neue Weine angesetzt oder zusätzliche Einlagerungsmöglichkeiten in Jahren mit reichem Obstertrag geschaffen werden sollen.
- Bei <u>größeren Behältern</u>, insbesondere bei Holzfässern, aus denen über längere Zeit abgezapft wird, sind größere Verluste an Qualität und Menge unvermeidlich. (Selbst in Flaschen mit Naturkorkverschluß tritt nach jahrelanger Lagerung noch ein meßbarer Schwund auf.)
- In <u>Flaschen</u> abgefüllte Säfte und Weine unterliegen keiner (Re-)Infektion mit Bakterien, Hefezellen und Schimmelpilzen. Dies ist wichtig für alkoholärmere Weine und für Säfte.

Vor der Flaschenfüllung sind folgende Punkte zu beachten:

1. Ist der Wein tatsächlich vergoren? – Kann auf der Flasche keine Nachgärung mehr stattfinden? Notfalls ist eine Gärprobe mit einer gefüllten Flasche bei einer Temperatur um 20-25° C über 1-2 Wochen durchzuführen.
2. Ist der Wein klar und stabil? – Falls nicht, eventuell eine Schönung zur Beseitigung der Trubstoffe oder eine Filtration vornehmen (siehe Kapitel »Klärung«, Seite 166 ff.).
3. Hat man genügend geeignete Flaschen? – Die Größe, die Farbe des Glases und die Verschlußart sind wichtig. Geeignete Größen sind 0,5-l-, 0,7-l- und 1-l-Flaschen.
   <u>Traubenweine</u> sollen in dunkle, meist grüne oder braune Flaschen, <u>rote</u> und <u>andere dunkle Fruchtweine</u> können auch in weiße Flaschen/Klarsichtflaschen gefüllt werden und dunkel lagern.
   <u>Helle Fruchtweine</u> und <u>Obstweine</u> können in weißen Flaschen gelagert werden, da Beeinträchtigungen nicht gravierend sind.
4. Natürliche Lichtstrahlen schädigen die Weine in weißen Flaschen auf Dauer. Vor allem Aroma- und auch Farbstoffe sind betroffen. Dunkle Gläser halten schädigende Lichtstrahlen zurück.
   Saftflaschen werden mit Gummikappen (bei stehender Aufbewahrung) oder mit Kronenkorken (auch liegende Aufbewahrung) verschlossen. Bei letzterer Art können nur Flaschen mit Kronenkorkmündung (CC-Mündung) verwendet werden.
5. <u>Weinflaschen mit Bandmündung</u> verschließt man mit Naturkorken. Als Saftflaschen verwendet, sind sie mit Gummikappen zu verschließen.
   Flaschen mit Schraubverschluß und einwandfreiem Gewinde sind für die Saftlagerung geeignet.

Vorbereitung der Flaschen

Grundsätzlich sollen die Flaschen mechanisch sauber sein. Sie steril und frei von Keimen wie Bakterien, Hefen oder Schimmelpilzen zu halten ist unnötig, da bei der Abfüllung die anderen mit Saft oder Wein in Berührung kommenden Teile wie Schlauch, Weinheber, Korken, Abfüllraum, usw. und der Wein selbst nicht steril sind bzw. vom Hausweinbereiter nicht steril gemacht werden können.

Will man Flaschen trotzdem steril machen, ist dies mit einer 2%igen schwefligen Säurelösung möglich. Diese stellt man her, indem einem Liter Wasser 40 g Kaliumpyrosulfit (enthält 50% SO_2) und etwa 2-4 g einer Säure (Milchsäure, Zitronensäure oder auch 5-10 ml Zitronensaft) zugesetzt werden. Von dieser Lösung werden pro Flasche etwa 20 bis 30 ml zum Ausspülen benötigt.

Die Flaschen müssen vorher außen und innen gründlich gereinigt werden. Dazu weicht man sie etwa 24 Stunden in einer etwa 50°C warmen schwachen Lauge (0,5-1%ige Sodalösung, Vino-Split, Art.Nr. 000208), ein, reinigt sie mechanisch mit der Flaschenbürste und spült mit klarem Wasser nach. Zum Austropfen stellt man die Flaschen mit der Mündung nach unten in einen mit Zeitungspapier ausgelegten Korb oder eine Kiste.

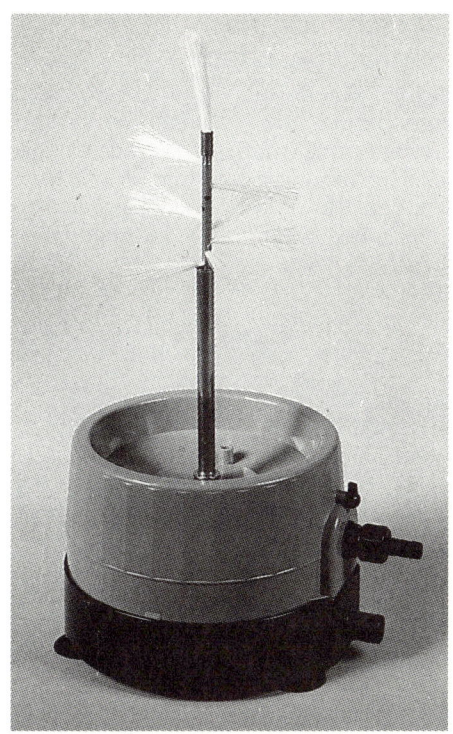

Spezialgerät für die Flaschenreinigung

So können die Flaschen notfalls auch einige Tage stehenbleiben und werden vor der Füllung – müssen aber nicht – mit der schwefligen Säurelösung ausgespült. Dazu werden die Flaschen mit der Hand an der Mündung verschlossen und die ganze Wandung gleichmäßig benetzt. Die SO_2-Lösung ist in der Nase etwas stechend (Vorsicht – Gesicht abwenden!) und kann aufgefangen nochmals für eine zweite Flasche vewendet werden.

So vorbehandelte Flaschen müssen wiederum zum Austropfen mit der Mündung nach unten in den Korb oder die Kiste gestellt werden; mindestens 15 Minuten stehenlassen, damit alles austropft – jedoch nicht länger als 3 Stunden bis zur Füllung.

Verschlüsse für Süßmost- und Saftflaschen

Außer Patent- und Drehverschlüssen, bei denen die Flaschenmündungen absolut unbeschädigt sein müssen, gibt es Kronenkorkverschlüsse und Gummikappen. Auch bei Verschluß mit Kronenkorken dürfen die Mündungen nicht beschädigt sein.

Naturkorken (links) und Preßkorken

Naturkorken lassen sich als Verschlüsse für Saftflaschen nur bedingt verwenden, da die Struktur porös und die Sterilität auf Dauer in Frage gestellt ist. Ein weiterer Nachteil besteht darin, daß diese Korken, die in die Mündung eingedrückt wurden, wenn der heiße Saft bereits in der Flasche ist, bei der Abkühlung des Saftes in diese eingesogen werden können, da ein kleines Vakuum entsteht und der Saft auslaufen kann. Naturkorken lassen sich nicht ohne weiteres schadlos steril machen. Bestenfalls in einer 2%igen SO_2-Lösung (siehe oben).

Gummikappen werden in kochendem Wasser steril gemacht; im noch heißen Zustand werden sie dann über die Flaschenmündungen gestülpt (Gummikappen mit Kaffeelöffelstiel auf die Flaschenmündung aufziehen).

Kronenkorken sind nicht steril zu machen. Sie werden von selbst keimfrei, wenn die mit noch heißem Saft verschlossenen Flaschen gelegt werden und die Innenseite längere Zeit mit dem heißen Saft in Berührung kommt. Gleichzeitig wird damit die eventuell eingeschlossene Luftblase steril.

Patentverschlüsse macht man steril, indem zunächst der Gummi abgenommen und in kochendes Wasser gelegt wird. Den Verschluß selbst taucht man kurz in kochendes Wasser und zieht den Gummiring auf. Nach dem Verschließen wird die Flasche ebenfalls kurz gelegt.

Schraubverschlüsse haben in der Regel eine Kunststoffeinlage und werden kurz in kochendes Wasser getaucht, sofort auf die gefüllte Flasche aufgeschraubt und diese kurz gestürzt.

Verschlüsse für Weinflaschen

Der typische Verschluß für Weinflaschen war und ist noch der Naturkorken, obwohl keineswegs optimal und problemlos.

Mit Naturkorken verschlossene Flaschen sind liegend aufzubewahren. Die allzeit feuchten Korken bieten einen besseren Schutz vor Oxidation (dem »Altwerden«) als ausgetrocknete Korken. Trotzdem ist vor allem in der ersten Zeit nach der Füllung mit höheren Verdunstungen zu rechnen, wie neuere Untersuchungen ergeben haben.

Der feuchte Korken soll wie ein Docht wirken, der ständig Wein nachzieht. Bei zuckerreichen Weinen (besonders süße Dessertweine) werden die Korkporen bald durch nichtverdunstenden Zucker und andere Extraktstoffe verstopft, so daß der Verdunstungsschwund immer geringer wird, bis er beinahe auf Null absinkt.

Wichtig ist, daß die Naturkorken bei Lagerung keine Fremdgerüche aufnehmen können. Weine sind sehr empfindlich und beeinflußbar:

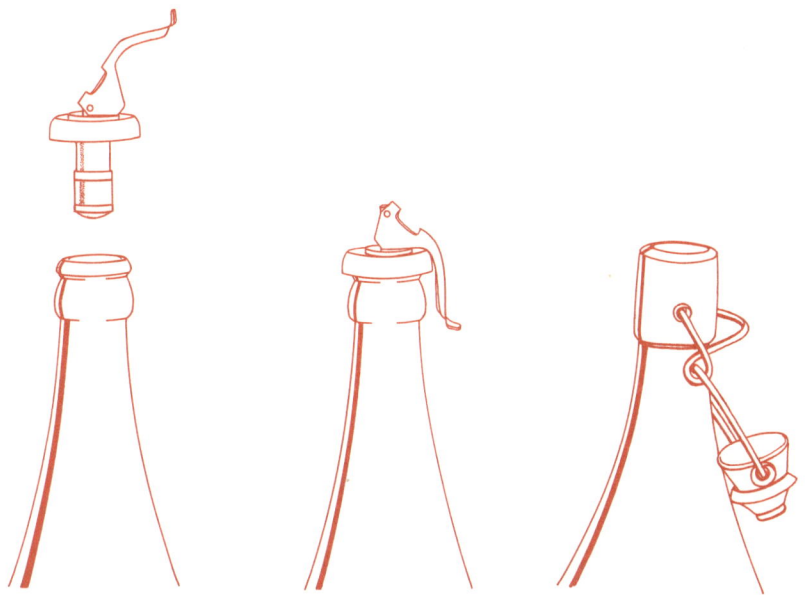

Flaschen mit Kronenkorkmündung und Patenthebelverschlüssen

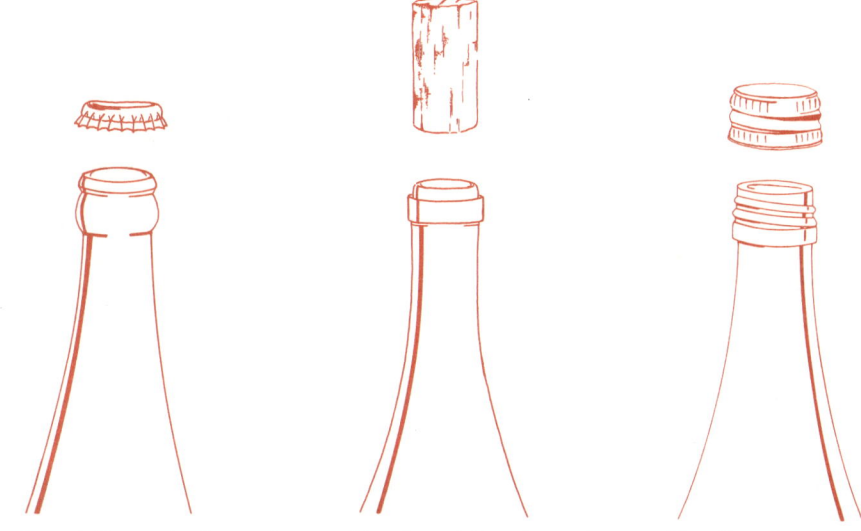

Flasche mit Kronenkorkmündung
und Kronenkork

Flasche mit Bandmündung
und Naturkorken

Flasche mit
Schraubverschluß

Vor Gebrauch müssen die Korken ausreichend gewässert werden (siehe Abschnitt »Anleitung für Handverkork-
apparate«, Seite 182 ff.). Zum Sterilmachen siehe Kapitel »Vorbereitung der
Flaschen«, Seite 176 f.

Naturkorken passen nicht nur in echte
Weinflaschen (Bandmündungen), sondern auch in viele andere Flaschen,
wenn die Mündung nicht enger als
15 mm Durchmesser und nicht weiter
als 21 mm Durchmesser ist. Ein gesun-
der Kork kann 10 Jahre seine Aufgabe
als Flaschenverschluß erfüllen – allerdings bei kühlem Keller.

Gefahr droht Naturkorken von den
Korkmotten (kleine Schmetterlinge), die
ihre Eier am Korken ablegen. Aus den
Eiern entwickeln sich die Korkwürmer.
Vorbeugend können die Korken mit
enganliegenden Flaschenkapseln geschützt werden, und zwar sofort nach
der Füllung. Der Überzug mit dem früher
häufig verwendeten Flaschensiegellack
(etwas aufwendig und teuer) oder mit
Wasserglas (billig und schnell) schützt
nicht nur gegen Korkmotten, sondern
vor allem bei nässenden, nicht ganz
dichten Korken gegen Schimmelbefall.
Bei Verwendung von Wasserglas werden die Flaschenköpfe kurz eingetaucht.
Es trocknet sofort über dem Korken ein
und bildet eine Schutzschicht.

Eine direkte Bekämpfung wurde früher
durch eine Raumbegasung mit Blausäure vorgenommen. Seit etwa 1970
verwendet man Strips (Nexa-Strip,
Vapona-Strip, u. ä.). Die Wirkstoffe ver-
dampfen langsam, halten einige Monate
an und wirken teilweise gegen Essig-
fliegen. Wichtig ist, die Eiablage auf den
Korken zu verhindern!

Es gibt neuerdings sogenannte Licht-
fallen, unter anderem elektrische »Insek-
tentöter«, das sind Lampen mit besonderen Leuchtstoffröhren und stromspan-
nungsgeladenen Drähten, nach deren
Berührung Insekten getötet werden.

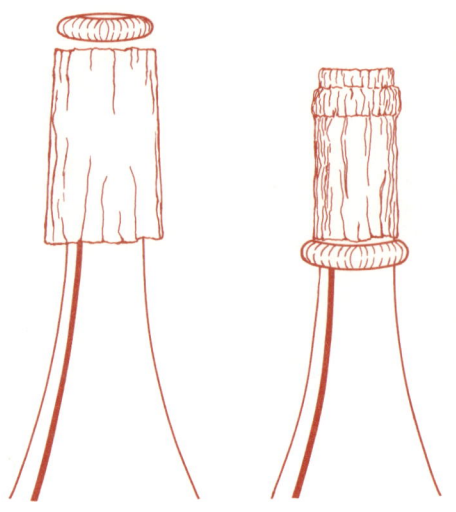

Naturkorken können durch enganliegende
Stanniolkapseln geschützt werden. Dazu
setzt man eine Stanniolkapsel auf die mit
einem Korken verschlossene Flasche und
zieht einen Spiralring darüber. Auf diese
Weise legt sich die Stanniolkapsel fest um die
Flaschenöffnung.

In den letzten Jahre haben Kunststoffstopfen Einzug in die Kellerwirtschaft
gehalten; diese werden meist als »Griff-
stopfen« angeboten. Da sie nicht so elastisch sind, passen sie sich den verschieden großen Flaschenmündungen (Ge-
brauchtflaschen unterschiedlicher Herkunft) weniger gut an. Die verschlossenen Flaschen werden meist stehend
gelagert; sie nehmen mehr Platz ein. Der
Kohlensäuredruck – bei Kunststoffstopfen – läßt eher nach, besonders, wenn
Schaumweinflaschen stehend gelagert
werden.

Kunststoffstopfen sind weniger gasdicht
als Naturkorken. Der Sauerstoff diffundiert von außen leichter hinein, was im
Laufe mehrerer Jahre zu einer nachteiligen Veränderung des Weines führen
kann.

Mit Kunststoffstopfen verschlossene Flaschen sollten nicht zu lange gelagert werden.

Bei der Sektherstellung sind Kunststoffstopfen mit Naturkorkeinlagen besser. Sie sehen besser aus, sind gasdichter und werden bei etwas teureren Sektmarken verwendet. Auch für den Hausweinbereiter sind sie beim Sekt von Vorteil, jedoch etwas teurer.

Der Füllvorgang

Der Hausweinbereiter wird seine Getränke überwiegend mittels Falldruck in Flaschen abfüllen, d. h., die zur Füllung vorbereiteten Flaschen stehen tiefer als der Saft- oder Weinbehälter.

Aus Fässern und Kunststoffbehältern kann durch einen »Untenanstich mit Hahn« direkt über einen Trichter in Flaschen gefüllt werden. Dabei sollte man darauf achten, daß der Wein nicht plätschernd in die Flasche »fällt«, sondern an der Wandung entlangfließt. Er nimmt dadurch weniger Sauerstoff auf, verliert weniger Aromastoffe und schäumt nicht.

Aus Ballons und anderen kleineren Behältern wird die Flaschenfüllung üblicherweise mit Gummi- oder Plastikschlauch vorgenommen. Dieser ist so bemessen, daß er in jede Flaschenmündung paßt. Will man den Füllvorgang nicht mit der Hand oder der Schlauchklemme beeinflussen, ist am Schlauchauslauf ein PE-Hähnchen zur Drosselung der Geschwindigkeit und zum Abstellen beim Flaschenwechsel anzubringen – es paßt in jede Flaschenmündung. Auch hierbei den Wein schonend in die Flaschen einfließen lassen.

Bei hochwertigen und sauerstoffempfindlichen Weinen (Traubenweine) ist der Abfüllschlauch beinahe bis zum Flaschenboden einzuführen, so daß der Wein nur in die steigende Flüssigkeit fließt und dabei die gesamte Luft langsam nach oben herausdrückt.

Bei Abfüllvorgängen darf der Schlauch an der Ballonmündung nicht knicken, da der Durchfluß unterbrochen und gehemmt würde.

Gummi- oder Plastikschlauch?

- Ein Gummischlauch wird für Kalt- (Weine) als auch für Heißfüllung (Säfte) verwendet.
- Ein Plastikschlauch wird bei der Heißfüllung weich, deformiert, verklebt und unbrauchbar. Gleiches geschieht bei Reinigung mit heißem oder kochendem Wasser.
- Der Plastikschlauch hat den Vorteil geringerer Anschaffungskosten und ist mit kaltem Wasser leicht zu reinigen, da er sowohl innen als auch außen eine glatte Oberfläche hat und Weinreste, Hefe und Trubteilchen nicht so leicht anhaften.
- Wird ein Gummischlauch nicht nach jeder Benutzung mit starkem Wasserdurchfluß an der Leitung gründlich durchgespült, bietet er einen Nistplatz für Mikroorganismen und wird dadurch unbrauchbar.
- Ein bequemes und übersichtliches Abfüllen ist mit dem Kitzinger Weinheber möglich. Er kann während der gesamten Gärzeit von Anfang an auf dem Ballon belassen werden – nicht nur, um zu probieren, sondern auch, um den täglichen Bedarf zu entnehmen (Abb. siehe Seite 81).

Die Verwendung des Kitzinger Weinhebers ist sowohl bei kleinen Ballons (das ausziehbare Rohrteil wird entfernt) als auch bei größeren Ballons, Kunststoff- und Holzfässern ohne Untenanstich mit dem Verlängerungsrohr zu empfehlen.

Um Saft oder Wein mit Hilfe des Weinhebers zum Fließen zu bringen, ist bei geöffnetem Hahn oder Quetscher am Schlauch anzusaugen. Den Ausfluß dann tiefer halten als die Flüssigkeitsoberfläche im Gefäß oder durch den

Gäraufsatz im zweiten Loch des Gummistopfens Luft bei geöffnetem Hahn einblasen, um leichten Überdruck zu erzielen. Der Durchfluß geschieht gleichmäßig, wenn die Flüssigkeit die Luft vollständig aus dem Rohr- und Schlauchsystem verdrängt hat.

Verkorkgeräte

Seit einigen Jahren gibt es für den Hausweinbereiter kleine, leicht zu bedienende, kraftsparende Handgeräte zum Verschließen der Flaschen. (In den gewerblichen Betrieben war und ist das Flaschenverschließen nur mit relativ schweren Apparaten möglich.) So können sowohl Naturkorken als auch Kronenkorken vom Hausweinbereiter als Verschlüsse verwendet werden – je nach vorhandener Flaschenmündung.

Anleitung für Handverkorkapparate

Mit beiden neuen Handverkorkapparaten aus Metall lassen sich Saft- und Weinflaschen leichter und schneller verschließen.

- Das **Kronenkork-Handverschließgerät** (Art.-Nr. 000240) ist so gestaltet, daß ein Kronenkorken mit der Hand an dem unteren magnetisierten Stempelteil angebracht wird. Man setzt nun das Gerät auf die gefüllte Flasche mit Kronenkorkmündung (CC-Mündung) und drückt beide Hebel gleichmäßig bis zum Anschlag nach unten. Dabei soll die Flasche in Stuhl- oder Tischhöhe auf einer rutschfesten Unterlage stehen.
- Beim **Naturkork-Handverschließgerät** (Art.-Nr. 000377) arbeitet man mit längeren Hebelarmen, um den Verschließvorgang zu erleichtern. Die Korkeinführöffnung beträgt 30 mm Durchmesser und verengt sich gleichmäßig/konisch bis zum Korkaustritt auf 16 mm Durchmesser.

Kronenkork-Handverschließgerät

Der zylindrische Naturkork beträgt in gewachsener oder gepreßter Ausführung in der Regel 23-24 mm im Durchmesser, muß aber auf 16 mm Durchmesser zusammengepreßt werden, um in die normale Flaschenmündung (18 mm Durchmesser) zu passen.

Beim <u>schnellen Eindrücken</u> in die Flasche – sie steht in Stuhl- oder Tischhöhe auf einer rutschfesten Unterlage – entweicht die Luft aus dem Flaschenhals, und der Kork erweitert sich erst dann, wenn er bereits in der Flaschenmündung sitzt. Er sitzt fest, da die Flaschenmündung konisch ist

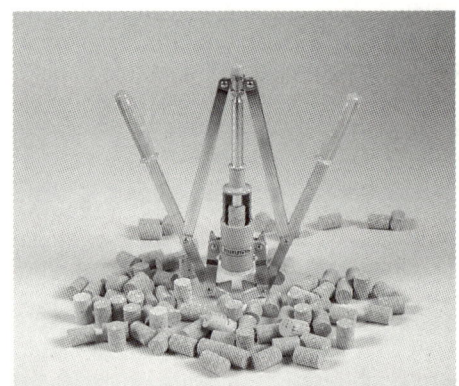

Naturkork-Handverschließgerät

und sich nach innen auf 20-21 mm Durchmesser erweitert. Aus diesem Grund muß der Korken mindestens 23 mm Durchmesser haben, um sich gleichmäßig an die Flaschenwandung anzulegen. Ist dies nicht der Fall, wird nicht nur der flache Teil (Spiegel), sondern auch der untere Mantelteil des Korkzylinders vom Wein umspült. Es treten Nachteile auf: Wein läuft aus, Wein verdunstet, er altert rascher, usw.

Werden beide Hebelarme zu langsam nach unten gedrückt oder würde der Kork nur auf Mündungsdurchmesser (18 mm) gepreßt werden, könnte die Luft nicht entweichen. Sie würde zusammengepreßt, und die Flasche könnte platzen, da sich der Druck in der Flüssigkeit fortsetzt – oder der Kork »federt« wieder aus der Mündung heraus.

Naturkorken müssen vor dem Gebrauch gründlich gewässert werden.

Behandlung von Naturkorken

Damit der Korken elastisch wird, muß er etwa 24 Stunden vorher in lauwarmem Wasser (bis 30° C) untergetaucht (beschwert), gewässert werden, um die Korkzellen aufzuweichen. Dann kann der Kork, außen feucht, in die Flaschenmündung eingedrückt werden.

Harte, verholzte Korken aus alter Rinde werden nach dem Wässern erst einmal leer durch den Apparat gedrückt, bevor man damit die Flaschen verschließt.

Heißes Wasser ist zu vermeiden, da die Korkzellen spröde werden und der Kork nicht genügend abdichtet; außerdem reißt er beim Entkorken leicht ab, es gibt sogenannte »Korkbrocken«.

Nicht verwendete, gewässerte Korken müssen wieder getrocknet und an einem geruchs- und geschmacksneutralen Ort aufbewahrt werden.

Schwund in der Flasche

Der Schwund, die Verringerung des Flascheninhaltes, ist vom Naturkorken, dessen Länge, Festigkeit, Vorbehandlung und von den äußeren Lagerbedingungen, wie Temperatur und Luftfeuchtigkeit im Lagerraum, abhängig. Das Füllgut spielt ebenfalls eine wichtige Rolle.

Weine mit höherem Alkoholgehalt haben einen größeren Schwund, da sie »dünnflüssiger« sind. Ebenso ist der Restzuckergehalt der Weine von Bedeutung. Zuckerreiche Weine sind »dickflüssiger«, der Schwund wird geringer.

Bei höherer Temperatur und geringer Luftfeuchtigkeit in trockenen und warmen Kellerräumen verdunstet wiederum mehr Wein durch den Korken.

Ausdehnung in der Flasche

Flüssigkeiten dehnen sich bei Erwärmung aus. Werden Weine bei einer Temperatur von 10°C abgefüllt, muß ein kleines Luftpolster zwischen Füllgut und Kork belassen werden. Bei Erwärmung um 10°C auf 20°C, dehnt sich der Wein bei einer Literflasche um 2-3 ml aus. Ist keine Möglichkeit der Ausdehnung vorhanden, kann die Flasche platzen, z.B. bei festsitzenden, harten Korken, Kronenkorken und Drehverschlüssen. Oder der Naturkork wird durch die Ausdehnung herausgedrückt, und die Flaschen laufen möglicherweise aus.

Im Durchschnitt rechnet man mit einer Ausdehnung des Weines pro 1°C Temperaturerhöhung um 0,2-0,3 Promille. Die Ausdehnung ist nicht linear, d. h. nicht bei allen Temperaturbereichen gleich: Sie ist bei höherer Temperatur größer.

Alkoholreiche Weine dehnen sich stärker aus als alkoholarme. Auch der Restzuckergehalt erhöht den Ausdehnungskoeffizienten.

Aus diesen Gründen sollten Flaschenweine möglichst in kühlen Kellern, in Räumen mit geringeren Temperaturschwankungen zwischen Sommer und Winter lagern. Die Reifung verläuft ebenfalls günstiger.

Wärmeausdehnung (Volumenvergrößerung) von Wein in ml je Literflasche

Wein mit Alkoholgehalt in % Vol.	Rest-zucker g/l	Temperaturerhöhung um					
		5°C	10°C	20°C	30°C	40°C	
5% Vol. Apfelwein, trocken	–	0,3	0,6	2,5	5,5	9,5	ml
10% Vol. Tischwein, trocken	–	0,5	1,0	2,9	6,1	10,2	ml
12% Vol. Traubenwein, trocken	–	0,6	1,1	3,2	6,7	11,0	ml
14% Vol. Dessertwein, trocken	–	0,6	1,4	3,8	7,6	11,7	ml
14% Vol. Dessertwein, süß	85	1,0	2,0	5,0	8,8	13,5	ml

Die Weinkrankheiten

Der Essigstich

Weinkrankheiten werden von Mikroorganismen verursacht, von Kleinlebewesen, also die als Einzelwesen nur mit dem Mikroskop sichtbar gemacht werden können.

Beim Essigstich (flüchtige Säure) haben wir es mit Bakterien zu tun. Ihre Länge beträgt etwa 1-tausendstel Millimeter (= 10^{-3}mm). Sie vermehren sich bei optimalen Bedingungen in etwa 20 Minuten einmal (Generationswechsel). Es existieren eine Reihe von Arten, die in der Lage sind, aus Zucker – oder häufiger – aus Alkohol Essigsäure zu bilden. Daneben können einmal wilde Hefen (Apiculatus-Hefen) bis etwa 1,2 g/l Essigsäure und auch echte Weinhefen (Saccharomyces cerevisiae) minimale Mengen von 0,2-0,4 g/l flüchtige Säure produzieren.

Hefen bilden Essigsäure aus Zucker, Bakterien überwiegend aus Alkohol. Für einen Essigstich sind Mengen, die von wilden Hefezellen gebildet werden, zu gering. Bei empfindlichen Traubenweinen kann es zur qualitativen Geschmacksverschlechterung kommen. Dies soll der Vollständigkeit halber erwähnt werden. Eine größere Bedeutung als Essigbildner kommt den Hefen nicht zu.

Im folgenden Kapitel werden nur die Essigbakterien in die Betrachtung des Essigstichs einbezogen.

Weshalb sind Essigsäure und ihre Erzeuger im Wein so gefährlich und gefürchtet?

● Die Essigsäure ist selbst in kleinen Mengen im Wein geruchlich und geschmacklich leicht wahrnehmbar. Geschmacklich im hinteren Bereich des Rachens. Sie schmeckt kratzend; außerdem geht sie sehr leicht Verbindungen ein, hauptsächlich mit Alkoholen, überwiegend mit Aethylalkohol, und bildet so die noch stärker riechenden und schmeckenden Ester (Essigsäure-Aethyl-Ester).

● Die Bakterien vermehren sich äußerst rasch.

● Weder Essigsäure noch deren Ester können aus dem Wein wieder entfernt werden. Ihre Konzentration (Essigsäure = flüchtige Säure) ist bei Weinen, die in den Verkehr kommen, gesetzlich begrenzt. Obwohl schon Mengen von 0,5-0,6 g/l für viele Weintrinker und Weinkenner schmeckbar sind (Beanstandungen erfolgen gegebenenfalls bei Qualitätsweinprüfungen), liegt die Verkehrs-

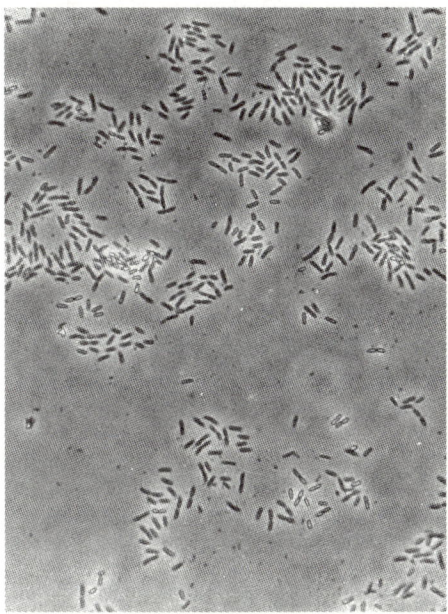

Reinkultur Essigbakterien
(1000fache Vergrößerung)

unfähigkeit, also die gesetzliche Höchstgrenze
- bei Weißweinen bei 1,08 g/l (= 18 mmol)
- bei Rotweinen bei 1,20 g/l (= 20 mmol)
- bei Obstweinen bei 1,00 g/l (= 16,6 mmol)
- bei Fruchtweinen bei 1,40 g/l (= 23,3 mmol)
- bei Obst- und Fruchtdessertweinen bei 1,40 g/l (= 23,3 mmol)
- bei Spitzenweinen (ab Auslesen): höhere Werte

Essigbakterien sind überall vorhanden: auf Früchten und ganz besonders auf angeschlagenen und faulen Früchten, bei denen es zum Saftaustritt kommt. Die Bakterien vermehren sich unter optimalen Bedingungen äußerst schnell, wesentlich rascher als Hefezellen, da sie kleiner sind und mikrobiologisch gesehen auf einer niedrigeren Entwicklungsstufe stehen. Primärinfektionen kommen bei jedem Saft vor, und so beginnen diese Bakterien, da sie luftbedürftig sind, sofort nach dem Pressen mit ihrer Vermehrung und ihrem Stoffwechsel.

Weshalb kommt es trotzdem selten zur Krankheit (Essigstich)?

- In den Säften aus gesunden und unbeschädigten Früchten sind diese Bakterien in nur geringer Anzahl vorhanden.
- Bei kühler Temperatur von unter 15° C ist die Vermehrung und Stoffwechseltätigkeit stark gehemmt. Gefährdet sind solche Säfte und Weine, die in warmen Sommermonaten vergären. Das Temperaturoptimum liegt bei 25-33° C (siehe Seite 54 f.). Diese Temperatur wird in unseren Breitengraden, im Gegensatz zu südlichen Ländern, selten erreicht. Die Bakterien sind, was die Temperatur anbetrifft, sehr anspruchsvoll (siehe Kapi-

tel »Die Essigbereitung im Haushalt«, Seite 205 ff.).
- Die Bakterien sind sehr sauerstoffliebend. Schnelle Angärung durch Reinzuchthefen hindert ihre Vermehrung, da das bei der Gärung entstehende CO_2-Gas den Sauerstoff austreibt und selbst eine hemmende Wirkung ausübt. Ein Gäraufsatz (Hobby I oder II) verhindert einen Luftzutritt und eine Infektion von außen.
- Die Bakterien sind sehr empfindlich gegen schweflige Säure (SO_2), wesentlich sensibler als Hefezellen; deshalb sollen Säfte aus faulen oder angefaulten Früchten sofort nach dem Pressen oder als Maische geschwefelt werden (1 g Kaliumpyrosulfit auf 10 l).
  Dies trifft bei Früchten zu, die in der Nähe des Bodens wachsen und reifen und ständig mit Erdpartikeln bespritzt werden (Erdbeeren, usw.).
- Die Bakterien sind alkoholempfindlich. Ein Alkoholgehalt ab 12% Vol. läßt in unseren Breitengraden kein Wachstum und keine Stoffwechseltätigkeit zu (Unempfindlichkeit der Dessertweine). In wärmeren Ländern ist diese Hemmschwelle bei 15% Vol. Alkohol (= 120 g/l) erreicht. Südweine sind deshalb alkoholreicher.

Durch Pasteurisation (Erhitzen auf 70-75° C) kann ein gefährdeter Saft oder ein bereits in Gärung befindlicher Jungwein wieder keimfrei gemacht werden. Falls der Gehalt an Essigsäure 1 g/l nicht übersteigt, wird mit einem Reinzuchthefeansatz (siehe Seite 67 ff.) die Gärung oder Umgärung eingeleitet.
Die Gefährlichkeit des Essigstiches oder der Essigbakterien beschränkt sich nicht nur auf die geruchliche und geschmackliche Veränderung/Verschlechterung des Weines und auf den Umstand, daß Essigsäure nicht aus dem Wein zu entfernen ist, sondern auch darauf, daß
- Essigsäure ab einer Menge von etwa

1 g/l ein Gift für die Hefezellen ist und die Vermehrung und Gärung stark hemmt. Ab etwa 2 g/l ist eine Gärung oder Umgärung nicht mehr möglich.

● Essigsäure aus Alkohol gebildet wird und somit das Getränk oder eine Maische, besonders Brennmaischen für die Gewinnung von Branntwei-nen, alkoholärmer werden. Diese Essigbildung kann so weit gehen, daß bei starkem Luftzutritt und optimaler Temperatur (über 25-30°C) eine Maische total »alkoholfrei« wird. Der gesamte Alkohol wird zu Essigsäure oxidiert.

Anmerkung: Essigsäure kann nur nach einem besonderen Verfahren (Wasserdampfdestillation) untersucht werden, so daß auf jeden Fall ein Labor dafür in Anspruch genommen werden muß. Im Kitzinger Weinlabor führen wir diese Analyse durch.

Bei der Essigentstehung handelt es sich um einen biochemischen Vorgang, der durch die von den Bakterien gebildeten Enzyme ausgelöst wird. Die Essigbildung verläuft vereinfacht dargestellt, nach folgender chemischer Gleichung:

Formel:
$$CH_3CH_2OH + \frac{Luftsauerstoff\ (O_2)}{Essigbakterien} > CH_3CHO \frac{Luftsauerstoff}{Essigbakterien} > CH_3COOH + H_2O$$

Bezeichnung:
Aethylalkohol ————————> Acetaldehyd ————————> Essigsäure   Wasser

Mol.Gew.:
  46   + 32 ————> 44   ————> 60   + 18

Rein theoretisch entstehen aus 46 Teilen Alkohol 60 Teile Essigsäure, d. h. aus 1 g Alkohol 1,3 g Essigsäure. In der Praxis liegt die »Ausbeute« geringer, da die Bakterien für ihren Zellaufbau und ihre Arbeitsleistung Alkohol verbrauchen – ähnlich den Hefezellen, die bei der alkoholischen Gärung Zucker für ihren Zellaufbau benötigen. Bei diesem Vorgang wer-den geringe Mengen anderer unerwünschter Stoffe gebildet, die sich in der Essigherstellung nachteilig bemerkbar machen. Da Essigsäure eine »flüchtige Säure« ist, geht durch Belüftung und bei der Bearbeitung des Gärgutes (Rühren, Umpumpen, Filtration bei warmer Temperatur) etwas verloren, die Verlustmengen sind jedoch gering.

Der Milchsäurestich

Hier sind Bakterien am Werk, die für ihre Tätigkeit keinen Luftsauerstoff benötigen und die Getränke während der Gärung schädigen. Ebenso liegt auch hier das Temperaturoptimum höher, bei 26-34°C. Meist werden säurearme (Apfel-) Moste befallen, Getränke, die wenig eigenen Schutz haben und deren Säuren hauptsächlich aus Äpfelsäure bestehen (siehe Seite 59 ff.).

Milchsäurebakterien greifen während der Gärung neben der Äpfelsäure auch den Zucker an, machen das Getränk stark trüb und grau, und meist kommt es zum »Dickwerden«. Die Milchsäure schmeckt in solchen Getränken süßlich-sauer und ebenfalls kratzend nach Sauerkraut.

Milchsäurebakterien vermehren sich rasch wie die Essigbakterien, und einmal in großen Mengen vorhanden, lassen sie sich auch durch starke Schwefelung (2 g Kaliumpyrosulfit auf 10 l Wein) nicht ausschalten. Manche Apfelmoste wurden dadurch völlig ungenießbar.

Es sind nur vorbeugende Maßnahmen möglich, indem man vor der Gärung die richtige Säure einstellt, nach der Gärung das Getränk sofort kühl lagert, rechtzeitig von der Hefe absticht, schwefelt und den Wein in der kalten Jahreszeit weitestgehend klärt.

Die Kahmbildung

Im Gegensatz zu beiden erstgenannten Krankheiten wird hierbei nur die Oberfläche des Getränkes besiedelt, und zwar

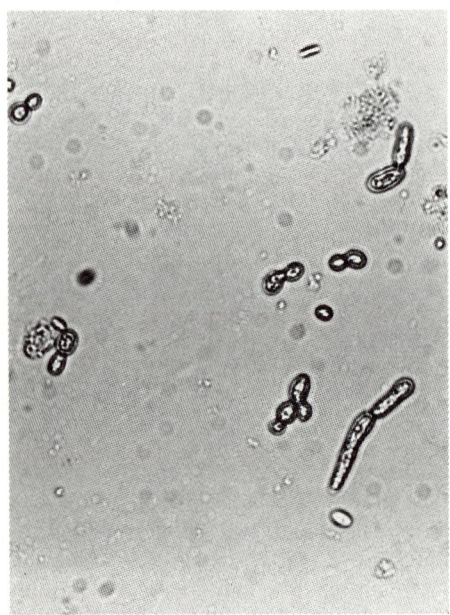

Kahmhefe (400fache Vergrößerung)

nicht von Bakterien, sondern von besonderen, luftbedürftigen Hefen. Im mikroskopischen Aussehen unterscheiden sie sich durch ihre längliche Form gegenüber echten Weinhefen, die rund bis leicht oval sind.

Kahmhefen kommen hauptsächlich vor, wenn es sich um

– alkoholarme Getränke handelt, besonders Apfelweine, und gleichzeitig
– höhere Temperaturen von über 12-15°C vorherrschen und
– nur teilgefüllte Behälter handelt.

Bei warmer Temperatur und viel Luftzutritt bilden sich »Kahmhefedecken«, die aufgrund ihrer Schwere zu Boden sinken; wird nichts unternommen, geht die Entwicklung ständig so weiter.

Es sollte alles getan werden, um dieser Kahmbildung vorzubeugen. Getränke mit starkem Kahmhefewachstum bekommen einen unangenehmen, von den Stoffwechselprodukten herrührenden Geschmack. Dabei werden Alkohol, Säure und andere Weininhaltsstoffe verbraucht. Schwefelungen in normalem Umfang richten nichts aus. Das »Vollhalten« der Behälter und kühle Lagerung sind vor allem wichtig.

Die Kahmhefeschicht, die auf unvergorenen Getränken vorkommen kann, wird von Laien und Anfängern häufig mit Schimmel verwechselt. Schimmel entsteht nicht mehr, wenn bereits Alkohol von über 4% Vol. vorhanden ist; selbst der »schwächste« Apfelwein hat mehr.

Bei Alkoholwerten über 12-13% Vol. können sich Kahmhefen in unseren Breiten mit durchschnittlichen Temperaturen um 10-20°C in den Kellern nicht mehr vermehren. In südlicheren Breiten mit wesentlich höheren Kellertemperaturen sind Alkoholwerte um etwa 14-15% Vol. notwendig, um gegen Kahmhefen sicher zu sein.

Ist Kahmhefe einmal vorhanden, dann sollte der einigermaßen klare Wein mit dem Weinheber, einem Schlauch oder vom Hähnchen aus abgezogen und der Rest verworfen werden – Behälter gut ausspülen!

Der Schimmelgeschmack

Oberflächenschimmel

Schimmel entsteht beinahe auf allen zuckerhaltigen Früchten oder Säften. Es gibt eine ganze Reihe von Arten.

Am bekanntesten sind die Schimmelpilze, die sich an der Flüssigkeitsoberfläche ansiedeln und ein starkes Deckenwachstum zeigen können, wenn nicht rechtzeitig etwas dagegen unternommen wird.

Sie unterscheiden sich schon rein äußerlich leicht in der Farbe von grünlich, gelblich, rötlich bis grau usw. Penicillium, Aspergillus, Botrytis cinerea sind die wichtigsten.

Allen Arten ist gemeinsam, daß sie zum Wachstum neben Zucker vor allem Luftsauerstoff benötigen und sich nur vermehren, wenn ein Getränk keinen oder höchstens 3-4% Vol. Alkohol hat. Bei Apfelweinen ist eine Besiedlung schon nicht mehr möglich.

Die Gefährlichkeit besteht nicht nur darin, daß ein Schimmelgeschmack entsteht, sondern diese Schimmelpilze bilden Mycotoxine (Giftstoffe), die für den Menschen gefährlich sein können, und zwar schon in Spuren (einige Milligramm).

Das Aflatoxin, auch an schimmligen Nüssen vorkommend, dürfte das bekannteste sein; Patulin, bei faulen und schimmligen Äpfeln, ist nicht weniger gefährlich.

> **Deshalb:** Vermeiden, daß Obst oder Säfte schimmlig werden; schimmeliges Obst verwerfen! Bei Weinansätzen die Gärung sofort einleiten.

Schimmel in der Flüssigkeit

Neben dem Oberflächenschimmel gibt es eine Schimmelpilzart, die ihr Domizil in der Flüssigkeit hat. Bestimmte Mucor-Arten wachsen submers, also in der Flüssigkeit. Besonders anfällig dafür sind säurearme Säfte, wie Apfel- und Traubensaft. Nicht nur, daß die Getränke unansehnlich werden, auch diese Pilze bilden Mycotoxine.

Wenn dieser Schimmel im Wachstum begriffen ist, ist er nicht mehr zu stoppen, und der Saft muß verworfen werden. Man erkennt den Mucorschimmel an den wattebauschähnlichen Gebilden, die von Einzelsporen ausgehen und immer größer werden. Im Anfangsstadium kann man die Säfte entsprechend filtrieren und verwenden, bei größerem Befall sollte man auf den Genuß verzichten.

> **Vorbeugende Maßnahmen:** Man säuert die säurearmen Apfel- und Traubensäfte bei unter 6 g/l auf 8-9 g/l auf und verschiebt somit den ph-Wert nach unten. Höhere Erhitzungstemperaturen als 75° C bringen allein keine Garantie für die Haltbarmachung dieser säurearmen Fruchtsäfte. In säurereichen Beerensäften tritt dieser Schimmelpilz so gut wie nicht auf.

Schimmelbildung in Holzfässern

Tritt Oberflächenschimmel zum Beispiel in Holzfässern auf, sind sie meist nur schwer zu reinigen und selten für weitere Lagerungen von Wein zu gebrauchen. Dieser Schimmel dringt in das Faßholz ein und beeinflußt den Geschmack des Getränkes über Jahre hinweg nachteilig.

Dickwerden des Weins

Das Dick- oder Zähwerden kommt nur bei Weinen vor, nicht bei Säften.

Leicht befallen werden Apfelweine, die wenig Alkohol und vor allem wenig Säure (hohe Säure ist ein Schutzfaktor) enthalten.

Verursacher sind meist Schleimhefen, aber auch Bakterien können daran beteiligt sein. Beide benötigen höhere Temperaturen (über 15-20°C). Vorbeugend die Säure untersuchen und notfalls durch Säurezugabe auf 6-8 g/l erhöhen.

Nach der Gärung sofort kühl stellen, bald von der Hefe ablassen und schwefeln.

Die Weinfehler

Weinfehler sind, gemessen an den Weinkrankheiten, zwar harmloser, können das Getränk aber erheblich beeinträchtigen und den Genußwert herabsetzen. In schweren Fällen kann es sogar zur Genußunfähigkeit kommen, so daß das Getränk weggeschüttet werden muß.

Weinfehler werden ausgelöst durch chemische Veränderungen; im Gegensatz dazu haben Weinkrankheiten ihre Ursache in einer mikrobiologischen Tätigkeit von Schimmelpilzen, Bakterien oder unerwünschten Arten von Hefen.

Das Braunwerden des Weines – »Brauner Bruch«

Die Ursache ist eine stärkere Oxidation, eine Übertragung von Sauerstoff zu Weininhaltsstoffen, wobei nicht rechtzeitig mit Kaliumpyrosulfit geschwefelt wurde (siehe Seite 171 f.).

Das Schwarzwerden des Weines – »Schwarzer Bruch«

Diese Dunkelfärbung ist überwiegend auf Eisen zurückzuführen, das entweder bei der Saftgewinnung (Mühle oder Presse) oder bei der Lagerung im Holzfaß (Zugschraube am Faßtürchen) aufgenommen wurde. Blanke Eisenteile bei Emailleeimern oder sonstigen Zwischengefäßen bei der Herstellung des Weines können ebenfalls die Ursache sein.

Es kann sich auch um eine Oxidationserscheinung handeln, und bei stärkerer Schwefelung bleibt der Wein reduktiv, d. h. hellfarbig.

Eisen kann nur durch eine Blauschönung (= mit Ferrozyankalium) nach einer genauen chemischen Untersuchung von einer echten Durchschnittsprobe ausgeschönt werden.

Als weitere Ursache des »Schwarzen Bruchs« tritt oft ein Säuremangel auf, so daß in vielen Fällen eine rechtzeitige Säurekorrektur (Erhöhung auf etwa 7 g/l) diesen Weinfehler verhindert.

Der Bittergeschmack

Fälschlicherweise wird dieser Zustand auch bei solchen Weinen vermutet, die vollkommen durchgegoren sind, also keinen Restzucker mehr besitzen. Diese Weine sind herb, aber nicht bitter.

Der Bitterton ist meist die Ursache von stark gerbstoffhaltigen Substanzen im Wein, z. B. wenn die Trauben mit dem Fleischwolf zerkleinert bzw. entsaftet und dabei Stiele oder Samen aufgerissen wurden. Auch ein bestimmter Schimmel kann zu diesem Bitterton führen.

Behandlung: Nach Zusatz von Gelatine in größeren Mengen (10-20 g/hl) kann dieser Bitterton verschwinden, oder man kann eine Behandlung mit Aktivkohle vornehmen (der Wein wird aber hiermit wesentlich stärker »ausgezogen«). <u>Besser:</u> Eine zu starke Zerkleinerung der Früchte, Samen und Stiele vermeiden.

Der Böckser

Man unterscheidet zwischen Hefe- und Schwefelböckser.

Ein <u>Hefeböckser</u> ist meist nur vorübergehender Art, verschwindet im Laufe des Ausbaus, zumindest bei einer Belüftung durch Abstich. Solange der Wein in Gärung befindlich und ungeklärt ist, kann er nach Hefe schmecken. Dieser Hefegeschmack ist kein Böckser, da dieser meist von sich zersetzender Hefe ausgelöst wird.

Beim <u>Schwefelböckser</u> handelt es sich um eine hartnäckigere Erscheinung, wobei mehrmalige Belüftungen notwendig sind. In Verbindung mit der Belüftung ist zusätzlich eine Schwefelung mit Kaliumpyrosulfit (1-2 g auf 10 l) vorzunehmen.

Der Mäuselgeschmack

Dieser Weinfehler kommt selten vor und ist auf eine bestimmte Gattung von Weinen beschränkt, überwiegend Stachelbeerweine, Heidelbeerweine und vielleicht noch rote Johannisbeerweine.

Die Ursache liegt meist darin, daß diese Weine nach der Gärung nicht kühl gestellt, sondern zu lange warm gelagert wurden (meist im Sommer oder in geheizten Räumen der Fall). Unterlassene Schwefelung trägt zum Mäuselgeschmack bei.

Verhütung: Rechtzeitiger Abstich von der Hefe; nach der Gärung kühl stellen und normal schwefeln.

Die Mangelerscheinungen

Hierbei handelt es sich nicht um Krankheiten oder Fehler, sondern um unterlassene rechtzeitige Korrekturen im Zucker- und Säuregehalt. Der betreffende Wein hat entweder zuviel oder zuwenig Säure oder Alkohol und kann deswegen entweder
- völlig unharmonisch schmecken und/oder
- in der Haltbarkeit gefährdet sein.

Der Wein
aus medizinischer Sicht

Der Aspekt Alkohol im Wein

Jedem Kraftfahrer ist bekannt, daß er bei der sogenannten »0,8-Promillegrenze« fahrbeeinträchtigt, bei einem höheren Gehalt fahruntüchtig ist. Was ist unter dieser Menge zu verstehen?

Alkohol wird in geringen Mengen bereits von der Mundschleimhaut und der Speiseröhre, der Hauptteil jedoch durch die feinsten Blutgefäße der Magen- und vor allem der Dünndarmwände aufgenommen.

Alkohol in hochkonzentrierter Form wie Schnaps und Likör, wird schneller aufgenommen – der Alkoholspiegel steigt rapider an als beim Genuß von Wein, Most oder Bier, wo er in niedrigerer Konzentration vorliegt.

Aus kohlensäurehaltigen Getränken, z. B. Sekt, Perlwein oder Bier, erfolgt die Aufnahme des Alkohols schneller als aus sogenannten »stillen« Getränken, da die Blutgefäße des Magens durch die Kohlensäure erweitert werden (Vorsicht bei Bier mit Schnaps!) und der Alkohol von einer größeren Fläche umgeben ist. Man rechnet, daß 0,5 ml reiner Alkohol pro kg Körpergewicht den Alkoholspiegel um 0,5 Promille belasten bzw. anheben. Ein Mensch mit etwa 80 kg Körpergewicht kann ungefähr 40 ml reinen Alkohol zu sich nehmen, um 0,5 Promille im Blut zu haben.

In einem Liter Bier oder einem halben Liter einfachem Wein (Tischwein) sind diese 40 ml reiner Alkohol enthalten. Bereits bei einer Alkoholaufnahme von 80 ml steigt der Alkoholspiegel auf 1,0 Promille an. Dies gilt, wenn der Magen leer und der Alkohol innerhalb kurzer Zeit resorbiert (aufgenommen) wird. Wird gleichzeitig eine Mahlzeit eingenommen oder ist der Magen gefüllt, werden Alkoholwerte im Blut von »nur« 0,4-0,8 Promille erreicht – die Aufnahme geht langsamer vor sich.

Ein Frühschoppen auf leeren Magen ist nicht zu empfehlen. Beim Weingenuß am Spätnachmittag oder am Abend offenbart sich am besten die Wirkung auf die Psyche des Menschen. Kaum ein Getränk kann die Spannung besser lösen und den wahren, lebensbejahenden Gleichmut wiederherstellen als Wein.

> Sokrates trank mit Vorliebe Wein und meinte: »Trinken, das behagt mir auch. Mir scheint es mit den Gelagen der Männer zu gehen wie mit den Saaten auf dem Feld, denn diese können, wenn der Gott ihnen viel zu trinken gibt, nicht mehr gerade stehen. Wenn sie aber soviel trinken, wie ihnen bekommt, dann wachsen sie grad auf und blühen und kommen zur Reife.«

Ein Vorteil ist, daß fett- und eiweißreiche Speisen die Aufnahme des Alkohols stark verzögern, deshalb sollte man bei längerem Weingenuß am besten Käse essen. Der Aufschluß, d. h. die Verdauung von Fett und Eiweiß im Magen wird durch den Genuß von Wein günstig beeinflußt und beschleunigt, die Sekretion von Magensaft wird gefördert.

Für den kundigen Weintrinker bedeutet Wein einen geistigen Genuß, ein gesunderhaltendes und gesundheitsförderndes Getränk. Er weiß, daß der Wein eine Reihe von lebenswichtigen Nähr- und Wirkstoffen, wie Vitamine – vor allem im Gärstadium Vitamine der B-Gruppe – Mineralstoffe, Stickstoffverbindungen und organische Säuren enthält. Diese Vitamine der B-Gruppe sind im gärenden Most wertvoll, da in Verbindung mit Zucker die Leber beim Abbau des Alkohols gestützt wird. Alle diese Stoffe tragen zum körperlichen und geistigen Wohlbefinden bei und sind nicht in anderen alkoholischen Getränken enthalten.

Viele Fruchtweine enthalten von Natur aus Vitamin C, das teilweise bei schonendem und sachgemäßem Ausbau über Jahre erhalten bleibt, gleichzeitig wird der Wein dadurch geschützt (siehe Seite 159 und 175).

Die organischen Säuren

Die organischen Säuren erhöhen die Widerstandskraft gegen bestimmte Krankheiten, da sie eine Gegengiftwirkung besitzen. Der entgiftende Effekt von Wein ist wahrscheinlich mitbestimmend für seinen günstigen Einfluß auf den Verlauf mancher Infektionskrankheiten. Die keimtötende und wachstumshemmende Kraft des Weines gegen Bakterien und Viren ist vermutlich auf die gegenseitige Förderung von Alkohol und Säure zurückzuführen.

Früher wurden Typhus-, Ruhr- und Choleraepidemien erfolgreich mit Wein bekämpft. Die Wirkung ist auf die direkte Alkohol-Säure-Wirkung des Weines sowie auf ihre sekretionsfördernde Beeinflussung der Magen- und Darmdrüsen zurückzuführen.

> Beim Weingenuß sollte gelten, was schon der große Arzt des Mittelalters, Paracelsus, sagte:
> »Alle Dinge sind Gift, und nichts ist ohne Gift. Allein die Dosis macht, daß ein Ding kein Gift ist«.

Wo liegt die Grenze beim Weingenuß?

Da der Alkoholgehalt in den einzelnen alkoholischen Getränken starken Schwankungen unterliegt, gibt es kein Pauschalrezept:

- bei Apfelwein etwa 5-6% Vol. = 50-60 ml/l
- bei Dessertwein 13-16% Vol. = 130-160 ml/l Wein.

Das Getränk selbst ist mit von Bedeutung. Die Medizin sagt, daß 40-60 g Alkohol für Männer (= 50-80 ml) täglich genossen, kein Problem bringen, allerdings sollen Frauen nicht mehr als maximal 20-40 g (= 25-50 ml) zu sich nehmen. Diese Zahlen sind die sogenannte »Alkoholschwelle« – darüber könnte man als »alkoholsüchtig« gelten.

Letztlich spielt die Verteilung des Weingenusses über einen Tag eine große Rolle; verarbeitet eine gesunde Leber pro Stunde etwa 8-10 g Alkohol, steigt der Alkoholspiegel nicht an, vorausgesetzt der Genuß eines Liter Weines zieht sich über 10 Stunden hin.

Alkoholmißbrauch liegt vor, wenn jemand täglich und dauerhaft mehr als 80 g Alkohol konsumiert. Bei manchen Menschen kann diese Grenze schon zu hoch angesetzt sein, wenn ein Leber- oder andere Organschäden vorliegen.

Der Alkohol verteilt sich nach Aufnahme im Körper unterschiedlich in den einzelnen Geweben. Den höchsten Gehalt haben Blut und Rückenmarksflüssigkeit. Ferner ist der Alkoholgehalt direkt proportional dem Wassergehalt der Gewebe. Deshalb steigt bei übergewichtigen Menschen der Alkoholgehalt des Blutes rascher, und der Rauschzustand tritt entsprechend früher ein als bei normalgewichtigen Menschen.

Etwa 6% vom Gesamtalkohol werden durch die Atmung ausgeschieden, etwa 2% durch Schweiß und etwa 2% durch die Nieren. Der Hauptanteil von etwa 90% wird durch die Leber und das Enzym Alkoholdehydrogenase abgebaut. Die Abbauprodukte sind zunächst Acetaldehyd und dann Essigsäure, die entweder in anderen Körpergeweben noch weiter abgebaut oder ausgeschieden werden. Acetaldehyd kann zum Teil durch das Blut im Körper verteilt werden, dringt in die Nervenzellen ein und kann zu Kopfschmerzen führen.

Eine große Alkoholmenge in zu kurzer Zeit genossen führt zwangsläufig zu einer starken Belastung der Leber und möglicherweise zu deren Schädigung. Ist die Leber geschädigt, kann sie den Alkohol nicht genügend abbauen. Die Folge ist, daß immer mehr nicht abgebauter Alkohol zum Gehirn gelangt und ein Erbrechen auslöst. Andererseits tritt beim Alkoholiker eine Alkoholunverträglichkeit auf, so daß schon kleine Alkoholmengen einen Rausch auslösen. Aus diesem Grunde sollen Wein oder andere alkoholische Getränke nur langsam getrunken werden, damit die Leber den Alkohol so zügig abbauen kann, wie er aufgenommen wurde. Bei schnellem Trinken durchläuft der größte Teil des Alkohols die Leber unverändert und gelangt über das Herz durch den ganzen Körper bis ins Gehirn. Nie verschiedene alkoholische Getränke durcheinander trinken!

Eine akute tödliche Weinvergiftung ist äußerst selten, häufiger tritt dies bei Spirituosen auf. Der Tod tritt bei Blutalkoholwerten zwischen 4,0-6,0 Promille in den ersten 8 Stunden nach dem Alkoholgenuß ein und kann durch eine reine Vergiftung mit Lähmung des Atem- und Kreislaufzentrums verursacht werden.

Wie aus obigen Zahlen ersichtlich, wird bei einem 80 kg schweren Menschen ein Blutalkoholwert von 4,0 Promille erreicht, wenn er 320 ml reinen Alkohol (320 ml x 0,8 = 250 g) in kurzer Zeit zu sich nimmt und der Magen leer ist. Diese 320 ml reiner Alkohol sind enthalten in

4,00 l Tischwein (8-10% Vol. Alkohol)
1,00 l Likör (32% Vol.)
0,75 l Branntwein (40% Vol.)

Hochkonzentrierte alkoholreiche Flüssigkeiten (Liköre und Schnäpse) werden natürlich schneller im Magen resorbiert als große Flüssigkeitsmengen mit niedrigem Alkoholgehalt; solche »Hochprozentigen« wirken deshalb »giftiger«.

Geringe Alkoholmengen, bis 35 g pro Tag, das ist etwa ein halber Liter Wein oder 1 l Bier, sollen sogar eine günstige Wirkung auf die Herzkranzgefäße ausüben. Der Konsum dieser Menge ist günstiger als totale Alkoholabstinenz, wie führende Mediziner im In- und Ausland in den vergangenen Jahren bei Untersuchungen feststellten – vorausgesetzt, der Organismus ist gesund.

Andere Stoffe

Der Alkohol ist nicht der einzige, wohl aber der größte = Makrobestandteil, der von zwei Seiten, nämlich der guten und der gefährlichen bedacht werden muß. Wie auf Seite 174 beschrieben, können nach der Gärung im Wein, solange er trüb ist, durch Bakterien Stoffwechselprodukte, sogenannte biogene Amine (z. B. Histamin, Tyramin) gebildet werden, die den Genußwert und vor allem die Bekömmlichkeit eines Weines stark beeinträchtigen. Es brauchen nur Mikromengen, einige Milligram pro Liter vor-

handen zu sein, um z. B. Kopfschmerzen auszulösen; insbesondere das Tyramin wird dafür verantwortlich gemacht. (Fälschlicherweise herrscht die Meinung vor, daß das auslösende Moment die schweflige Säure sei, zugesetzt in Form von Kaliumpyrosulfit.)

Um diese biogenen Amine möglichst niedrig zu halten bzw. auszuschalten, müssen die Bakterien als Verursacher – sie kommen nicht nur in vergorenem Wein vor, sondern auch in anderen, sogenannten »mikrobiell hergestellten« Lebensmitteln, siehe unten – in ihrer Entwicklung gehindert werden:

– durch kühle Lagerung des Weines sofort nach der Gärung;

– durch baldiges Abziehen des sich klärenden Jungweines von der Hefe und dem Trubdepot. Vorteilhaft ist eine weitergehende Klärung durch Schönung oder Filtration und Schwefelung.

Neueren Erkenntnissen zufolge gibt es ernährungsbedingte Migränen, die mit dem Tyramingehalt der Nahrung bzw. mit einer Aminstoffwechselstörung in Zusammenhang gebracht werden. Da neben Wein unter anderem auch Käse und Sauerkraut, um nur einige zu nennen, zu den »mikrobiell hergestellten« Lebensmitteln gehören, können nach deren Genuß bei Migränepatienten Kopfschmerzanfälle hervorgerufen werden.

Diese Erkenntnis macht es erforderlich, darauf hinzuweisen, daß

– nur während der Gärung die Temperatur im Optimalbereich der Hefe (um 20-25° C) liegen soll;

– die Lagertemperatur nach der Gärung des Weines so niedrig wie möglich sein muß (im kühlsten Raum des Hauses).

Das heißt aber nicht, daß in jedem Wein diese Stoffe entstehen und damit die Bekömmlichkeit herabsetzen. Es soll vielmehr gezeigt werden, wie wichtig eine kühle Lagerung nach der Gärung und ein baldiger Abstich vom Trub sind – unabhängig von der Minderung des Genußwertes – und was geschieht, wenn diese Maßnahmen nicht oder nicht rechtzeitig durchgeführt wurden.

Weinphysiologie

Alle Weine enthalten – wie andere Nahrungs- und Genußmittel auch – Grundnährstoffe, die nach dem Essen oder Trinken im menschlichen Körper meist zu Wasser und Kohlendioxid oder Metan abgebaut/verdaut werden. Dabei wird Energie/Verbrennungswärme frei, die der Mensch zum Aufbau von Körpersubstanz benötigt oder die er in Arbeitsleistung umsetzt. Diese Energie ist meßbar und läßt sich in Zahlen ausdrücken. Die verschiedenen Stoffe im Wein und in anderen Nahrungsmitteln liefern unterschiedliche Energiemengen, die Brennwerte genannt und bis 1977 in Kilokalorien = kcal, seit 1978 als (Kilo-)Joule = kJ bezeichnet werden (1 kcal = 4,186 kJ).

Inhaltsstoffe beim Wein
1 g Alkohol (Aethylalkohol)
                    = 7 kcal oder 30 kJ
1 g Zucker (Frucht-, Trauben- oder Rübenzucker)   = 4 kcal oder 17 kJ
1 g Extrakt (allgemein)
                    = 4 kcal oder 17 kJ
1 g Glyzerin   = 4 kcal oder 17 kJ
1 g organische Säure
                    = 3 kcal oder 13 kJ
Inhaltsstoffe in anderen Nahrungsmitteln
1 g Eiweiß   = 4 kcal oder 17 kJ
1 g Fett   = 9 kcal oder 38 kJ
1 Broteinheit (BE)
                    = 12 g Zucker (Glucose)

Diabetikerwein

Als Diabetikerwein eignet sich Trauben-, Obst- und Fruchtwein nach Tischweinrezept. Er wird bis 0° Oe und darunter vergoren und weist beim Genuß keinen oder höchstens 4 g/l Zucker sowie höchstens 12% Vol. Alkohol = 95 g/l auf. Er wird während des gesamten Ausbaus insgesamt mit nicht mehr als 3 g Kaliumpyrosulfit auf 10 l geschwefelt.

Falls bei einem solchen Wein eine gewisse Süße erwünscht wird, kann nur mit Süßstoff oder Zuckeraustauschstoffen (siehe Seite 44 ff. und 163 f.) nachgesüßt werden.

Ein Wein ist als Diabetikerwein geeignet, wenn der natürliche oder auch zugesetzte Zucker restlos vergoren ist. Es ist ein Irrtum zu glauben, daß Diabetiker nur »naturreine Weine« unbedenklich trinken können, denn auch in naturreinen Weinen kann – wenn nicht restlos durchgegoren – noch Zucker enthalten sein. Andererseits kann ein verbesserter, mit Zucker vor der Gärung angereicherter Wein vollkommen vergoren und für »Diabetiker geeignet« sein.

Jeder Diabetiker kann sich den Gesamtbrennwert aus den vorgenannten Zahlen selbst errechnen, wenn er die Analysendaten seines Weines kennt, und er sollte darauf bestehen, diese kennenzulernen (bei Traubenweinen siehe Rückenetikett).

Sekt-Schaumwein-Bereitung im Haushalt

Sekt, das »prickelnde Nobelgetränk«, ist im eigentlichen Sinn die kultivierteste Veredelungsstufe eines Weines – und jeder, der dieses kohlensäurehaltige Getränk genossen hat, mag Gefallen daran gefunden haben.

Leider ist die Herstellung im Haushalt nicht so einfach, und auch aus gesetzlicher Sicht (Schaumweinsteuergesetz) bestehen Bedenken. In der Bundesrepublik Deutschland wird für diese Getränke eine Verbrauchssektsteuer erhoben. Sie beträgt seit 1.4.1982 DM 2,-- für die 0,75 l-Flasche Sekt (Traubenschaumwein) und DM -,40 für die 0,75 l-Flasche Obst- und Fruchtschaumwein. Nach Auffassung der Zollbehörde sollte bei der häuslichen Schaumweinbereitung diese Vorschrift ebenfalls gelten und keine Befreiung von dieser Steuer möglich sein.

Die Kohlensäure oder besser das Kohlendioxid, im folgenden CO_2 genannt, macht einen Wein erst dann zu einem Schaumwein, wenn sie in einer bestimmten Menge gelöst vorhanden ist. Sie ist bei einem Schaumwein in der EG zugleich Merkmal und Voraussetzung – neben der besonderen Flasche – für die Erhebung der Sektsteuer.
Um diese Sektsteuer zu umgehen, werden vor allem vom Ausland Perlweine mit niedrigerem CO_2-Druck in ähnlicher Aufmachung, in Weinflaschen, nach Deutschland exportiert.
Da Kohlensäure ein Gas ist, das unter den normalen auf der Erde herrschenden Druckverhältnissen nur in geringen Mengen in Lösung geht, kann Kohlen-

säure nur unter einem mehr oder weniger großen Druck im geschlossenen Behältnis gelöst bleiben.
Es besteht eine gewisse Gesetzmäßigkeit zwischen der CO_2-Menge, ausgedrückt in g/l, der Temperatur und dem Druck, der dabei auftritt. Man unterscheidet hinsichtlich des CO_2- Druckes (in der Bundesrepublik auf 20°C bezogen) drei Gruppen von Getränken:
● Stillwein (herkömmlicher Wein): 0,2-1,5 g CO_2/l = 0,0-0,1 bar,
● Perlwein (mit CO_2 imprägniert): 5,0-6,0 g CO_2/l = 1,5-2,5 bar,
● Schaumwein oder Sekt: 6,5-11,0 g CO_2/l = über 3,5 bar.
Champagner gehört ebenfalls zu dieser Gruppe. Champagner als Stillwein hat es schon immer gegeben, »schäumender Champagner« aber erst seit seinem Ent-

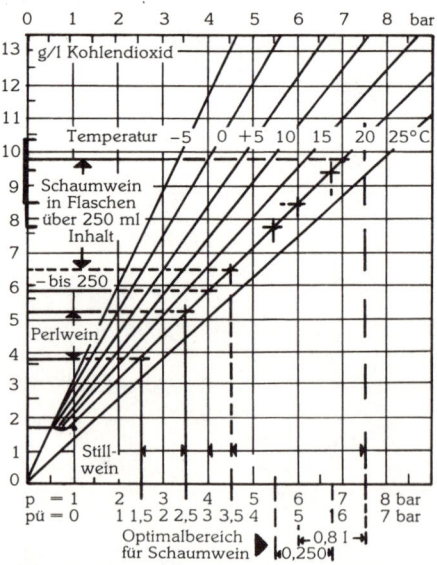

(Aus: Troost/Haushofer, »Sekt, Schaum- und Perlweine«)

Löslichkeit der Kohlensäure im Wein

decker, dem Benediktinermönch Dom Perignon (1639-1715). Das Herstellungsverfahren nennt man »méthode champenoise«.

Da die Löslichkeit des CO_2-Gases sehr stark von der Temperatur abhängig ist, ist dies in der Schautafel übersichtlich dargestellt worden. Ebenso spielen der vorhandene Restzucker und der Alkohol eine gewisse Rolle bei der Löslichkeit des CO_2-Gases.

Wodurch zeichnet sich Schaumwein gegenüber einem normalen Wein aus?

»Moussieren« und »Prickeln« sind Sinneseindrücke, die mit den Augen bzw. mit dem Mund wahrgenommen werden. Auch das Tastgefühl, der Tastsinn auf der Zunge, wird dabei beansprucht: Beim Trinken entsteht ein erfrischendes, kühlendes Gefühl, das auf der Schleimhaut der warmen Mundhöhle durch das freiwerdende Kohlensäuregas so empfunden wird. Durch die Mundwärme wird das CO_2 rasch entbunden, wodurch der Umgebung, also der Mundhöhle, Wärme entzogen wird und »Kühle« entsteht. Genaugenommen werden 24 kcal Wärme benötigt, um 1 l CO_2-Gas (= etwa 2 g) zu entwickeln, bzw. aus dem Getränk frei zu machen.

Hinzu kommt, daß durch die CO_2-Bläschen, die möglichst feinperlig und langanhaltend sein sollen – nur in klaren Schaumweinen möglich –, die Aromastoffe intensiver zur Geltung kommen. Sie können besser an die Geruchsnerven in der Nase und die Geschmackspapillen in der Mundhöhle herangebracht werden als bei »stillen Weinen«.

Welche Weine eignen sich für Schaumweine?

Der Hausweinbereiter braucht sich um die für den gewerblichen Betrieb maßgeblichen Bestimmungen nicht zu kümmern. Dennoch hier einige wichtige Angaben, die zum allgemeinen Verständnis beitragen. (Auf die Grenzzahlen, Mindest- und Höchstwerte an Inhaltsstoffen kann und soll hier nicht eingegangen werden, da für jede Gruppe andere Zahlen gelten.)

Seit 1971 gibt es in der Bundesrepublik Deutschland ein neues Wein- und Schaumweingesetz, das mit seinen 1972 und 1973 erfolgten Änderungen und beinahe jährlich erscheinenden Verordnungen auf EG-Ebene die Herstellung, Kennzeichnung und Bezeichnung, die Aufmachung, das Qualitätsprüfungsverfahren, das Anreichern, die Grenzwerte, den Kohlensäuregehalt, die Herstellungsdauer usw. regelt.

Die Schaumweine werden eingeteilt in:
1. **Obstschaumweine** (aus Äpfeln und/oder Birnen, auch Quitten);
2. **Fruchtschaumweine** aus den übrigen Früchten, wie Beeren, Steinobst usw.;
3. **Traubenschaumweine oder Sekte** (nur aus Trauben) mit Unterteilung in:
   3.1 Schaumwein, durch alkoholische Gärung entstandene CO_2 – mindestens 3 bar;
   3.2 Schaumweine mit zugesetzter Kohlensäure – mindestens 3 bar;
   3.3 Qualitätsschaumwein oder Sekt, mindestens 9 Monate Lagerung mit amtlicher Prüfungsnummer (A.Pr.Nr.) – mindestens 3,5 bar;
   3.4 Qualitätsschaumwein b. A. (bestimmter Anbaugebiete), höchste Qualitätsstufe, ebenfalls A.Pr.Nr.; darunter fallen die Einzellagen-, Rebsorten- und Jahrgangssekte – mindestens 3,5 bar.

Man sieht, daß aus fast allen Weinarten Schaumweine hergestellt werden können, wobei entweder CO_2 zugesetzt werden kann oder durch eine Zweitgärung der nötige Druck entsteht.

Herstellung von Schaumwein durch Zweitgärung

Hierfür eignen sich nur Weine, die folgende Voraussetzungen erfüllen:
1. Der Wein muß gesund sein. Er darf weder Milchsäure- noch Essigstich haben. Liegt der Gehalt an Essigsäure über 0,8 g/l – schon leicht schmeckbar –, dann werden die Hefezellen stark gehemmt, und es kommt bestenfalls nur zu einer leichten Gärung mit einem ganz geringen CO_2-Druck.
2. Der Alkoholgehalt soll nicht über 10-11% Vol. liegen. Bei Fruchtweinen sind nur Tischweine geeignet (keine Dessertweine). Höherer Alkoholgehalt wirkt hemmend auf die Gärung, woraus ersichtlich ist, daß sich einfache Apfelweine sehr gut dafür eignen.
3. Der Wein darf nicht oder nur wenig geschwefelt sein – bis etwa 50 mg/l SO_2 gesamt.
4. Der Wein sollte möglichst klar oder glanzklar sein, damit sich die Hefezellen nach der Zweitgärung leicht absetzen können und die Klärung nicht durch vorhandene Trubstoffe gestört wird.
5. Der Säuregehalt soll nicht zu niedrig liegen; Säurewerte um 7-10 g/l sind optimal, da dieser Bestandteil zur Gesunderhaltung beiträgt und sich säurereiche Getränke besser klären und geschmacklich harmonischer sind.
   Hohe Säure zeichnet den guten bzw. besten Champagner aus; säurearmer Champagner oder Sekt schmeckt fad.
6. Der Wein darf keine größeren Mengen Eisen oder sonstige Metalle enthalten, die die Gärung nachteilig beeinflussen.
7. Es dürfen keine Konservierungsstoffe im Wein enthalten sein (z. B. Sorbinsäure), die eine Zweitgärung verhindern und somit keinen CO_2-Druck entstehen lassen; außerdem würde ein unangenehmer (Geranien-) Geschmack auftreten.
8. Es müssen ausreichend Hefenährstoffe vorhanden sein; bei Fruchtweinen soll man zusätzlich auf 10 l 1 g Hefenährsalz zusetzen.
9. Die Temperatur soll bei der Flaschengärung in der Anfangszeit nicht unter 15°C, besser noch bei 20°C liegen und möglichst gleichbleibend sein.

Geht man davon aus, daß durch die Zweitgärung in der Sektflasche ein Überdruck bis 6,5 bar entsteht – ein höherer Druck ist kaum möglich, da Hefezellen ihre Tätigkeit, nämlich Vermehrung und Gärung – einstellen, läßt sich der Zuckerzusatz genau berechnen.

In der Praxis gilt die Faustregel, daß für je 1 bar Druck 4 g Zucker/Liter nötig sind; 4 g Zucker zerfallen bei der Gärung in etwa 2 g Alkohol und 2 g CO_2 (genaue Zahlen siehe Seite 37 und 51).

Hier muß man unterscheiden zwischen Druck und Überdruck (siehe S. 199 oben). Werden zu einem Liter Wein 4 g Zucker zugesetzt, können die daraus entstehenden 2 g CO_2 bei atmosphärischem Druck im Wein gelöst verbleiben, ohne daß ein Druck entsteht; bei weiteren 4 g Zucker pro Liter Wein entstehen zusätzlich 2 g CO_2, die jetzt 1 bar Überdruck erzeugen (frühere Bezeichnung = 1 atü).

Durch diese Zweitgärung wird neben der Kohlensäure Alkohol gebildet, so daß sich hierdurch der vorhandene Alkohol erhöht. Bei einem Überdruck von 6 bar (dazu sind 28 g/l Zucker nötig) nimmt der Alkohol um etwa 14 g/l oder 14 x 0,125 = 1,75% Vol. zu. (1 g Alkohol = 1,25 ml, da das spezifische Gewicht des reinen Alkohols aufgerundet 0,8000 ist.)

4 g Zucker/l Wein =	2 g CO_2 = 1 bar absoluter Druck = 0 bar Überdruck
8 g Zucker/l Wein =	4 g CO_2 = 2 bar absoluter Druck = 1 bar Überdruck
12 g Zucker/l Wein =	6 g CO_2 = 3 bar absoluter Druck = 2 bar Überdruck
16 g Zucker/l Wein =	8 g CO_2 = 4 bar absoluter Druck = 3 bar Überdruck
20 g Zucker/l Wein =	10 g CO_2 = 5 bar absoluter Druck = 4 bar Überdruck
24 g Zucker/l Wein =	12 g CO_2 = 6 bar absoluter Druck = 5 bar Überdruck
28 g Zucker/l Wein =	14 g CO_2 = 7 bar absoluter Druck = 6 bar Überdruck

Man möchte aber nicht nur ein kohlensäurehaltiges, alkoholisches Getränk, sondern ein Produkt, das noch eine gewisse Restsüße (nicht für Diabetiker!) enthält. Diese liegt bei Schaumweinen wesentlich höher als bei Stillweinen, da die zusätzliche Kohlensäure mehr Zucker kompensiert. Man muß zu diesen 28 g Zucker noch zusätzlich Zucker als verbleibende Restsüße zusetzen.

Restzuckermengen und Bezeichnungen

Die folgende Tabelle zeigt eine Übersicht über die Restzuckermengen und die gebräuchlichen Bezeichnungen bei fertigen, abgefüllten Weinen und Schaumweinen (Sekten):

1. bei Weinen
   - »trocken«: 0- 9 g Zucker pro Liter
   - »halbtrocken«: 9-18 g Zucker pro Liter
   - »lieblich«: über 18 g Zucker pro Liter
   - »süß«: über 35 g Zucker pro Liter

2. bei Schaumwein (Sekt)
   - herb (brut): 0-15 g Zucker pro Liter
   - sehr trocken (extra dry): 12-20 g Zucker pro Liter
   - trocken (dry, sec): 17-35 g Zucker pro Liter
   - halbtrocken (medium dry, demi sec): 33-50 g Zucker pro Liter
   - süß (mild): über 50 g Zucker pro Liter

Bei Schaumweinen gibt es keine absoluten Zahlen, sondern leichte Überschneidungen im Restzuckergehalt.

In der Mehrzahl werden im Handel Schaumweine (Sekte) mit einem Restzuckergehalt um 30 g/l angeboten; Sekte mit weniger als 20 g oder mehr als 40 g/l Zucker sind weniger gefragt.

Nun kann man die Berechnung vornehmen, welche Menge an Zucker vor der Zweitgärung zugesetzt werden muß, und zwar:

– eine Maximalmenge von 28 g/l für den Kohlensäuredruck und,

– etwa 30 g/l als bleibende Süße, also insgesamt 50-60 g/l Zucker.

Verwendet wird immer nur Rübenzucker, genau wie bei der Saft- und Weinbereitung, bzw. eine Rübenzuckerlösung.

Der Vollständigkeit halber soll noch erwähnt werden, daß dieser Rübenzucker vor der Vergärung durch die Hefe bzw. durch ihre Enzyme erst in Frucht- und Traubenzucker aufgespalten werden muß; dabei entsteht dann etwa 5% mehr Zucker, und rein theoretisch wären dann nicht 28 g/l Zucker nötig, sondern nur 26,6 g/l – dies kann aber bei der Berechnung vernachlässigt werden (siehe auch Kapitel »Zuckerarten«, Seite 44 ff.).

Die Sektflaschen

Wegen des entstehenden Druckes können nur Sektflaschen (meist 0,75 l) verwendet werden; Weinflaschen, Bier- oder Limonadenflaschen, auch mit Patent- oder Schraubverschluß, sind völlig unbrauchbar, da sie nur für einen Überdruck von etwa 1-2 bar geeignet sind. Bei höherem Druck platzen diese Flaschen, auch wenn die Verschlüsse zusätzlich gesichert sind.

Selbst bei besonders dickwandigen 0,75 l Sektflaschen mit Hohlboden müssen Einschränkungen gemacht werden: Es gibt die sogenannten Leichtflaschen = Einwegflaschen mit einem Gewicht von 460-550 g, die sich für eine Flaschengärung nicht eignen. Hier werden nur Schaumweine mit imprägnierter (= zugesetzter Kohlensäure), mit einem Druck von 3-5 bar abgefüllt. Hierunter fallen meist die niederpreisigen Sekte, wie Asti Spumante, Moscato Spumante und auch einige deutsche Marken. Verwendet man diese zur Gärung, käme es mit Sicherheit zum Platzen der einen oder anderen Flasche (sehr gefährlich!). Normalflaschen mit einem Gewicht von etwa 650-850 g eignen sich gut für Flaschengärungen: Handelssekte mit der Etikettenbezeichnung »Flaschengärung« sind meist in solche Flaschen gefüllt.

Außerdem gibt es noch die sogenannten Schwerflaschen mit einem Gewicht von 1 000-1 100 g; sie sind selten auf dem Markt und dienen vornehmlich zur Vergärung in Sektkellereien. Der fertige Sekt wird später in leichtere Flaschen umgefüllt, und diese tragen die Bezeichnung »Flaschengärung«. Letztere Flaschen sind billiger in der Anschaffung und im Transport.

Bevor man sich an die Sektbereitung wagt, sind die Flaschen genau daraufhin zu überprüfen, ob sie in Ordnung sind und keine Risse haben oder sonst abgesprungene Teile aufweisen.

In der Sektindustrie werden billigere Marken, die nicht immer schlechter sein müssen, meist im Drucktank, also im Großraumverfahren, hergestellt. Aus diesen Tanks (nach Gärung unter Druck) werden sie in Flaschen gefüllt. Es gibt darunter hochwertige Sekte, wobei der Ausgangswein den Ausschlag gibt.

Mancher handwerklich vertraute Weinamateur hat sich für seinen Gebrauch einen kleinen (20-50 l) Drucktank aus Edelstahl hergestellt – in der Hoffnung, seinen Schaumwein billig selbst zu produzieren, ohne umständliche Flaschengärung. Daß dies fehlschlagen muß, liegt an folgenden Gründen:

- Die Hefe muß nach der Gärung und nach dem Absetzen vom Sekt entfernt werden. In der Flasche ist dies etwas umständlich und nur mit viel Geschick möglich – im Drucktank geht es leider nicht. In der Industrie werden dafür zusätzliche Geräte eingesetzt.

- Um die Kohlensäure zu erhalten und gleichzeitig Druck zu verringern, muß der Sekt sehr kühl, (um 0°C – 4°C) gelagert werden – im Winter ist dies möglich. Selbst dann wird der Sekt bei Herauslassen einer bestimmten Menge stark schäumen. Die Kohlensäure wird sofort an der Hefe, die als Entbindungskörper anzusehen ist, entbunden.

Je trüber der Schaumwein, desto stärker das Schäumen und desto weniger bleibt von der Kohlensäure im Getränk.

Die Sektflaschenverschlüsse

Als Verschlüsse dienen im Haushalt Plastikstopfen, die mit der Hand oder einem einfachen Gummi- oder Holzhammer relativ leicht eingeschlagen werden können. Neuerdings ist es mit einem Handverschlußgerät wesentlich leichter.

Naturkorken (neu oder gebraucht) kommen nicht in Frage, da die speziellen, für die Flaschenmündungen passenden Korken sehr teuer sind und nicht einfach, sondern nur mit schweren Maschinen eingepreßt werden können. Auch im gewerblichen Bereich werden diese heute nur bei hochwertigen Spitzensekten verwendet. Diese Naturkorken sind weniger gasdurchlässig und dichter.

Bei Plastikstopfen (Polyäthylen) kennt man die geschlossene Form (»Geschlossener Zylinder«), die entweder hohl sind oder eine Naturkorkeinlage haben.

Neuerdings gibt es offene Hohlstopfen, in die ein kegelförmiges Hütchen mit offener Spitze eingesetzt werden kann. Dieses Hütchen ist ein stumpfer Kegel. Die sich nach der Gärung an der Flaschenmündung – bei gestürzter Flasche – ansammelnde Hefe kann durch Rütteln in den Hohlstopfen gleiten, jedoch nicht mehr in die Flasche zurück.

Plastikstopfen haben einen kleinen Nachteil: Die unter Druck stehende Flasche läßt im Laufe der Zeit bei stehender Lagerung das Kohlensäuregas und Aromastoffe durch den Kunststoff hindurch nach außen. Der Druck läßt somit nach. Umgekehrt soll sogar von außen Sauerstoff nach innen diffundieren.

Plastikhohlstopfen mit offenem Zylinder sind noch gasdurchlässiger. Dies macht sich nach längerer Lagerung besonders bemerkbar. Aus diesem Grunde sollten Sektflaschen nach Entfernung der Hefe mit Plastikstopfen, die eine Naturkorkeinlage oder zumindest einen geschlos-

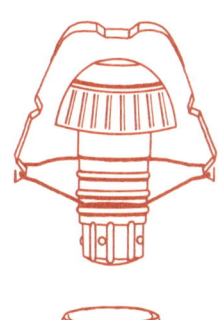

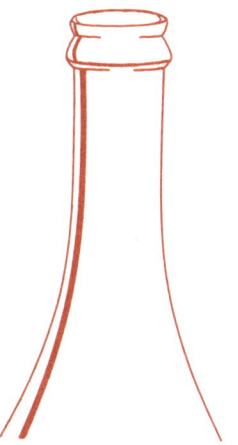

Verschluß für Sektflaschen

Verschließgerät und Verschlüsse für Sektflaschen

senen Zylinder haben, verschlossen werden. Oder man läßt die Flasche auf dem Kopf stehen bzw. lagert sie liegend, aber <u>niemals stehend.</u>

Nach neuesten wissenschaftlichen Erkenntnissen besteht eine bestimmte Abhängigkeit zwischen Kohlensäureverlust (Druckminderung in der Flasche) und Lagerzeit. Es ist ein mittlerer Druckverlust aus einer Reihe von Flaschen von 0,004 bar/Tag errechnet worden.

Auf die Praxis bezogen ist dies in 100 Tagen bzw. in gut 3 Monaten immerhin ein Druckverlust von 0,4 bar. Es läßt sich errechnen, wann eine Flasche beim Öffnen keinen Druck und keine Kohlensäure mehr enthält (Halbwertzeit).

Wie eigene Versuche ergeben haben (unterschiedliche Heferassen, verschiedene Verschlüsse und unterschiedliche Lagerungen – stehend oder liegend), entstehen durch die Gärung in der Sektflasche Drücke bis 7,0 bar. Diese können weitestgehend erhalten werden, wenn die Flaschen auf dem Kopf stehenbleiben. Die Flüssigkeit verhindert den schnellen Gasaustritt. Nach genau einem Jahr konnten wir immerhin noch 6,0-6,5 bar Überdruck messen, auch in Flaschen mit offenem Hohlstopfen. Die Hefe befand sich zu diesem Zeitpunkt noch in der Flasche.

Es ist selbstverständlich, daß die Polystopfen zur Drucksicherung mit einem Bügelverschluß und einer Drahtschlaufe versehen werden. Dies kann mit einer einfachen Zange oder einem speziellen Driller geschehen.

Die Zusammenstellung des Sektgrundweines

Zweckmäßigerweise wird einem geeigneten Wein nur soviel Zucker zugesetzt, wie zur Erreichung von 6 bar Überdruck nötig ist, also etwa 25-30 g pro Liter, für 7,5 l (= 10 Flaschen) maximal 225 g.

Der Vorteil ist, daß die Hefe den Zucker restlos vergären kann und sich, da sie ins Ruhestadium übergeht, besser absetzt und der Schaumwein sich besser klärt; »gärende Hefen klären schlechter«.

Dann muß aber später nach dem »Enthefen« als Geschmacksausgleich eine Zuckerlösung (in der Fachsprache nennt man diese »Tiragelikör«) zugesetzt werden; reiner Kristallzucker kann nicht zugesetzt werden, da beim Einfüllen in die Flasche die Kohlensäure restlos entweichen würde und der Sekt überschäumt.

Man bereitet dazu eine etwa 72%ige Zuckerlösung, bestehend aus 225 g Zucker und 90 ml Wasser; dies ergibt etwa 225 ml Lösung. In jede Flasche, die nach dem Enthefen frei von Hefe ist, werden etwa 22,5 ml dieser Lösung gegeben; vereinfacht kann dies mit einem Likörglas geschehen.

Für Diabetiker unterbleibt eine Nachsüßung mit Zucker nach dem »Enthefen« (Degorgieren). In diesem Fall kann man Schaumwein mit vergorenem Wein auffüllen oder zusätzlich Süßstoff zugeben, falls eine gewisse Süße gewünscht wird.

Der Hefeansatz für Schaumwein

Etwa 4-5 Tage vor der Zusammenstellung des Grundweines setzt man in etwa 0,3 l Apfel- oder Traubensaft (gekauft oder selbst hergestellt, der klar sein soll) eine Kultur Reinzuchthefe, Rasse Champagner, in einer kleinen sauberen Flasche an, die mit einem Wattebausch verschlossen und an einem warmen Ort (um 20°C) aufgestellt wird. Dieser Hefeansatz soll etwa 4% des späteren umzugärenden Weins ausmachen. Bei Obst- und Fruchtwein sollten noch 2 Tabletten Hefenährsalz à 0,8 g zugesetzt werden.

Die Flaschengärung

Nach guter Durchmischung wird in geeignete und gut gereinigte Flaschen gefüllt, wobei man in der Flasche einen Luftraum (Gaspufferraum) von etwa 15 ml, etwa 2% des Flascheninhalts, frei läßt. Die Flaschen werden mit dem PE-Stopfen verschlossen, mit Bügelverschluß gesichert und bei 15-20°C liegend gelagert. Täglich werden sie kurz durchgeschüttelt, damit die Hefe aufgewirbelt wird und ständig mit den Zuckermolekülen in Berührung kommt. Nach etwa 2-5 Tagen beginnt die Gärung, die unter normalen Bedingungen etwa 3-6 Wochen dauert. Während dieser Zeit müssen die Flaschen täglich oder mindestens zweitägig geschüttelt werden. Da die Zweitgärung – anders als bei normaler Weingärung – unter erschwerten Bedingungen abläuft, kann sie wesentlich länger, manchmal einige Monate andauern. Bei alkoholarmen Weinen ist sie kürzer, bei alkoholreicheren Weinen dauert sie länger.

Danach werden die Flaschen kühl, am besten in den Keller und schräg mit der Mündung nach unten in eine Kiste oder einen Karton gestellt. Sie werden täglich durch ruckartige Bewegungen in der Längsachse gedreht, nicht mehr gestürzt! Dadurch rutscht die Hefe ständig nach unten, bis sie bei der senkrecht auf dem Kopf stehenden Flasche ein festes Depot auf dem Korken bzw. im Korken (bei den neuen Verschlüssen) bildet. Trotz kühler Lagerung kann es passieren, daß der Schaumwein nicht glanzklar wird, sondern etwas blind bleibt. Dies ist nicht weiter tragisch, wenn man davon absieht, daß solche Sekte stärker schäumen.

Außer Alkohol und Kohlensäure entstehen bei der Gärung andere für die Qualität wertvolle Stoffe (z.B. Aminosäuren, Vitamine der B-Gruppe und Gärbukette). Je länger die Hefe im Schaumwein in der Flasche verbleibt, desto mehr gibt sie z.B. diese Aminosäuren an den Schaumwein ab. Spitzensekte lagern deshalb über 9 Monate auf der Hefe. Traditionelle Sektfirmen enthefen die Sekte erst kurz vor Auftragseingang, was unter Umständen erst nach wesentlich längerer Lagerung geschieht.

Das Enthefen

Sobald sich die Hefe restlos am Korken abgelagert hat, kann sie entfernt werden. Dieser Arbeitsvorgang ist der einzige schwierige im gesamten Ablauf der Schaumweinbereitung, vor allem im häuslichen Bereich, da die Flaschen gekühlt werden müssen.

In gewerblichen Betrieben werden die Flaschenhälse bis etwa 6 cm, Stopfen nicht eingerechnet, mit der Mündung nach unten in ein Solebad getaucht, in dem bei etwa −15 bis −25°C der Hefepropfen gefriert.

Im Haushalt kann dies nicht so exakt durchgeführt werden. Man hilft sich hier, indem man die kalte Jahreszeit im Winter nutzt. Die Flaschen werden über Nacht in einer Kiste oder einem Korb mit der Mündung nach unten ins Freie gestellt und auf etwa −4°C abgekühlt; die Temperatur sollte in etwa eingehalten werden, da bei noch niedrigerer Temperatur der gesamte Flascheninhalt gefriert und die Flasche platzt (Flüssigkeit dehnt sich beim Gefrieren aus).

Durch diese starke Abkühlung verringert sich der Druck sehr stark, z.B. von 6,5 bar Überdruck bei +20°C auf etwa 3 bar bei −4°C. Die Flaschen werden mit der Mündung schräg nach unten geöffnet, damit nicht mehr Schaumwein als nötig mit der Hefe herausspritzt. Die Flasche wird sofort auf eine ebene Platte gestellt, wo die oben beschriebene Zuckerlösung oder Wein nachgefüllt wird. Die Flasche muß dann sofort wieder mit dem Sektstopfen und dem Drahtbügel verschlossen werden.

Bei herben Sekten oder Diabetikersekten braucht keine Zuckerlösung nachgefüllt zu werden, hier füllt man einfachen oder gleichartigen Wein nach. Das gilt auch für Flaschen, die durch das Enthefen mehr an Flüssigkeit verloren haben. Der Vorgang muß insgesamt schnell ablaufen, damit die Kohlensäure in der Flasche verbleibt. Die Flaschen können an einem kühlen Ort liegend aufbewahrt werden.

Zweckmäßigerweise wird man dieses Enthefen, den Zusatz von Zuckerlösung und eventuelles Beifüllen immer nur mit einer Flasche durchführen, damit keine unnötige Zeit bis zum Wiederverschließen verlorengeht.

Experimentierfreudige Hausweinbereiter haben herausgefunden, daß ein kurzfristiges Einstellen der Sektflasche (mit der Mündung nach unten) in die Gefriertruhe über etwa 3-4 Stunden die Temperatur unter 0°C absinken läßt. Ohne größeren Druck- und Flüssigkeitsverlust kann die Flasche geöffnet, die Hefe entfernt und die Flasche wieder verschlossen werden. Die austretende Flüssigkeitsmenge beträgt nur etwa 30-40 ml und kann durch die Zuckerlösung bzw. einen gleichartigen Wein ergänzt werden.

Wenn auch nicht so perfekt wie in der industriellen Schaumweinbereitung, so kann man sich eine zusätzliche Hilfe beim Enthefen schaffen, indem man zunächst eine gesättigte Kochsalzlösung zubereitet. Diese besteht aus etwa 300 g Salz + 850 ml Wasser und wird in der Gefriertruhe bis auf −20°C abgekühlt. Dabei scheidet wieder etwas Kochsalz aus (Lösungsgleichgewicht), die Lösung bleibt aber noch flüssig und hierein wird die kühle bzw. einige Stunden lang vorgekühlte Sektflasche bis zu etwa 6 cm des Flaschenhalses so lange eingetaucht, bis es zur Gefrierung des Hefepfropfens kommt. Er läßt sich dann leicht (wie oben beschrieben) entfernen.

Vorsicht: Wegen der großen Kälte die Flüssigkeit nicht mit der Haut in Berührung bringen oder gar davon trinken – Erfrierungsgefahr!

»Schaumweine« ohne Zweitgärung

Man kann kohlensäurehaltigen Wein, perlenden Wein, auch ohne Gärung herstellen. Er weist aber weniger CO_2 auf und besitzt nicht die qualitativen Eigenschaften wie der echte Schaumwein, dessen Qualität begründet ist durch die Gärung und das längere Belassen der Hefe in den Sektflaschen.

Dazu ist ein Stoff notwendig, der im sauren Wein CO_2 abgibt, nämlich Natriumhydrogencarbonat, kurz »Natron« genannt.

Chemische Formel:
$$NaHCO_3 + Säure \; {-}{-}{-}{>} \; CO_2 + NaOH$$
Molekulargewicht:
$$84 \qquad\qquad\qquad 44 + 40$$

Etwa die Hälfte des Natrons wird als Kohlensäure abgespalten.

Bei Zusatz von z. B. 10 g Natron auf 1 l Wein entstehen genau 5,2 g CO_2, wodurch ein Überdruck von etwa 1,6 bar entsteht (siehe Tabelle Seite 199).

Dieses Verfahren wird nur der Vollständigkeit halber erwähnt und ist keine echte Alternative zu dem Gärverfahren. Es läßt sich schnell und leicht anwenden und besitzt entsprechend der Zugabe Natrium (Na), das durch die erhöhte Säurezugabe abgebunden wird.

An die Grundweine braucht man keine allzu hohen Anforderungen zu stellen. Sie können einen höheren Alkoholgehalt (z. B. Dessertweine), etwas mehr flüchtige Säure und schweflige Säure aufweisen. Nur Punkt 5 der »Voraussetzungen« (siehe Seite 198) sollte erfüllt sein. Ein Säurezusatz ist auf jeden Fall erforderlich, nicht so sehr wegen der Aufsäuerung, sondern wegen der Bindung an das Natron.

Herstellungstechnik

Man stellt zunächst den zur Süßung des »perlenden Weines« nötigen »Likör« zusammen, in dem 150-200 g Zucker in etwa ¼ l Wasser durch leichtes Erwärmen aufgelöst werden. Diese Menge ist bestimmt für etwa 7,5 l Wein, entsprechend 10 Sektflaschen oder 8 Saftflaschen à 1 l bzw. 11 Saftflaschen à 0,7 l. Die Saftflaschen sollten Kronenkorkenmündungen haben.

In die gut gereinigten Flaschen gibt man jeweils die gleiche Menge von dieser Zuckerlösung.

Stets nur eine Flasche fertig machen, in der zum »Likör« 5 g kristallisierte Zitronensäure gegeben wird. Anschließend auffüllen. Nun gibt man etwa 7,5 g Natron (bzw. bei Literflaschen 10 g) in die Flasche, verschließt diese sofort mit einem Plastikstopfen und Drahtverschluß (bei Sektflaschen) oder Kronenkorken (bei Saftflaschen).

Durch kräftiges Schütteln werden sowohl die kristalline Säure als auch die Zuckerlösung und das Natron gelöst und gemischt, so daß es zum Freiwerden der Kohlensäure in der Flasche kommt und Druck entsteht. Wenn die erste Flasche fertig ist, füllt man die nächste Flasche usw. Dieser »Perlwein« muß kühl gelagert und kühl getrunken werden!

Essigbereitung im Haushalt

In einem vorhergehenden Kapitel wurde die Entstehung der Essigsäure (Essigstich), ihr Nachteil im Wein und ihre Verhinderung bei der Weinherstellung beschrieben.

Im folgenden Kapitel soll das Gegenteil, nämlich die Herstellung, geschildert werden, und zwar

– weil ein bereits essigstichiger Wein vorhanden ist und dieser sich nicht mehr für den direkten Genuß eignet und

– weil der Wunsch besteht, Obstessig/Gärungsessig selbst herzustellen, der neben der Essigsäure eine Reihe außerordentlich wertvoller Inhaltsstoffe, die dem Wein eigen sind, aufweist (z. B. die sehr wertvollen Mineralstoffe, andere Säuren, Glyzerin, Gerbstoffe, Fermente, u. ä.). Diese

Stoffe tragen zur Qualität eines Obstessigs bei.

Selbstverständlich kann man – nachdem der Essig fertig ist – zur Geschmacksverbesserung zusätzlich bestimmte Kräuter und Gewürze zusetzen und extrahieren lassen. Hier sind dem Hausweinbereiter keine Grenzen gesetzt: z. B. Kresse oder Petersilie.

Essigsäure ist als Gewürz gar nicht so gesundheitsschädlich wie früher oft angenommen oder behauptet wurde. Gerade dem Obstessig schreibt man heilende und vorbeugende Wirkung gegen manches Leiden zu.

Diese vorteilhafte Wirkung geht nicht nur vom Obst selbst aus, sondern von Enzymen, Wirkstoffen, die die Hefezellen zuerst bei der alkoholischen Gärung und anschließend die Bakterien bei der folgenden Essigentstehung hinterlassen haben. Die Volksmedizin stellt den Obstessig, äußerlich und innerlich angewandt, auf die Stufe der allgemeinen Arznei- und Heilmittel.

Zunächst muß festgestellt werden, daß die Essigbereitung wegen der größeren Empfindlichkeit der Essigbakterien gegenüber ihrer Umwelt im Wein und ihres größeren Anspruches an Sauerstoff und Wärme bei weitem nicht so einfach ist wie die Weinherstellung.

Bei Zimmertemperatur können diese Bakterien bei genügender Beimpfung wohl etwa 2% Essigsäure (= 20 g/l) bilden, jedoch ist es schwierig, auf die Haushaltsstärke von etwa 5% (= 50 g/l) reine Essigsäure zu kommen.

Rein theoretisch sind dazu 38,3 g/l Alkohol (4,83% Vol.) oder aufgerundet annähernd 5% Vol. nötig. In der Praxis reicht ein Apfelwein mit einem Alkoholgehalt von 5-7% Vol. dazu vollständig aus.

Ähnlich wie bei den Hefen gibt es auch hier sogenannte »wilde Essigbakterien«, die sich für die technische Essigherstellung nicht eignen. Sie arbeiten zu langsam und erzeugen unsauber riechende und schmeckende Nebenprodukte. Wenn sie zusammen mit Milchsäurebakterien und Kahmhefen im Wein vorkommen, können sie das Getränk zäh und unbrauchbar machen, bevor es zu Essig wird.

Auf 2 Faktoren muß besondere Aufmerksamkeit gelegt werden:
1. die Temperatur,
2. der Luftsauerstoff.

Geringe Essigsäurebildung von einigen Gramm ist schon bei Temperaturen um 10-15°C möglich. Soll jedoch der gesamte Alkohol eines Weines in kürzester Zeit in Essigsäure umgewandelt werden, muß die Temperatur im Bereich von 28-35°C liegen.

Ablauf der Essigbereitung

1. Ausgangsmaterial

Essig kann nur aus alkoholhaltigen Getränken (Obst-, Frucht-, Traubenwein) hergestellt werden, die entweder gesund oder leicht essigstichig, aber nicht anders krank und nicht zu alkoholreich sind (am besten Apfelweine mit 5-8% Vol. Alkohol). Diese Getränke sollen wenig oder nicht geschwefelt sein, da sich dieses auf die Essigbakterien nachteilig auswirken und der gesamte Ablauf verzögert würde. Die Weine für die Essigherstellung sollten blank oder glanzhell sein; trübe Weine enthalten zu viele Mikroorganismen anderer Art.

2. Pasteurisieren

Will man alle im Ausgangswein vorhandenen Mikroorganismen abtöten, um mit der Bakterienkultur eine reine Essigsäurebildung zu bekommen, dann ist ein Erhitzen des Weines auf etwa 70°C empfehlenswert (nicht höher, weil Alkohol verdunstet).

3. Impfen mit Essigbakterien

Essigsäurebakterien sind wärmeliebend, d. h., Temperaturen um 30°C sagen ihnen am besten zu. Sofern pasteurisiert wurde, muß das Getränk auf etwa 30°C abgekühlt sein, bevor die reine Essigkultur zugesetzt wird.

In der Industrie verwendet man als Grundsubstrat für die Essigherstellung entweder einen leicht stichigen Wein oder auf etwa 12% Vol. Alkohol herabgesetzten Monopolsprit (Weingeist).

Der gefüllte Behälter wird von unten stark mit Luftsauerstoff begast und die Temperatur durch Erwärmungsvorrichtung und Thermostat ständig auf 28-30°C gehalten. Bei diesem industriellen Verfahren wird ein großer Prozentsatz einer vermehrten Essigkultur (etwa 10% von der Gesamtmenge) zugesetzt. Unter diesen Bedingungen ist nach etwa 26 Stunden der gesamte Alkohol in Essigsäure umgesetzt. Man benötigt z. B. für 1 000 l Wein etwa 100 l eines nahezu fertigen Essigs mit der gesamten Mikroflora.

Im Haushalt ist diese Belüftung nicht möglich, auch das Einhalten der genauen Temperatur bereitet Schwierigkeiten. Deshalb dauert der Umwandlungsprozeß wesentlich länger. Durch Zugabe einer relativ großen Menge von »gärendem Essig« läßt sich dies verbessern.

Man gibt zunächst die Essigkultur zu einer relativ kleinen Weinmenge (etwa 0,5-1 l) und hält die anderen Bedingungen (z. B. Belüftung) durch tägliches Schütteln in einem nur maximal zur Hälfte gefüllten Ballon sowie die Temperatur ein. Ist die Essigbildung in dieser Menge soweit fortgeschritten, daß mehr als die Hälfte des Alkohols in Essigsäure umgewandelt ist, kann man diese Menge weiter beimpfen, und zwar soviel, daß wiederum die 10fache Menge entsteht (1 l auf 10 l) usw.

Wann ist der Alkohol zum größten Teil in Essigsäure umgewandelt, und wie kann dies festgestellt werden?

Meist stellt der Hausweinbereiter den Säuregehalt eines Getränkes mit dem Kitzinger Acidometer fest. Verwendet man einen Wein, ist dieser Säurewert zu notieren. Von Zeit zu Zeit wird eine Säurebestimmung (siehe Seite 61 ff.) durchgeführt, um die Zunahme an Essigsäure zu erhalten.

Da mit diesem Acidometer nur bis maximal 20 g Säure pro Liter erfaßt werden können, muß der werdende Essig entsprechend mit destilliertem Wasser verdünnt werden, wobei man etwa 10 ccm Essig und 10, 20 oder 30 ccm Wasser benötigt (Verdünnung also 1 : 1, 1 : 2, 1 : 3 – entsprechend ist der Säurewert

mit dem Faktor 2, 3 oder 4 zu multiplizieren).

Es ist wichtig, daß das Gefäß, in dem sich der zukünftige Essig befindet, nur mit einem Wattebausch verschlossen sein darf. Ab und zu sollte er entfernt werden, damit möglichst viel Sauerstoff an das Getränk kommt.

Noch besser ist es, wenn eine bestimmte Menge des Essigs mit der Mikroflora zu einer gleich großen Menge (1 : 1) übergeimpft wird, da die Gewöhnung der Bakterien an das neue Milieu schneller erfolgt. Eine konstante Temperatur um 28° C kann auch mit der GÄRMAID eingehalten werden (Art.-Nr. 378).

4. Gärbehälter

Am besten eignen sich Glasballons oder Kunststoffbehälter. Werden Holzfässer verwendet, sind diese für spätere Weinlagerungen nicht mehr geeignet; außerdem können größere Behälter nicht so einfach warm gelagert werden wie kleinere. Gäraufsätze sind völlig ungeeignet. Treten stärkere Temperaturschwankungen auf, kann es zur Unterbrechung der Essigbildung kommen, und es dauert eine lange Zeit, bis sich die Bakterien erholen und weiterarbeiten.

5. Klärung und Abfüllung

Unter idealen Bedingungen im Haushalt kann nach 1-2 Monaten der Alkohol restlos in Essigsäure umgesetzt sein. Die Voraussetzung ist, daß der Alkoholgehalt von Anfang an nicht höher als etwa 6-8% Vol. war.

Der Essig kann kühl gelagert, eventuell filtriert und auf Flaschen gefüllt werden. Man kann nun entsprechende Gewürze oder Kräuter dazugeben oder besondere Säfte, z. B. Rote-Bete-Saft. Dadurch erhält der Essig eine andere geschmackliche Note, eine ansprechende Farbe und einen höheren Würzwert.

Likörbereitung im Haushalt

Liköre sind gezuckerte, mit Fruchtsäften versetzte und/oder gewürzte Branntweine in verschiedenen Geschmacksarten, Feinheits- und Stärkegraden. Sie sind meist eine Mischung aus 3 Komponenten:

1. dem speziellen Geschmacksträger,
2. dem Alkohol,
3. der Zucker- bzw. Zuckerwasser-Lösung.

Daraus geht hervor, daß diese Getränke zum Mixen nach individuellem Geschmack herausfordern.

Unsere folgenden Anregungen gelten ausdrücklich für den Hausgebrauch und nicht für die gewerbliche Herstellung, obwohl kaum Unterschiede bestehen. Oft sind häusliche Fruchtsaftliköre gehalt- und qualitativ wertvoller.

Die Geschmacksträger

Einfach ist die Likörbereitung bei Verwendung von fertigen Liköressenzen, die heute im Handel in Kleinstmengen, z. B. unter der Bezeichnung KITZINGER LIKÖRESSENZEN, erhältlich sind. Diese sind in Einheiten zu 20 bzw. 40 ml abgefüllt, die jeweils für 1 l Likör ausreichend sind. es gibt diese Essenzen in 16 verschiedenen Geschmacksrichtungen.

Bei den Liköressenzen handelt es sich meist um kalte Auszüge von Kräutern, Wurzeln und Drogen mit Alkohol und/oder synthetischen Aromen. Diese Essenzen enthalten etwa 50% Alkohol und können auch selbst hergestellt werden.

Häufiger werden als Geschmacksträger Muttersäfte säurereicher Fruchtarten, wie dunkle Sauerkirschen (Maraschken), rote und schwarze Johannisbeeren, Brombeeren, usw., verwendet. Als Mindestmenge kommen 200 ml je

Liter Likör zum Einsatz; gehaltvoller wird der Likör, wenn mehr Fruchtsaft (etwa 400-500 ml) verwendet wird.

Weitere Geschmacksgeber und Geschmacksverbesserer sind: ätherische Öle von Pfefferminze, Zitronen, Nelken, Zimt, Orangen, die verschiedensten Kräuterauszüge, außerdem Mokka, Hühnereier und als Zutaten echter Rum, echter Whisky usw.

Die Alkoholträger

Als Alkohol wird 96%iger Weingeist oder sogenannter Primasprit verwendet, wie in den gewerblichen Betrieben. Für den Haushalt ist er in Drogerien und Apotheken erhältlich.

Zur Likörbereitung im Haushalt können natürlich auch andere Branntweine verwendet bzw. mitverwendet werden, wie z. B. Korn, Obstbranntwein, Kartoffel-, Rüben- oder Zwetschgenschnaps, usw. Diese sind preiswerter und verteuern die Herstellung des Likörs nicht so stark wie Weingeist. Immerhin beträgt die reine Branntweinsteuer (hinzu kommen noch andere Kosten) für diesen Sprit DM 25,50, so daß er kaum unter DM 35,00-40,00 erhältlich ist.

Stellt man daraus einen Fruchtsaftlikör mit 30% Vol. her – die Mindestgrenze für solche Liköre ist auf 25% Vol. Alkohol herabgesetzt worden – und legt diesen Spritpreis zugrunde, ergibt sich folgende Kostenberechnung:

In 1 Liter (= 1 000 ml) 96%igen Weingeist sind 960 ml reiner Alkohol.

In 1 Liter Likör mit 30% Vol. sind 300 ml reiner Alkohol

oder: 30% Vol. x 1 000 ml : 960 ml = 312 ml Weingeist

312 ml Weingeist kosten:

312 ml × DM 35 : 1 000 ml = DM 10,92

So betragen also allein die Alkoholkosten in einem Liter Likör rund DM 11,00. Hinzu kommen die Kosten für etwa 300 g Zucker (in 1 l Likör enthalten) und 400 ml Fruchtsaft aus etwa 0,6 kg Frucht.

Setzt man für 300 g Zucker einen Preis von 300 g x 1,80 DM : 1 000 g = 0,54 DM und für 0,6 kg Früchte einen Preis von rund DM 1,50 an, dann ergeben sich Rohstoffkosten von rund DM 13,00/1 Likör.

Es muß noch auf eine Besonderheit aufmerksam gemacht werden, eine Erscheinung, die bei der Vermischung von Alkohol mit Wasser oder Fruchtsaft auftritt: die Kontraktion. Das ist eine Volumenminderung bzw. ein Zusammenziehen oder »Schrumpfen« der Flüssigkeit. Dies ist bei verschiedenen Alkoholstärken nicht gleichmäßig, linear, sondern am größten, wenn ein Teil reiner Weingeist und ein Teil Wasser miteinander gemischt werden.

So erhält man aus 1 l Wasser und 1 l Weingeist nicht 2 l Mischung, sondern nur 1,926 l. Es »fehlen« also 74 ml Flüssigkeit – das sind, bezogen auf 2 l Ausgangsmenge, genau 3,7% oder 37 ml pro Liter. Auffälliger wird dies bei der Vermischung von 100 l Weingeist und 100 l Wasser. Hier »fehlen« 7,4 l Flüssigkeit!

Diese »Fehlmenge« läßt sich erklären: Wenn einerseits nach den Naturgesetzen aus Nichts auch Nichts entstehen kann, kann sich andererseits ein Volumen nicht so ohne weiteres vermindern oder in Nichts auflösen.

Die Erklärung liegt darin, daß aus der verlorenen Menge nun Energie entstanden ist oder anders ausgedrückt: Bei der Vermischung haben sich beide Flüssigkeiten erwärmt. Dies läßt sich mit einem Thermometer feststellen – Temperaturerhöhung um 10° C. An Masse, also Gewicht ist dabei nichts verloren gegangen. Das Gewicht blieb gleich.

Rechnerisch hätten aus der Mischung 48% Vol. (bei 96%igem Alkohol) entstehen müssen. Nun hat diese Mischung einen Alkoholgehalt von über 51% Vol. als Folge der Kontraktion.

Oft wird vorhandener oder selbstgewonnener Branntwein zur häuslichen Likörbereitung verwendet, da er billiger ist und vielleicht keinen Konsumenten hat. Geringere Qualitäten sind für die Likörbereitung noch geeignet.

Vor der Berechnung der Mischungsverhältnisse und der Ausmischung muß die Alkoholstärke mit dem Alkoholometer im 250-ml-Meß- oder Standzylinder festgestellt werden. Diese Branntweine weisen zwischen 30 und 60% Vol. Alkohol auf, d. h., im Liter sind 300-600 ml reiner Alkohol enthalten.

Auf der nächsten Seite folgt ein Beispiel für eine solche Verwendung. Je hochprozentiger der Branntwein, desto weniger benötigt man davon, um einen Fruchtsaftlikör von z. B. 30% Vol. herzustellen. Bei unter 50% Vol. braucht man zuviel von dem Branntwein, und für die Mitverwendung von Fruchtmuttersaft bleibt zu wenig Raum, da zusätzlich 300 g Zucker nötig sind, die nach Lösung etwa 180 ml Volumen einnehmen.

Beispiel 1
1. Der vorhandene Branntwein hat 49% Vol. Alkohol.
2. Der fertige Likör soll etwa 30% Vol. enthalten.

Berechnung:
30% Vol. : 49% Vol. × 100% Vol. = 61,1 % Anteil oder 612 ml Branntwein. Man benötigt 612 ml Branntwein für 1 l Likör.

		612 ml
3.	300 g Zucker ergeben	180 ml Volumen
	Branntwein + Zucker =	792 ml
4.	verbleiben noch Raum für	208 ml Fruchtmuttersaft (= Mindestmenge)
	=	1 000 ml Likör

Beispiel 2
Im folgenden Beispiel errechnet man bei Verwendung des gleichen Branntweines, wieviel % Vol. der fertige Likör enthält, wenn mehr Fruchtmuttersaft (etwa 300 ml) verwendet wird, damit mehr Fruchtgeschmack, Farbe und Aroma im Likör enthalten sind.

Der vorhandene Branntwein hat 49% Vol. Alkohol.
Der Likör soll 300 ml Saft enthalten.

Berechnung:
–	300 g Zucker ergeben	180 ml
–	hinzu kommen	300 ml Saft
	Saft und Zucker =	480 ml
–	verbleiben noch Raum für	520 ml Branntwein
	=	1 000 ml Likör

520 ml Branntwein bringen an Alkohol in den Likör:
520 ml × 49% Vol. : 1 000 ml = 25,48% Vol.

Dieser Likör enthält somit die Mindestmenge von 25,48% Vol. Alkohol.

In beiden Beispielen ist die vorher geschilderte Kontraktion nicht berücksichtigt worden; sie fällt kaum ins Gewicht, und kann im häuslichen Bereich vernachlässigt werden.

Umrechnung von Weingeist in Branntwein
Es entsprechen etwa:
100 ml Weingeist 96% Vol. = 160 ml Branntwein mit 60% Vol.
100 ml Weingeist 96% Vol. = 175 ml Branntwein mit 55% Vol.
100 ml Weingeist 96% Vol. = 190 ml Branntwein mit 50% Vol.
100 ml Weingeist 96% Vol. = 215 ml Branntwein mit 45% Vol.
100 ml Weingeist 96% Vol. = 240 ml Branntwein mit 40% Vol.

Der Zucker oder die Zuckerwasserlösung

Die dritte Komponente hat die Aufgabe, den Likör süß und sämig bzw. etwas dickflüssig zu machen. Bei der gewerblichen Herstellung verwendet man nicht ausschließlich Kristallzucker, sondern die gleiche Menge Glukose, das ist Stärkesirup (aus Maisstärke), der bei gleicher Konzentration wie Kristallzuckerlösungen zäher ist und etwa die halbe Süßkraft hat (siehe Tabelle Seite 46 f.). Dies ist beim Likör, insbesondere bei Fruchtsaftlikören, erwünscht.

Leider ist dieser Glukosesirup in kleinen Mengen nicht erhältlich und scheidet deshalb für die Likörbereitung im Haushalt im allgemeinen aus.

Werden Fruchtsaftliköre aus Branntweinen hergestellt, so ist kaum Raum für Wasser. Der Zucker muß im warmen Fruchtsaft gelöst werden – nur warm, um das Aroma zu schonen!.

Bei der Verwendung von Weingeist verbleibt ein größerer Spielraum, der durch höhere Fruchtsaftanteile oder Wasser ausgefüllt werden kann. Wenn Wasser mitverwendet wird, kann man darin den Zucker auflösen. Da das Wasser möglichst weich und ungechlort sein sollte, muß man es vorher abkochen und wieder abkühlen lassen – Ausscheidungen von Kalk nicht verwenden!

Der Zucker wird dann heiß gelöst, Schaum und Trub werden entfernt, und nach Abkühlung auf 40°C (bei dieser Temperatur ist die Lösung noch dünnflüssig und leichter mischbar) wird mit Fruchtmuttersaft und Alkohol gemischt. Hat man Zeit, sollte man eine invertierte Zuckerlösung aus Rübenzucker herstellen, die nach etwa 30minütiger Kochzeit unter Zusatz von etwas Zitronensäure fast vollständig aus Traubenzucker und Fruchtzucker besteht und die dann nur etwa $3/4$ so süß wie eine reine, nicht invertierte Rübenzuckerlösung ist. Die Herstellungsweise ist auf Seite 44 ff. und 78 ff. näher beschrieben.

Rezepte für Fruchtsaftliköre

Für die Herstellung von Fruchtsaftlikören nachfolgend drei Rezepte mit steigendem Fruchtsaftanteil bei gleichbleibendem Alkoholgehalt von ca. 30% Vol. und abnehmendem Wasseranteil. Die Zuckermenge ist bei allen drei Varianten gleich, denn diese dürfte das Optimum sein. Selbstverständlich könnte nach oben variiert werden. Für 300 g Zucker in einem Liter Likör sind 180 ml Raum (= Volumen) einberechnet, da 1 kg Zucker nach der Lösung etwa 0,6 l einnimmt.

Trotz dieser Umrechnung kommen mehr als 1 l bei den drei Rezepten heraus, dies entspricht der Kontraktion.

	Beispiel 1	Beispiel 2	Beispiel 3
Fruchtsaft	200 ml	400 ml	550 ml
Zucker	300 g	300 g	300 g
Wasser	350 ml	150 ml	–
Primasprit	300 ml	300 ml	300 ml
Gesamtmenge	1 000 ml	1 000 ml	1 000 ml

Für diese Rezepte eignen sich nur reine Muttersäfte, die also noch kein Wasser erhalten haben, wie es bei manchen Maischen zur besseren Pressung empfohlen wird. Die Früchte müssen frisch und nicht angegoren sein.

Dafür eignen sich: Sauerkirschen, schwarze Johannisbeeren, Brombeeren, Himbeeren, eventuell noch Erdbeeren, auch Blutorangen, Schlehen, Ananas, vor allem Aprikosen (Marillen) und noch einige andere.

Im Kapitel »Verarbeiten der Früchte und Abbau des Pektins« wurde bereits dargelegt, daß der Zusatz von Kitzinger Antigel zur Fruchtmaische, spätestens jedoch zum Fruchtsaft, äußerst wichtig ist. Weiterhin muß eine mindestens 10- bis 20stündige Einwirkzeit eingehalten werden, damit das Fruchtpektin restlos abgebaut wird. Wird dieser Punkt vernachlässigt, kommt es unweigerlich zum Gelieren oder Dickwerden des Likörs, sobald der Alkohol zugesetzt wird. Dieser Zustand kann nicht mehr behoben werden! Antigel erhöht die Saft- und Farbausbeute in der Maische. Der Fruchtsaft wird genauso gewonnen wie bei der Herstellung von Wein und Süßmost.

Zur Geschmacksverbesserung und -abrundung kann man auf 1 l Likör gerechnet noch 10 ccm echten Rum oder echten Whisky sowie 1-2 Tröpfchen Orangen-, Zimt-, Nelken- oder Zitronenöl (im Alkohol aufgelöst) zugeben.

Für die Ausmischung des Fruchtsaftlikörs gilt folgende Reihenfolge:
- Zuckerwasserlösung in den Fruchtsaft rühren, eventuell nur Zucker in Fruchtsaft auflösen;
- den Alkohol mit den darin aufgelösten Geschmacksverbesserungen am Schluß zugeben;
- das ganze einige Tage verschlossen stehenlassen;
- alles durch ein Seihtuch oder den Kitzinger Trichterfilter mit dem Perlon-

beutel auf Flaschen abfüllen und diese gut verschließen.

Die Flaschen dürfen nicht so voll gefüllt werden wie bei Wein, da die Ausdehnung bei alkoholreichen Flüssigkeiten bei Temperaturerhöhung stärker ist (größerer Ausdehnungskoeffizient). Bei festsitzenden Verschlüssen, wie Kronenkorken, Schraubverschlüssen usw., können die Flaschen platzen. Dies trifft auf alle Spirituosen zu, besonders bei Ballons, die zu stark befüllt sind und in warmen Räumen oder im Sommer gar auf dem Speicher oder Dachboden stehen.

Die Flaschen einige Wochen, besser noch Monate stehenlassen, damit sich die Geschmacksstoffe verbinden sowie abrunden und andere Inhaltsstoffe wie Alkohol und Säuren verestern können. Frisch ausgemischter Likör schmeckt uneinheitlich, rauh, alkoholisch und wild.

Angesetzter Likör

Bei wasserarmen Geschmacksträgern, die sich nicht abpressen lassen, z.B. frische Hagebutten, Schlehen, weiche grüne Nüsse, Kalmuswurzeln oder auch Kräuter, werden die Geschmacksstoffe mit Hilfe von 50%igem Alkohol extrahiert.

Zu diesem Zweck zerkleinert man den Ausgangsstoff (Hagebutten halbieren, Schlehen zerdrücken, grüne Nüsse vierteln) und gibt ihn in ein großes Glas oder einen Steinguttopf. Anschließend mit 50%igem Alkohol so weit auffüllen, daß die Stoffe von der Flüssigkeit bedeckt sind (eventuell beschweren).

50%iger Alkohol entsteht dadurch, daß man Primasprit mit einer gleich großen Menge Wasser mischt. Man läßt die Stoffe 3-5 Tage in dem Behälter ziehen und preßt möglichst scharf ab, damit nur wenig Alkohol im Preßrückstand verbleibt.

Die abgepreßte Menge wird genau gemessen und wie folgt mit Zuckerwasser verdünnt: Auf 600 ml Preßsaft gibt man 400 ml Zuckerwasserlösung, die aus 300 ml Wasser und 150 g Zucker besteht.

Je nach Geschmack kann der Likör nach der ersten Probe nachgesüßt werden.

Solche Liköre sind – im Gegensatz zu den Fruchtsaftlikören – weniger süß, dafür etwas herber und bitter. Sie werden deshalb auch »Bitterliköre« genannt.

Spezialrezepte

Pfefferminz- und Orangenlikör (30% Vol.)

10-30 Tropfen Pfefferminzöl oder 5-15 Tropfen Orangenöl
300 ml Weingeist
400 ml Wasser
300 ml Zuckerlösung (aus 300 g Zucker und 120 ml Wasser)

Zubereitung:
Nachdem das Pfefferminz- bzw. Orangenöl im Primasprit gelöst wurde, werden 400 ml Wasser beigemischt. Danach läßt man die Zuckerwasserlösung hinzulaufen und vermischt gründlich.

Mokkalikör (25% Vol.)

300 ml Zuckerlösung (aus 300 g Zucker und 120 ml Wasser)
450 ml starker Bohnenkaffee (aus frisch gerösteten Bohnen) oder Nescafe
250 ml Weingeist
10 ml Arrak oder Arrak-Verschnitt

Zubereitung:
Die Zuckerwasserlösung wird in den Bohnenkaffee gerührt. Erst dann den Primasprit sowie den Arrak beimischen. Soll der Kaffeegeschmack besonders stark sein, nimmt man statt 450 ml starken Bohnenkaffee 570 ml, läßt das Wasser weg und löst den Zucker in dem Kaffee auf. Anschließend den Primasprit und den Arrak beimischen.

Eierlikör (20% Vol.)

240 ml Eigelb (aus 15-16 frischen Hühnereiern)
400 ml Zuckerlösung (aus 300 g Zucker und 220 ml Wasser)
30 ml Eiweiß =
1 Eiklar zu Schnee schlagen
340 ml Sprit-Wasser-Gemisch (aus 210 ml Primasprit und 130 ml Wasser)

Zubereitung:
Man gibt das Eigelb in einen Topf, rührt es zu einem gleichmäßigen Brei, streicht diesen durch ein Haarsieb und fügt nun unter fortwährendem intensiven Rühren zuerst die Zuckerlösung, dann das Eiweiß und schließlich das Sprit-Wasser-Gemisch hinzu. Dabei werden die einzelnen Zutaten nur in kleinen Portionen (feiner Strahl) nacheinander dazugerührt, damit das Eigelb nicht gerinnt.

Nach Geschmack kann man noch etwas Vanillinzucker hinzufügen.

Während des Einrührens kann der Topf mit dem Inhalt im Wasserbad erwärmt werden. Die Temperatur darf 40°C jedoch keinesfalls überschreiten!

Branntweine und ihre Herstellung

Im Gegensatz zu Likören bestehen Branntweine (Schnäpse) aus Alkohol und Wasser. Sie enthalten keine Extraktstoffe wie Zucker, Säure, Mineralbestandteile, usw. – vielleicht etwas Farbstoffe und typische Aromastoffe, die beide gewichtsmäßig unbedeutend sind. Der Alkohol kann deshalb direkt mit dem Alkoholometer festgestellt werden (nur bei diesen Getränken).

> **Die Herstellung von Branntwein (Destillation oder Brennen) ist im Haushalt nicht erlaubt. »Schwarzbrennen« steht unter Strafe (Monopol-Steuerhinterziehung).**

Die Vergärung von Früchten/Maischen und Säften/Mosten sowie Weinen ist jedermann erlaubt. Diese »Stoffe« – der Eigentümer ist »Stoffbesitzer« – dürfen aber nur in einer unter Zollaufsicht stehenden Brennerei abdestilliert werden, wenn rechtzeitig beim zuständigen Hauptzollamt bzw. der Zentralstelle (wird vom Brennereibesitzer erledigt) Menge und Art der Früchte angemeldet und das Brenngut selbst erzeugt worden ist (auch von Pachtgrundstücken, nicht jedoch wenn z. B. im Straßengraben aufgelesenes Obst verwendet wurde).
Die Früchte müssen naturrein sein, die Maische oder der Most dürfen nicht gezuckert werden. Das Einmaischen für die Branntweinherstellung lohnt nur, wenn die Früchte gut reif (hoher Zuckergehalt) und gesund sind; ansonsten kann die für jede Fruchtart unterschiedliche Monopolsteuer höher sein als die tatsächliche Alkoholausbeute (ausgedrückt in Liter Weingeist je Hektoliter Brenngut). Da kein Zucker zugesetzt

werden darf, ist auch die Zugabe von Hefenährsalz unnötig und nicht erlaubt.

> Liköre für den eigenen Bedarf kann und darf jeder herstellen, da hierfür bereits versteuerter Alkohol, in Form von 96%igem Weingeist oder Branntwein, verwendet wird.

Noch eine Bemerkung zum Alkohol:
Alkohol ist spezifisch leichter als Wasser und hat eine geringere Dichte, die
– bezogen auf 15°/15°C bei 0,79425 oder
– bezogen auf 20°/20°C bei 0,79067 liegt;
– aufgerundet bei 0,8000 (Wasser dagegen 1,0000).
Diese Dichtezahl 0,7906 besagt, daß
– 1 l (1 000 ml) reiner Alkohol 0,7906 kg oder 790,6 g wiegt,
– 1 kg (1 000 g) reiner Alkohol 1,264 l oder 1264 ml Volumen hat,
nach der Formel:

$$V (= \text{Volumen}) = \frac{G (= \text{Gewicht})}{s (= \text{spez. Gewicht})}$$

$$\frac{1\,000 \text{ g}}{790,6 \text{ g}} = 1,264 \text{ l oder } 1\,264 \text{ ml}$$

Der niedrige Siedepunkt – er liegt bei 78,3°C – hat den Vorteil, daß Alkohol leichter aus den Maischen und Mosten abdestilliert werden kann. Es ist eine bessere/schnellere Trennung von Wasser und Fruchtfleisch möglich, und der Energieaufwand ist geringer.
Nachteilig kann dies werden, wenn z. B. kranke, essigstichige Weine zur Abtötung der Mikroorganismen auf 70°C

erhitzt werden müssen. Dabei gehen zweifellos kleine Mengen Alkohol verloren, wenn der Erhitzungsprozeß in einem offenen Gefäß erfolgt.

Verschnittberechnung von Branntweinen

Die Trinkstärke der verschiedenen Branntweine liegt zwischen 38 und 50% Vol. Alkohol.
In der Praxis kommt es häufig vor, daß ein hochprozentiges Destillat (z.B. 60% Vol.) mit Wasser auf Trinkstärke (z.B. 42% Vol.) eingestellt werden soll. In diesem Falle muß destilliertes, zumindest abgekochtes Wasser verwendet werden.
Ohne die Kontraktion zu berücksichtigen, geht man wie folgt vor:

Beispiel 1:
– vorhandene Branntweinmenge: 15 l
– Alkoholgehalt: 62% Vol.
Der Branntwein soll auf 43% Vol. eingestellt werden, da auf dem Flaschenetikett der Alkoholgehalt mit 42% Vol. angegeben ist (aus Sicherheitsgründen stellt man etwas höher ein).
Berechnung:
– 15 l × 62% Vol. = 930
– 930 : 43% Vol. = 21,62 l
Aus 15 l Branntwein mit 62% Vol. entstehen 21,6 l Trinkbranntwein mit 43% Vol.; es müssen 6,6 l Wasser zugesetzt werden.

Beispiel 2:
Es sollen 2 Branntweine miteinander vermischt werden, wobei der eine einen höheren und der andere einen niedrigeren Alkoholgehalt hat als gewünscht:
– 15 l Branntwein mit   62% Vol.
– der andere enthält   35% Vol.
– gewünschte Alkoholstärke 43% Vol.

Hier ist in der Verschnittberechnung nach der Cramerschen Regel (Kreuzformel) vorzugehen:

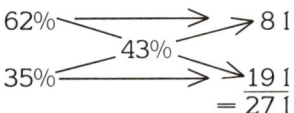

$$62\% \quad\quad\quad 8\,l$$
$$43\%$$
$$35\% \quad\quad\quad \underline{19\,l}$$
$$= 27\,l$$

Zu 8 l des 62%igen Destillates müssen 19 l des 35%igen Destillates verschnitten werden, so daß 27 l vom gewünschten 43%igen Branntwein entstehen.

Probe: 62 × 8 l =   496
       35 × 19 l =   665
             27 l = 1 161

1161 : 27 l = 43% Vol.

Für 15 l des 62%igen Destillates benötigt man: (8 l : 15 l = 19 l : x) = 35,6 l des 35%igen Destillates. Letzteres Beispiel hat mehr theoretischen Charakter, da man guten Branntwein <u>nicht</u> mit einem so niedrigen Destillat, in dem auch Fuselöle (höhere Alkohole) enthalten sind, verschneidet und damit die gesamte Menge qualitativ verschlechtert.
Für den Laien reichen diese Berechnungsbeispiele aus, nicht jedoch für den Fachmann. Dieser weiß, daß bei der Vermischung von Alkohol und Wasser eine sogenannte Kontraktion (Volumenverminderung) eintritt, die bis maximal 3,7% der Menge betragen kann. Bei Vernachlässigung dieser Kontraktion wird der errechnete Alkoholgehalt aber stets <u>überschritten</u>, nicht <u>unterschritten</u>, so daß keine Gefahr wegen der Alkoholstärke auf dem Etikett besteht.
Die genaue Berechnungsart ist etwas komplizierter; hier soll nicht darauf eingegangen werden. (Es müssen besondere Tabellen benutzt werden.)

Das Brennen oder Destillieren

Durch den Brennvorgang (= Destillation) wird der in den vergorenen Maischen (= zerkleinerte Früchte), in Mosten und Weinen enthaltene Aethylalkohol abgetrennt. Dabei findet eine Alkoholkonzentration im Destillat statt. Alle flüchtigen Stoffe, hauptsächlich Aromen, werden mit »übergetrieben«.

Je nach Fruchtart kann der Alkoholgehalt dieser Maischen oder Moste bei 5-7% Vol. (bei Kernobst, wie Äpfeln und Birnen) bzw. bei 7-11% Vol. (bei Steinobst, wie Zwetschgen oder Mirabellen) liegen. In 100 l Brenngut können im ersten Fall 5-7 l, im zweiten Fall 7-11 l reiner Alkohol enthalten sein. In Jahren mit viel Sonnenschein und heißen Sommern liegen diese Alkoholwerte aufgrund höherer Zuckergehalte teilweise höher.

Im Vergleich: In 100 l Traubenwein sind 10-12 l und in 100 l Dessertwein 13-17 l reiner Alkohol enthalten. Stellt man einen Branntwein mit durchschnittlicher Trinkstärke von 42-45% Vol. Alkohol her, ist die Alkoholkonzentration etwa 6mal höher als der obere Wert bei Kernobstweinen bzw. -maischen (7% Vol.).

Da Alkohol von allen Inhaltsstoffen der Maische bzw. Moste und Weine am leichtesten siedet, müßte man theoretisch aus 100 l Kernobstmaische (100 l : 6 =) 16,66 l Flüssigkeit abdampfen, die dann 42% Vol. Alkohol hätte. In der Brennblase verblieben dann theoretisch 83,33 l alkoholfreie Rückstände = Schlempe.

Rechenweg:

100 l Maische/Most × 7,0% Vol. = 700

700 : 42% Vol. = 16,66 l Branntwein

In der Praxis sieht dies etwas anders aus. Mit einfachen Brenngeräten gehen in jeder Phase des Destillierens neben Alkohol auch Wasser und andere flüchtige Bestandteile mit in das Destillat über, die teilweise nicht erwünscht sind, z. B. höhere Alkohole = Fuselöle, Essigsäure, Aldehyde, usw.

Um eine schärfere Trennung vornehmen zu können, werden Qualitätsbranntweine 2mal gebrannt, und zwar als

● **Rauhbrand** (Trennung des Gesamtalkohols von der Maische, Most oder Wein),

● **Feinbrand** (Trennung des Alkohols in Vor-, Mittel- und Nachlauf).

Da beim Rauhbrand kleine Alkoholmengen in der Schlempe, wie der entgeistete Rückstand in der Brennblase genannt wird, zurückbleiben und auch beim Feinbrand sowohl der Vorlauf, als auch der Nachlauf nicht als Trinkbranntwein verwendet werden, erhält man aus 100 l Maische nicht 16,66 l Branntwein mit 42% Vol. Alkohol, sondern vielleicht nur etwa 12-14 l, je nach Brenngerät und Brenntechnik.

Obwohl Aethylalkohol schon bei 78,3°C siedet, Wasser dagegen erst bei 100°C – alles bezogen auf NN = Meereshöhe –, geht etwas Wasserdampf auch schon in die erste Fraktion (Vorlauf) mit über, so daß nicht 96%iger Alkohol zuerst erhalten wird, sondern »nur« 85%iger.

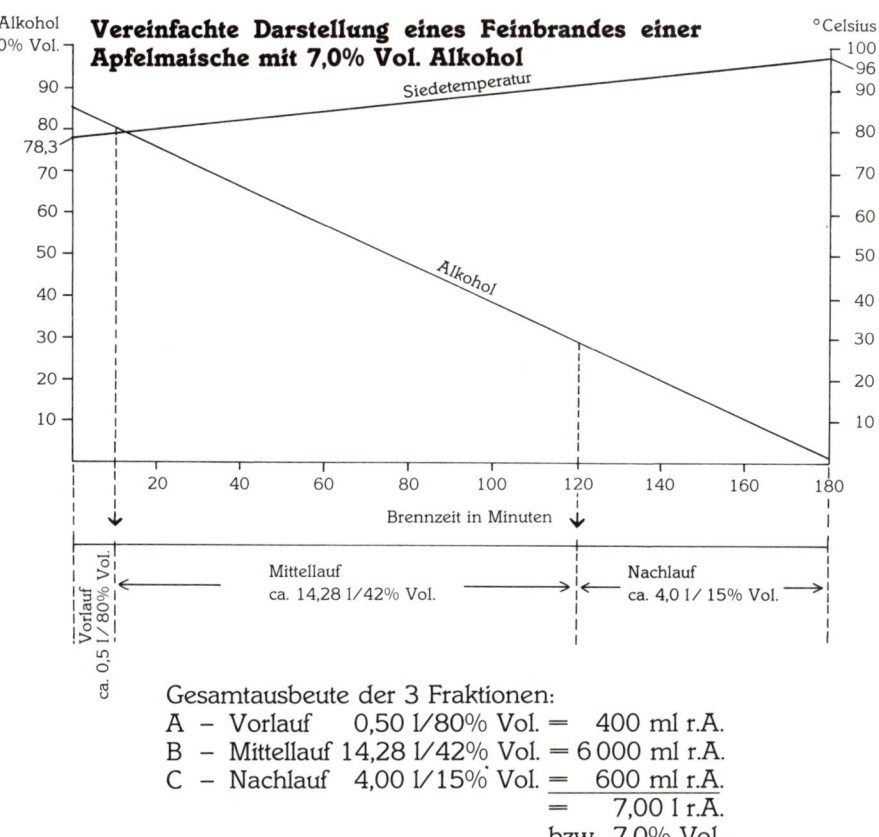

Vereinfachte Darstellung eines Feinbrandes einer Apfelmaische mit 7,0% Vol. Alkohol

Gesamtausbeute der 3 Fraktionen:
A – Vorlauf   0,50 l/80% Vol. =   400 ml r.A.
B – Mittellauf 14,28 l/42% Vol. = 6 000 ml r.A.
C – Nachlauf 4,00 l/15% Vol. =   600 ml r.A.
                              =   7,00 l r.A.
                          bzw. 7,0% Vol.

Die Mengenverhältnisse der einzelnen Fraktionen A, B und C stimmen in etwa mit der Praxis überein, können jedoch je nach Fruchtart, Brenntechnik usw. etwas schwanken.

Um den Brennablauf zu verdeutlichen, mußte etwas vereinfacht werden, d. h., die Alkoholabnahme ist nicht linear, sondern fällt in der Praxis zuerst steiler ab und verflacht dann allmählich.

Anders ausgedrückt heißt dies: Zuerst siedet bei gleichem Energieaufwand mehr Alkohol über als zuletzt, da die Temperatur der Maische oder des Mostes von zunächst 78,3°C (im Vorlauf) bis auf 96°C (im Nachlauf) ansteigt. Der Vorlauf sollte auf jeden Fall vom Mittellauf getrennt werden, da dieser Anteil scharf und brennend schmeckt.

Der Nachlauf muß ebenfalls abgetrennt werden, da er im Geschmack unsauber ist, blind und trüb bleibt (der Fachmann sagt »blau«), und vor allem ist er weniger gut bekömmlich. Hier sind die bei höherer Temperatur siedenden »höheren« Alkohole (= Fuselöle), wie Propylalkohol, Butylalkohol, Amylalkohol usw., enthalten. Sie werden im Körper nur schwer abgebaut.

Zum Brennen gehört Fingerspitzengefühl; kurz vor Beginn des Siedens darf dann nur langsam weitererhitzt werden, da zu diesem Zeitpunkt das Schäumen der Maische oder des Mostes besonders stark werden kann (Abhilfe: Kitzinger Schaum-Stop zusetzen). Zum anderen ist neben der Alkoholkonzentration sehr wichtig, daß die flüchtigen Aromastoffe, die die Qualität eines Branntweines erst ausmachen und den Hauptgenußwert darstellen, langsam und schonend übergetrieben werden. Neben dieser Brenntechnik gehört zur Erzielung einer guten Qualität vor allem sauberes, reintöniges, gesundes und vergorenes Brenngut.

Der Brennvorgang

Das Brenngerät hat 3 Hauptteile:
1. Brennblase – im Labor auch Destillierkolben aus Glas –, die entweder durch eine Feuerstelle erhitzt wird oder mittels Dampf bzw. Wasserbad beheizbar ist. In letzteren beiden Fällen besteht die Brennblase aus einem Doppelmantel;
2. kugel- oder helmförmiger Destillieraufsatz, in dem sich die Dämpfe sammeln. Dieser Aufsatz wird nach Befüllen der Brennblase fest und dampfdicht mit dieser verbunden;
3. Kühler, in dem die alkoholischen Dämpfe zunächst verflüssigt und dann möglichst auf Zimmertemperatur abgekühlt werden. Diese Verbindung – Destillieraufsatz mit Kühler – muß ebenfalls dampfdicht sein. Die Kühlung geschieht mit Leitungswasser, wobei der Kühleffekt um so größer ist, je niedriger die Temperatur des Wassers liegt.

Arbeitsabläufe

Maische, Most oder Wein werden zunächst in die Brennblase gefüllt – nur etwa 2/3-3/4 voll machen und einen Steigraum belassen. Um ein stärkeres Schäumen und eventuelles Überlaufen zu verhindern, kann ein Entschäumungsmittel, wie Kitzinger Schaum-Stop, zugesetzt werden; eine Menge von 3-5 ml reicht für 100 l Brenngut aus.

Danach den Destillieraufsatz aufsetzen und mit der Brennblase und dem Kühler fest verbinden. Anheizen und kurz vor Siedebeginn die Wasserkühlung einstellen. Das Kühlwasser von unten an den Kühler anschließen, niemals von oben! Da sich das Wasser erwärmt und dabei immer hochsteigt, muß es oben abfließen können. Hierbei handelt es sich um ein Gegenstromprinzip. Die Stärke des Wasserflusses richtet sich nach der Wassertemperatur und nach der Destillatmenge, die in einer bestimmten Zeit abgekühlt werden muß. Man prüft dies, indem man einen Stabthermometer nimmt, die Temperatur des ausfließenden Destillates mißt und die Kühlung so einstellt, daß die Temperatur des ausfließenden Destillates nur minimal über der Wassertemperatur liegt; tiefer ist nicht möglich.

Nach beginnendem Sieden langsam weiter destillieren und die einzelnen Fraktionen (siehe Grafik Seite 217) trennen. In der Praxis wird dies mit einem Alkoholmeter ständig geprüft und festgestellt. Bei kleinen Mengen im Labor kann man dies nur geschmacklich feststellen bzw. nach Augenschein, wenn der Nachlauf plötzlich »blind« wird.

Der Branntwein ist nun auf Trinkstärke einzustellen und längere Zeit zu lagern, da erst dann eine Reifung erfolgt und Veresterungen (Verbindungen von Alkohol und flüchtigen Säuren) auftreten, die einen Teil des Gesamtaromas darstellen.

Bevor der Branntwein auf Flaschen gefüllt wird, sollte er kurzzeitig so kühl wie möglich gelagert werden, da sich bei niedrigen Temperaturen (um 0°C) Stoffe ausscheiden, die im noch kühlen Zustand abfiltriert werden müssen. Im Winter ist dieser Kühlvorgang leicht durchzuführen, im Sommer wird dies in Kühlräumen bzw. kurzfristig auch in der Gefriertruhe durchgeführt.

Maße und Gewichte

Länge

Meter (= Grundeinheit)   m
Millimeter $mm = 10^{-3}$ m $^{1}/_{1\,000}$ m
Mikrometer $\mu m = 10^{-6}$ m
Nanometer $nm = 10^{-9}$ m

Gewicht = Masse

Kilogramm (= Grundeinheit) kg
Gramm $g = 10^{-3}$ kg $^{1}/_{1\,000}$ kg
Milligramm $mg = 10^{-6}$ kg
Mikrogramm $\mu g = 10^{-9}$ kg (= ppm oder 1 mg in 1 Tonne)
Nanogramm* $ng = 10^{-12}$ kg (= ppb oder 1 mg in 1 000 Tonnen)

Volumen

Liter (= Grundeinheit)   l
(100 l = 1 hl)
Milliliter $ml = 10^{-3}$ l
Mikroliter $\mu l = 10^{-6}$ l

*) In dieser Größenordnung liegen die noch schmeckbaren Mengen von Schimmel im Wein, ebenso auch die Schadstoffe aus der Umwelt, wie Pestizide usw.

Temperaturen

Skalenvergleich

°Celsius (°C)	°Reaumur (°R)	°Fahrenheit (°F)	Temperaturbereich für optimale …
− 20 ---	− 16 ---	− 4	
− 10 ---	− 8 ---	+ 14	
± 0 ---	± 0 ---	+ 32	
+ 5 ---	+ 4 ---	+ 41	→ Früchte- und Saftgefrierung
+ 10 ---	+ 8 ---	+ 50	→ Weinlagerung nach der Gärung
+ 15 ---	+ 12 ---	+ 59	→ Apfelweingärung (5 – 8% Vol. Alkohol)
+ 20 ---	+ 16 ---	+ 68	→ Traubenwein-Tischweingärung (8 – 12% Vol. Alkohol)
+ 25 ---	+ 20 ---	+ 77	→ Dessertweingärung (über 13% Vol. Alkohol)
+ 30 ---	+ 24 ---	+ 86	→ Essigsäure-„Gärung" (Essigherstellung)
+ 35 ---	+ 28 ---	+ 95	
+ 40 ---	+ 32 ---	+ 104	
+ 45 ---	+ 36 ---	+ 113	
+ 50 ---	+ 40 ---	+ 122	→ Pektinabbau, z.B. mit KITZINGER ANTIGEL

Umrechnungsformeln

$$t\,°C = \frac{4}{5}\,t\,°R = \frac{9}{5}\,t\,°C + 32\,°F \qquad t\,°F = \frac{5}{9}\,(t-32)\,°C = \frac{4}{9}\,(t-32)\,°R \qquad (t = \text{Temperatur})$$

$$t\,°R = \frac{5}{4}\,t\,°C = \frac{9}{4}\,t\,°R + 32\,°F$$

Anhang für Gartenbesitzer

Das Pflanzen und Pflegen von Sträuchern und Bäumen

Zu diesem Thema gibt es eine große Anzahl von ausgezeichneten Büchern, Broschüren und Zeitschriften. Sie alle geben detaillierte Anregungen sowie Anleitungen.

Wir möchten in knapper Form das Wesentliche zu diesem Thema zusammentragen, damit auch der Anfänger grundsätzliche Fehler vermeiden und sein Wissen im Laufe der Zeit aus anderen Quellen vervollständigen kann.

Das Pflanzen

Die beste Pflanzzeit ist im Frühjahr, wenn die Oberkrume trocken ist. Wegen der Bestellung der zu pflanzenden Beerensträucher und Obstbäume wende man sich rechtzeitig an eine Baumschule, von der man wegen der richtigen Sortenwahl – unter Berücksichtigung der Bodenbeschaffenheit und des Kleinklimas – gut beraten wird. Alle Setzlinge tragen ein Sortenschild, und man läßt sich von der Baumschule alles Wissenswerte über Blütezeit, Befruchtung, Reifezeit, besondere Vorzüge usw. erklären. Am Pflanztag werden die Wurzeln der jungen Sträucher und Bäumchen mit einer Schere glatt bis auf das gesunde Holz zurückgeschnitten und einige Stunden ins Wasser gestellt. Dann bestimmt man die Pflanzstellen und hält zwischen Beerensträuchern einen Abstand nicht unter 2 m, bei Buschbäumen nicht unter 6 m und bei Halb- und Hochstämmen nicht unter 8 m ein, wobei zwischen den Bäumen natürlich Beerensträucher untergebracht werden können.

Sträucher benötigen ein Pflanzloch von etwa 25 cm Tiefe und Breite, Bäume eines von 50 cm Tiefe und Breite. In das Pflanzloch gibt man nur garen, bakterienreichen Humus vom Komposthaufen und nicht etwa unverrotteten Stallmist oder, was noch falscher wäre, mineralischen Dünger.

Nach dem Pflanzen, Einebnen und Angießen, kann etwas Kali und Phosphat als Vorratsdünger breit ausgestreut und leicht untergeharkt werden – nicht an die Wurzeln bringen!

Bei Buschbäumen und erst recht bei Halb- und Hochstämmen wird vor dem Pflanzen ein Pflanzpfahl genügend tief in die Erde eingeschlagen, um dem Baum in den ersten 5-10 Jahren genügend Halt zu verleihen, wobei der Pfahl an der Windseite (meist West- bis Südwestseite) angebracht wird, um ein Aufscheuern des Stammes zu vermeiden. Der Pfahl darf nicht bis in die Astkrone reichen. Das Anbinden des Stammes an den Pfahl erfolgt mit einem breiten Band oder Seil (nicht mit Schnur oder Draht) mittels einer sogenannten Achterschlinge.

Das neue Pflanzloch wird in seinem Umfang mit einem leicht durchlässigen Material, wie Laub, Gras oder Stallmist, abgedeckt, um das Austrocknen und Verkrusten des Bodens direkt über den Wurzeln zu verhindern und ein schnelles Anwachsen zu begünstigen. Außerdem wird hierdurch das Unkraut ferngehalten. Der Boden braucht nicht oder nur selten wieder gelockert zu werden.

So wie vorher die Wurzeln, müssen jetzt auch die oberirdischen Triebe der jungen Sträucher oder Bäumchen zurückgeschnitten werden, damit sich die im Holz abgelagerten Nährstoffe beim Austrieb auf wenige Augen konzentrieren können und diese Triebe entsprechend stärker und widerstandsfähiger gegen Krankheiten, Austrocknung bei Hitze und Frost im nächsten Winter werden. In nicht eingezäunten Anlagen, wo möglicherweise Wild Zutritt hat, ist um Stamm und Pfahl ein geeigneter Schutzdraht anzubringen.

Die jährliche Pflege

Die wichtigsten Pflegemaßnahmen wurden schon bei der Pflanzung erwähnt, nämlich das Schneiden, die Bodenbearbeitung, Bewässerung und Düngung. Dazu kommt noch die Schädlingsbekämpfung.

Alle Pflegemaßnahmen sind darauf gerichtet, alljährlich eine möglichst gleichmäßige Ernte zu erzielen. Es ist aber nicht immer möglich, den Wechsel zwischen einem fruchtbaren und einem unfruchtbaren Jahr zu verhindern – man nennt dies »alternieren« – und den Strauch oder Baum so zu behandeln, daß er nicht in einem Jahr eine Rekordernte bringt, um sich im nächsten Jahr »ausruhen« zu müssen. Ist dieser falsche Rhythmus einmal eingetreten, kann man ihn schwer wieder beseitigen.

Der Schnitt

In ihrem Streben nach Sonnenlicht haben Sträucher und Bäume die Neigung, immer neue Triebe und Zweige zu bilden, wodurch sie dichter werden und mehr Kraft auf das Triebwachstum als auf die Früchte verwenden. Durch den Schnitt muß ausgelichtet werden, damit weniger, dafür aber stärkere Triebe größere und gesündere Früchte tragen können.

Durch den Schnitt wird nicht nur die Form und äußere Erscheinung verbessert, sondern eine wichtige Voraussetzung für eine wirkungsvolle (= indirekte) Schädlingsbekämpfung geschaffen.

Die von einem Ast senkrecht nach oben in den Baum hineinwachsenden Triebe müssen so weit zurückgeschnitten wer-

den, daß nur ein kurzer Zapfen von 3-4 Augen verbleibt. Die nach außen wachsenden Triebe sollen dagegen gefördert werden, wobei man darauf achtet, daß das letzte stehenbleibende Auge nach außen zeigen soll. Der Baum bekommt dadurch eine weite Form und erhält in allen seinen Teilen, einschließlich der Früchte, mehr Sonnenlicht.

Bezüglich des Schnittzeitpunktes bilden Pfirsiche und Sauerkirschen eine Ausnahme. Diese neigen bei größeren Schnittwunden leicht zu Gummifluß. Deshalb sollte der Schnitt nicht während der Saftruhe, sondern beim Austrieb, bei Pfirsichen sogar noch kurz vor Beginn der Blüte, erfolgen. Einjährige Triebe sollen bei diesen beiden Fruchtarten um die Hälfte gekürzt, dürre Triebe ganz entfernt werden.

Im übrigen gilt, daß der Schnitt bei Sträuchern und Bäumen alljährlich um die gleiche Zeit, an frostfreien Tagen (bis spätestens März) vorgenommen werden soll und daß dabei entstehende Sägewunden und größere Schnittwunden – erstere mit einem Messer glatt geschnitten – mit Baumwachs verschmiert werden müssen.

Die Düngung

Wenn beim Pflanzen durch eine Komposteinlage ein biologisch hochwertiger Dauer- und Nährhumus in den Wurzelbereich gebracht wurde, sollte man ab dem zweiten Jahr mit mineralischen Düngern nachhelfen.

Kali- und Phosphatdünger werden, genau wie bei der Pflanzung, in der Zeit von Dezember - März/April ausgestreut und eingeharkt. Eine Stickstoffdüngung erfolgt in den Monaten April – Juni, auf 2-3 Gaben verteilt, vom Austrieb bis zur Mitte der Vegetationsperiode.

Um Schäden durch Überdüngungen zu vermeiden (Überkonzentration der Dünger in der Wurzelzone) ist es besser, den Dünger nicht in Wasser zu lösen, sondern auszustreuen und unterzuharken. Das weitere überläßt man dem Regen und der Bewässerung.

Steht Stallmist von Haustieren zur Verfügung, soll dieser mindestens ein halbes Jahr in der Dunggrube verrotten, bevor er in die Baumscheibe untergeharkt wird. Nur dann enthält der Stallmist die für die Pflanzen aufnehmbaren Nährstoffe in mineralisierter Form, ähnlich den Mineraldüngern, und nur so wird der Boden wirklich »belebt«.

Die Bodenbearbeitung und Bewässerung

Bei abgedeckten Baumscheiben ist die Bodenbearbeitung nur einmal jährlich notwendig. Die Baumscheiben werden durch flaches Hacken im Laufe der Wachstumsperiode aufgelockert, dadurch genügend gelüftet und erwärmt. Es wird wieder mit neuem Material abgedeckt. Fester und kalter Boden hat nur schwaches Wachstum zur Folge. Besonders im Pflanzjahr sind Bäume und Sträucher ausreichend zu bewässern. Darauf achten, daß der Boden nicht verschlämmt und verkrustet. Lockern ist oft wichtiger als Gießen! Bei abgedecktem Boden sind die Wurzeln flacher, bei offenem Boden gehen sie tiefer.

Die Schädlingsbekämpfung

Neben einer indirekten Schädlingsbekämpfung (gesundes Pflanzgut, ausreichende und harmonische Ernährung, richtiger Schnitt, genügende Standweite, usw.) ist eine direkte Schädlingsbekämpfung durch Spritzung der Bäume und Sträucher leider auch im Hausgarten unumgänglich.

Weinreben sind sogar so gefährdet durch pilzliche Krankheiten, wie Peronospora (falscher Mehltau), Oidium (echter Mehltau), Botrytis, usw., daß sie ohne mehrmaliges Spritzen während der Vegetation die gesamten Früchte verlieren und selbst Blätter und Triebe schweren dauerhaften Schaden erleiden, so daß die Pflanzen eingehen können.

Bei richtiger Anwendung (Zeitpunkt und Konzentration beachten) werden Spritzmittel tatsächlich die Schädlinge bekämpfen und Sträuchern und Bäumen außerordentlich helfen, ohne daß das Obst in seinem Genußwert beeinträchtigt wird oder dem Menschen Schaden bringt.

Bei der Auswahl der Spritzmittel sollte man sich im Fachgeschäft beraten lassen. Insbesondere muß man die auf den Packungen angegebenen Anweisungen der Hersteller beachten.

Im Hausgarten sind mindestens 3 Spritzungen im Laufe eines Jahres nötig:

1. bei Obstbäumen und Beerensträuchern die Winterspritzung bis kurz vor dem Austrieb im Frühjahr (zur Zeit ist Folidol-Öl das gebräuchlichste Winterspritzmittel);
2. die Spritzung kurz nach der Blüte gegen tierische Schädlinge;
3. die Spritzung im Laufe des Frühsommers als sogenannte Nachblütenspritzung gegen pilzliche Krankheit, wie Schorf und Mehltau, daneben aber auch nochmals gegen tierische Schädlinge;
4. Weinreben müssen sogar 3- bis 6mal ab Austrieb (Mitte Mai – Anfang August) gespritzt werden.

Irgendein außergewöhnlicher Schädlingsbefall ist nicht berücksichtigt. Hierüber wird man sicher durch die Lokalpresse oder einschlägige Gartenzeitschriften am besten unterrichtet, mit Sicherheit von Landwirtschafts- oder Landratsämtern (Kreisverwaltungsbehörden), da dort die entsprechenden Fachberater ihren Sitz haben.

Vor allem in niederschlagsreichen Jahren ist die Gefahr für Pilz- und Schädlingsbefall sehr groß, so daß es frühzeitig zur Fäulnis kommen kann.

Faules und schimmliges Obst ist für die Gesundheit des Menschen gefährlich, auch in verarbeiteter Form (als Saft oder Wein), da Stoffwechselprodukte dieser Fäulnisbakterien und Schimmelpilze (sogenannte Mykotoxine) Giftstoffe sind. Man denke z. B. an das Patulin bei faulen und schimmligen Äpfeln – dieses Gift kann krebserregend sein.

Die Angst vor dieser Gefahr müßte eigentlich größer sein als die Angst vor Spritzmittelrückständen, die bei rechtzeitiger und genauer Anwendung unter Einhaltung der Spritztermine soweit abgebaut werden, daß keine Gefahr davon ausgeht. Die Spritzmittel werden bis zur Fruchtreife und Ernte überwiegend abgebaut.

Diese sogenannten Metabolite werden zum Teil mit den Trubstoffen durch Abseihen des gekelterten Saftes ausgeschieden oder fallen während und nach der Gärung mit den Hefen und sonstigen Trubstoffen aus, so daß im fertigen Wein nachweislich nur unbedenkliche Spuren vorhanden sind.

Selbstverständlich werden auf dem Markt für den biologischen Anbau auch Spritzmittel angeboten, die rückstandsfrei sind, wie z. B. Brennesselsaft, Tabaksaft, Bio-Blatt, Biotrissol, Spruzit, u. ä. Ähnlich verhält es sich mit Düngern, die alle aufzuführen den Rahmen sprengen würde.

Der biologische Anbau

In den letzten 20 Jahren hat sich im Pflanzenanbau ein Wandel vollzogen. Neben dem konventionellen, herkömmlichen setzt sich, wenn auch nur langsam, der sogenannte Alternative Landbau etwas durch, d. h. ein Anbau weitgehend <u>ohne Mineraldünger</u> (»Kunstdünger«) und <u>ohne chemische Schädlingsbekämpfung</u>.

In gewissem Maße ist dies möglich, doch das »Für und Wider« ist heiß umstritten und soll hier nicht erörtert werden. Man sollte aber in diesen biologisch-dynamischen oder organisch-biologischen Anbaumöglichkeiten nicht das Allheilmittel für die Gesundheit der Menschen sehen, das »Nonplusultra«. Auf diesem Gebiet wurde schon sehr viel gearbeitet, experimentiert und untersucht. Es ergeben sich deshalb überraschende Ergebnisse – deshalb überraschend, weil man sich von der neuen Methode mehr versprochen hat.

So wurden sowohl Baumfrüchte als auch Gemüse dahingehend untersucht, inwieweit Schädlingsbekämpfungsmittel und Düngemittel Einfluß auf die Pflanzen nehmen und Veränderungen in der Substanz hervorrufen. Erwähnt soll hier nur kurz werden:

Beim biologischen Anbau lagen bei Spinat die negativen Inhaltsstoffe (z. B. Nitrat und Oxalsäure) höher.

Bei den positiven Bestandteilen ist zu erwähnen, daß das Vitamin C niedriger lag, das Vitamin B_1 (Thiamin) deutlich höher. In den übrigen Inhaltsstoffen wurden kaum Unterschiede gefunden zwischen dem biologischen und dem konventionellen Anbau. (Dies sind Ergebnisse, die in der Fachzeitschrift »Flüssiges Obst«, Nr. 4/1982, veröffentlicht wurden.)

Fachbücher

Die nachfolgend aufgeführten Fachbücher, die zu den üblichen Ladenpreisen auch über unsere Firma zu beziehen sind, befassen sich sowohl mit der Kultivierung der verschiedenen Pflanzen als auch mit der Herstellung von Getränken allgemeiner und spezieller Art.

Die genannten Preise entsprechen dem Stand von 1984/85 zuzüglich Porto und Verpackungskosten, wenn nicht gleichzeitig Bestellungen anderer Art hinzukommen; in diesen Fällen ermäßigen sich die Porto- und Verpackungskosten anteilmäßig bzw. fallen ganz weg:

- Der ökologische Weinbau (PREUSCHEN) — DM 9,80
- Weinbau-Taschenbuch (HILLEBRAND) — DM 22,50
- Taschenbuch der Rebsorten (HILLEBRAND) — DM 22,50
- Rebschutz-Taschenbuch (HILLEBRAND) — DM 22,50
- Alles über Gewürze (SCHUNK) — DM 19,80
- Gewürze (ETTL) — DM 34,––
- Heilkraft aus Heilpflanzen (SCHUNK) — DM 4,20
- Gartendoktor – Hilfe bei Schädlingen, Krankheiten und Unkraut (BROOKS/HALSTEAD) — DM 22,––
- Obst anbauen (BAKER) — DM 22,––
- Apfelsorten (SILBEREISEN) — DM 42,––
- Leben auf dem Lande (SEYMOUR) — DM 48,––
- Selbstversorgung aus dem Garten (SEYMOUR) — DM 48,––
- Die Verwertung von Obst und Gemüse aus dem eigenen Garten (HOLFELDER) — DM 14,80
- Beerenobst (KEIPERT) — DM 68,––
- Technologie des Weines (TROOST) — DM 178,––
- Süddeutscher Obstmost (ARAUNER) — DM 4,20
- Fruchtweine (SCHANDERL/KOCH/KOLB) — DM 54,––
- Alles über den Durst (UHR) — DM 188,––
- Sekt, Schaum- und Perlwein (TROOST/HAUSHOFER) — DM 138,––
- Lexikon der Önologie (JAKOB) — DM 75,––
- Taschenbuch der Kellerwirtschaft (JAKOB) — DM 22,50
- Pilze im Garten (STEINECK) — DM 28,––
- Heiltees und Heilkräuter (LEIBOLD) — DM 14,80
- Das Große Weinlexikon — DM 29,80
- Der Deutsche Weinatlas — DM 24,80
- Likörbereitung (GEORGE) — DM 14,80
- Brennen nach Vorschrift (BRÖSE) — DM 42,––
- Obstbrennerei heute ((TANNER/BRUNNER) — DM 56,––
- Technologie der Obstbrennerei (PIPER) — DM 78,––
- Getreide- und Kartoffelbrennerei (KREIPE) — DM 98,––

Weitere interessante Bücher
- Bier brauen (LAING/HENDRA) — DM 8,80
- Bier aus eigenem Keller (VOGEL) — DM 36,––

- Käse machen (GLYNN)   DM 9,80
- Brot backen (SCHÄFER)   DM 8,80
- Wurst selbst machen (DITTMER)   DM 9,80
- Was lebt in unserem Garten? (Kinderbuch)
  (SCHMIDT-ADRIAN)   DM 19,80
- Tips für den Weinkauf / Weinkultur (ESPE)   DM 22,--
- Gesundheit aus der Naturapotheke (LEIBOLD)   DM 16,80

Bücher für höchste Ansprüche
- Kulinarische Streifzüge durch Franken (FRANK)   DM 34,--
- Kulinarische Streifzüge durch Bayern (FRANK)   DM 34,--
- Kulinarische Streifzüge durch Baden (RICHTER)   DM 34,--
- Kulinarische Streifzüge durch Schwaben (FRANK)   DM 34,--
- Kulinarische Streifzüge durch Friesland (FRANK)   DM 34,--
- Kulinarische Streifzüge durch Hessen (FRANK)   DM 34,--
- Kulinarische Streifzüge durch das Rheinland (SCHMITZ)   DM 34,--
- Kulinarische Streifzüge durch Österreich (ROB)   DM 34,--
- Kulinarische Streifzüge durch die Schweiz
  (WIDMER/CHRIST)   DM 34,--
- Es weihnachtet sehr (FRANK)   DM 34,--
- Zu Gast in deutschen Landen (ETTL)   DM 34,--
- Die 100 berühmtesten Rezepte aus aller Welt (GÖÖCK)   DM 34,--
- Käse (ETTL)   DM 34,--
- Fische (ETTL)   DM 34,--
- Kaffee (BÜRGIN)   DM 34,--
- Wein (GÖÖCK)   DM 34,--
- Leicht und gesund (WEILBACH/CHRIST)   DM 34,--

Weitere Buchtitel finden Sie in der »Kitzinger Bücherkiste«
– Sortiments- und Preisänderungen vorbehalten –
Stand: Januar 1985

Protokoll der Weinherstellung

Jeder Hausweinbereiter sollte über seinen Wein – von der Herstellung bis zur Flaschenfüllung – Aufzeichnungen anfertigen, damit nichts vergessen wird.

Folgende Übersicht erleichtert diese Arbeit:

Durchzuführende Arbeiten	Datum	Menge
1. Weinart		
2. Tag der Früchteverarbeitung		
3. Saftgewinnungsart (heiß-kalt)		
4. Rohfruchtmenge (kg)		
5. Fruchtsaftmenge (Liter)		
6. Mostgewicht °Oechsle (mit Oechslewaage)		
7. Säuregehalt ‰ (mit Acidometer)		
8. Wassermenge (Liter)		
9. Zuckermenge (kg)		
10. Heferasse und -größe		
11. Nährsalzmenge (g)		
12. Schwefelmenge		
13. Antigelmenge		
14. Mostfeinmenge		
15. Vitamin C und Vitamin B_1 Menge		
16. Raumtemperatur …°C		
17. Tag des Gärbeginns		
18. Tag der Maischeabpressung (bei Maischegärung)		
19. Menge des abgepreßten Weines		
20. Notfalls mit … Liter Wasser aufgefüllt auf …		
21. Ende der sichtbaren Gärung … vorhandenes Restmostgewicht (mittels der Oechslewaage …)		
22. Geschwefelt mit …		
23. Selbstklärung ab …		
24. Geschönt mit ……… am …		
25. Geschwefelt mit …		
26. Filtriert mit …		
27. Nachgesüßt mit …		
28. Flaschenfüllung …		
29. Flaschenanzahl …		
30. Eigene Beurteilung …		

Gärdiagramm

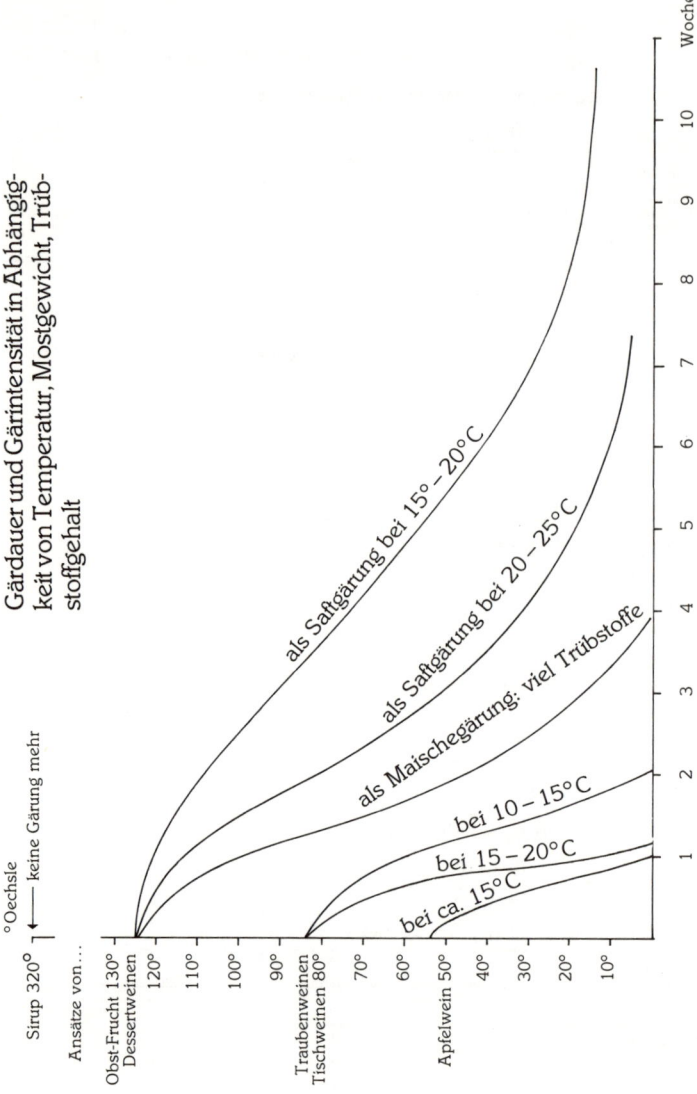

Gärdauer und Gärintensität in Abhängigkeit von Temperatur, Mostgewicht, Trübstoffgehalt

Wochen

°Oechsle

← keine Gärung mehr

Ansätze von…

Sirup 320°

Obst-Frucht 130°
Dessertweinen
120°
110°
100°
90°

Traubenweinen
Tischweinen 80°
70°
60°

Apfelwein 50°
40°
30°
20°
10°

als Saftgärung bei 15° – 20°C

als Saftgärung bei 20 – 25°C

als Maischegärung: viel Trübstoffe

bei 10 – 15°C

bei 15 – 20°C

bei ca. 15°C

Register